UNREAD

罗素哲学三书

〔英〕 伯特兰·罗素 —— 著

田王晋健　王喆　孙洋 —— 译

北京燕山出版社
BEIJING YANSHAN PRESS

罗素哲学三书

[英] 伯特兰·罗素 著

田王晋健 王喆 孙洋 译

图书在版编目 (CIP) 数据

罗素哲学三书 / (英) 伯特兰·罗素著；田王晋健，
王喆，孙洋译. — 北京：北京燕山出版社，2022.1
ISBN 978-7-5402-4816-1

Ⅰ. ①罗… Ⅱ. ①伯… ②田… ③王… ④孙… Ⅲ.
①罗素 (Russell, Bertrand 1872-1970) —哲学思想—研究
Ⅳ. ①B561.54

中国版本图书馆CIP数据核字 (2021) 第246891号

选题策划	联合天际·社科人文工作室
特约编辑	孙裕
封面设计	艾藤
美术编辑	程阁

责任编辑	郭悦　李瑞芳
出　　版	北京燕山出版社有限公司
社　　址	北京市丰台区东铁匠营苇子坑138号嘉城商务中心C座
邮　　编	100079
电话传真	86-10-65240430 (总编室)
发　　行	未读 (天津) 文化传媒有限公司
印　　刷	三河市冀华印务有限公司
开　　本	787毫米×1092毫米　1/32
字　　数	328千字
印　　张	15.75印张
版　　次	2022年1月第1版
印　　次	2022年1月第1次印刷
ISBN	978-7-5402-4816-1
定　　价	55.00元

关注未读好书

未读 CLUB
会员服务平台

目录

上　哲学问题

　　在日常生活中深信的许多事情，若仔细地推敲一番就会发现矛盾比比皆是。从某种意义上说，知识无疑由此衍生而来。

　　如果我们不能确定客体是否独立存在，就好似被独自遗弃在沙漠之中——也许整个外部世界不过是一场梦，只有我们独自存在。

　　当我们感到无聊或痛苦时，时间缓慢悠长；当我们愉悦地忙碌时，时间转瞬即逝；当我们睡着时，时间就像几乎没有存在过一样。

　　任何实在的东西对我们来说都具有某种价值，因为渴望了解宇宙真理的人，对宇宙所包含的一切都怀有兴趣。

　　严格来说，那张桌子真正是什么东西，我们根本就不知道。

中　我们关于外部世界的知识

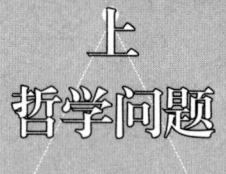

上

哲学问题

前言

　　在这本书里，我主要把自己的思路限定在一些哲学问题上，我认为在这些问题上我可以谈一些肯定的和建设性的东西，因为仅仅是否定的批评似乎是不合适的。鉴于此，在本书中，知识论比形而上学占比要大一些，此外，哲学家们讨论较多的一些话题，我要做的也只是非常简短的讨论。

　　我从 G. E. 摩尔和 J. M. 凯恩斯未发表的著作中受益匪浅——前者是在感觉材料与物理客体的关系方面，后者是在或然性和归纳方面。吉尔伯特·莫雷教授的批评和建议也使我受惠良多。

伯特兰·罗素

1912年

第一章　现象与实在

　　世界上有没有什么知识能确凿得让理性之人无法怀疑？乍一看这个问题很简单，但实际上却是最无解的问题。当我们发现，想要给出一个直接的、把握十足的答案会遇到种种困难时，那我们就走进了哲学领域。因为哲学就是回答这种终极问题的尝试。但它不是像我们在生活中、在科学课堂上那样自负地给出一个草率的答案，而是在探索了所有让这类问题几乎无解的因素后，在认识到日常观念背后的种种模糊与混乱之后去批判性地回答。

　　在日常生活中深信的许多事情，若仔细地推敲一番就会发现矛盾比比皆是，必须进行大量的思考才能明白我们深信的到底是什么。在寻找确定性时，我们会很自然地从现有的经验出发，从某种意义上说，知识无疑由此衍生而来。但是，任何关于直接经验带来知识的说法都极有可能是错误的。在我看来，我现在正坐在一把椅子上，前面摆着一张特定形状的桌子；我看到桌子上有几张纸，纸上写着或印着字；我转过头，看到窗外的建筑、云和太阳。我相信：太阳离地球大约有1.5亿公里；它是一个比地球大很多倍的炽热球体；由于地球自转，太阳每天早晨都会升起，而且在未来的日子里还会继续升起。我相信，任何正常人如果走进我的房间，他都会看到我所看到的东西——相同的椅子、桌子、书籍和文件。我所看到的那张桌子，也就是我用胳膊压着的那张桌子。这一切似乎是那么显而易见、不值一提，除非是为了回答一个怀疑我什么都不懂的人。然而，这些表述都会遭遇合理怀疑，它们都需要经过仔细推敲才能确定我们陈述的事实完全正确。

为了把问题表述得简单一点儿，还是让我们把注意力集中到桌子上来。这张桌子看上去是长方形的，棕色而有光泽；它摸起来很光滑，微凉且坚硬；当我轻轻敲击它时，它会发出一种木头的清脆声。任何通过看、触和听来感知这张桌子的其他人，都会同意我的这些描述，这样似乎就不会有什么问题了。可是，一旦我们试图进行更精确的描述，麻烦就来了。尽管我相信桌子的所有部分真的是同一颜色的，但在反射光的作用下，有的部分看起来会比其他部分要亮得多，而有的部分则看起来有些发白。我知道，如果我动一动，反光的部分就会不同，这样桌子上明显的颜色分布情况也会随之改变。因此，如果几个人同时在看这张桌子，那么，他们中每个人看到的颜色分布也各不相同，这是因为每个人的视角不同，而任何视角上的变化，都会使光线的反射方式发生变化。

在大多数实际应用中，这些差异并不重要，但对画家来说，每一样都至关重要：人们按常识认为的事物所具有的"真正的"颜色，画家可不能说信就信，万万不能养成那样的毛病，画家得按事物呈现出来的样子去观察事物并养成习惯。在这里，我们遇到一个引起哲学上最大麻烦的区别，即"现象"和"实在"的区别，也就是事物"好像是什么"和"究竟是什么"的区别。画家想知道事物看起来是什么样子，实干家和哲学家想知道事物本身是什么样子，但哲学家想了解这一点的愿望，比实干家要更强烈，也更知道回答这种问题的困难所在，也就更容易遇到来自知识的困扰。

回到桌子的问题。从我们的发现中可以清楚地看出，没有哪一种颜色特别像整张桌子的那种颜色，甚至是桌子某一个特定部分的颜色，因为角度不同显示出的颜色也就不同，没有理由把其中某种颜色看成比其他颜色更实在的颜色。而且，我们知道，若从一个特定的视角出发，比如人造光、色盲或戴蓝色眼镜，颜色看上去也会不同。还有，在黑暗中根本显示不出任何颜色，尽管触摸桌子和感受敲击桌子所发出的声音这两点是不变的。所以，我们所看到的这种颜色并非桌子所固有的颜色，它不仅取决于桌子和观看者，还取决于光线投射到桌子上的方式。在日常生活中，当谈到桌子的那种颜色时，我们只是指按照通常的光线照射条件、从普通观看者的一般视角观察到的那种颜色。但是，在其他条件下呈现出的其他颜色，同样有权被认为是实在的。因此，为了避免偏颇，我们就不得不承认桌子本身并不具有任何一种特殊的颜色。

同样的道理也适用于桌子的质地。除了一些肉眼可见的纹理之外，这张桌子在其他方面看起来又光滑又均匀。如果我们透过显微镜再来看看，就可以看到崎岖不平的"丘陵"

和"山谷"，以及肉眼无法观察到的各种差异。哪一个才是"实在的"桌子呢？我们自然而然地想说，通过显微镜看到的东西更加真实，但反过来，一台倍数更大的显微镜又会改变我们的看法。那么，如果我们不能相信肉眼所见，为什么要去相信通过显微镜所看到的东西呢？这么一来，我们对感官所拥有的那份自信再一次背弃了我们。

如若讨论的是桌子的形状，情况也不会好到哪里去。我们都习惯于去判断事物"实在的"形状，而且是不假思索地这样做的，以至于我们认为实际看到的就是桌子真实的形状。但事实上我们都得明白这样一件事，那就是如果要画一样特定的东西，从不同的视角看到的形状也会不同。如果我们讨论的桌子"真的"是矩形的，那么无论从哪个角度它看起来都应是两个锐角和两个钝角的组合。如果相对的两条边是平行的，那么它们看起来会在离观察者远一点的位置上汇聚为一点；如果它们是等长的，那么距离观察者较近的一边就显得更长。当我们看到一张桌子时，大都不会在意这些事情，因为经验已经教会我们要用外在的形状来建构"实在的"形状，而"实在的"形状才是作为实践者所感兴趣的部分。但"实在的"形状并非源于所见，而是凭借所见推断出来的。当我们在房间里走来走去时，所看到的桌子的形状也在不断地变化。因此，在这里，我们的感官似乎不再告诉我们关于桌子本身的事实，而仅仅是在展现桌子的外观。

触觉也会遇到类似的障碍。桌子总是给我们一种结实的感觉，觉得它能承受住压力。但是，这种感觉不仅取决于我们用多大的力去压桌子，还取决于我们用身体的哪个部位去压。因此，由各种压力或身体的各个部位而产生的各种感觉并不能直接地揭示出桌子任何确定的属性，至多只是揭示出某些属性的标志罢了。而所有的感觉可能正是由这种属性所引发的，但实际上，这种属性却又没有明显地体现在任何一种感觉之中。显然，同样的情况也更适用于去感受敲击桌子所发出的声音。

由此可见，如果真的有这么一张实在的桌子，也与我们能立即通过视觉、触觉或听觉所体会到的桌子之间有所区别。如果真有一张实在的桌子，根本没法立刻就被我们所获知，但必须从我们马上能知道的东西中将它推断出来。因此，现在遇到了两个难题：（1）是否存在一张实在的桌子？（2）如果它存在，它是怎样的物体？

几个含义清晰又明确的简单术语将有助于思考这些问题。让我们把"感觉材料"这个名词用来表示在感觉中能即刻感知的事物：如颜色、声音、气味、硬度、粗糙度，等等。我们将对事物即刻感知的那种体验过程命名为"感觉"。因此，每当看到一种颜色时，我们就会产生一种对于颜色的感觉，但是颜色本身只是一种感觉材料，而不是感觉本身。颜色是立刻就能觉知的东西，而感知本身就是一种感觉。很明显，如果我们要了解有关桌子的任何信息，就必须借助于与桌子相关联的感觉材料——棕色、长方形、平滑度等。但是，出于上述已经陈述过的原因，我们不能说桌子就是感觉材料，甚至不能说感觉材料是桌子的直接属性。因此，如果存在一张实在的桌子，那么就产生了一个问题，即感觉材料与实在的桌子之间的关系问题。

如果真的存在那张桌子，我们可称之为"物理客体"。因此，我们必须思考的是感觉材料与物理实体之间的关系。所有物理客体的集合，就称为"物质"。据此，我们的两个问题可以重新表述如下：（1）有没有物质这种东西？（2）如果有，它的性质是什么？

乔治·贝克莱是最早正式提出理由，认为感觉的直接对象并不独立于我们而存在的哲学家。他在其所著的《海拉斯与斐洛诺斯对话三篇》中，竭力证明世界上根本就不存在所谓的"物质"，世界仅仅是由思想和观念组成的。海拉斯始终相信物质的存在，但他却没法让斐洛诺斯信服，斐洛诺斯无情地将他推入了矛盾和悖论之中，并最终使其对物质的否定看起来简直就是常识。在斐洛诺斯所采用的论证中，有些既重要又合理，而有一些则是模棱两可、含糊不清的，总之就是作用不同、价值各异。但是，贝克莱的贡献在于向我们表明了以下内容：物质的存在能被合理地否定，并且如果存在任何独立于我们而存在的事物，它们就不能成为我们在感觉上的直接客体。

当我们要问物质是否存在时，便会涉及两个不同的问题，保持它们的边界清晰非常重要。我们通常所说的"物质"是指与"心灵"相对的东西，认为正是由于物质占据了空间，所以根本不可能存在任何思想或意识。而贝克莱也主要是在这个意义上对物质予以否认，也就是说，他并不否认感觉材料确实是某种事物独立于我们而存在的标志。尽管我们通常把感觉材料当成桌子存在的标志，但他拒绝承认这种东西是心灵以外的，它既非心灵，也非由心灵生发出来的想法。他承认当我们走出房间或闭上眼睛的时候，一定有什么东西持续存在。我们说看到了桌子，确实使我们有理由相信：就算什么也没看到，有些东西也一直都在那儿。但他认为，这种东西在性质上既不能与所见完全不同，也不能完全独立于看的动作，尽管它必须独立于我们"看"的这一动作。因此，他认为"实在的"桌子是上帝心中的一个观念。这一观念既具有其必需的永恒性，以及相对于我们的独立性，同时又不是完全不可知的。从某种意义上讲，我们永远也无法直接、立刻地觉知观念，只能对其进行推断。但物质就不是这样了。

贝克莱之后的其他哲学家也认为，尽管桌子并不依赖于我们的所见而存在，但它确实取决于能否被某个心灵所看到（或以其他方式被认识到）——不一定非得是上帝的心灵不可，更常见的是整个宇宙的集体心灵。就像贝克莱那样，他们之所以持有这种观点，主要是因为他们认为不可能有任何实在的东西存在，或者至少除了心灵、思想和感情之外，没有任何已知的东西是实在的。对于他们的论证，我们可以这样来表述："任何可以被思考的事物，都是人在头脑中经过思考而得出的观念，因此头脑中除了观念之外，其他的都不在可供思考之列，也就是说，任何其他事物都是不可想象的，而无法想象的东西是不能存在的。"

在我看来，这样的论证站不住脚；当然，那些提出这种论点的人并没有说得那么言简意赅。但无论这一论证成立与否，它都以某种形式得到了广泛的发展；许多哲学家，也许是大多数哲学家，都认为除了想法和他们的观念之外没有什么是实在的。这些哲学家被称为"唯心主义者"。当他们解释物质的时候，要么像贝克莱那样说："物质实际上只是观念的集合。"要么像莱布尼茨那样认为："看起来像物质的东西，其实都只是简单思维的集合。"

然而，这些哲学家虽然否认物质与心灵相对，但从另一个意义上讲，却承认了物质的存在。想到之前我们问过的那两个问题，即（1）是否存在一张实在的桌子？（2）如果它存在，它是怎样的物体？现在，贝克莱和莱布尼茨都承认有一张实在的桌子存在，但是贝克莱认为那是上帝心中特定的观念之物，而莱布尼茨却说那是一群灵魂的聚居之所。因此，他们两人对我们提出的第一个问题都予以肯定的回答，但是在回答第二个问题时，他们与普通人的观点明显不同，这是二者之间唯一的分歧。事实上，几乎所有的哲学家似乎都同意存在一张实在的桌子，他们也几乎都认同，一旦我们与实在的桌子之间建立起某种适度的联系，我们的感觉材料，如颜色、形状、平滑度等，其种类的多少最终取决于自身。这些感觉材料的存在，恰恰是事物独立于我们而存在的一种标志，而感觉材料甚至产生于那些与之截然不同的事物。

显然，哲学家们一致同意的观点是：不管性质如何，确实有这样一张实在的桌子。这一观点非常重要，在我们进一步讨论与实在的桌子的性质有关的问题之前，以什么样的理由来接受这一观点值得思考。因此，在下一章中我们将讨论为什么要假设有这么一张实在的桌子。

在还没走得更远之前，不妨考虑一下我们迄今为止都发现了什么。假如，我们举出任何一种感官可以感知的普通客体，感官能立即告诉我们的，不是这一脱离我们而存在的客体的真理，而是关于特定感觉材料的真理。据我们所知，这些感觉材料恰恰就取决于我们与客体之间的关系。因此，直接看到和感受到的只是"现象"，这是背后某种"实在"的标志。但是，如果实在并非如其现象所表现出来的样子，我们又如何才能知道实在是否存在呢？如果存在，我们又有什么办法能知道它是什么样子的呢？

这样的问题令人困惑，即使是最奇怪的假设也未必为真，而我们却难以知晓。因此，熟悉的桌子从来都不曾激发起我们心中最轻微的想法，如今却成了一个充满了意外可能性的问题。对于它，我们所知的就是它不是看起来那样。除了这个不温不火的结果，到目前我们所拥有的就是最充分的推测自由了。莱布尼茨告诉我们，那是一个灵魂的共同体；贝克莱告诉我们，那是上帝心中的一个观念；科学的看法很冷静，但几乎同样精彩绝伦，它告诉我们，那是大量剧烈运动的电荷的集合。

在这些意外的可能性中，怀疑论可能会认为根本就不存在什么桌子。如果哲学不能回答我们想要了解的种种问题，它至少有能力提出一些能增加对世界的兴趣的问题，并向我们表明，即使是生活中最普通的事物，在其现象之下也蕴含独特与神妙之处。

第二章　物质的存在

　　在这一章中，我们必须扪心自问：不管从哪种意义上讲，是否真的存在物质这种东西？一张桌子是否具有某种确定的内在性质，就算我不盯着它看时，它也在那儿？又或者那样的桌子仅仅是我想象出来的，是我漫长梦境中梦出来的一张桌子？这个问题是顶重要的，因为如果我们不能确定客体是否独立存在，就无法确定他人的身体是否独立存在，那就更别提他人的心灵了。我们除了通过观察别人的身体所得到的那些依据之外，就再没什么其他的依据能相信他们是有心灵的了。于是，如果我们不能确定客体是否独立存在，就好似被独自遗弃在沙漠之中——也许整个外部世界不过是一场梦，只有我们独自存在。这种可能性令人感到惶恐不安；既不能严格地证明其为伪，也没有丝毫理由认为其为真。在这一章中，我们必须搞明白为什么会这样。

　　在开始着手解答这些疑问之前，先设法找到某个多少可以固定下来的点作为起点。尽管我们困惑于桌子的物理存在，但对感觉材料的存在却一点儿都不困惑，正是这些感觉材料使我们认为有那么一张桌子存在；我们毫不怀疑，当我们看时，能看到特定的颜色和形状；当我们按压时，能体验到特定的坚硬的感觉。所有这些都是心理上的，我们并不觉得那有什么问题。事实上，不管还有什么其他值得怀疑的，至少对一些直接经验，我们似乎是可以绝对确定的。

笛卡儿作为近代哲学的奠基人，开创了一种至今仍然有效的方法——系统怀疑的方法。他坚持认为，凡是他看不清、看不准的东西，他都绝不会相信其为真。不管是什么，只要他认为可以引起怀疑的，他就会去怀疑，直到发现不再怀疑的理由为止。通过应用这种方法，他开始逐渐确信，他能特别确定的唯一存在就是他自己。他想象有一个诡诈的恶魔，在一种无穷无尽的幻影中向他的感官呈现不真实的东西；有这样一个恶魔貌似十分不可思议，但还是有可能的。因此，对感官所感知出来的东西进行怀疑就是有可能的。

但是，怀疑他自身的存在是不可能的，因为如果连他都不存在了，怎么还会有恶魔可以去欺骗他呢？如果他能怀疑，那么他就必须是存在的；不管他有怎样的体验，他都必须先存在才行。因此，他自己的存在对他来说具有绝对的确定性。他那句名言"我思故我在"也正是基于这种确定性，怀疑将原有的知识世界化为乌有，再在一片废墟之上开始努力将之重建。通过开创这种怀疑的方法，并表明主观的事物才是最确定的，笛卡儿为哲学做出了巨大的贡献，这也使他的学说时至今日对所有学哲学的人来说仍十分受用。

但是，在使用笛卡儿的论证时需要谨慎一点儿，因为"我思故我在"并不算是一种严格的确定。似乎今天的我们就是昨天的我们，在某种意义上确实如此，但实在的自我和实在的桌子一样难以企及，也没有那么绝对。要知道，令人信服的确定性是属于特殊经验的。当我看着我的桌子，看到一种特定的棕色时，我能一下就肯定的，不是"我正在看一种棕色的颜色"，而是"一种棕色的颜色被我看到了"。这当然会涉及一点，是某物（或某人）看到棕色，但它本身与我们称为"我"的那个恒久的人并没有多大关系。就当下的确定性而言，看到棕色的某物完全可能是一瞬间的，与下一刻有不同体验的某物不是一回事。

因此，正是我们特殊的思想和感情才具有原始的确定性。这不仅适用于梦和幻觉，也适用于正常的感知：当梦到或看到鬼魂时，我们认为我们确定地拥有那种感觉，但出于各种原因，人们认为没有有形的客体可与这些感觉一一对应。这样，我们就不必限制自己经验知识的确定性，同时还应该允许有例外情形。于是，不管怎样，这儿都有一个坚实的基础可供我们当作起点，以此开始对知识的追求。

我们必须思考一些问题：既然我们对自己的感觉材料确信无疑，有没有理由认为它们是其他事物，即我们可以称其为物理客体的东西存在的标志呢？当列举出所有我们天然认为与桌子有联系的感觉材料时，关于那张桌子，我们该说的都说了吗？或者，还有什么别的东西——不属于感觉材料的东西，当我们走出房间时，那些东西还会继续存在下去？常识毫不迟疑地给出肯定的答案。那个能买来卖去、推来推去、上面还能盖桌布的东西，不会只是感觉材料的集合。如果用桌布将桌子完全覆盖住，那么我们将无法从桌子中得到任何感觉材料。因此，如果桌子仅仅是感觉材料，它被盖住后就不应该再存在了，只有桌布会悬浮于半空，奇迹般地停在原先桌子所在的位置上。这似乎很荒谬，但无论谁想要成为一位哲学家，都必须学会不被荒谬吓倒。

之所以除感觉材料之外，我们还必须有一个物理客体，其中的一个重要原因就是我们要为不同的人锁定同样的客体。当10个人围坐在餐桌旁时，要是他们看到的不是同样的桌布、同样的刀叉、勺子和酒杯，那就显得过于荒谬了。但对于每个不同的人，感觉材料是私人的，在一个人眼前即刻呈现的东西，不会马上就呈现在另一个人的眼前，他们都会从稍微有点不同的角度看待事物，因此对事物的看法也就会略有不同。因此，如果在某种意义上有那种为许多人所知的、公共且中立的客体，那就必须还有对不同的人而言能超越私人和特殊感觉材料之上的东西。那么，是什么使我们有理由相信存在这样一种公共且中立的客体呢？

人们自然想到的第一个答案是，虽然不同的人所看到的桌子会略有不同，但他们在看那张桌子时，仍然多多少少看到的是类似的东西。他们所看到的东西会有所不同，是因为遵循了视觉和反射光的原理。这样，一个恒久的客体，就成就了所有不同人的感觉材料。我从上一个屋主那儿买了这张桌子，但买不了屋主的感觉材料，当他搬走时，这些感觉材料也随他而去。但我可以买到，而且确实买到了与他的感觉材料有些相似的那种满怀信心的期待。因此，不同的人拥有类似的感觉材料，而同一个人在既定地点的不同时段上，也有类似的感觉材料，这就使我们可以假设：在感觉材料之上，还有一个永久的公共客体，它构成或形成了不同时间内、不同人之间的感觉材料。

不过，上述的那些思考必须取决于这样一个假设：除了我们自身之外，还有其他人存在。就此而言，他们实际上回避了实质问题。他人通过某些感觉材料展示在我面前，如我看到的他们的样子，或者我听到的他们的声音。如果我没有理由去相信物理客体是独立于我的感觉材料而存在的，那么，我也就没有理由去相信他人是独立存在的，除非这些都作为我的梦的一部分而出现。因此，当试图表明一定有一个客体独立于我们的感觉材料而存在时，我们不能诉诸他人的确证，因为他人的证词本身就是由感觉材料所组成的；而且，除非我们自己的感觉材料本身就独立于自身而存在，否则这样的确证也无法揭示他人的经验。因此，如果可能，我们必须在自己纯粹私人的经验中搜寻那些特征，即表明或倾向于表明世界上除了我们自己和私人经验之外，还有其他事物存在的特征。

从某种意义上必须承认，我们永远也无法证明除了自身和经验之外，还有什么其他东西存在。这样的假设——世界是由我自己、我的思想及感情和感觉所构成的，除此之外的一切都只是幻想——从逻辑上讲并不荒谬。我们做梦时，好像有着一个非常复杂的世界，但醒来时会发现那只是一种错觉。也就是说，梦中的感觉材料似乎无法与本应该天然地从其中推断出来的物理客体对应上（确实，当物理世界被假定时，很可能在梦中找到它的感觉材料存在的物理原因。例如，一阵敲门声可能会让我们梦到海军交战。但即便在这种情况下，即感觉材料存某种物理上的原因，但也没有物理客体按照实际的海战那样与感觉材料相对应）。从逻辑上讲，假设人生是一场梦，在梦中我们自主创造了所有展现在面前的客体，这样的假设在逻辑上也说得通，但没有什么理由假定那就是真的。事实上，如果非要找一种解释人生的方式不可，常识性假设就简单多了。因为常识性假设认为：确实存在独立于我们自身而存在的客体，这些客体的行为在我们的身体上引起了感觉。

不难看出，如果想再简单一点儿，就要假设真有物理客体存在。如果有只猫在某一个时间点出现在房间的某个地方，而在另一个时间点出现在房间的另一个地方，那么我们自然可以假设它是从一个位置移动到了另一个位置，中间又经过了一系列的位置变化。但是，如果这只猫仅仅是一组感觉材料，那么在我没有看到它的地方它就不该存在。因此我们不得不这样假设：在我没有看到这只猫的时候，它根本不存在，却可以突然蹿到一个新的地方去。如果不管我看没看到那只猫，它都存在，那么我们就可以从自己的经验出发，理解它怎么会在两顿饭之间饿肚子。但是，假如我不看它就不存在，那么在它不存在的时段里，它的饥饿感像它存在时那样增加就显得有些奇怪了。如果猫只是由感觉材料组成，那么它就不应该有饥饿感，因为对我来说只有我自己的饥饿感才是一种感觉材料。因此，用感觉材料将猫呈现给我的这种行为，如果将其视为一种表达饥饿的方式，还看起来比较自然，但要把它看成仅仅是许多色块的运动和变化就彻底莫名其妙了。因为色块是无法感到饥饿的，就像三角形无法踢足球一样。

但是，要是跟关于人的例子比起来，猫的例子中那点儿难度根本不算什么。当人说话时——当听到某些声音，把这些声音和观念联系起来，同时还看到说话人嘴唇的动作和面部表情时——我们很难假设听到的不是某种思想的表达。因为我们知道，发出相似的声音就是在表达思想。当然，类似的事情也会发生在梦中，在梦中我们误以为还有别人存在，但梦多多少少是对"醒来的生活"的一种暗示。要是假设真的存在着一个物理世界，那么梦就能多多少少地通过科学原理来解释。因此，每一条简单的原理都教促我们去接受这种自然的观点：除了自身和感觉材料之外，确实还有某种客体存在。而且，无论我们是否能感知到它们，它们都始终存在。

当然，最初我们并不是通过论证才相信还存在一个独立的外部世界。只要仔细回想一下就会发现，这种信念一早就有，即"本能信念"。在视觉的情境下，我们似乎将感觉材料本身本能地当作了独立的客体，而论证则表明这二者不可能是一种东西。要不是知道了这一点，我们绝不会怀疑这种信念。然而，这一发现在味觉、嗅觉和听觉的情境下一点儿也不矛盾。虽然在触觉的情况下，可能会稍有一点矛盾。即使这样，我们对"客体与我们的感觉材料是相对应的"这一本能信念也未受到丝毫减损。因为这种信念不会带来任何理解上的困难。相反，它倾向于使我们对自身经验的解释更简单化和系统化，那也就没什么理由去驳斥它了。因此，尽管我们从梦中衍生出了一丝怀疑，但依然可以承认：外部世界确实是存在的，并且其存在不完全依赖于能否持续地对其感知。

促使我们得出这一结论的论证，肯定不如我们所想的那样有力，但它仍是许多哲学论证中的典型，因此值得我们简要地考察其普遍性和有效性。我们发现，所有的知识都必须建立在本能信念之上，如果这些本能信念被否定，那就什么都没有了。但是，在我们的本能信念中，有些要强烈得多，而许多信念通过习惯和交往又与其他信念交织缠绕在一起，那些其他的信念并不是真正的本能信念，而只是被误认为本能信念的一部分。

哲学应该将本能信念的层级向我们展示出来，从我们最强烈坚守的信念开始，将每一个信念尽可能地从不相干的事项中剥离出来。但应该注意的是，在最后被提出的形式中，各个本能信念之间不应彼此排斥，而应该形成一个和谐的体系。除非与其他信念相冲突，否则无论什么理由，都不应该拒绝接受本能信念。这样一来，不同信念间只要彼此和谐共存，那么整个系统就是成立的。

当然，也有一种可能：所有的信念或信念体系中的任何一种信念都是错的，因此对所有的信念我们至少都应该稍微抱持一丝起码的怀疑。但除非是基于其他信念，否则我们没有能拒绝某一种信念的理由。因此，我们通过组织本能信念及其结论，以及通过考虑它们中的哪些最有可能（如果有必要）被修改或被放弃，之后接受其作为唯一的感觉材料。在此基础上，我们就能有条不紊地实现对知识进行系统化地组织。其中，虽然错误仍在所难免，但错误的可能性会有所降低。降低的原因一方面是各部分间的相互关系，另一方面则是对之前所进行的批判性审视所形成的默认。

至少这样的功能哲学是能实现的。大多数哲学家，对错暂且不管，都相信哲学可以实现比这更大的价值——相信它可以给予我们知识，关于宇宙整体的知识以及关于实在性的根本性质的知识。除了哲学，这些知识无法通过别的方法来获得。不管情况是否如此，我们已经说过的那些普通的功能当然能由哲学来完成。不仅如此，哲学还完全可以向曾经开始质疑常识性研究是否充分的人们证明，在有关常识的哲学问题中包含了大量艰巨的工作，这样的研究是再正当不过的了。

第三章 物质的性质

在上一章中，尽管找不到说明的理由，但我们应该会同意以下观点：感觉材料，比如那些我们认为与桌子有关的感觉材料，确实是某种事物独立于我们与我们的感知而存在的标志。也就是说，对我来说，在颜色、硬度、声音等这些构成桌子外在形式的感觉之上，应该还有某种别的东西，而这些东西都只是它的现象。如果我闭上眼睛，颜色就不存在了；如果我把放在桌子上的手拿开，那种桌子硬的感觉就没有了；如果我停止用指节敲打桌子，敲击声就停止了。但是，我不相信当这些都停下来之后，桌子也会随即消失。相反我相信，正是因为桌子一直都在，当我睁开眼睛、换一只手、用指节敲打桌子时，所有这些感觉材料就又都回来了。在本章中，我们必须思考一个问题：这张独立于我对它的感知而存在的实在的桌子，它的性质到底是什么？

关于这个问题，物理科学曾给出一个答案，虽有些不完整而且仍充满着假设，但是在当前情况下也是非常可靠的。物理科学多多少少已经陷入了一种普遍观点，即"所有的自然现象都应归结为某种运动"。光、热、声音都产生于波的运动，前者从把它们释放出的物体那里传播出来，传播到看到光、觉得热或听到声的人那里。具有波动的，要么是"以太"，要么是"粗物质"，但无论是哪一种，哲学家都会称之为"物质"。科学赋予物质的唯一属性是它的空间位置以及根据运动规律形成的动力。科学不否认物质可能有其他属性，但是就算是有，那些其他属性对科学家也没什么用，对他解释这些现象一点儿忙都帮不上。

人们常说"光是一种波动"，但这句话很有误导性。因为，对我们来说，光是当下可见的，是能通过视觉感官直接感知到的。它不是一种波动，而是另一种东西，是那种"只要眼不盲就都知道，却又不知该如何向盲人描述的东西"。相反，波动可以很好地解释给一个盲人听，因为他可以通过触觉来获得空间知识；并且，几乎可以和我们一样，通过一次航海体验什么是"波动"①。但是，盲人所理解的"光"的含义和我们所理解的截然不同：我们所说的光，是那种盲人永远也无法理解、我们永远也无法向他们描述的东西。

光这种东西只要眼睛正常就会理解，但是根据科学，它又不是真正能在外部世界被发现的东西——它是由某些波作用于看得见光的人的眼睛、神经和大脑而形成的东西。当人们说光是一种波时，其真正的意思是：波是引起我们对光的感觉的物理原因。但是，就光本身来说，也就是明眼人都能看到，而盲人看不到的东西，科学不认为它是构成独立于我们和我们的感官而存在的世界的一部分。类似的结论也适用于

---

① 指海浪造成的摇晃，海浪也是一种波动的结果。——译者注（若无特别说明，本书脚注均为译者注）

人的其他感觉。

除了光，在科学的物质世界中，同样缺失的不仅是颜色和声音，还包括我们通过视觉或触摸感知到的空间。这一点对科学来说尤其重要，即物质应该存在于某个空间之内，但它所处的空间并不一定恰巧就是我们所看到、所感觉到的那个空间。首先，我们所看到的空间与通过触觉感知到的空间并非同一空间；通过婴儿期的经验，我们才学会了如何去触碰看到的东西，或者感到有东西触碰到了我们、我们要如何去看它。但是科学上的空间是中性的，介于触觉和视觉之间；因此，它既不是触觉的空间，也不是视觉的空间。

此外，对于同一客体，不同的人会根据各自的视角认为其形状不同。例如，一枚圆形的硬币，虽然我们总是判定它就是圆形的，但除非正对着它，否则它看起来会是椭圆形的。当我们判定硬币的形状是圆形时，判定的是它的实在形状，而非它的外在形状。实在形状内在于它，却又不同于它的外在。但是，这个和科学有关的实在形状，必须存在于一个实在空间里，且这个实在空间不同于任何个人的外在空间。实在的空间是公共的，而外在的空间是感知者的私人空间。在不同人的私人空间里，同一客体似乎具有不同的形状；它的实在形状就包含于实在空间之中，据此，实在空间必然有别于私人空间。因此，科学的空间虽然与我们看到和感觉到的空间有关联，但并不一致，二者之间的关联方式还有待进一步的研究。

我们姑且同意下面这种说法：物理客体虽然与感觉材料不完全相似，但可被视为形成感觉的原因。这些物理客体存在于科学空间，即所谓的"物理空间"当中。然而要注意的是，如果我们的感觉是由物理客体所引起的，那就必须存在一个可以容纳这些客体以及我们的感官、神经和大脑的物理空间，这很重要。当与某一客体接触时，我们会从所接触的这一客体处获得触摸的感觉。也就是说，这时我们身体的某部分在物理空间中所占据的位置与这一客体所占据的空间位置是非常接近的。在物理空间内，当某一客体和我们的眼睛之间没有非透明物质时，（粗略地讲）我们就会看到那个客体。类似地，只有当离某一客体足够近，或者当它碰到我们的舌头，或者在物理空间内与我们的身体保持适当的位置时，我们才会听到、闻到或尝到它。由于能从客体那里体验到哪些感觉主要取决于我们的身体与客体所处的相对位置，所以我们就要把相关客体和我们的身体视为共存于一个物理空间内。如果不这样，我们就无法开始陈述在不同的情况下，我们将从一个给定的客体中产生哪些不同的感觉。

现在，我们的感觉材料不管是在视觉空间之内、触觉空间之内，还是其他感官带给我们的模糊空间之内，总之都是在我们的私人空间之内。假如真的像科学和常识所假设的那样，存在一个包罗万象的公共物理空间，那么物理客体在物理空间内的相对位置就必须多多少少与我们的感觉材料在私人空间内所处的位置一一对应。进行这样的假设并不难。如果我们在一条路上看到一栋房子比另一栋离我们更近，我们的其他感官就会支持它离我们更近这一观点。比如，如果我们沿着这条路走就会更快地到达那栋房子。别人也会赞成：看上去离我们更近的房子就是离我们更近；如果去看地图，也会让人形成相同的观点。因此，一切都指向了一种对应关系，即这两栋房子之间的空间关系，对应于我们看这两座房子时所看到的感觉材料之间的关系。于是可以这样假设：确实存在一个物理空间，且物理客体在这个物理空间内所具有的空间关系，对应着我们的私人空间内相应的感觉材料之间的空间关系。在几何学上所讨论的空间，以及在物理学和天文学中所假定的空间，指的就是这个物理空间。

假设真的有物理空间，它也确实是与私人空间相对应的，那么，关于它我们还能知道什么？我们能知道的，只是为了确保这样的对应关系还需要些什么罢了。也就是说，我们对它本身仍然一无所知。不过，我们能知道一点：由物理客体的空间关系所产生的关于物理客体的一系列的位置排布。例如，我们能知道，在日食期间，地球、月亮和太阳会呈一条直线，尽管我们不知道"物理直线"本身是什么，但知道在我们的视觉空间中它是什么样的。因此，我们了解到的是物理空间中不同距离之间的关系，而不是"距离"本身。我们可能知道一段距离比另一段距离更长，或者它与另一段距离处在同一条直线上，但我们无法亲知到物理距离。相反，我们在私人空间中却能亲知到距离、颜色、声音，以及其他的感觉材料。我们所能知道的关于物理空间的一切，就像一位天生的盲人能通过他人了解到关于视觉空间的知识一样。但是，视觉空间里还有一些东西是盲人永远无法知道的。同样，物理空间的那部分内容，我们也永远无从了解。我们能知道的是：要保持与感觉材料相对应的关系必须具有怎样的属性；但我们不知道的是：形成那些关系的各个项目的性质到底是什么。

关于时间，相对于时钟对时间流逝所做出的记录，我们自身对时间持续和时间推移的感觉是很不可靠的向导。当我们感到无聊或痛苦时，时间缓慢悠长；当我们愉悦地忙碌时，时间转瞬即逝；当我们睡着时，时间就像几乎没有存在过一样。因此，就时间是由时段构成的而言，区分公共和私人时间是有必要的，这和空间的情形非常类似。但是，时间又是由先后的顺序所组成的，就此而言又不需要对时间做出公共与私人的区分了。还有，据我们所知，事件应该具有的时间顺序，和它们实际具有的时间顺序是相同的，至少我们没有理由假设这两种顺序是不同的。空间的情形也大致如此：如果一列队伍沿路行进，队伍的形状会因视角的不同而不同，但是不管从哪个视角看，队伍中的人相互的排列顺序并没有变。因此，我们认为顺序在物理空间中也是真实的，但是只有当需要保持顺序的时候，队伍的形状才应当与维持顺序所需的物理空间相对应。

说到这一点，即事件表面上具有的时间顺序与它们真正拥有的时间顺序相同，那就有必要避免出现可能的误解。千万不要去假定形态各异的各种物理客体与构成这些客体的知觉的感觉材料之间具有相同的时间顺序。雷声和闪电被认为是物理客体，它们同时发生；也就是说，闪电与空气扰动同时发生于扰动的起始地，即打闪的位置。但是，我们所说"听到雷声"的感觉材料却直到空气的扰动已经传播到我们所处的位置上时才会发生。类似地，太阳光需要大约8分钟的时间才能到达我们这里。因此，当我们看太阳时，我们实际上看到的是8分钟前的太阳。就我们的感觉材料而言，它们只是为物理上的8分钟之前的太阳提供了证据；如果物理太阳在8分钟之内不复存在了，那对我们所说的"看见太阳"这样的感觉材料并没有任何影响。这为区分感觉材料和物理客体的必要性提供了一个鲜活的例证。

我们在空间方面的发现，与我们在感觉材料与其物理对应物之间关系的发现，几乎完全相同。如果一个客体看起来是蓝色的，另一个是红色的，我们就可以合理地假设这两个客体之间存在某种相对应的不同之处；如果两个客体看起来都是蓝色的，我们也可以假设它们之间存在相应的相似之处。但是，到底是哪些特质使物理客体看起来是蓝色或红色的，关于这个问题，我们并不抱有任何能亲知它的希望。科学告诉我们，这种特质是某种波动，这听起来很熟悉，因为这让我们想到了所看到的空间内发生的波动。但是，波动必须发生在真正的物理空间内，对于那个空间，我们并没有也无法直接亲知。因而，我们对真正的波动，也没有像我们想象的那样熟悉了。其实，可以用来说明颜色的内容，大致也可以用来说明其他的感觉材料。因此，我们发现，尽管物理客体在关系上具有各种已知属性，这些性质都源自它们与感觉材料的对应关系，但就物理客体本身而言，虽然目前至少可以通过感官去发现它们，但我们对其内在性质仍然一无所知。这样一来，剩下的问题就是：是否还有其他方法可以发现物理客体的内在性质？

不管怎样，当涉及视觉的感觉材料时，我们最先要采用的就是那个最自然的假设，即虽然基于我们所考虑的原因，物理客体不会与感觉材料完全一样，但它们之间应该多多少少具有一定相似性。尽管从根本上讲，这一假设不是最有说服力的，但不管怎样，根据这一假设的观点物理客体真的会有颜色，而且我们可能（如果运气好）看到的那个物体的颜色就是它实在的颜色。从各种角度来看，尽管一个客体在某一时刻拥有的颜色好像不完全相同，但基本十分相似。因此，我们可以认为"实在的"颜色是一种中间色，是介于从不同的视角看到的各种颜色之间的颜色。

这样的理论也许无法被确切地驳斥，却可以被证明毫无根据。首先，很明显，我们所看到的颜色，只取决于射入我们眼睛里的光波的性质，因而，可以通过改变我们和客体之间的媒介，以及改变光线从客体向眼睛反射的方式来使颜色发生改变。由于我们和客体之间的空气也会使颜色发生改变，因此除非空气特别清透，否则颜色也会改变；另外，任何强烈的反射，也会使颜色完全改变。因此，我们所看到的颜色，是光线到达我们眼睛时的一种结果，而不仅是它们所来自的客体的一种性质。所以，当某些特定的波到达眼睛时，我们就会看到某种特定的颜色，而无论那些光从客体发出时是不是带有颜色。据此，无端地认为物理客体有颜色根本就是无稽之谈，我们也没有什么理由去进行这样的假设。至于其他的感觉材料也完全可以引用与此类似的论证。

接下来，还剩下一个值得追问的问题：有没有什么一般性的哲学论证，能使我们解决这样一个问题——如果物质是实在的，那它就必须具有这样那样的性质？正如上面所解释的，以往很多哲学家（至少占大多数），都认为凡是实在的东西，都必然在某种意义上是精神的。或者说，凡是我们能知道的，都必然在某种意义上是精神的。这样的哲学家，我们称之为"唯心主义者"。唯心主义者告诉我们：作为物质出现的东西，实际上都是精神的；也就是说，按照我们通常的说法，它们要么像莱布尼茨认为的，多多少少只是"原初的心灵"；要么像贝克莱认为的，是"心中的观念"，能对物质进行"感知"。因此，尽管唯心主义者并不否认我们的感觉材料是某种独立于我们的私人感觉而存在的事物的标志，但他们否认物质的存在内在地不同于精神。在下一章，我们将简要考察唯心主义者是用哪些理由来支持他们的理论的，尽管我个人认为它们都是站不住脚的。

第四章　唯心主义

不同的哲学家在使用"唯心主义"这个词时所指的含义颇为不同。我们可以这样来理解：无论存在什么，或无论已知存在什么，都必须在某种意义上具有精神性。这一学说不但形式多样，而且被五花八门的理由大加提倡，同时在哲学家当中也拥有众多的拥趸。由于它受众广泛，其本身又妙趣横生，这就使得哪怕是在最简短的哲学评述中也少不了它的存在。

那些不习惯哲学思辨的人可能倾向于认为这种学说明显具有荒谬性，从而嗤之以鼻。毫无疑问，我们常识上都认为桌椅、日月和实物是与心灵或心中所想完全不同的东西，并且如果心灵不复存在，这些东西还会继续存在。我们也认为早在心灵产生之前，物质就存在了，所以很难把它仅看成一种精神活动的产物。但是不管是对是错，我们都不能将唯心主义视为谬论而直接摒弃。

我们已经看到，尽管物理客体确实是一种独立的存在，但与感觉材料之间肯定存在很大的不同，物理客体只能与感觉材料之间存在某种对应关系，就像一个目录与被编入目录的事物之间存在的那种对应关系。因此，常识根本无法帮助我们了解到底什么才是物理客体真正的内在性质；如果有什么能让我们把它们看成精神上的东西，那就不能仅仅因为我们觉得它奇怪而加以拒绝。关于物理客体的真理，它一定是奇怪的，并且这样的真理也许根本无法企及，但倘若任何一个哲学家相信他真的已经发现了这样的真理，那么就算他所提出的真理内容十分诡异，也不该成为我们反对其观点的理由。

推崇唯心主义的理由，一般都来自知识论，也就是说，来自对事物必须满足于哪些条件我们才能理解它们的讨论。第一个认真尝试以这些理由确立唯心主义的人，正是乔治·贝克莱主教。他首先通过许多论证（其中大部分是有效的）证明：不应该假设我们的感觉材料独立于我们自身而存在，它们必须至少部分地在我们的心灵"里"；在某种意义上讲，感觉材料只有在看、听、触、嗅和尝的时候才存在。到目前为止，虽然论证存在瑕疵，但他的观点几乎可以确定是有效的。但他接下来论证的内容是：感觉材料是我们的知觉能向我们确认有关事物存在的唯一的东西，而它们又已知在某人的心灵"里"，因此它们是精神上的。据此，他得出的结论是：心灵之外的东西皆不可知，已知的东西若不在我的心灵里，则必在他人的心灵里。

要想理解他的论证，就先得理解他是如何使用"观念"这个词的。他管任何可以直接被认知的事物都叫作"观念"，举个例子：感觉材料是已知的，因此，我们看到的一种特殊颜色就是一个观念，我们听到的声音也是一个观念，等等。但是，他对这一术语的使用，没有完全局限于感觉材料，还包括记忆中或想象中的东西，因为这些东西在我们记起或想象到的那一刻就产生了亲知。所有这些即时性的材料，都被他称为"观念"。

然后，他开始思考一些常见的、类似一棵树那样的客体。他表明，当我们"感知"到这棵树时，我们所立刻知道的一切，都是由所谓观念组成的。并且他还争论到，除了感知到的部分之外，我们绝无理由可以认为那棵树是实在的。他说，它的存在，就在于被感知：用经院哲学家惯用的语言来说，就是它的"存在即被感知"。他完全承认，即使我们闭上眼睛或没有人靠近那棵树时，它也肯定会继续存在。但他说，这种继续存在是基于上帝对它继续感知的这一事实；那棵"实在的"树，即对应于我们所说的物理客体，是由上帝心灵里的观念所构成的，并且多多少少与我们看到树时的观念类似。唯一不同之处就是，只要这棵树继续存在，它就永远存在于上帝的心灵里。贝克莱认为，我们所有感知都部分地参与到了上帝的感知当中，正是由于这种参与，不同的人才能多多少少看到同一棵树。因此，除了心灵和它们的观念之外，这个世界上一无所有，也不可能有任何其他东西能被感知，因为只要是感知的东西必然是一个观念。

在这一论证当中，出现了许多在哲学史上非常重要的谬论，在这里我们要将它们一一列举。首先，使用"观念"一词会引起混淆。当我们想到一个观念时，基本上是指某人心灵中的东西，因此，当有人告诉我们"一棵树完全是由观念组成"的时候，我们会很自然地假设，如果真是那样，那棵树岂不是必须完全在我们的心灵里吗？但是，在心灵"里"

的这种表述非常模棱两可。我们所说的"将某人铭记在心"，不是说那个人真的就在我们的心里，而是说，在我们的心里有一个关于那个人的想法。当一个人说他必须完全不把某件要事放在心上时，他的意思并不是在说"那件事本身就曾在他的心里"，而是说"关于那件事的想法曾经在他的心里出现过，但后来没了"。因此，当贝克莱说"如果我们要想知道那棵树，那棵树就一定得在我们的心灵里"这话的时候，其实真正能说的是：对那棵树的想法一定就在我们心灵里。如果要论证那棵树本身必须在我们的心灵里，那就好比在论证：我们铭记某人于心，就是那个人本人在我们的心里。这样的混淆似乎过于低级，任何有能力的哲学家都不会真的犯下这种错误，但是随之而来的各种情况又使之成为可能。为了弄清楚它到底是怎么成为可能的，我们就必须更加深入地对"观念的性质"加以研究。

在讨论这个一般性问题之前，我们必须把感觉材料和物理客体这两个完全不同的问题区分开来。我们看到，基于各种具体的原因，贝克莱认为，构成我们对树的感知的感觉材料多多少少是主观的。就这一点而言，他是对的。因为感觉材料既离不开我们，也离不开树，如果树没有被感知到，它就是不存在的。但这完全不是贝克莱想证明的论点，即"任何当下可知的东西一定都存在于某个心灵之中"。如果是那样，再怎么细致地去论证感觉材料，对我们的依赖性也是没有用的。总体而言，事物通过被知道而表现为是精神上的，这才是他要去证明的论点，也就是贝克莱相信自己已经做到的事情。同时，这一个问题，而非之前关于感觉材料和物理客体之间区别的那个问题，才是我们这里必须关注的。

如果从贝克莱的角度来理解"观念"这个词，那么无论何时，当一个观念进入心灵之前时都需要考虑以下两件截然不同的事情：一方面是我们意识到的东西，比如桌子的颜色；另一方面是实际的意识本身，即理解事物的精神行为。精神行为无疑是精神上的，但有没有理由据此认为被理解的事物无论如何都应该是精神上的？在我们之前关于颜色的论证中，并没有证明颜色是精神上的，但是他们确实证明了颜色的存在取决于我们的感官与物理客体之间的关系——在我们的例子中，物理客体就是那张桌子。也就是说，这些论证证明了，当视觉正常的眼睛在与桌子相对的某一确定的角度上，在某一确定的光线范围内去看那张桌子时，桌子就会呈现出特定的颜色。但是，他们并没有证明所呈现的颜色就在感知者的心灵里。

如果按照贝克莱的观点，显然颜色一定得在心灵里，这貌似可信的观点其实是混淆了被理解的事物与理解事物的行为这二者的区别。这二者中的任何一个，都可能称为一个"观念"；或许贝克莱也会这样称呼它们。理解行为无疑发生在心灵里，因此，当我们思考理解行为时，很容易对观念必须在心灵里这样的观点产生认同。然后便忘记了只有当观念被视为理解行为时，这一观点才是正确的，于是我们把"观念存在于心灵里"这一命题转化为另一种意义上的观念，即转化到我们的理解这一行为所理解的事物身上去了。因此，通过一种无意识的含糊表达，我们就得出了以下结论：我们所能理解的事物，一定存在于我们的心灵里。这应该就是对贝克莱的论证所做出的正确分析了，他最根本的谬误根源也就在于此。

在我们对事物理解的过程中，对行为和客体做区分的问题有着至关重要的意义，因为我们获取知识的全部能力都与之紧密地联系在一起。亲知事物而非亲知心灵本身，这一官能是心灵的主要特征。对客体的亲知，本质上在于心灵和心灵之外的事物之间的某种关系；也正是基于此，才构成了心灵了解事物的能力。如果我们说已知的事物必然在心灵里，那我们要么是过分限制了心灵的认知能力，要么就是单纯地在做无谓的语义反复。如果我们说"在心灵里"和"在心灵前"是一个意思，都是指"假如仅仅被心灵所理解"，那么就是在做无谓的语义重复。然而，如果我们是这样想的，就必须承认，在这个意义上，心灵里的东西也可能不是精神上的。因此，无论是在实质上还是形式上，一旦我们认识了知识的性质，贝克莱的论证就都应被视为一种错误。他认为，"观念"即被理解的客体，必须是精神的，其依据无论如何都站不住脚。因此他赞同唯心主义的这一条理由就可以被摒弃掉了，剩下的我们就要看是否还有其他理由了。

人们常说，"我们无法知晓某个我们不知道的事物存在"，就好像它是一条不证自明的真理。由此推之，无论什么食物，不管以何种方式出现，只要与我们的经验相关，那么它就至少能被我们所知道。再进一步，如果物质本质上是我们无法亲知的东西，那么该物质就是我们无法知其存在与否的东西。对我们来说，这样的物质可能毫无意义。大体上这也就意味着，基于一些尚不清楚的原因，对我们不重要的东西就不可能是实在的。因此，如果物质不是由心灵或精神的观念组成，那么它就是不可能之物，而仅仅是一头缝合怪罢了。

在我们现阶段，要全面讨论这一论证还不大可能，因为它提出的一些问题需要进行相当深入的初步讨论。但是，反驳这一论证的某些理由眼前就有。让我们先从最后面的开始，我们没理由认为，对我们来说没有任何实际意义的东西就不应该是实在的。如果要将理论上的价值也包括在内，确实，任何实在的东西对我们来说都具有某种价值，因为渴望了解宇宙真理的人，对宇宙所包含的一切都怀有兴趣。但是要是把这种兴趣也包含在内，那就不再是物质对我们是否有价值的问题了，而是变成了"即使我们不知道它存在，也要假设它存在"这样的问题了。显然，我们可以怀疑它有没有可能存在，并且好奇它是否真的存在；因此，它与我们对知识的渴望有关，并且具有满足或挫败这种渴望的价值。

然后，再回过头来看"我们无法知道某个我们不知道的事物是否存在"，这样的表述绝非真理，事实上它是一个谬误。这里的"知道"一词有两种不同的用法：在第一种用法中，它适用于与错误相对的那种知识，其含义是：我们所知道的内容是正确的，适用于表达我们的信念和确信，即所谓的"判断"。从这个意义上说，"我们知道事情是这样的"就是这个意思。这种知识可以称为真理的知识。在第二种用法中，它适用于表达我们对事物的认识，我们可以称之为"亲知"。我们获知感觉材料就是在这种意义上的"知道"（它们的区别与法语里的 savoir 和 connaître、德语里的 wissen 和 kennen 之间的区别差不多）。

　　因此，如果要将这个貌似真理的表述加以重述，就可以像下面这样："对于我们无法亲知的事物，我们永远无法真正地判断其是否存在。"但是，这也绝不是真理，相反是个相当明显的谬误。我没有那样的荣幸去亲知中国古代的皇帝，但我可以正确判断出他是存在的。当然，有人会说，我之所以这样判断，是因为别人能与他亲知。然而这是一个不相干的反驳，因为就算这条原理是真的，我还是不知道到底是谁与那个皇帝亲知。但是进一步说：为什么没有人亲知的东西，我就不该知道它是否存在？这一点很重要，需要进一步阐明。

　　如果我去亲知某个事物，这个事物是存在的，我的亲知提供给我的知识是它是存在的。但是反过来说，如果无论何时，只要我知道某一事物在以某种方式存在，我或其他人就必定是对这一事物亲知，那么这就是错的。但是有时会这样，即一旦我在没有亲知的情况下也做出了正确的判断，那么我就是通过描述知道了这一事物，并且根据一些一般性原理，从我所亲知的事物的存在中，可以推断出符合这一描述的东西是存在的。为了充分理解这一点，最好先来区分一下亲知的知识和描述的知识的区别，然后再去思考关于一般原理的那些知识（如果有），与我们自身经验中的存在知识具有同样的确定性。这些主题将在接下来的章节中进行讨论。

第五章　亲知的知识和描述的知识

在上一章中，我们看到两种不同的知识：事物的知识和真理的知识。在这一章中，我们只关注事物的知识，还要再将它分为两类。一方面，当我们将事物的知识称为"亲知的知识"时，与真理的知识相比，其在本质上确实是更简单，在逻辑上也与之独立。尽管认为人类事实上曾经与某些事物亲知，同时又不知道它们的某些真理，这样的假定可能做得不够严谨。另一方面，与亲知的知识相反，通过描述获得事物的知识，正如我们将在本章的论述过程中发现的那样，总是包含一些作为其来源和基础的真理的知识。但首先，我们必须弄清楚我们所说的"亲知"和"描述"到底指的是什么。

应该说，任何我们能直接觉知的事物都可以与之亲知，不需要任何推理过程或任何真理知识作为中介。因此，在桌子跟前，我亲知到那些构成桌子外观的感觉材料——颜色、形状、硬度、光滑度……这些都是我在看到和触摸到桌子的那一刻马上就能意识到的东西。至于我所看到的那种特殊颜色，可以有很多关于它的说法，可以说它棕色、暗沉，诸如此类。但是这样的陈述，虽然使我获知了有关颜色的真理，可一旦触及颜色本身的知识，我能了解的并没有比以前多很多；而对于与颜色的真理知识相对立的是颜色本身的知识，当我看到那种颜色时，我就已经完整地知道它了。从理论上讲，我已经穷尽了对这种颜色本身的了解。因此，构成我那张桌子外观的感觉材料是我所亲知的东西，是按照它们本身的样子可以立即被我知道的东西。

但是，与之相反，那张被作为物理客体的桌子，我关于它的知识不是直接知识。尽管如此，它也是通过对构成桌子的现象的感觉材料进行亲知而获得的。如我们所见，我们可能怀疑到底有没有一张桌子，却不可能去怀疑感觉材料，这一点儿也不荒谬。我关于那张桌子的知识，是我们称之为"描述的知识"的那种知识，而那张桌子是"引起这样那样感觉材料的物理客体"。这是在用感觉材料来描述那张桌子。为了能知道关于那张桌子的所有事情，我们就必须知道它与我们所亲知的事物之间相互联系的真理，即我们必须知道"是一个物理客体引起了这样那样的感觉材料"。我们不具备能直接觉知那张桌子的心智状态；我们关于那张桌子的所有知识，确实都是真理的知识，但是严格来说，那张桌子真正是什么东西，我们根本就不知道。我们知道有一种描述，也知道只有一个客体适用于这种描述，尽管对那个客体本身我们并不直接知道，在这种情况下，我们就说我们对客体的知识是通过描述获得的。

包括事物的知识和真理的知识在内的我们的一切知识，都是以亲知为基础的。因此，考虑我们所亲知的事物有哪些种类也就格外重要了。

如我们所知，感觉材料是我们所亲知的事物中的一种。事实上，感觉材料为我们提供了通过亲知获取知识的最明确的例子。但如果它是孤例，那我们的知识会比现在更加受限。我们只会知道当下呈现于感官的东西：不知道任何关于过去的东西，甚至不知道过去，也不知道任何关于感觉材料的任何真理，因为所有的真理知识都要求我们去亲知在本质上与感觉材料不同的东西（接下来会展示），这些东西有时被称为"抽象观念"，但我称之为"普遍性"。因此，如果想充分分析我们的知识，就必须思考对感觉材料以外的其他事物的亲知情况。

除感觉材料以外，我们要扩展思考的第一个问题，是通过记忆获得的亲知。很明显，我们经常会记得我们所见到、听到或以其他方式呈现于我们感官的事物。在这些情况下，它们尽管以过去的形式呈现，我们仍然能马上感觉到那是我们记忆的内容。这种从记忆获得的直接知识是我们所有关于过去知识的来源，少了它就不可能通过推断来了解过去，因为我们永远不会知道哪些过去的东西是可以被推断的。

第二个要思考的问题是从内省得来的亲知。我们不仅能觉知事物，而且我们经常觉知自己在觉知事物。当我看太阳时，我常常觉知我在看太阳，因此"我看太阳"就成了我亲知的一个客体。当我渴望食物时，我可以觉知我对食物的渴望，因此"我渴望食物"是我亲知的一个客体。同样，我们可能觉知自己感到快乐或痛苦，以及一般在我们的心灵里发生的事情。这种亲知可以称为"自我意识"，是我们所有关于精神事物的知识来源。显然，只有在我们心里发生的事情，才能立即就被我们知道，对于他人心里发生些什么，我们必须通过对他人身体的感知，也就是说，通过内在于我们自身、与他人相关的感觉材料才能知道。要不是我们亲知到自己心灵里的所思所想，我们是无法想象别人的心灵的，因此我们就永远不能了解他人也有"心灵"这样的知识。人们似乎自然地认为，自我意识可用来区分人与其他动物，我们可以假设：尽管动物可以亲知到感觉材料，但这种亲知从未达到过觉知的程度。我不是说它们对自己的存在有所怀疑，而是说它们从来没有意识到自己是有感觉和情感的，也没有意识到如下事实：它们是作为感觉和情感的主体而存在的。

我已经说过，我们以自我意识的方式来亲知自己心灵里的内容，但是，它当然不是针对我们的自我的意识，而是针对特殊的思想和情感的意识。然而，我们是不是也能亲知到不带有任何特殊思想和情感的赤裸的自我？这是一个极难回答的问题，直接回答会有些草率。当我们试着审视自己时，似乎总会突然产生某种特殊的思想或情感，而这种思想或情感并不是对"我"而产生的。即便如此，我们还是有理由认为，我们对"我"是亲知的，尽管这种亲知很难从其他事物中区分开来。想探究其原因，我们就来思考一下我们对特殊思想的亲知的内容。

当我亲知"我看着太阳"这一客体时，很明显，我对相联系的两种事物都是亲知的：一种是向我展现出太阳的感觉材料；另一种是看到这种感觉材料的事物。所有的亲知，比如我对代表太阳的感觉材料的亲知，明显是亲知的人与被人亲知的客体之间的关系。当一种亲知的情形是我能亲知的时候

（就像我亲知到我对代表太阳的感觉材料的亲知），那么很明显，被亲知的那个人就是我自己。因此，当我亲知"我看太阳"时，我亲知的全部事实就是"自我对感觉材料的亲知"。

再进一步，我们知道了"我亲知这个感觉材料"这一真理，但除非能亲知我们称之为"我"的东西，否则很难明白自己如何获知这个真理，也不理解它的意义。似乎没必要去假设我们认识一个不分昨天今天、几乎恒久不变的人，但看来我们确实必须亲知那个能看太阳，并能亲知感觉材料的东西，而不管它的性质。因此，在某种意义上讲，我们似乎必须亲知我们自己，而非我们的特殊经历。但是，这个问题很复杂，无论是支持还是反对，任何一方都能提出极其复杂的论证。因此，虽然似乎"亲知我们自己"是有可能发生的，但据此武断地给出结论就不太合适了。

至此，关于亲知存在的事物的讨论，我们可以总结如下：在感觉上，我们亲知的是外部感官的材料；在内心中，我们亲知的是内部感官的材料——思想、情感、欲望……在记忆中，我们亲知的是已经成为外部感官或内部感官的材料。再进一步，尽管有些不确定，但我们很可能对自我也是亲知的，即那个觉知事物或渴望事物的自我。

除了对特殊存在的事物的亲知之外，我们还能亲知所谓"普遍性"的事物，也就是那些一般观念，如白色、多样性、兄弟情谊等。每个完整的句子，都必须至少包含一个代表某种普遍性的词，因为所有动词都有某种普遍意义。在稍后的第九章我们还会回到普遍性的问题，在这里只需要谨防一种假设：凡是我们能亲知的必定是某种特殊的存在之物。对不同普遍性的感知，就是"综合知觉"，而对其中一种普遍性的感知，就是"概念"。

可以看出，在我们所亲知的客体中，既不包括（与感觉材料相对立的）物理客体，也不包括他人的心灵。这些都是通过"描述的知识"而获知的，这也是我们接下来要思考的内容。

关于"描述"，我是指以"一个某某"或"那个某某"这种形式出现的任何短语。"一个某某"形式的短语，我称之为"模糊的"描述；"那个某某"（单数）形式的短语，我称之为"明确的"描述。这样，"一个男人"就是一个模糊的描述，而"那个戴铁面具的男人"就是一个明确的描述。很多都与模糊的描述有关，但是这里我先略过，因为它们不直接涉及我们在此讨论的问题。这里的问题是：当我们知道某一客体符合某一明确的描述时并不亲知这一客体，那么关于这样的客体，我们知识的性质到底是什么？这是一个只关于明确描述的问题。因此，在下文中，当我谈到"明确的描述"时会简称其为"描述"。这样，一个描述，就代表任何以单数形式出现的"那个某某"这种短语。

当我们知道一个客体是"那个某某"，即当我们知道有且仅有一个客体具有某种属性时，我们就说它是"通过描述知道的"。一般来说，这也就暗示了：我们关于它的知识不是通过亲知所获得的。我们知道那个戴铁面具的男人存在过，也知道许多关于他的描述，但还是不知道他到底是谁。我们知道得票最多的候选人会当选，在这种情况下很有可能也亲知（仅在人能亲知他人的意义上）那个实际上得票将会最多的候选人，但我们不知道他到底是哪个候选人，即我们不知道任何以"A是将获得选票最多的候选人"这种形式出现的命题，其中A是其中一个候选人的名字。虽然我们知道"那个某某"是存在的，也可能亲知那个客体，其实那个客体就是"那个某某"，但我们不知道任何"a是那个某某"这样的命题，其中的"a"代表我们亲知的事物，这时我们可以说，我们对着的"那个某某存在"持有"单纯描述性知识"。

当我们说"那个某某存在"时，我们的意思是只有一个客体，且这个客体就是"那个某某"。命题"a是那个某某"的意思是a具备某某的属性，而其他事物不具备。"A先生是本选区的工会候选人"是指"A先生是本选区的一个工会候选人，而其他人不是"。"该选区的工会候选人已经存在"是指"某人是该选区的一个工会候选人，而其他人不是"。因此，当我们亲知一个客体就是"那个某某"时，我们知道"那个某某"已经存在，但即使我们不亲知任何我们知道是"那个某某"的客体时，甚至不亲知任何其实就是"那个某某"的客体时，也许我们就知道那个某某是存在的。

常用词乃至专有名词通常都属于真命题。也就是说，一个人在心里所想的正确使用一个专有名词的想法，大体上只有在我们用一个描述来代替那个专有名词时，才得以明确表达出来。此外，用来表达想法的描述会因人而异，即使是同一个人也会因时而异。（只要名词使用正确）唯一不变的是适用于该名词的客体。但只要这一点不变，那么它所涉及的特殊描述，一般不会影响有该名词出现的命题的真假。

我举例说明，例如关于俾斯麦的一些表述。假设：俾斯麦对某人亲知，俾斯麦本人可能会直接用那人的名字来指称他所亲知的人。这时候，如果他对自己做了一个判断，那么他自己可能就是这个判断的一个组成部分。在这里，专有名词具有它一直渴望拥有的直接用途，即仅代表一个确定的客体，而不代表对客体的一种描述。但如果一个了解俾斯麦的人，对俾斯麦做出了一个判断，那就不一样了。这个人亲知的是一些他与俾斯麦的身体相关（我们假定关联是恰当的）的特定感觉材料。当他的身体和心灵仅仅作为与这些感觉材料相关的身体和心灵时，他作为物理客体的身体（还有他的心灵）才能为人所知，即它们是通过描述被知道的。当然，当俾斯麦的朋友想到他时，他的一些身体特征会浮现在朋友的脑海中，这只是概率大小问题。因此，在朋友的脑海中，关于俾斯麦的描述其实是带有或然性的。更关键的是，他知道各种描述都可适用于同一实体，尽管他对那个实体并不是亲知的。

当我们这些不认识俾斯麦的人要对俾斯麦做一个判断时，我们心中的描述很可能是一大堆模糊的历史知识——在多数情况下，这些内容会多到根本无法鉴别俾斯麦的身份。但为了说明问题，让我们先假设他是"德意志帝国的第一任总理"。这里，除了"德意志"一词，其余所有词都是抽象的词，但是"德意志"一词对不同的人来说含义也是不同的。对一些人来说，它是曾经去德国旅游的回忆，而对另一些人来说，它是德国的地图轮廓，诸如此类。但如果我们想获得一个我们觉得适用的描述，就不得不引证一种我们亲知的特殊性。这样的引证，涉及的可能是过去、现在和未来中的任何时间点（比如某些明确的日期），或者任何一个地点，又或者是他人曾经跟我们说过的任何话。因此这样看来，在某种程度上，如果我们对所描述的事物的知识在逻辑上不仅仅是从那个描述中推导而来的，那么一个已知适用于一种特殊性的描述，就必然涉及对我们所亲知的一种特殊性的引证。例如，"最长寿的男人"是一种普遍性的描述，这种描述必定适用于某人，但我们对这个"某人"无从判断，因为此人所涉及的知识超出了描述的范围。但如果我们说，"德意志帝国的第一任总理是个精明的外交家"，我们就只能凭借亲知的东西——通常是听到的、读到的命题——来辨别我们的判断是否真实。我们传达给别人的信息，还有关于俾斯麦本人的事实，这些都能帮助我们下判断，但除此之外，我们真正拥有的想法都会包含一种或多种特殊性，否则我们的想法就将全部由概念组成。

所有表示地点、空间的名词，如伦敦、英格兰、欧洲、地球、太阳系，当它们被使用时，都会涉及来自我们亲知的一种或多种特殊性的描述。在形而上学上看，我怀疑哪怕是宇宙恐怕也涉及特殊性之间的某种联系。相反，在逻辑上看，当我们不但关心什么样的事物存在，而且还关心什么事物可能存在、什么事物应该存在时，就不涉及具体的特殊性了。

似乎当我们对只从描述得知的事物进行陈述时，往往想这样来陈述：不以描述的形式针对被描述的实际的事物做出陈述。也就是说，当我们谈到俾斯麦时，如果可以，我们很想做出只有俾斯麦本人才能做出的判断，换言之，就是俾斯麦本人包含于其中的那种判断。可是在这一点上，我们注定要受阻，因为我们并不认识俾斯麦。但是我们知道有一个客体B名叫俾斯麦，并知道B是个精明的外交家。因此，我们可以这样描述待确认的命题——"B是个精明的外交家"，其中"B"是客体，也就是俾斯麦。如果我们将俾斯麦描述为"德意志帝国的第一任首相"，那么我们待确认的命题可以这样描述："考虑到实际客体是德意志帝国的第一任首相，据此，该命题主张这一客体曾经是个精明的外交家。"尽管我们使用的描述各有不同，但使我们能交流沟通的共识是，我们都知道有一个关于俾斯麦真人的真命题。同时，无论我们如何改变描述（只要描述正确），所描述的命题都是同一个命题。吸引我们的，正是这个已被描述并已知为真的命题。尽管我们知道它是真的，但对其本身并不亲知，也一无所知。

我们可以看到，从特殊性的亲知中抽离的过程可表现出不同层次：对认识俾斯麦的人来说，有一个俾斯麦；对只从历史上知道俾斯麦的人来说，有一个俾斯麦；那个戴着铁面具的男人；那个寿命最长的男人。这些特殊性与亲知渐行渐远：在第一种特殊性中，对于旁人来说离亲知最近。在第二种特殊性中，我们仍可以说我们知道"谁是俾斯麦"。在第三种特殊性中，我们不知道谁是那个戴着铁面具的男人。尽管我们能知道许多关于他的命题，但是从逻辑上，这些命题并不能从他戴了一个铁面具这个事实中推断出来。在第四种特殊性中，除了从人的定义中逻辑地推断出来的内容，我们就一无所知了。在普遍性中也有类似的层级区分。像许多特殊性一样，许多普遍性只有通过描述才能被我们所知。但在这里，和特殊性一样，通过描述知道的知识，最终可转化为通过亲知获知的知识。

对包含描述的命题加以分析的基本原则是：我们所能理

解的每一个命题，必须完全由我们所亲知的成分组成。

在这一阶段，我暂不回答所有会质疑这一基本原则的反对意见。现在只需要指出，我们肯定能以某种方式反驳那些反对意见。因为，如果我们什么都不知道就妄下判断、随意假设，那我们谁也说服不了。如果我们要把话说得既意味深长又言简意赅，我们就必须赋予话语以某种意义。而赋予话语的意义，必须是我们亲知的某个事物。因此，例如当我们谈论恺撒时，很明显，在我们的心里并没有恺撒真人，因为我们对他并不亲知。但是，在我们的心里却有一些关于恺撒的描述："在三月十五日被暗杀的男人""罗马帝国的缔造者"，或者，仅仅是"一个名叫恺撒的人"（在最后这句描述中，恺撒是我们亲知的一个发音或一种外形）。所以，我们关于恺撒的陈述，不完全等于它的表面意思，还涉及恺撒本人以外的关于他的一些描述，一些完全由我们所亲知的普遍性和特殊性所组成的描述。

描述性知识的核心价值，就在于它能使我们跳出个人经验的局限。尽管我们只能知道完全由我们在亲知中所经历的词汇所组成的真理，但仍可以通过描述我们从未经历的事来获得知识。考虑到我们的直接经验范围非常狭窄，这一结果就显得更重要了。因此，在人们能理解这一点之前，我们的许多知识必然会保持神秘，并疑窦丛生。

第六章　论归纳

在前面几乎所有讨论中，我们都在试图通过考察关于存在的知识来弄清楚到底什么是材料。宇宙中究竟有哪些知识是因为我们对它们亲知才知道它们存在的呢？到目前为止，答案是：我们对我们的感觉材料是亲知的，而且我们还很可能对我们自身也是亲知的。我们知道这些都是存在的，并且在记忆中，我们知道过去的感觉材料在过去也是存在的。这些知识都为我们提供了材料。

但是，如果要从这些材料中得出推论——如果我们要知道物质的存在、他人的存在、我们个人的记忆开始之前的过去的存在或者未来的存在，我们就必须知道某种可以得出这种推论的一般原理。我们必须知道，某种事物A的存在是另一种事物B存在的标志，B要么与A同时存在，要么比A早些或晚些存在。举个例子：雷声就是闪电早于它存在的标志。如果我们不知道这一点，就永远无法把知识扩展到个人经验的范围之外。正如我们所知，个人经验的范围是极其有限的。我们现在要思考的问题是，这种扩展是否可能，如果可能，又要如何实现呢？

举个例子。我们谁都不曾怀疑过这样一件事：太阳明天会照常升起。为什么？这种信念仅仅是对过去经验的盲目轻信，还是自有它能被证明的合理性？要找到一种检验标准来判断这种信念是否合理并不容易，但我们至少可以确定什么样的信念是普遍信念。如果这些信念为真，就足以验证"太阳明天会升起"这样的判断是正确的，以及我们行动所依据的其他类似的判断是正确的。

很明显，要是有人问，为什么要相信明天太阳会升起，我们自然会回答："因为它总是会升起。"我们坚信在未来它也会升起，因为它过去就是这样。如果有人质疑，凭什么相信太阳会照常升起，我们会诉诸运动定律：地球是个自转体，在没有外部的干扰下，它就是会不停旋转下去，而且从此刻到明天，也没有任何东西能从外部干扰地球运行。当然，能否确定没有任何外界干扰，这也是值得怀疑的，但这种怀疑不重要，我们感兴趣的是明天之前运动定律会不会持续奏效。如果有人对此提出疑问，我们就会发现，这和之前被问到日出问题时是一样的。

我们之所以相信运动定律会一直奏效，唯一的理由是它迄今一直在起作用，因此我们基于过去的知识做了判断。确实，从过去得来的大量证据都可以支持运动定律，其数量远多于支持日出的证据，因为日出只是符合运动定律的一个特例，符合这一定律的特例还有很多很多。但真正的问题是：大量的例子在过去满足了该定律，就能说明该定律将来也能被满足吗？如果不能，那么很明显，我们没有理由预期明天太阳会升起，预期下一顿吃的面包不会毒死我们，或者去接受那些其他我们几乎从未意识到却控制着生活的种种预期。必须指出一点：这些预期都只是偶然的，因此不必去寻求它们必然会实现的证据，而只需要出于某种原因提出支持它们可能被实现的某种有利观点。

现在，在思考这个问题之前，我们要做一个重要的区分，否则就会很快陷入无望的混乱。经验告诉我们，截至目前，一些统一的连续或共存总是频繁地重复，这就是我们一直期望会在下一次发生相同的连续或共存的一个重要原因。一般来讲，特定外观的食物具有特定的味道，但当熟悉的外观带来反常的味道时，就会对我们的预期造成严重打击。出于习惯，我们会将自己看到的事物与触摸它们时所期望体会到的某些触感联系在一起，（在许多灵异故事中）鬼魂之所以可怕，原因之一就是它们没有任何触感。还有，没上过学的人第一次出国时往往会惊讶别人竟然听不懂自己的母语。

这种联系不仅局限于人，在动物身上也表现得很强烈。一匹马经常走某一条路，要是硬往另一条路上赶它就会抗拒。家养动物要是一看到总给它们喂食的人，就会对食物翘首企盼。我们知道，这些对统一性的粗浅预期都很容易引发误导。正如在小鸡的一生中，每天都给小鸡喂食的那个人最后却拧断了鸡的脖子，这就表明，要是对"自然一致性"能有更细致的观察，至少对小鸡来说有些用处。

虽说这样的预期是有误导性的，但它们还是存在的。如果某个事实已经发生过一定次数，那么仅凭这一点，不管是动物还是人就都会预期它还会再次发生。因此，本能当然会使我们相信明天太阳会照常升起，但我们的处境并没有比小鸡好多少，小鸡的脖子可是被出其不意拧断了的。因此有两项内容我们必须区分清楚，第一项是这样一种事实：过去的一致性会形成对未来的预期；第二项则是当预期有效性的问题被提出后，我们是否仍有合理理由对这些预期寄予厚望。我们要做的就是把第一项事实从第二项问题中区分出来。

接下来，我们必须讨论的问题是：有没有任何理由可以让我们相信所谓的"自然一致性"呢？相信自然一致性，就是相信已经发生或将要发生的一切都是某些一般规律的实例，一般规律不允许有例外发生。然而，我们一直考虑的那些不成熟的预期都有例外，因此很容易让那些寄望于此的人大失所望。但科学习惯性地认为（或至少将其作为初步假设）：凡是有例外的一般规律都可被无例外的一般规律所替代。"物体在空中没有支撑就会坠落"是一般规律，飞机和气球就是它的例外。但是，运动定律和万有引力定律，不但能解释大多数物体下落的事实，还解释了气球和飞机可以上升的事实。因此运动定律和万有引力定律，并不与这些例外相抵触。

如果有个大天体突然撞向地球，破坏了它的自转，那么我们认为太阳明天会升起的观点就可能被证伪。但是，即使真的发生那种事，运动定律和万有引力定律也不会因此被破坏。科学的任务就是找到像运动定律和万有引力定律那样具有一致性的规律。根据我们已有的经验，这样的规律是无例外的。在这方面，科学研究的成果斐然，而且到目前为止这种一致性仍然奏效。这又把我们带回到最初的问题：我们有没有理由认为，如果它们在过去一直奏效，就据此认为它们在将来仍持续奏效？

　　就像前面讨论的，我们之所以知道未来会与过去相似，是因为未来正在不断地变成过去，并且总被发现与过去相似。因此我们真正拥有的对未来的经验，其实是关于过去的未来，即我们称之为"过去的未来"的经验。但这样的论证其实是循环论证。我们有关于"过去的未来"的经验，却没有关于"未来的未来"的经验。所以，问题就在于：未来的未来和过去的未来之间也是相似的吗？要回答这个问题，不能仅仅以"过去的未来"为出发点。我们仍必须找到某种能使我们知道未来也将遵循与过去同样定律的原理。

　　在这个问题上，关键点并不是对未来的引证。一旦我们将经验中有效的定律应用到我们没有经验的过去之物上，就会遇到同样的问题，比如人类在地质学或太阳系起源理论的研究中遇到过的那样。其实我们真正的问题是："当我们发现有两件事物经常联系在一起，且从来没有出现过一个出现、另一个不出现的例子时，那么在一个新的例子中，如果其中一个出现了，我们有没有充分理由预期另一个也会出现？"至于这个问题，我们的答案必须基于以下几点：我们对未来全部预期是否有效、我们通过归纳得出的全部结果，还有我们日常生活中仰赖的绝大多数信念。

　　我们必须先承认一点：即使两个事物经常被发现在一起且从来没有分开过，这一事实本身也并不足以能证明下一个例子中它们就一定会在一起。我们最多是希望：如果事物越是经常地被发现在一起，就越有可能在下一次也被发现在一起。并且，如果它们被发现在一起的次数足够多，那么这种或然性就几乎是必然性。然而必然性永远难以实现，因为我们知道，无论怎样频繁地重复，我们最终都可能会失败，就像小鸡最后还是被拧断了脖子。因此，或然性才是我们应该追寻的答案。

与我们这个观点相反，有的人可能会竭力主张：我们所知的一切自然现象都应该遵照规律，并且我们通过观察会发现，也许只有一条规律适用于例子中的那些事实。关于这种意见我们有两种答案。第一种，即使某条规律毫无例外地适用于我们的例子，然而在实践中仍永远不能确定是否已发现了那条规律，也不确定那条规律是不是没有例外。第二种，规律的支配作用似乎只是某种偶然，我们相信它在过去未来适用于我们尚未研究过的例子，但是这种信念本身就建立于我们正在检视的这条原理之上。

我们正在检视的这条原理就称为"归纳原理"，它包含两部分内容，表述如下：

当某一类事物A被发现与某一类事物B有关联，且A从未被发现与B无关联时，A和B关联的例子越多，那么在新的例子中，A或B相关联的或然性就越大，前提是A、B中的一个已经存在于新的例子中。

在同样的情况下，相关联的例子如果足够多，那么发生新关联的或然性将几乎趋近于必然性，并将继续无限地趋近必然性。

如前所述，该原理仅适用于在一个新的单个实例中验证我们的预期。但是我们也希望知道能有那么一种或然性在支持这个一般规律，即如果已知有足够多的 A 与 B 相关联的例子，且已知不存在不相关联的例子，那么事物 A 总是与事物 B 相关联。一般规律的或然性明显小于特例的或然性，因为如果一般规律为真，那么特例必然为真，但是即使一般规律不为真，特例也可能为真。然而无论是一般规律还是特例，其或然性都可以通过重复来得到增强。因此，我们可以将有关一般规律的原理中两部分重述如下：

若发现事物 A 与事物 B 关联的例子越多，则 A 总是与 B 关联的或然性就越大（假设已知不存在关联失败的例子）。

在相同情况下，如果 A 与 B 相关联的例子足够多，那么 A 始终与 B 的关联就越趋近于必然，并且可以使这条一般规律无限趋近于必然。

值得注意的是：或然性总是与某些材料相关。在我们的例子中，材料仅仅是已知的 A 与 B 共存的那些例子。或许还有其他被考虑的材料，但是那样势必会对或然性产生很大的影响。例如，一个见过很多白天鹅的人可能会辩说，根据我们的规律、已有的材料得知，很可能所有的天鹅都是白的，这或许是一个理由相当充分的论证了。尽管事实上有些天鹅是黑的，但不足以对这一论证做出反驳，因为尽管某些材料显示某事发生的可能性不大，但这件事还是会如常发生。就天鹅的例子而言，人们或许知道许多动物种都有颜色多变的特征，因此对颜色的归纳就特别容易出错。但这一知识本身就是一种新的材料，根本不能用以证明我们对之前材料的或然性估计错误。因此，事实上事物往往不能满足我们的预期，但这并不能就此证明：我们的预期在某一特定情况或某一类特定情况下可能不会得到满足。这就是说，无论如何也不能因为诉诸经验，就将我们的归纳原理推翻。

然而反过来讲，归纳原理同样也不能因为诉诸经验就能被成功证明。在已经检视过的案例中，经验可以令人信服地对归纳原理进行验证；然而对于未经检视的案例，任何从已检视的例子到未检视的例子的推论，恐怕就只有归纳原理能证明其正确性了。所有以经验为基础的论证，无论是对未来、对过去未经验的部分，抑或对现在进行论证，都是以假定适用归纳原理为前提的。因此，我们若用经验来证明归纳原理，那无异于在论证中把假设的东西当论据了。因此，我们要么基于归纳原理的内在证据来接受归纳原理，要么放弃我们对未来预期所抱有的一切正当理由。可是，如果归纳原理本身靠不住，那么我们就没有理由预期明天太阳还会升起、面包比石头更有营养或者我们从屋顶往外跳会摔下来。当我们看到我们最好的朋友迎面向我们走来时，他是否怀揣任何我们的仇人或某个陌生人的想法，我们也就无从判断了。因为我们的一切行为都是建立于过去确实发生作用的关联之上，所以，我们才认为这种关联在未来可能还会起作用；而这种可能性是否有效都取决于归纳原理。

科学上的一般原理，如坚信规律的支配作用、坚信每件事情都有其原因，都和日常生活中的信念一样，完全依赖于归纳原理。人们之所以相信这些一般原理，是因为人们发现了无数证明其为真的实例，却没有发现任何证明其为伪的实例。但是，除非我们先得承认它们都是以归纳原理为前提的，否则将无法证明它们在未来也同样具有真理性。

因此，关于我们所未曾经历过的事物的知识，若是通过经验获知的，就都是建立在一种信念之上。这种信念既不能由经验来证实，亦不能由经验来驳斥，然而至少在更具体的应用中，它似乎和许多经验的事实一样，都深深地植根于我们的身上。正如我们将看到的，归纳原理并不是这种信念的存在以及证明的唯一的例子，这也就提出了哲学上一些最难、最具争议的问题。在下一章中，我们会简要地讨论一下如何对这种知识进行解释，以及它的范围和确定性都是怎样的。

第七章 我们对一般原理的认识

在上一章我们看到，所有以经验为基础的论证，其有效性都有赖于归纳原理，但归纳原理本身不能通过经验来证明。即便如此，人们还是对其深信不疑，至少在它所有的具体应用中是这样的。无独有偶，不是只有归纳原理才具有这些特点，其他一些原理也是这样，既不能被经验所证明，也不能被经验所反驳，但这些原理在以被经验的事物为出发的论证中确实被用到了。

其中一些原理的证据，甚至比归纳原理还要充分，我们对这些原理的知识与我们对感觉材料存在的知识的确定程度是相同的。它们构成了从感觉给定的内容中得出推论的方法，如果我们所得出的推论为真，那么我们的推论原理和材料也都应该为真。然而，推论原理很容易被忽略，因为它们太过于显眼了——虽然它们所涉及的假设是经我们所认可的，可我们却不曾意识到那是一个假设。但是，要想获取一种正确的知识论，非常重要的一点就是要认识到推论原理的运用，基于此，我们关于推论原理的知识向我们提出了许多妙趣横生而又困难重重的问题。

在所有我们关于一般原理的认识中，实际情况是，首先，我们认识到了关于这一原理的某种特殊的应用；然后，我们认识到这种特殊性其实是不相关的。不仅如此，我们还认识到原来一种同样可以被肯定的真正的一般性也包含其中。当然，这在数学教学中很常见。打个比方，"2+2=4"首先是在某特殊对子上了解到的，然后在另一对特殊对子上也发现了，如此继续下去，直到最后有可能看出来，原来任何一对成双的例子都是这样。在逻辑原理上，情况也大致如此。假设有两个人正在讨论今天是这个月的几号，其中一个人说："至少你得承认，如果昨天是15号，那么今天一定是16号。""是的，"另一个回答说，"我承认。""你知道，"第一个人接着说，"昨天是15号，因为你和琼斯一起吃饭了，你的日记上就写的是15号。""是的，"第二个人说道，"那么今天就是16号了。"

这样的论证并不难理解，如果它的前提在事实上为真，就没有人会否认其结论也必然为真。但实际上，它的真理性，要取决于一个一般逻辑原理的实例。这个逻辑原理可以表述如下："假设，已知：如果这个是真的，那么那个也是真的。假设已知这个是真的，那么得出那个也是真的。"当出现"如果这个是真的，那么那个就是真的"这种情形时，我们就说这个"蕴含着"那个，并且那个"得出于"这个。因此，我们的原理可以表述成：如果这个蕴含着那个，并且这个是真的，那么得出那个是真的。换言之，"一个真命题所蕴含的一切都是真的"，或者"一切得出于一个真命题的都是真的"。

实际上，在所有的证明中，这个原理都有所涉及，至少与之相关的具体实例是这样。如果我们所相信的一件事被用来证明另一件事，然后，作为结果的另一事物也被我们所相信，无论何时，只要出现这样的情况，这一原理就可以适用。如果有人问："为什么我要接受基于真的前提的有效论证而得出的结果呢？"我们就只能借助我们的原理来回答了。事实上，这个原理的真理性是不容置疑的，而且这种真理性显而易见，使人乍看会觉得根本不值一提。然而，对哲学家们来说，这些原理绝非不值一提，因为它们表明了我们可能拥有的是一些无可争辩的知识，而这些知识是无法从感官的客体那里获得的。

以上原理仅仅是若干不言自明的原理中的一条而已。在任何论证或证明成为可能之前，这些原理中至少有一部分我们必须事先予以承认。当它们中的一些被承认后，另一些就可以得到证明了，尽管这里提到的另一些原理，像先前已获承认的原理一样显而易见，但前提是它们都必须很简单。在传统上，这些原理中的三条被命名为"思维定律"，其具体表述如下：

　　同一律："不管是什么，就是什么。"
　　矛盾律："任何事物都不能同时既是又不是。"
　　排中律："任何事物必须：或者是，或者不是。"

以上三条定律是自明性逻辑原理中的三个范例。不过跟其他类似的原理，比如我们刚才讨论过的"一个真前提得出的结果一定为真"这条相比较起来，它们既不是更根本的，也不更有自明性。"思维定律"这个名字也很有误导性，因为重要的不是我们要按照这些定律来思考，而是说事物是按这些定律来运行的。换句话说，就是当我们按照这些定律来思考时，我们是在"真的思考"。但这也是一个大问题，我们会在后面再继续讨论。

逻辑原理可以使我们从一个给定前提证明某件事确定为真，此外还有其他一些逻辑原理也可以使我们通过一个给定的前提证明某个事物具有部分为真的或然性。这类原理中最重要的一条，也许是我们在上一章讨论过的归纳原理了。

哲学史上的一桩著名公案，就发生在分别被称为"经验主义者"和"理性主义者"的两派哲学家之间。经验主义者的代表人物是英国哲学家洛克、贝克莱和休谟，他们认为，我们所有的知识都来自经验；理性主义者的代表人物主要是17世纪的大陆哲学家，尤其是笛卡儿和莱布尼茨，他们认为，除了我们通过经验所知的之外，我们还知道某些"天赋观念"和"天赋原则"，这些都是独立于经验存在的。现在，我们已经能可靠地判断出这两派之间孰对孰错了，但我们必须承认（原因之前陈述过了），逻辑原理对我们来说是已知的，并且其本身不能经由经验来证明，因为所有的证明都是以它们为前提的。据此，在这场争论中最关键的一点上，理性主义者是对的。

此外，即使那部分在逻辑上独立于经验的知识（从不能通过经验证明的意义上讲），也是由经验引发和形成的。正是在那些特殊的经验中，我们才意识到原来它们之间的联系体现的正是那些一般原理。有一种假设认为，婴儿天生就知道成年人的一切知识，而且这些知识是人们知道却又不能从经验中推断出来的，并且据此还继续假设存在内在原则，这无疑是相当荒谬的。也正是这个原因，我们现在不再使用"天赋"一词来描述我们对逻辑原理的认识了。相比之下，"先验"这个词就不那么令人反感，也更经常出现在现代作者的作品中。因此，在承认所有的知识都是经由经验引发和形成的同时，我们仍然会认为某些知识是先验的。也就是说，有的经验虽然可以使我们想到先验知识，却不足以证明它，但它会指引我们注意的方向，让我们看到那些不必经由任何经验证明的先验知识的真理。

还有一点经验主义者是正确的，同时这一点也相当重要。因为，除非借助经验，否则我们连什么是存在的都不得而知。也就是说，如果我们希望证明某个事物是存在的，但却没有关于它的直接经验，那么在我们的前提中，就必须有一个或多个我们有直接经验的事物存在。例如，相信皇帝的存在就建立在确证的基础上，然而归根结底，确证只是阅读或交谈中所看到或听到的一些感觉材料罢了。理性主义者认为，从对"什么必须是"这个问题的普遍考察中，他们就足以推断出现实的世界中某些东西是存在的，这种信念似乎值得商榷。我们所能先验地获得的一切关于存在的知识，似乎都是假设的：它告诉我们，如果一个事物存在，另一个事物就必须存在，或者，说得再普遍些，如果一个命题为真，那么另一个命题必然为真。我们已经接触过的那些原理就是例子，像"如果这个是真的，这个蕴含着那个，则那个是真的"，或者"如果这个和那个被反复地发现关联在一起，且在下一个实例中已经发现了其中的一个，那么在该实例中也很可能发现它们关联在一起"。因此，先验原理的范围和权限是受到严格限制的。实际上，所有关于事物存在的知识都必须部分地依赖于经验。任何事物，如果它能立刻就被知道，那么它的存在就只能通过经验来获知；相对应的是，如果它不能立刻就被知道，却被证明是存在的，那么在证明中，就必须同时包含经验和先验原理。当知识全部或部分依赖于经验时，我们就称其为"经验的知识"。因此，所有肯定存在的知识都是经验的，而关于存在的唯一的先验知识却是假设的，它向我们指出了存在或可能存在的事物之间的各种联系，却不会告诉我们它们实际上存不存在。

迄今为止，先验知识并非全都属于我们所一直思考的那种逻辑。在非逻辑的先验知识中，最重要的例子恐怕是关于伦理价值的知识了。我不是在说"什么是有用的""什么是美德"那种判断，因为那些判断确实需要以经验为前提，我要说的是关于事物内在的追求的判断。如果某个事物是有用的，是因为它满足了一定的目的；如果再进一步，它所满足的那个目的是因为它自身是有价值的，而不仅是因为它能满足其他的目的。所以，所有关于"什么是有用"的判断，全部取决于"什么是因为其自身而有价值"所下的判断。

例如，我们判断幸福比痛苦更值得追求，知识比无知更值得追求，善意比仇恨更值得追求……类似这样的判断，至少在一定程度上必须是直接的、先验的。就像我们之前一些先验判断一样，它们可能是由经验引发的，事实上它们也必须是；因为，除非我们都经历过同样的事情，否则我们似乎无法判断一件事物到底是否具有内在价值。但是很明显，它们是不能经由经验来证明的，因为一个事物存在与否的事实，不能拿来证明某个事物是好的，因此它就应该存在；或者，某个事物是坏的，因此它就不应该存在。对这一主题的探索属于伦理学范畴，在伦理学中，如果要从事物已经确立的样子中推断出事物应该是什么样子，那是不可能的。在当前的联系中，唯一重要的是要认识到：关于什么是内在价值的知识是先验的，正如逻辑也是先验的。也就是说，这种知识的真理既不能经由经验证明为真，也不能经由经验证明为假。

和逻辑一样，所有的纯数学都是先验的。经验主义哲学家曾极力否认这一点，他们坚持认为，经验是我们的数学知识和地理知识的源泉。他们主张，通过反复看到两个事物和另外两个事物，发现总共会得到四个事物，这种经验引导我们归纳出的结论是：两个事物和另外两个事物加在一起总是会得到四个事物。然而，如果这就是我们关于"2+2=4"的知识来源，那么在说服自己相信它是真理时，就应该采用与我们实际行为方式有别的方式。事实上，我们需要一定数量的例子来抽象思考数字2，而不是两枚硬币、两本书、两个人，或任何其他特别类型的两个东西。但是，一旦我们能拨开不相干的特殊性，我们就能发现"2+2=4"的一般原理；如果任何一个实例都可以被当作典型实例，那么对其他实例的检视就变得没有必要了。[1]

同样，类似的典型例子也出现在几何学中。如果想证明所有三角形都具有某些属性，我们可以画出某个单个的三角形并对其单独推论，但同时，任何它与其他所有三角形不共享的属性我们都应该避免。因此，从特殊例子中就可以得到一般结论。事实上，我们对"2+2=4"的确定性并不会因为出现更多新实例而增加，因为一旦看到了这个命题的真理性，

[1] 参见阿尔弗雷德·怀特海的《数学原理》。——原注

我们的确定性就会变得无限大。此外，我们感到在"2+2=4"这一命题中具有某种必然的特质，这是一种哪怕在最可靠的经验概括中也缺乏的特质。因为，经验概括总是只停留在事实层面：如果是想象，我们可能会觉得还有另外一个世界存在，在那个世界中它们是伪，但是在现实的世界中它们碰巧为真。相反，在任何可能世界①中，我们都觉得2+2会得4，这不仅是事实，也是一种必然，一种一切实际的、可能的事物都必须遵从的必然。

如果通过对一则名实相符的经验概括来考察，比如"人皆有一死"，那这个问题可能会更一目了然。很明显我们都相信这个命题。首先，是因为还没证据证明有人能活过了某个特定高龄的例子；其次，出于生理上的原因，会认为人的身体这样的有机体迟早会衰竭耗尽。尽管在"2+2=4"的例子中，若我们仔细思考，一个例子就足够了，就足以使我们相信其他例子一定都会出现相同结果，但如果忽略第二点，仅考虑我们自身对人类死亡的经验，那么很明显，我们不该满足于仅搞清楚某个人的死亡案例。同时，如果仔细思考，我们不得不承认，我们对"人皆有一死"的认识，多少会产生一丝怀疑，无论这怀疑多么微不足道。这种情况，可以通过想象两个不同的世界来说明，在其中一个世界有人不会死，而在另外那个世界中2+2是等于5的。对于第一个世界，当斯威夫特邀请我们去游历那个长生不死的大人国②时，我们倒还

----

① 可能世界：这一概念最早由德国哲学家莱布尼茨提出，后在哲学和逻辑中用以表达模态断言。

② 出自英国著名讽刺小说家斯威夫特的《格列佛游记》。

可以默许那种想象，但一个2+2=5的世界，完全就是另一回事了。我们觉得，假如有那样一个世界，它会颠覆我们的整个知识结构，使我们陷入彻底的怀疑论。

尽管为使我们明白一般命题的含义，把某个实例搞清楚很有必要，但是事实上，像在"2+2=4"那样的简单数学判断还有许多逻辑判断中，我们不必通过对多个实例进行推断就能得出一般命题。这就是为什么从一般到一般，或者从一般到个别的演绎过程，正像从个别到个别，或者从个别到一般的归纳过程一样，存在着它们各自真正的效用。在哲学家当中，关于演绎能否带给人们新的知识，一直争论不休。我们现在可以看到，至少在某些情况下，演绎是可以产生新知识的。如果我们已知2+2总是等于4，并且我们知道布朗和琼斯是两个人，罗宾逊和史密斯也是两个人，那么我们就可以演绎出布朗和琼斯以及罗宾逊和史密斯加起来是四个人。这是一个在前提中没有出现过的新知识，因为不但"2+2=4"这个一般命题从来都没有告诉我们有布朗、琼斯、罗宾逊和史密斯这几个人，就连特殊前提也没有告诉过我们这些，然而演绎推导出来的特殊命题，却把它们一并告诉了我们。

但是，如果让我们再来回顾一下逻辑书中常备的那种演绎例子，"人皆有一死；苏格拉底是人，因此苏格拉底会死"，那么我们对于新知识的问题就不那么确定了。在这个例子中，毫无疑问，我们真正知道的是A、B、C这几个人不免一死，因为实际上，他们都已经死了。如果苏格拉底是这些人当中的一员，那么还绕一大圈，从"人皆有一死"中推出"苏格拉底很可能会死"的结论就有点儿蠢了。如果苏格拉底不是我们的归纳所依据的那几个人中的一员，那么我们直接从 A、B、C 论证到苏格拉底，总比绕一圈，通过那个"人皆有一死"的一般命题要好一些。因为根据我们的材料，苏格拉底会死的或然性比所有人都会死的或然性要大得多（这是明摆着的，因为如果所有人都不免一死，所以苏格拉底也会死。但是，如果苏格拉底会死，并不意味着所有人都会死）。因此，如果我们纯粹归纳式地论证，而不是先通过"人皆有一死"再演绎，那么我们也将得出"苏格拉底会死"的结论，且这样的论证方式使结论更具有确定性。

以上例子说明了像"2+2=4"这样的先验一般命题，与"人皆有一死"这样的经验一般命题的区别。就前者而言，演绎是正确的论证方式；而对于后者来说，归纳在理论上总是更好的选择，不仅如此，它还可以确保我们对结论的真理性更有把握，因为相较于经验概括的实例，所有的经验概括本身都更缺乏确定性。

现在，我们已经看到，在"先验命题"中，既包括逻辑命题和纯数学命题，也包括伦理学的基本命题。接下来，我们要思考的问题是：这样的知识是如何成立的呢？再具体一点，如果我们没有考察所有的实例，我们也无法这样做，因为它们的数量是无限的，在现实中永远也不能考察完，那么，我们怎么才可能得到关于一般命题的知识呢？这些问题非常困难，但在历史上又非常重要，最早明确提出它们的是德国的哲学家康德。

第八章　先验知识如何可能

康德被公认为现代最伟大的哲学家之一。尽管他经历了七年战争和法国大革命，却从未中断在东普鲁士哥尼斯堡教授哲学。他最伟大的贡献就是开创了名为"批判哲学"的理论：它假设以各种知识为基础，探究这些知识如何成立，并从关于这一探究的回答中推断出许多在形而上学层面关于世界性质的结论。这些结论的有效性，也许会受到质疑，但不可否认，康德在两件事情上广为称道：第一，他认为我们拥有一种像"凡是相反的都是自相矛盾的"这样非纯粹"分析的"先验知识；第二，他强调了知识论在哲学上的重要性。

在康德以前，人们普遍认为：任何先验知识都必须是"分析的"。这个词的含义，最好还是用下面的例子来说明。如果我说，"一个秃顶的人是人""一张平面图是图形""一个蹩脚的诗人是诗人"，我所做的就是一个纯粹分析的判断，即以上给出的句子的主语至少有两个属性，而其中一个是用来对主语进行肯定说明的。以上这些命题都是些微不足道的琐碎命题，除非是哪位演说家为了一场诡辩才会展开描述，否则在现实生活中我们是绝不会提到它们的。它们之所以称为

"分析的"命题，是因为其谓语都仅是通过分析主语获得的。在康德以前的时代，人们认为所有我们能确定的先验判断都是这样的：在所有的判断中，谓语都只是被断言的主语中的一部分。但如果真是这样，只要我们想否认任何可能已知的先验，就会被卷入到一场确定的自相矛盾中去。"一个秃顶的人是不秃顶的"是在肯定一个人是秃顶的同时，又对其进行否定，其结果就是自相矛盾。因此，康德之前的哲学家们都认为先验知识不具有真理性，但是单单是矛盾律这一条，即"任何事物都不能同时具有又不具有某种性质"，就足以确立所有先验知识的真理性了。

休谟生活的时代比康德更早，他接受了关于"是什么使得知识成为先验知识"的通行观点。他发现，在许多以前被归为分析的情况中，尤其是在因果关系中，这种联系实际上是综合的。在休谟以前，理性主义者至少假设"如果我们有足够的知识，那么结论就可以从原因中有逻辑地演绎出来"。但是休谟论证出这是不可能做到的，现在人们也已经都承认休谟是对的。接着他推断出了一个更加引人质疑的命题，即对于因果关系的联系来说，没有任何东西是先验的。受过理性主义传统教育的康德，对休谟的怀疑论感到非常不安，他努力试图找出答案。他认为不光是因果关系，所有数学和几何学的命题其实都是"综合的"，也就是说不是分析的，即在所有这些命题中，对主语的分析都不能揭示出谓语。他最常举出的命题就是7+5 = 12。他指出，7和5必须加起来才能得到12，但这样就意味着，12的观念并不包含于前两者之中，甚至不包含在将它们相加的观念之中。因此，他得出了一个结论：所有的纯数学，尽管是先验的，但也是综合的。这个结论提出了一个全新的问题，康德同样努力为这个新问题找到答案。

康德用"纯数学何以可能"这个问题开启了他的哲学之路。这是一个既有趣又深奥的问题，任何哲学学派，只要坚持的不是纯粹的怀疑论哲学，就必定要为这个问题找出一种解答方式。纯粹经验主义者的回答是，我们的数学知识是从特定的实例中归纳出来的。然而我们已经看到，这种回答很不充分，原因有二：第一，归纳原理本身的有效性并不能通过归纳来证明；第二，数学中的一般命题，如"2+2总是等于4"，显然我们可以通过单个实例就能确定地知道，对其他的例子再怎么详细阐述，尽管能发现它们都为真，但是也不会有更多的收获了。因此，我们关于数学中的一般命题的知识（同样适用于逻辑学）就必须通过其他的方法加以解释，而不能用"人皆有一死"这样的（仅仅是可能的）经验概括的知识来解释。

之所以会这样，是因为产生这种问题的知识是一般的，而所有的经验知识都是特殊的。显然，我们居然能事先就知道一些我们还没有经验过的特殊事物的真理，这看起来不可思议，但对逻辑和数学也要适用于这些事物这件事，我们却又深信不疑。我们不知道一百年后谁将成为伦敦的居民，但我们知道，他们中的任何两个人和另外两个人加在一起等于他们中的四个人。对于那些我们没有经验过的事物，我们这种突出的预测事物的能力着实让人惊讶。对于这个问题，康德的解答虽然在我看来是无效的，却非常有趣。然而，这个问题非常难解，并且，不同的哲学家见解也不同。因此，我们只能给它大致勾画出一点轮廓，可即便如此，许多康德理论的追随者也会认为这是在故意误导。

康德坚持认为，在我们所有的经验之中，有两种成分必须明确区分，一种是基于客体（我们所称的"物理客体"）而来的成分，另一种是基于我们自身的性质而来的成分。在讨论物质和感觉材料时，我们看到物理客体和与之相关的感觉材料之间是不同的，感觉材料被视为物理客体和我们自身相互作用的结果。到目前为止，我们同意康德的观点。但是，康德的独特之处在于：他接下来对我们和物理客体之间进行了相应的份额分配。他认为，在感觉中给定的原始材料——颜色、硬度等——是由客体而来的，而我们所提供的是时间和空间上的安排和感觉材料之间所有的关系，这些关系主要是通过比较（将一个视为另一个的方式）或任何其他方式形成的。他坚持这一观点的主要原因是，我们似乎在空间、时间、因果关系和比较方面具有先验知识，而对感觉上真实的原始材料，并不具有先验知识。他说，我们将要经验的任何事物，都必须表现出我们的先验知识对其特征予以肯定的特点，这一点我们可以确认，因为这些特点是由我们自身的性质所决定的。因此，如果没有这些特点，任何东西都无法进入我们的经验之中。

康德将物理客体称为"自在之物"[①]，他认为客体在本质上

---

① 康德的"自在之物"与物理客体在定义上是一致的，都是引起感觉的原因。但两者从定义中推导出的属性是不一致的，因为康德认为（尽管在原因上有些前后矛盾），没有一个范畴可以适用于"自在之物"。——原注

不可知，可知的是经验中的客体，即所谓的"现象"。现象是我们和自在之物共有的产物，所以必然具有我们所固有的特征，因此也必然符合我们的先验知识。然而这种知识，尽管对于所有实际的和可能的经验确实都是适用的，却绝不能适用于外部经验。于是，尽管有先验知识在那儿，我们对自在之物还是一无所知，对经验中一切非实际的或非可能的客体，也还是一无所知。通过这样的方式，康德试图调和理性主义者与经验主义者之间的争论。

除了那些无关宏旨的批评之外，还有一种针对康德哲学的主要反对意见，这似乎对任何尝试用他的方法来处理先验知识问题都会造成致命威胁。这里需要解释的是，我们对事实必须始终符合逻辑和数学这件事是确定的，但说逻辑和数学是由我们贡献的就说不过去了。我们的性质和任何事物一样，都是存在于世界的一种事实，我们并不能确定它会一直保持不变。如果康德是对的，那明天我们的性质就可能改变，$2+2$ 等于 5 也不是不可能。虽然这种可能性在康德看来还未发生过，但是它却把数学命题渴望被证明的那种确定性和普遍性彻底摧毁了。诚然，这种可能性在形式上与康德的观点并不一致，康德认为时间本身是主体强加给现象的一种形式，因此我们真实的自我并没有存在时间之内，也没有明天可言。但他仍然必须假设现象的时间顺序是由现象背后的特征所决定的，这就足以证明我们的论证的实质了。

此外，通过反思似乎能更清楚地表明，在数学的信念中如果含有任何真理，那么无论我们是否想到它们，它们都必须同样适用于事物。把两个物理客体和另外两个物理客体放在一起，必然构成四个物理客体，哪怕这些物理客体是我们不曾经验的。对此进行断言当然属于我们所说的"2+2=4"的命题范围内的。"2+2=4"这个命题的真理性，与两个现象和另外两个现象一起构成四个现象的这则判断的真理性，同样不容置疑。因此，除了未能解释先验命题的确定性，康德的方案还不当地限制了先验命题的范围。

抛开康德提出的特别学说不谈，哲学家们普遍认为，在某种意义上讲，先验是精神上的，与我们必须采用的某种思维方式有关，而无关外部世界的任何事实。在上一章中，我们已经注意到了那三条通称"思维定律"的原理。过去的人给它们取那种名字，完全是出于自然，但是如今，我们却可以断言这样的称呼是错误的。让我们以矛盾律为例来说明。通常，矛盾律是用"没有事物能同时既是又不是"的形式来表述，目的是表达一种事实，即没有事物可以同时拥有和不拥有一种既定特质。例如，如果一棵树是一棵山毛榉树，那么它就不能不是一棵山毛榉树；如果我的桌子是长方形的，那么它就不能不是长方形，诸如此类。

我们之所以自然地把这一原理称为思维定律，是因为我们说服自己相信它的必要真理性来自思维，而非来自对外部的观察。当我们看到一棵树是一棵山毛榉树时，我们用不着为了要确认它是不是一棵山毛榉树而特意地再去看它，单凭思维我们就知道它不可能不是。但是，那种说矛盾律是一种思维定律的结论就不对了。当我们相信矛盾律时，并不是说我们单凭着内心的坚定就对矛盾律深信不疑，而是说，这种信念是以对矛盾律的信念为前提的心理反思的结果。对矛盾律的信念是一种对事物的信念，而不仅仅是对思想的信念。这种信念不是：如果我们认为某棵特定的树是一棵山毛榉，我们就不能同时认为它不是一棵山毛榉；这种信念是：如果那棵树是一棵山毛榉，它就不能同时又不是一棵山毛榉。因此，矛盾律是关于事物的，而不仅仅是关于思想的。虽然相信矛盾律是一种思想，但矛盾律本身不是一种思想，而是一种关于世上万事万物的事实。如果我们在相信矛盾律时所相信的这一点并不适于世界上的万事万物，而我们被迫认为那是适用的，即便如此也无法改变矛盾律要归于虚假的事实。这就表明，矛盾律并不是一条思维定律。

一个类似的论证也适用于对任何其他先验知识的判断。当我们判断2和2相加等于4时，不是在判断我们的想法，而是在判断所有实际的或可能的成对关系。我们的内心就是这样构造的，相信"2+2=4"。但是即便如此，当我们断言"2+2=4"时，强调的却并不是这一事实。实际上，任何关于我们心灵构成的事实，都不能用来说明"2+2=4"就是真理。因此，先验知识只要不是谬误，就应该不仅仅是关于我们心灵结构的知识，还应该适用于世界可能包含的任何事物，无论是精神的，还是非精神的。

事实似乎是，我们所有的先验知识都与实体有关。再说得具体点儿，这些实体既不存在于精神世界里，也不存在于物质世界里。这些实体也可以由词性为非实物的名词来命名，如性质和关系之类的名词。例如，假设我在我的房间里（"I am in my room."）这个句子，我存在，我的房间也存在，但是介词"in"（在……里）存在吗？很明显，"in"这个词有其自身的含义，它表示我和我的房间的一种关系。这种关系是某种东西，尽管我们不能说它所表达的"存在"与我和我的房间的存在是同一种意义上的"存在"，但这种"in"的关系是我们能思考和理解的关系，因为如果我们不能理解，我们就不能理解"我在我们的房间里"这句话了。继康德之后，许多哲学家都坚持认为，关系是心灵分内的事，事物本身不具有关系，是心灵将它们集中到了一个思想对应的行为之中，从而产生了它认为它们应该具有的那种关系。

然而，这一观点似乎与之前康德的观点有着类似缺陷，我们的反驳意见同样适用于此。显然，"我在我的房间里"这一命题的真理性不是来自思想。我的房间里可能真的有一只蠼螋，即使我、那只蠼螋和其他任何人都不知道这个真理；因为这个真理只涉及那只蠼螋和房间，而不依赖于任何其他的东西。因此，正如我们将在下一章更充分认识到的，关系必须被置于一个既非精神也非物质的世界之中。这个世界对于哲学，尤其是对于有关先验知识的问题非常重要。在下一章，我们将继续探讨它的性质，以及我们所讨论过的相关问题。

第九章 普遍性的世界

在上一章结尾我们知道，"关系"这样的实体似乎是这样一种存在：在某种程度上既不同于物理客体，又不同于思想和感觉材料。在本章中，我们必须思考两个问题：这种存在的性质是什么，以及有哪些客体具有这种存在方式。我们将从第二个问题开始。

我们现在要关注的问题，自从柏拉图将它引入哲学以来，已经历千年，柏拉图尝试用他的"理念论"解决这个问题，我觉得，这是迄今为止最成功的一次尝试。我们下面所援引的理论基本都来自柏拉图，只是随着时代不同做了一些必要的修正罢了。

在柏拉图看来，这个问题产生的方式大致如下。比如，让我们考虑一下"正义"这样的概念。如果让我们扪心自问到底什么是"正义"，自然会想到的是某些代表正义的行为，并想找出它们的共性。从某种意义上说，它们都必须有一种共性，这种共性只在正义的东西里有，在其他东西里没有。由于这种共性就是，它们都是正义的。所以，这种性质其实就是正义本身，这种纯粹的本质与日常生活的事实相结合之后，就产生了多种多样的正义行为。这一特点与任何可以适用于常见事实的词相类似，比如"白色"这样的词。它们之所以能适用于许多特殊的事物，是因为它们都有一种共性或共同本质。这种纯粹的本质，就是柏拉图所说的"理念"或"理型"（但我们不能就此假定柏拉图的意思是"理念"存在于心灵之中，尽管它们确实可能被心灵所理解）。作为"理念"的正义，与任何其他正义的事物都不相同：它不同于特殊事物，但是特殊事物却融入其中。由于它不是特殊事物，所以它本身将不能存在于我们这个感官世界之中；又由于它不像感官事物那样转瞬即逝或变化无常，所以它本身是永恒的、不变的、不可毁灭的。

因此，柏拉图被引向了一个超感的世界，这是一个比普通感官世界更真实、更一成不变的理念世界，不管感官世界包含怎样的实在，超感世界都只是针对那些实在的浅白的映射而已。对柏拉图来说，真正实在的世界就是理念的世界。因为，不管我们如何谈论感官世界中的事物，我们都只能说：由于它们参与到这样那样的理念之中，所以这些理念相应地构成了它们的全部特征。因此，这很容易走向一种神秘主义。我们也许希望在神秘的启示下也能看到理念，就像我们能看到感觉客体那样；我们也许想象，这些理念就存在于天堂之中。我们就这样自然而然地走向了神秘主义，但其理论基础却植根于逻辑，鉴于此，我们必须对其进行考察。

随着时间的推移，"理念"一词已经被我们平添了太多的联想，当这些联想再被应用于柏拉图所说的"理念"时，就容易使人误入歧途。因此，为了更清楚地描述柏拉图的意思，我们将用"普遍性"一词来代替"理念"。对于柏拉图来说，他所指的那种实体的本质与感觉中所给定的特殊事物相对。任何事物如果在感觉中是既定的，或与感觉中既定的事物具有相同的性质，我们就说它是一个特殊事物；与此相反，任何事物如果可以被许多特殊事物所共享，并且同时具有我们前面已经看到的、从各种各样的正义行为和白色事物中将正义和白色区分出来的那种特征，我们就说它是一个普遍事物。

当我们研究常用词时会发现：从广义上讲，专有名词代表特殊，而其他名词、形容词、介词和动词代表普遍。代词代表特殊，但存在歧义：只有根据上下文或具体情境，我们才能知道它们到底代表的是何种特殊。"现在"这个词代表的是一种特殊的时刻，也就是当下；但是和代词一样，表示的是一种模棱两可的特殊，因为现在总是处于不断变化之中。

我们可以看到，一个句子至少是由一个表示普遍意义的词构成。最接近的就是像"我喜欢这个"这样的表达方式。但是，即使是在这个表述中，"喜欢"这个词表示的也是一种普遍性，因为我还可以喜欢其他的事物，而其他人也可以喜欢他们喜欢的事物。因此，所有的真理都会涉及普遍性，而所有关于真理的知识也都会涉及对普遍性的认识。

我们在词典中所看到的词几乎全部都是代表普遍的，但是奇怪的是，除了学哲学的人之外，几乎没有人意识到还存在着像普遍这样的实体。对于句子中不代表特殊事物的词，我们自然都不会多想；要是硬要细想一个代表普遍事物的词，我们会顺理成章地认为它代表的是某种普遍中的特殊。例如，当我们听到"查理一世被砍头了"这句话时，我们自然会想到的是查理一世、查理一世的头，还有砍掉他头的相关操作，这些都是特殊事物；但我们不会不自觉地去琢磨"头""砍"这类代表普遍性的词的意思。我们会觉得这类词既不完整又虚无缥缈，它们似乎先要有一个语境才能发挥作用。因此我们就成功地规避了对这些词语的注意，直到开始哲学研究才不得不再次关注这些内容。

我们也可以说，即使是在哲学家眼中，大概只有那些由形容词或名词所代表的普遍性才会被人们注意，而那些由动词、介词所代表的普遍性，往往被视而不见。这种疏漏对哲学产生了极大的影响：可以说，自斯宾诺莎以来，大多数形而上学在很大程度上都来源于此。这种情形概括如下：一般而言，形容词和普通名词表示的是单个事物的特质或属性，而介词和动词则用于表示两个或两个以上事物之间的关系。于是，忽视介词和动词所导致的结果是：人们认为所有介词都能被看成归因于某个单个事物的某种属性，而非表示两个或多个事物之间的某种关系。因此，人们曾认为，事物之间不可能存在像关系那样的实体。在宇宙中，要么只能有一个事物，要么有许多事物，它们之间也不可能以任何方式相互作用，因为任何相互作用都是一种关系，而关系是不可能存在的。

第一种观点又称一元论，是由斯宾诺莎首先提出的，到了20世纪，布拉德莱和许多哲学家都是它的拥趸。第二种观点是由莱布尼茨提出的，主张每一个孤立的事物都称作一个"单子"，因此他的理论就称为"单子论"，不过这一观点现在几乎失传了。这两种相互对立的哲学观点，虽然有趣，但依我看其实都是对某一类普遍性过分关注的结果，即用形容词和名词而非动词和介词所呈现的那种普遍性。

事实上，如果有人急于否认普遍性的存在，我们就应该发现，我们其实并不能严格证明存在"特质"这种实体，也就是由形容词和名词所呈现的普遍性。但我们可以证明"关系"是一定存在的，即一般用动词和介词呈现出来的普遍性。让我们以白为例来说明普遍性。如果我们相信有"白"这种普遍性，我们说事物是白色的，因为它们具有白的特质。但是这点却遭到了贝克莱和休谟的强烈否认，后来的经验主义者也继承了这一观点。他们否认的方式是否认"抽象观念"的存在。他们说，当我们一想到白时，我们脑海里形成的是某种关于白的特殊事物的形象，同时进行推理，谨慎地避免演绎出只在这个特殊事物上为真，在任何其他白的事物上不同样为真的结论。如果这是对我们实际心理过程的一种描述，那么这种描述大抵是正确的。例如，在几何学中想要证明所有的三角形都有某种性质，我们就会画出一个特殊的三角形，然后推理，任何它与其他三角形不共享的特征都要避免使用。初学者为了避免犯错，常常会发现自己应该多画几个三角形，而且这几个三角形之间的差异越大越好，目的是使他的推理能适用于所有三角形。但是，当我们问自己：如何知道一个事物是白的或是三角形的？困难这时就来了。如果我们想回避白和三角形这样的普遍性，我们就应该选择某个特殊的白色色块或某个特殊的三角形，并且声明如果任何事物与我们所选的特殊事物具有相似性，那么它就是白的或是三角形。但是，这里所要求的相似性也必须是一种普遍性。因为有那么多白色的事物，而且在那么多成对的特殊白色事物之间必定存在相似性，这其实就是一种普遍性的特征。即使说每一对白色事物之间都存在一种不同的相似性，那也没什么用，因为如果是那样，我们就不得不说这些不同的相似性是彼此相似的，所以我们最终还是得被迫承认相似性是一种普遍性。因此，相似关系必须是一种真的普遍关系。在我们被迫承认了这种普遍性后，我们发现，为了避免承认像"白色"和"三角形"这样的普遍性而专门发明出各种深奥的、难以信服的理论，这是不可取的。

贝克莱和休谟都没有意识到一点：他们的反驳同样是对"抽象观念"的一种排斥，因为他们和对手一样，只考虑到将特质视为普遍性的一面，却完全忽略了应将关系也作为普遍性来思考。因此，从我们所展示的另一个方面看，理性主义者似乎相较于经验主义者是正确的，尽管由于理性主义者对关系的忽视或否认，他们的推论比经验主义者的推论更容易出错。

现在，既然我们已经看到肯定存在普遍性这样的实体，那接下来我们要证明的是它们的存在不仅仅是精神上的。这就意味着无论它们属于哪种存在，它们都独立于思想或心灵对它们的领会。关于这一点，我们在上一章的结尾已经接触过了，现在我们必须更加充分思考的问题是：属于普遍性的存在到底是哪一种存在。

让我们思考下面的命题："爱丁堡在伦敦以北。"在这个命题中出现了一个两个地点的关系，并且，很明显就能看出这种关系的存续与否与我们对它的知识无关。当我们知道爱丁堡在伦敦的北方时，我们就知道了一些只与爱丁堡和伦敦有关的事情：我们不是通过了解这个命题而明确了这个命题的真理性，相反，我们只是领会了一个在我们知道它以前就已经存在的事实。哪怕没有人知道东西南北，哪怕宇宙中根本就没有任何心灵的存在，爱丁堡所占据的那块地表还是在伦敦所在的地表的北面。当然，不管是依据贝克莱还是康德的理论，许多哲学家都否认这一点。但是，这些否认的理由我们之前已经考察过了，也已经清楚它们都是很不充分的。因此，我们现在可以认为这是真的，即"爱丁堡在伦敦以北"这个命题不存在任何精神上的预设前提。但是，这个事实所涉及的是"在……以北"这种关系，这种关系是普遍性的；"在……以北"的关系是事实的一个组成部分，如果这种关系确实涉及任何精神上的东西，那么整个事实就不可能不涉及精神上的东西。因此，我们就必须承认，这种关系和它所涉及的项目一样，并不依赖思维，它属于那个可以通过思维来领会它，却不能创造它的独立的世界。

然而，这个结论遇到了一个难题，即"在……以北"这种关系的存在，与爱丁堡和伦敦的存在所具有的意义不同。如果我们问："这种关系存在于何时何地？"答案一定是："何时都不在，何处都不在。"不管在何时何地，我们都找不到"在……以北"这种关系。它在爱丁堡的存在，并不比在伦敦多，因为它只是将这二者联系起来并在它们之间保持了中立。我们也不能说它存在于任何特殊的时间。因为，任何能被感官或内省所领会的东西，都存在于某个特殊的时间之中。因此，"在……以北"这种关系，与这些事物之间有着根本的不同，它既不在空间里，也不在时间里；既非物质，又非精神，但它确实是某种东西。

这在很大程度上是因为普遍性所具有的一种非常特殊的存在方式，导致许多人都认为它们真是精神上的。想到一种普遍性那一刻，我们的思维像任何其他精神行为一样，以一种非常普通的意义的方式存在。例如，假设我们正想着"白"，那么从某一种意义上说，白"在我们的心灵里"。我们在这里遇到了和在第四章讨论贝克莱时遇到的相同的模糊性问题。严格而言，并不是"白在我们的心灵里"，而是"我们做出了思考白的动作"。同时，我们也注意到，与"观念"一词相关的歧义也在这里添了麻烦。从这个词的某一种意义上，即从它表示一个思想行为的客体的意义上讲，白确实是一个"观念"。因此，如果不消除那种歧义，我们可能会认为白是另一种意义上的"观念"，即思考行为。正因如此，我们才会认为白是精神上的。但是，在这样的思考中，我们其实剥夺了白色作为普遍性的核心特质。思考行为本来就因人而异，哪怕是同一个人，在不同时间的思考行为也是不同的。因此，如果白是与它的客体相对立的思想，那么两个不同的人就不能对它进行思考，同一个人也不能将它思考两次。各种关于白的思考所共有的，正是它们的客体，而这个客体与所有那些思考又都不相同。因此，普遍性并不是思考行为，尽管它们是作为思考的客体才为人所知的。

我们会发现，只有当事物在时间之内，也就是说，当我们能指出它们存在于某个时间时（当然不排除它们一直都存在的可能），才能更便于我们肯定地说它们是存在的。因此，思想和感情、心灵和物理客体都是存在着的。但是，普遍性并不是指这个意义上的存在，我们应该说，它们"潜存"（subsist）或"已在"（have being）。其中，"在"（being）的含义与"存在"是相对的，因为"在"是不受时间影响的。因此，普遍性世界也可被描述为一个"永恒世界"。对数学家、逻辑学家、形而上学体系的建构者，以及所有追求完美胜过生命的人来说，永恒世界是不变的、严格的、精确的，也是令人愉悦的。而存在的世界是短暂的、朦胧的、模糊的，没有任何明确的计划或安排，却包含了所有思想与情感、所有感觉材料和物理客体，也包含了任何能造福或为害人间的东西，包含了任何对生命和世界的价值造成影响的东西。依我们的性情，我们更愿意只钟情于其中一个世界；而我们不中意的那个世界，可能就是我们所喜欢的那个世界的苍白的倒影。不管从哪个意义来说，都不值得把它看成实在。但真实的情况是，这两个世界都要求我们的关注一碗水端平，它们都是实在的世界，对形而上学者来说都非常重要。事实上，我们一旦对这两个世界做了区分，就不得不去考虑它们之间的关系。

但是，我们必须首先检验一下我们关于普遍性的知识。这是下一章的主要内容，我们会发现，它可以帮我们解决先验知识的问题，而且，也正是从先验知识开始，我们才被引导着去思考普遍性的问题。

第十章　关于普遍性的知识

像特殊性一样，就一个人在一定时间之内所具有的知识层面上，普遍性可分为三类：一类是通过亲知获得的普遍性知识，另一类是通过描述获得的普遍性知识，还有一类的获取方式是既非通过亲知亦非通过描述。

让我们先来看由亲知获得的普遍性知识吧。很明显，我们最先亲知的是像白的、红的、黑的、甜的、酸的、大声的、坚硬的……这些普遍性。也就是说，是那些用感觉材料来说明其特质的普遍性。当我们看到一个白色色块时，首先亲知这是一个特殊的色块；但是，因为看到过许多块白色的色块，我们很容易就能抽象出它们都具有"白"这个共同点，我们学习如何去抽象的这个过程也正是学习亲知"白"的过程。类似的过程可以使我们亲知到其他任何同类的普遍性。这种普遍性可称为"可被感知的特质"（sensible qualities）。相对于其他普遍性，可被感知的特质不需要花费太多的气力去抽象即可被理解，不仅如此，它们似乎也不像其他普遍性那样远离特殊性。

接下来，我们再看关系。最容易理解的关系就是在一套复合的感觉材料中各个不同部分之间的关系。例如，我可以一眼看见我正在写的这页纸；因此，这张纸的整个页面都包含在一个感觉材料之中。但我感知到这一页的某些部分在其他部分的左边，还有些部分在其他部分的上面。在这种情况下，抽象过程会多多少少地按下面这种方式进行：我接连看到许多感觉材料，其中一部分在另一部分的左边；就像在许多白色色块的例子中那样，我感知到，所有这些感觉材料都有某种共同的东西，接着，我通过抽象发现这种共同的东西就是它们的部分与部分之间所具有的一种特定关系，即"在……的左边"的关系。这样，我就通过这种方式亲知了这种普遍性的关系。

同样，我也开始意识到时间也有先后关系。假设我听到了一阵钟声——当钟声的最后一下敲响时，在我的心里之前还回荡着整段钟声，而且我能感知到先前的钟声比后来的钟声响得更早。哪怕是在记忆中，我也会感知到我正在记住的那些内容发生在此刻之前。从这两个来源中，我都能抽象出前后之间的普遍性关系，就像我抽象出"在……的左边"的普遍性关系一样。因此，时间关系和空间关系都属于能被我们亲知的关系。

另一种我们以几乎相同方式亲知的关系是相似关系。假设我同时看到两种不同的绿色，就能一眼看出它们彼此的相似性。假设我又看到了一种红色，我就能看出两种绿色之间的相似性要远大于它们其中之一与红色的相似性。这样我就亲知了普遍的相似性（resemblance）或者说近似性（similarity）。

像特殊性和特殊性之间一样，在普遍性和普遍性之间也有一些我们立即能意识到的关系。刚才已经看到，我们能亲知两种绿色之间的相似性比红绿之间的相似性更大。在这儿，我们所讨论的是一种对两种关系进行比较的关系，即"比……更大 / 强"的关系。我们关于这类关系的知识，虽然与感知感觉材料的特质相比而言要求更强的抽象能力，但它们似乎都属于立即可知的知识，而且（至少在某些情况下）同样确定无疑。因此，无论是关于普遍性还是关于感觉材料的知识，其实都属于直接知识。

再回到先验知识的问题上来，当我们刚开始对普遍性进行考察时，我们还没能解决这个问题。现在，与之前相比，我们发现已经能以更令人满意的方式来处理这个问题了。让我们再来看"2+2=4"这个命题，很明显，如果按照前面提过的观点看，这个命题陈述的是普遍的"2"和普遍的"4"之间的一种关系。这就提出了一个我们想要努力建构的命题：所有先验知识都只面向普遍性之间的关系。这个命题意义重大，对我们解决先前在先验知识上遇到的困难大有帮助。

乍一看我们这个命题不大可靠，唯一的例外情况是：一个先验命题陈述的内容是，所有同一类的特殊都属于另一类特殊，或者所有具有某种属性的特殊同时具有其他属性（两种表达殊途同归）。在这种情况下，我们在讨论的好像不是这种属性，而是具有这种属性的特殊事物。"2+2=4"这个命题确实是一个恰到好处的例子，因为它可以用"任意的2加任意其他的2等于4"或者"任意2与2组成的集合等于一个4的集合"的形式来表述。如果我们能证明这样的表述只涉及普遍性，那么这个命题就可以被证明。

　　想找出一个命题讨论的到底是什么问题，有一种办法就是问问自己：这个命题中的哪些词是我们必须理解的。换言之，为了了解这个命题的含义，其中哪些客体是我们必须亲知的。一旦明白了这个命题的意思，就算我们还不知道它是真是假，至少可以知道一点：不管这个命题讨论的是什么，我们都必须亲知它。接着，通过这样的检验，我们可以发现：原来许多关于特殊性的命题归根结底只是在讨论普遍性。像在"2+2=4"这个特殊例子中，即使我把它理解成"任意2与2组成的集合，等于一个4的集合"，我当然也能理解这个命题，也就是说，只要我们知道"集合""2""4"的含义，就能知道这个命题在断言什么，根本没必要去把世界上所有的成对组合都先掌握。很明显，我们将永远也不可能理解这一命题，因为这样的成对组合是无限的，不可能全部掌握。因此，虽然"一般陈述"指的是关于特殊成对组合的命题，但是一旦我们知道有这样的特殊成对组合，那这个命题本身就不是在明指或暗示有这样的特殊成对组合了。因此，它也就不是描述任何实际的特殊成对组合的命题。所以，这是关于"成对"的普遍性的命题，而非关于某一对特殊性的命题。

　　因此，"2+2=4"这一命题讨论的其实是普遍性，任何能亲知相关普遍性的人都可获知这一命题，也都能亲知命题中对那些普遍性之间的相互关系所做出的断言。当我们可以去感知普遍性之间的这种关系时，我们就能够获知计算和逻辑中的一般先验命题了。这样一来，我们就必须承认一种事实，一种只有通过反思我们的知识才能发现的事实。以前，当我们思考这种知识时，总觉得它高深莫测，仿佛经验就在它的预见和掌控之中。但现在我们发现，这是一个错误。任何可被看作经验的事物，无一不仰赖经验才能为人所知。我们前面已经知晓了一种先验知识：两样东西和另两样东西放在一起成了四样东西，但我们不知道，其实还有下面这种先验知识：如果布朗和琼斯在一起是两个人，罗宾逊和史密斯在一起也是两个人，那么布朗和琼斯，以及罗宾逊和史密斯在一起总共是四个人。这样说是因为，除非我们事先就知道，而且是通过经验知道有这么几个人，分别叫布朗、琼斯、罗宾逊和史密斯，否则根本无法理解这一命题。因此，虽然我们的一般命题是先验的，但当应用于实际的特殊事物时，就会涉及经验，也难免会将经验掺入其中。这使得我们的先验知识看似神秘，但不过是因为其建立在一种错误之上而已。

如果拿一个真正的先验判断，来和一个像"凡人皆有一死"这样的经验概括相比较，会更便于我们理解。和前面一样，理解前提是我们理解了这一命题中包含的普遍性事物，即"人"和"凡人"。显然为理解这个命题，我们没必要亲知地球上所有的人。因此，先验的一般命题与经验概括之间的区别并不在于命题的含义，而在于证据的性质。在讨论经验时，证据存在于特殊实例之中。我们之所以相信"人都是凡人"，是因为我们知道"有无数的人已经死去"的事实，而不知道某个人活过了特定高龄的事实。之所以不相信，是因为我们看到了"普遍的人"与"普遍的必死"之间的联系。生理学认为，生命体要受一般规律的支配。如果生理学真能证明没有生命体可以永存，那么在人和死亡之间就存在着一种联系，使我们能坚持在这个命题中的主张，不必再去列举人类死亡的个别证据。但其实，这只代表我们的概括被覆盖进了一个更广泛的概括之下，证据还是那一类证据，只不过更广泛了。科学的进步，就是不断地产生这样的涵摄（subsumption），从而为科学概括提供一个不断扩大的归纳基础。然而，尽管这样可以增强证据的确定性，却没有给出不同的证据种类：最终的基础仍是归纳的，即从实例中导出的，而非在逻辑和数学中那样，基于不同普遍性之间的某种先验联系。

关于先验的一般命题，有两种截然相反的观点。第一种观点是，如果许多特殊实例是已知的，那么我们的一般命题可能会通过归纳从第一个实例中得出，而普遍性之间的联系可能只有在后续才能被觉察出来。例如，众所周知，如果我们从三角形的三个顶点向对边画垂线，那么三条垂线会相交于一点。在许多情况下，通过实际绘制我们就会引导得出这个推论。这种经验会引导我们去寻找并最终找到一般证据。关于这种经验，数学家们恐怕早就习以为常了。

第二种观点就更有意思了，也更富有哲学意义。它是这样一种情况：我们有时知道一个一般命题，但不知道关于它的任何实例，就像下面这样：我们知道任何两个数都能相乘，并且会得到第三个数，即它们的乘积。我们知道，所有乘积小于100的两个整数都已经被实际计算过，其结果就在九九乘法表中。但是我们也知道整数是无限的，人类过去或将来要面对的只是极其有限的整数对。因此，还有大量的整数对是人类过去没有、将来也不会遇到的，而且，这些整数对的乘积都大于100。因此，我们得出了一个命题："人类不曾想到过的，以及未来永远也不会想到的所有两个整数的乘积都大于100。"这是一个一般命题，当然为真，但从这个问题的性质来看，我们永远也不能举一个明确的实例。因为凡是我们能想到的任何整数对，都被这个命题的前提条件排除了。

既然这样的一般命题事先不会给出实例，那么获得这种知识的可能性往往也被顺道否定了。因为，人们不认为仅靠认识普遍性之间的关系，不了解相关普遍性的实例，就能获知这种命题。然而，许多必须了解的一般常识相当重要。例如，我们在前几章已经看到，与感觉材料相反，那些不能亲知的物理客体，我们只能依靠推断获取关于它们的知识。因此，我们永远不可能知道"这是一个物理客体"这类命题，命题中的"这"就是指直接亲知的东西。所以，我们所有关于物理客体的知识都是这样，无法给出实例。我们可以给出与之相关的感觉材料的实例，却无法给出物理客体本身的实例。因此，我们对物理客体的知识，始终取决于获知这种无法给出实例的一般知识的可能性。这也适用于另外两种知识：我们获取的关于他人心灵的知识，以及任何我们亲知却无法举出实例的其他事物的知识。

由于我们知识的来源在分析过程中已经显露，现在我们可以对其进行综述。我们先要区分的是对事物的知识和对真理的知识。每种知识又可以再细分为"直接的知识"和"派生的知识"。我们对事物的直接的知识，我们称之为"亲知的知识"，根据已知的事物是普遍的还是特殊的，亲知的知识又可再分为两类。在"特殊的亲知知识"中，我们亲知感觉材料，也（可能会）亲知我们自己。在"普遍的亲知知识"

中，似乎还没有一条原理可供我们遵循，决定哪些知识可以通过亲知来获知。但是有一点很明确，即那些具有感官性质的、涉及时空关系、近似关系以及某些抽象的逻辑普遍性的知识，是可以通过亲知获得的。派生的事物的知识，我们称之为"描述的知识"，总是涉及对事物的亲知和真理知识这两方面。我们把直接的真理知识又称为"直观知识"，把通过这种知识获知的真理称为"自明的真理"。在这些真理中，有些只会陈述感官所提供的内容，有些是抽象的逻辑和数学原理，还有一些（虽然不太确定）是伦理命题。我们对真理的派生知识，包含了我们通过使用自明的演绎原理、从自明的真理中演绎出来的一切内容。

如果上述说法是真的，那么我们对真理的所有知识，都出自我们的直观知识。如果真是这样，考察直观知识的性质和范围就非常重要了，就像之前，我们通过亲知来思考知识的性质和范围一样。但是，真理的知识又提出了更深入的问题，即"谬误"，这是在讨论事物的知识中不曾涉及的。因为我们的一些信念最终被证明是谬误，所以必须考虑我们如何才能区分知识和谬误。这个问题并非由亲知的知识而产生，因为无论亲知的客体是什么，哪怕是在梦和幻觉之中，只要我们不超出直接客体的范围，就不会产生谬误。只有当我们把直接客体（感觉材料）当作某个物理客体的标志时，才可能产生谬误。因此，关于真理知识的问题，比起关于事物知识的问题要复杂多了。关于真理知识第一个问题，我们来研究一下直观判断的性质和范围。

第十一章　论直观知识

人们都有一种普遍印象：所有我们相信的东西都能被证明，或至少看起来极有可能被证明。许多人都觉得，毫无理由就无端相信的信念是不合理信念。这种观点大致无误。我们的绝大多数共同信念都是从其他信念中推断出来的，或者能从中推断出来，它们可以被视为我们共同信念的理由。然而一般来说，这些理由早已被我们遗忘了，或者我们从来也不曾意识到它们曾在我们的心里出现过。例如，很少有人会问自己，我们凭什么认为等会儿吃下的食物不会毒死自己呢？但是，当我们受到质疑时，我们却总觉得会找到一个完美理由来应对，哪怕这会儿还没找到。在这种信念的支撑下，我们通常是能自证的。

但是，让我们想象一个固执的、"苏格拉底式的"人物，不管我们给他什么理由，他都会继续要求为已经给他的这个理由再给个理由出来。我们迟早、也许很快就会被追问到理屈词穷，处于那样的窘境，我们几乎可以确定，哪怕是在理论上也没有进一步发现理由的余地了。从日常生活的共同信念出发，我们从一个点又退回到了另一个点，直到得出某个一般原理，或者某个一般原理的某个实例，这样的原理看似清晰易懂、不证自明，甚至已经明白到无法再从任何更明白的东西中推断出来了。在生活中的大多数问题中，比如遇到"我们的食物是否可能既有营养又无毒"这样的问题，都将会把我们再带回到归纳原理上面，那是我们在第六章讨论过的。但除此之外，我们似乎没有进一步倒退的余地了。在我们的推理中，归纳原理本身就经常被使用，这种使用有时是有意识的，有时是无意识的；但是没有哪一种推理是从相对简单的自明原理出发，再引导我们得出归纳原理作为其结论的。其他的逻辑原理也是如此。逻辑原理的真理性对我们来说是自明的，我们利用它们来进行解释验证；但它们自身，或者至少其中的一部分是无法验证的。

然而，自明性并不仅仅是一般原理中那些无法证明的原理所特有的东西。当一定数量的逻辑原理被承认时，其余的便都可以从中演绎出来；但演绎出来的命题往往和那些没有证据的假设命题一样具有自明性。此外，所有的数学都可以从逻辑的一般原理中演绎出来，但是简单的数学命题，如"2+2=4"，就和逻辑原理一样是不证自明的。

尽管这一点更值得商榷，但某些类似于"我们应该追求善"这样的伦理原理也是自明的。

应当指出，在所有一般原理的情况下，涉及熟悉事物的特殊实例就比一般原理显得更清晰明白。例如，矛盾律规定，任何事物都不能同时既有又没有某种属性。这样的原理一旦被理解了，就会变得非常清晰，但还不是特别清晰，直到我们看到一朵特殊的玫瑰，发现它不能既是红色又不是红色，这时原理就变得特别清晰了。（当然，也有这样的可能，即玫瑰的一部分是红色，另一部分不是红色，或者整朵花都是粉色的，而我们犹豫该不该称之为红色的；但是在前一种情况下，显然，那朵玫瑰作为整体不是红色的；而在后一种情况下，只要我们确定了关于"红色"的精确定义，那么从理论上讲，答案就应该是确定的。）所以，我们通常都是通过特殊的实例才能弄明白某个一般原理的含义到底是什么。只有那些在处理抽象问题上有经验的人，才能在没有实例帮助的前提下可以轻而易举地就掌握一个一般原理。

除了一般原理之外，另一种自明性的真理是那些直接从感官中得来的真理。我们称之为"感知的真理"，把对这些真理的判断称为"感知的判断"。但是，在这里，要想准确地弄清楚自明性真理的性质到底是什么，我们还需要特别谨慎才行。因为实际的感觉材料往往既非真又非伪。例如，我所看到的一块色块就那样存在着：这是无关真或伪的事情。有这样的一块色块是真，它有一定的形状和亮度是真，被某些其他的颜色包围也是真。但是，这块色块本身，就像感官世界的其他事物一样，是与真实或虚假的事物根本不同的其他种类的事物，因此，不能就说它是真的。也正因如此，从我们的感官中获得的任何自明性真理都必须与从感官中获得的感觉材料有所不同。

这样看起来具有自明性的感知真理一共有两种，尽管也许在最后的分析中，这两种真理可能会合二为一。首先，一种是不做分析、仅简单地断言感觉材料的存在。我们看到有一块红色，我们的判断是："有这样一块红色"，或者更严谨一点的说法是："那个就在那儿"；这是一种直观的感知判断。另一种是感觉材料变得复杂了，我们得对它进行某种程度的分析。举个例子，如果看到了一块圆形的红色色块，我们可以判断"那块红色色块是圆形的"。这也是一个感知判断，但与我们之前的判断有所不同，在这一类型的判断中，我们遇到的是同时包含颜色和形状在内的单一的感觉材料：颜色是红色，形状是圆形。我们的判断是先将材料分为颜色和形状，然后通过红色是圆形这一陈述来对它们进行重新组合。关于这种判断的另一个例子是，"这个在那个的右边"，其中"这个"和"那个"是两个可以同时被看到的事物。在这种判断中，感觉材料所包含的成分相互间具有某种关系，而判断就是断言这些成分之间具有这种关系。

另一类直观判断是对记忆的判断。记忆的判断既与感觉判断相似，又有所区别。在我们关于客体的记忆中，对客体的印象总是与客体如影相随，然而，印象并不是构成记忆的东西，但却具有混淆记忆的性质的危险。我们稍微注意一下就会发现，印象是发生在现在的，而记忆发生在已知的过去。此外，我们当然能在某种程度上将印象与所记起的客体进行比较，为的是在一定范围内掌握印象的准确程度；但这又是不可能的，除非与印象相对的客体在某种程度上就在心灵之前。因此，记忆的本质并不是由印象构成，而是由一个直接存在于心灵之前但却被认为是属于过去的客体所构成。要不是在这一层意义上的记忆的事实，我们根本就不会知道还曾有过过去一说，也根本无法理解"过去"这个词的含义是什么，就像一个天生的盲人理解不了"光"的含义一样。因此，记忆的直观判断是确定存在的，并且我们对过去的所有知识最终也都取决于这些判断。

然而，在记忆的问题上有一个难题，还是一个不小的难题，因为谁都知道记忆是靠不住的，这就对直观判断的可信度提出了疑问。但是，让我们先尽可能地缩小它的范围吧。从广义上说，记忆的可信性与经验的生动性和时间的接近性成正比。如果我隔壁的房子在半分钟前被闪电击中了，那么我的所见所闻是如此可靠，以至于如果我们怀疑是否曾经发生过闪电就会变得可笑至极。同理，对于那些不太生动的经历，只要是最近发生的，那么关于它的记忆也一样可信。我可以完全肯定，在半分钟前，我就坐在现在坐的这把椅子上。这样，一天下来，我发现有些事情我非常确定，有些事情我几乎可以确定，有些事情我可以通过思考或附随着情景回忆起来后加以确定，然而还有些事情我根本一点儿都不确定了。我十分确定今天早上吃了早餐，但是要是我也像一位哲学家该有的样子那样对早餐漠不关心，那么就会对自己到底吃没吃过早餐这件事心存怀疑了。至于早餐时的谈话，有些我能很容易地回忆起来，有些得费劲地想，有些要带有非常大的怀疑成分，有些则一丁点儿都想不起来了。因此，如果对我所记住的内容按照自明的程度进行划分，会形成一个连续的等级，与之相对应的就是我的记忆的可信度等级。

因此，针对错误记忆这个难题，第一种回答是，记忆的自明性可以分为不同的等级，与之相对应的是不同等级的可信度，在我们对最近发生的、生动的事件的记忆中，记忆完全可以完美实现不证自明，且具有十足的可信度。

然而有一些情况是，在记忆中存在一些非常坚定但完全错误的信念。在这些情况中，就客体直接出现在心灵之前这个意义而言，很可能真正被记住的东西并不是被错误地相信的东西，尽管通常二者之间都会有所关联。据说，由于乔治四世经常说自己参加过滑铁卢战役，最终相信自己确实曾经参加过。在这种情况下，他的直接记忆就是他自己不断重复的断言；对他所断言的内容（如果有）的那种信念是通过与所记住的断言相联系而产生的，因此这根本就不是一个真正的记忆实例。这样看来，那些错误的记忆应该都可以用这种方式来处理，也就是说，它们能被证明根本就不是严格意义上的记忆。

一个关于自明性的要点已经通过记忆的实例清楚地做过说明了，也就是，自明性可以按照等级加以区分。从特质的角度讲，它不是一种简单的存在或不存在的问题，而是存在多与少的问题；从程度上讲，自明性涵盖了从绝对确定到几乎不可察觉的模糊的整个等级范围。感官真理和某些逻辑原理具有最高程度的自明性；直接记忆的真理也具有几乎同等程度的自明性。和某些逻辑原理相比较，如"从一个真的前提得出的结论必然为真"，归纳原理的自明性等级略低。当记忆变得越来越遥远、越来越模糊时，记忆的自明性也就变得越来越弱；当逻辑和数学变得越来越复杂时，真理的自明性（从广义上讲）也变得越来越弱。对内在的伦理价值或审美价值的判断也会涉及一些自明性，但不太多。

在知识论中，自明的程度是非常重要的，如果命题（看起来很可能）具有某种程度的自明性，但却并不为真，那么也不必摒弃自明性与真理之间的所有联系。而只消说，二者若存在冲突，越是具有自明性的命题越应该予以保留，越是缺少自明性的命题越应该予以抛弃。

然而，在上面所解释的"自明性"中很可能是两种概念的混合：其中一个对应于最高程度的自明性，实际上那是对真理的一贯正确的保证；另一种对应于所有其他程度的自明性，这种自明性并不能提供给真理以绝对正确的保证，而只是某种或大或小的假定而已。然而，这只是一种提法，我们还不能针对它做进一步的展开。在我们讨论了真理的性质之后，我们将再次回到自明性的问题上来，因为它和知识与谬误之间的区分是有联系的。

第十二章　真理和谬误

　　我们对真理的知识不同于我们对事物的知识，对事物的知识没有对错之分，而对真理的知识却有相反的一面，即错误的一面。就事物而言，我们也许知道它们，也许不知道它们，但只要是通过亲知获得的知识，那么我们就不具有能将它们描述为是错误知识的肯定的意识状态。我们所亲知的一定是某些事物；我们也许会从亲知中得出错误的推论，但亲知本身不会骗人。因此，亲知里没有二元论。但是，当涉及有关真理的知识时，就存在一种二元论，我们也许会相信某些为真，某些为假。我们知道，在许多问题上，不同的人见解不同，且不同的见解之间互不相容。因此，某些信念就一定是错误的。可是错误的信念往往和正确的信念一样被人们所固守，那么如何将它们区别开就成了一个难题。在特定的情况下，我们怎么知道我们的信念不是错误的呢？这个问题非常难以作答，很可能得不出完全令人满意的答案。不过，有一个初步的问题还不算太困难，那就是我们所说的真与伪到底是什么意思。这就是本章所要考察的那个初步问题。在这一章中，我们要问的不是怎么去知道一个信念是真还是伪，我们是要问一条信念是真还是伪这个问题到底是什么意思。我们希望对这个问题能有一个明确的答案，这样就可以帮助我们来回答"什么样的信念为真"这样的问题。但就目前来说，我们只问"什么是真"和"什么是伪"，不问"什么样的信念是真"和"什么样的信念是伪"。把这些问题完全分开是非常重要的，因为它们之间若有任何混淆，就肯定会生成一个和哪个问题都对不上的答案。

要想发现真理的性质，我们需要从三个方面进行观察，这也是任何理论都必须满足的三个必要条件。

（1）我们的真理理论必须承认真理是有其反面的，即谬误。许多哲学家都未能充分地认识到这一点。他们建构理论的依据是所有我们的思维都应该是真的，然而这种建构遭遇到的最大困难就是没有留给伪以容身之地。在这方面，我们的信念理论一定与亲知理论有所不同，因为在亲知的情况下，我们没有必要考虑任何相反的那一面。

（2）如果从真与伪相互关联的意义上讲，那么很明显，要是没有信念，也就谈不上有伪，当然也就不会有真。如果我们想象一个纯粹的物质世界，那么在那样的一个世界里，就没有给谬误留有任何空间。因为尽管那里包含了所谓的"事实"，但却不包含任何真理，在这个意义上讲，真理和谬误都是同一类的东西。事实上，真与伪是信念和陈述所具有的属性。因此，在一个纯粹的物质世界里，既不包含信念或陈述，也就不存在真或伪。

（3）但是，与我们刚才所说的相反，我们应该注意到的是：一条信念的真与伪总是取决于信念自身之外的某种东西。

如果我相信查理一世是死在断头台上的，那么我的信念为真。这并不是因为我的信念里有什么内在特质，只要仔细研究就能发现，而是因为我所相信的是发生在两个半世纪以前的一个历史事件。如果我相信查理一世死在他自己的床上，那么我的信念为伪。不管我多么肯定，也不管我多么谨小慎微才得出这样的信念，都不能阻止它归为伪。究其原因，同样是因为那是很久以前发生的事实，而不是因为我的信念里有任何内在的属性。因此，虽然真与伪是信念的属性，但它们并不依赖信念的任何内在特质，而是依赖于信念与其他事物之间的关系。

上述的第三条必要条件促使我们采纳这样的观点，即真理存在于信念与事实相符的某种形式中，大体上这也是在哲学家们当中最普遍的一种观点了。然而，要找到一种无可辩驳的相符形式绝非易事。部分是因为、部分也是觉得，如果真理存在于思想与思想之外的某种事物之间的相符形式中，那么即便真理实现了，思想也永远不可能知道。于是，许多哲学家都被引导着想去给真理寻找一个定义，即真理不应存在于与完全信念之外的事物的关系中。在按这种方式去定义真理的努力尝试中，最重要的就数"真理一致性"理论了。据说，谬误的标志在于无法在我们的信念体系中形成一致性，而真理的本质就在于能形成一个完整的闭环系统，也就是成为"宇宙真理"的一部分。

然而，这种观点有一个很大的障碍。这就是，没有理由假定只可能有一个一致性的信念体系。只要有足够的想象力，也许一位小说家就能创造出一个与我们所知的这个世界完相符，但与真实的过去截然不同的想象的过去。在更多科学问题中，可以确定的是关于某一个主题通常可以有两种或两种以上假说能对其所有已知的事实做出解释，尽管在这种情况下，科学工作者努力地寻找事实，以便只保留一种而排除掉其余的，但没有理由说明他们总能获得成功。

同样，在哲学中，两种相对立的假说都能解释所有事实，这样的情况也有很多。因此，举例来说，很可能人生只是一个长长的梦，外部世界只具有梦的客体所具有的那种实在程度；但是，尽管这样的观点似乎与已知事实并不矛盾，但我们没有理由认为这种观点就比常识性观点更优越，因为根据常识，他人和他物确实是存在的。这样，将一致性作为真理的定义就归于失败了，因为没有证据证明只能存在一个一致性的系统。

对这种真理定义的另一种反对意见是，它假定"一致性"的含义是已知的，而事实上"一致性"以逻辑规律的真理性为前提。当两个命题都可能为真时，那么这两个命题具有一致性；当其中至少一个肯定为伪时，则不具有一致性。现在，要想知道两个命题是否能同时为真，就必须先知道矛盾律等真理。例如，"这棵树是一棵山毛榉"和"这棵树不是一棵山毛榉"这两个命题，基于矛盾律，它们是不一致的。但是，如果让矛盾律本身来接受一下一致性的检验，我们就会发现，如果我们选择假设它是伪，那么就再也不会有任何东西与其他东西不一致了。因此，逻辑规律可以为一致性检验提供骨骼或框架，供一致性检验在其中适用，但它们本身却并不能通过这种检验来确立。

尽管通常在获知了一定量的真之后，一致性是针对真理进行的最重要检验，但基于上述两个原因，我们便不能认同是一致性赋予了真理以意义而对其加以接受了。

因此，我们又被拉回到了原来的问题上来，即把与事实相符作为构成真理性质的问题。为了使信念可以为真，我们所指的"事实"到底是什么意思，以及信念与事实之间必须存在的一致性关系应该具有怎样的性质，这些都留待我们去精确地加以界定。

根据前面提到的三个必要条件，我们所要寻求的真理理论必须能满足以下三条：（1）允许真理有一个对立面，即谬误；（2）使真理成为信念的一种属性；（3）这种属性是一种完全依赖于信念与外部事物之间的关系的属性。

允许有谬误的一面，这样做的必要性就在于，使我们不可能把信念当作是心灵与单一客体之间的关系，这当中的客体也可以说是我们所相信的东西。如果这么看待信念，我们就会发现，它和亲知一样，不但不承认真与伪相对，并且还必须总是保持为真。也许通过例子可以说得更清楚一些。奥赛罗错误地相信苔丝狄蒙娜爱着卡西欧。我们不能说这种信念存在于与"苔丝狄蒙娜对卡西欧的爱"这样一个单一客体的关系中，因为要是真有这样一个客体，那么这种信念就会为真了。可是事实上并没有这样的一个客体，奥赛罗因此也就不能与这样的客体有任何关系，他的信念也就不可能存在于与这一客体的关系之中。

或许可以这样说，他的信念是与另一个不同的客体，即"苔丝狄蒙娜爱着卡西欧"之间的关系；但是，当苔丝狄蒙娜不爱卡西欧时，还假设有这样一个客体，那就和假设有"苔丝狄蒙娜对卡西欧的爱"几乎会遭遇相同的困境。因此，更好一些的做法是去寻求另一种信念理论，即不使信念存在于心灵与单一客体之间的关系中的信念理论。

人们通常认为关系总是介于两个项目之间，但事实上并非总是如此。有些关系需要具备三项，有些是四项……拿"在……之间"的关系来举例说明。只要是只有两项参与其中，就不可能形成"在……之间"这样的关系。至少得有三项才能形成这样的关系。约克在伦敦与爱丁堡之间，但是如果伦敦和爱丁堡是世界上仅有的两个地方，那么在一地与另一地之间就不可能还有什么其他地方了。同样，嫉妒也要三人才能成事：如果没有三个人参与，就不可能形成这种关系。还有一个命题是这样的，"A希望B促成C与D的婚姻"，这一命题涉及的是一个四项之间的关系，也就是说，只有A、B、C、D都参与进来，这种关系才能以涉及所有四项的形式表达出来。像这样的例子还可能会无限增加、不胜枚举，但是上面的例子已经足够说明：一些关系至少需要两个参与者才能成立。

如果可以适当地允许谬误存在，那么涉及判断或相信的关系就不应该只是两项，而应该是几项之间的关系。当奥赛罗相信苔丝狄蒙娜爱着卡西欧时，他的意识里一定不只有一个像"苔丝狄蒙娜对卡西欧的爱"或"苔丝狄蒙娜爱着卡西欧"这样的单一的客体，还应该允许持续存在任何独立于心灵的客观谬误。这样的理论虽然逻辑上没什么可反驳的，但是如果可能还是不用为好。因此，如果我们把判断当作一种关系，在这种关系中心灵与各种有关的客体都会分别地出现，那么就更容易对谬误进行解释了。也就是说，当奥赛罗相信苔丝狄蒙娜爱着卡西欧时，苔丝狄蒙娜、爱和卡西欧都是关系中的项目，而这些项目都存在于关系之中。这样，这种关系就是一种四项关系，因为奥赛罗也是其中的一项。当我们说这是一种四项关系时，我们并不是说奥赛罗与苔丝狄蒙娜之间有某种关系，以及与爱和卡西欧也有同样的关系。除了相信关系，对其他关系可能也是这样的。很显然，这里的相信关系指的不是奥赛罗与三项中的每一项分别都有关系，而是说与全体三项共同具有的一种关系。这当中只有一个例子涉及了信念的关系，但这一个例子却将四项都串联起来。因此，从奥赛罗怀有他信念的那一刻起，实际发生的情况就是，所谓的"相信"关系把奥赛罗、苔丝狄蒙娜、爱和卡西欧都编织进了一个复合的整体之中。所谓的信念或判断，不过是把一个人的心灵和心灵之外的几个事物联系起来的相信或判断关系而已；而一个相信或判断的行为就是在某一特定时间内、在某些特定项目之间所发生的相信或判断关系。

现在我们就能理解了，如何才能把一个真的判断和一个伪的判断区分开来。为了这个，我们得采用某些特定的定义。在每一个判断行为中，都有一个去做判断的心灵，以及与之相关的它所判断的各项。我们将这个心灵称为判断的主体，剩下的几项为客体。因此，当奥赛罗判断苔丝狄蒙娜爱着卡西欧时，奥赛罗就是主体，而苔丝狄蒙娜、爱和卡西欧就是客体。主体和客体合在一起就被称作判断的成分。我们可以看到，在判断的关系里有一种所谓的"意义"或"方向"的东西。我们可以打个比方来说，这种"意义"或"方向"把客体都按照一种特定的顺序来排列，这一点我们可以借用句子中单词的顺序把它表示出来。（在有变格的语言中，同样的情形也可以通过变格，如借助主格和宾格间的差异来表示。）奥赛罗判断卡西欧爱着苔丝狄蒙娜，与他判断苔丝狄蒙娜爱着卡西欧，这两个判断是不同的，尽管它们都是由相同的成分所组成，但是这些成分是按不同的顺序进行排列的。同样，如果卡西欧判断苔丝狄蒙娜爱着奥赛罗，判断的成分仍然相同，但顺序是不同的。"意义"或"方向"这样的属性是判断关系与其他所有关系所共有的一种属性。关系的"意义"是顺序、序列和大量数学概念的根本来源，但是这一方面我们无须再做进一步的关注了。

　　我们谈到所谓的"判断"或"相信"关系就是把主体和客体编织进一个复杂的整体之中。在这方面，判断和其他关系别无二致。只要一种关系包含两个或两个以上项目，它就可以将这些项目都整合成一个统一的复合体。如果奥赛罗爱着苔丝狄蒙娜，那么就有一个"奥赛罗对苔丝狄蒙娜的爱"那样的复杂整体。这些由关系整合起来的项目其本身可能是复杂的，也可能是简单的，但是由它们统一起来所产生的整体必然是复杂的。只要有一个将各个特定项目联系起来的关系，就会有一个由这些项目结合而形成的复杂客体；反之，只要有一个复杂客体，就会有一个由复杂客体的各个组成部分联系起来的关系。当一个相信行为发生时，就必然有一个复杂整体，在这个复杂整体中，"相信"就是其中起整合作用的关系，相信关系中的"意义"将主体和客体按照一种特定的顺序进行排序。正如我们在思考"奥赛罗相信苔丝狄蒙娜爱着卡西欧"时所看到的，在这些客体中，其中的一个必定是一种关系，在这个实例中，这种关系就是"爱"。但是"爱"这种关系，就像它在相信行为中出现的那样，并不是将主客体统一于一个复杂整体的那种关系，它是一种客体，是结构中的砖，而不是水泥。"相信"关系才是水泥。当信念为真时，就还有另外一个复杂统一体，在那个统一体之中，其中一个信念的客体把其他客体关联起来形成关系。因此，也就是说，如果奥赛罗真的相信苔丝狄蒙娜爱着卡西欧，那么就有一个"苔丝狄蒙娜对卡西欧的爱"的复杂整体，这个复杂整体完全是由信念的各个客体组成，这些客体在这个复杂整体中的顺序与在相信关系中的顺序相同，其中的一个客体现在作为水泥出现，用关系将相信的其他客体黏合起来。另一方面，如果一个信念为伪，那么就不存在这样一个完全由信念的诸客体构成的复杂统一体。如果奥赛罗错误地相信苔丝狄蒙娜爱着卡西欧，那么就不会存在一个"苔丝狄蒙娜对卡西欧的爱"这样的复杂统一体。

因此，当一个信念能对应于某个相关联的特定复合体时，它即为真；当它不能对应时，即为伪。为了明确起见，假设信念的客体包含两个项目和一种关系，两个项目由信念的"意义"按一定的顺序进行排列，被排列的项目如果能被关系整合进一个复杂整体之中，那么该信念即为真；如果不能，即为伪。这就构成了我们所探寻的真与伪的定义。判断或相信是一个特定的复杂统一体，心灵是它的一个组成部分；如果其余的组成部分按照它们在信念中的排序，能形成一个复杂的统一体，那么该信念即为真；如果不能，则为伪。

因此，虽然真与伪是信念的属性，但是从某种意义上讲，它们是一种外在属性，因为信念为真的条件中并不涉及信念，或（一般而言）任何心灵的东西，它所涉及的只是信念的客体而已。当一个心灵相信时，如果有一个与之相对应的复杂整体，但这个整体并不涉及心灵，而只涉及心灵的客体时，那么心灵就是真的相信。这样的对应是对真理的一种保证，而它的缺失也就意味着谬误。这样，我们就同时解释了两个事实，即信念（a）依赖于心灵来决定其存在，（b）不依赖于心灵来决定其真伪。

我们可以把我们的理论像下面这样再重新表述一下：如果我们怀有一个像"奥赛罗相信苔丝狄蒙娜爱着卡西欧"这样的信念，我们称苔丝狄蒙娜和卡西欧为客体项，而爱是客体关系。如果存在一个由客体项组成的"苔丝狄蒙娜对卡西欧的爱"这样的复杂统一体，其中客体项由客体关系按照它们在信念中的顺序联系起来，那么这个复杂统一体就称为与信念相符的事实。因此，当一个信念有一个与之相符的事实时，该信念为真；若没有与之相符的事实，则为伪。

可以看出，心灵并不会创造出真理或谬误。它创造的是信念，而一旦信念被创造出来，心灵就不能再决定其是真是假，除非是在特殊情况之下，即他们关注的是未来发生的事情，而这些事情又在相信者能力范围之内，比如赶火车。能使信念为真的是一个事实，而这个事实（除非在特殊情况下）不会以任何方式涉及怀有该信念的人的心灵。

现在，我们已经确定了真与假的含义，接下来我们要思考的是，有什么方法可以知道什么样的信念是真，什么样的信念是假。这将是我们下一章要讨论的内容。

第十三章 知识、错误与或然性意见

我们在上一章讨论了真理与谬误的意义问题，不过，那个问题远不如我们如何能知道什么是真、什么是伪这个问题更有趣。在这一章我们就来讨论这个问题。毫无疑问，我们的某些信念是错误的，因此，我们就要去探究，要具备怎样的确定性，才能证明我们的信念不会出错？换言之，我们究竟能知道些什么呢？还是仅凭运气才相信什么是真？然而，在我们直击这个问题之前，必须先确定我们所说的"知道"到底是什么意思，这个问题可没有那么容易。

乍一看，我们可能会把知识的定义等同于"真信念"。当我们所相信的东西为真时，我们就会认为，针对相信的内容，我们已经获得了一种知识。但是，这不太符合"知识"这个词的通常用法。举一个小例子：如果一个人相信已故英国首相的姓是以 B 开头的，那么他所相信的即为真，因为已故首相正是班纳曼（Bannerman）爵士。但是，如果他相信已故首相是贝尔福（Balfour）爵士，那么他仍会相信已故首相的姓是以 B 开头的。只是这一信念虽然为真，却并不能说它足以构成知识。假设一家报纸通过特殊渠道在还没有官方电报之前就宣布了一场战役的胜利，恰好福星高照，战果果然如其所料，这样可能会在一部分没有经验的读者中产生一种信念。但是，对这些读者而言，尽管他们的信念为真，但还是不能说他们就获得了知识。因此很明显，如果一个真信念是从一个假信念中演绎出来的，那么它就不是知识。

同样，如果一个真命题是从一个错误推理过程中演绎出来的，哪怕它的前提为真，这样的命题也不算是知识。虽然我知道"所有希腊人是人""苏格拉底也是人"，然后推断出"苏格拉底是希腊人"，但我还是不能说"我知道苏格拉底是希腊人"。因为尽管我的前提和结论都为真，但我的结论不是从前提中推导出来的。

但我们能不能这样说：除了从真前提有效演绎出的结论，其他的就都不是知识？也不能。这样的定义既太宽泛又太偏狭。说它太宽泛，是因为光是前提真还不够，它们还必须是已知的。那个相信贝尔福就是已故首相的人，也可以从"已故首相的姓以B开头"这个真前提中得出有效推论，但不能说他就是通过这些推论获知的结论。因此，我们必须修正关于知识的定义，而要说知识是从已知前提中有效推论出来的。然而这就成了一个循环定义，因为它假定我们已经知道什么是"已知前提"了。因此，这个定义充其量只能定义一种知识，即与直观知识相对的、我们称之为"派生知识"的知识。我们可以说："派生知识是直观地从已知前提中有效演绎出来的知识。"这个表述没有什么形式缺陷，但是，它把直观知识的定义留白，待我们继续探寻。

我们把直观知识的问题先放下，来思考一下"派生知识"

的定义。反对这一定义的论据是，它过分地限制了知识。经常会有这样一种情形：人们怀有一种真的信念，这种信念之所以在人们的心中滋长蔓延，是因为人们拥有一些直观知识，并且能从中把这种真信念有效地推断出来，但事实上，并不是经过任何逻辑过程都能把它推断出来的。

举个例子，阅读产生的信念。如果报纸上宣布了英国国王驾崩，我们完全有理由相信国王已经去世了，因为如果是假消息，报纸根本不敢登出来。于是，我们基于充分合理的理由相信报纸上对国王驾崩的断言。但在这里，我们的信念所基于的直觉知识，其实是感觉材料存在的知识，这些知识派生于我们所看到的刊登新闻的印刷品，并且，这种知识很难浮现在人的意识里，除非一个人有阅读障碍。一个小孩可以分辨不同字母，并硬着头皮一点点读，才能对它们组成的句子含义一知半解。但是，任何早已习惯阅读的人都能立刻领会句子的含义，并且如果不通过思考，他根本无法意识到这些知识原来是从被称为"看到印刷文字"的感觉材料中提取来的。因此，尽管从字母中有效推导出含义是有可能的，而且读者也能做到，但其实，读者没有那么做，因为他们没有执行任何称得上是"逻辑推理"的操作。但要说读者不知道报纸上刊登了国王讣告，那就太荒谬了。

因此，无论直观知识的结果是什么，哪怕仅仅是关联的结果，只要中间有一个有效的逻辑联系，并且当事人通过思考可以意识到这种联系，那这样的直观知识结果我们就必须承认它是派生知识。事实上，除了逻辑推理，还有很多方法可以让我们从一种信念获知另一种信念：从刊登文字的印刷品过渡到理解所载文字的含义，就是这些方法的一个例子。这些方法可称为"心理推理"。只要心理推理能与一套可发现的逻辑推理并行，那我们就应当承认心理推理也是获得派生知识的一种手段。这使得我们对派生知识的定义不如我们所希望的那么精确，因为"可发现的"这个词的含义模糊，它并没有告诉我们，为了取得发现我们要思考到什么程度。但事实上，"知识"并不是一个精确的概念，它包含了"或然性意见"，这一点我们在本章会充分说明。所以，我们不该去寻求一种特别精确的定义，因为任何此类的定义多多少少都是有误导性的。

然而关于知识，其主要的难题倒不是派生知识，而是直观知识。只要我们讨论派生知识，就得退回到对直观知识的检验上面去。就直观信念来说，要想发掘出能区分其真伪的标准绝非易事。在这个问题上也几乎不可能得出任何精确的结果——我们所有的真理知识都会受制于某种程度的怀疑，如果哪个理论忽略了这个事实，那它显然就是错的。虽然如此，倒还是可以想些办法来降低问题难度。

真理理论为我们提供了一种可能：在确保绝对正确的意义上，某些真理可以被区分为"自明的真理"。如果一个信念为真，就会有一个与之相符的事实，在这个事实中，信念的几个客体组成了一个单一的复合体。只要信念能进一步满足我们前面讨论的那些模糊的条件，那这样的信念就可被视为构成这个事实的知识。但是就任何事实来说，除了由信念构成的知识，我们可能还有那种由"感知"（要从广义上理解这个词）构成的知识。例如，如果知道日落的时间，那么到那时候你就知道太阳正在落山的这个事实——这是通过真理知识来了解事实知识。但是，如果天气晴好，你也可以向西远眺，实际看到落日——这是通过事实知识了解到同样的事实知识。

因此，关于任何复杂事实，理论上都有两种可以获知它的方法：（1）通过判断，复杂事实的各个部分被判断为就像它们在事实中那样相互关联；（2）通过获知复杂事实本身，这在广义上也可称为"知觉"，但其范围绝不局限于感官的客体。现在，我们可以看到第二种获知复杂事实的方法，即亲知的方法，它只有在确实有这么一个事实的情况下才会奏效。而第一种方法和所有判断一样容易出错。第二种方法提供给我们的是复杂的整体，只有当它的各部分之间确实有那种使它们整合为一个复合体的关系时，这种方法才会奏效。而第一种方法完全相反，是把部分和关系分别呈现的，并且只要求部分和关系的实在性。关系可能不是按那种判断方式将各个部分关联起来的，但依然可以做出那种判断。

我们在第十一章结尾提出的自明性分为两种：一种是对真理的绝对保证，另一种是对真理的部分保证。现在我们可以进一步区分它们。

从首要及绝对的意义上讲，当我们亲知那个符合真理的事实时，可以说这个真理是"自明"的。当奥赛罗相信苔丝狄蒙娜爱着卡西欧时，如果奥赛罗的信念为真，那么与之相对应的事实应该是"苔丝狄蒙娜对卡西欧的爱"。这是除了苔丝狄蒙娜之外的人都无法亲知的一个事实。因此，从我们所讨论的"自明"的意义上讲，苔丝狄蒙娜爱着卡西欧的这个真理（如果它确实是真理），只能对苔丝狄蒙娜而言是自明的。所有的精神事物和所有关于感觉材料的事物，都具有这样的隐私性。从我们现在讨论的"自明"的意义上说，它们只能对一个人是自明的，因为只有那个人能亲知那些精神事物或与之相关的感觉材料。因此，若是超过一个人，那么一切关于特殊存在事物的事实，就都不可能是自明的。但另一方面，涉及普遍性的事实却不具有这种隐私性。许多心灵都可能亲知同一种普遍性，因此，对许多不同的人来说，普遍性之间的关系，也都可以通过亲知来了解。我们通过亲知获知了一个由处于某一特定关系中的特定项目组成的复杂事实，在所有这类情形中，我们都可以说：对于那些处于关系中的项目而言，真理是首要而且绝对的自明。但在这些情况中，做出这些项目之间如此关联的那个判断必须确定为真。只有这样，这种自明性才是真理的绝对保证。

尽管这种自明性是对真理的绝对保证，但在任何一项既定判断中，它并不能使我们绝对确信相关判断都为真。假设我们首先感知到艳阳高照，这是一个复杂事实，那么我们接着做出了关于"艳阳高照"的判断。从感知过渡到判断的过程中，我们有必要对那个既定的复杂事实进行分析，必须把作为那个复杂事实组成部分的"艳阳"和"高照"区分开来。这个过程是有可能出错的，因此哪怕一个事实具有首要和绝对的自明性，与此事实相对应的判断也不能保证是真的，因为它可能不符合事实。但如果它确实符合事实（在上一章解释过的意义上），那么它必然为真。

第二类自明性虽属于第一个实例中的判断，但不是直接来自对一个复杂事实整体的知觉。这种自明性有程度之分，按对信念的支持程度，从最高到仅有一丝倾向。举个例子，一匹马沿着一条坚硬的道路从我们身边匆匆而过。一开始，我们确信自己清清楚楚听到了马蹄声。渐渐地，如果我们用心听，就会有那么片刻的迟疑，心想那会不会是幻听，或是楼上的百叶窗声，甚或自己的心跳声。最后，我们开始怀疑到底有没有声响，我们以为自己什么也听不见了，并最终确认我们确实什么也听不见了。在这一过程中，自明性的等级在不断地变化，从最高到最低，但这种变化并不是基于感觉材料，而是来自以感觉材料为基础的判断。

或者，还是用两种颜色来做比较，一种是蓝色，另一种是绿色。我们十分肯定它们是两种不同的颜色，但如果绿色变得越来越像蓝色，先是蓝绿，然后是绿蓝，最后彻底变成蓝色，于是我们就会从某一刻开始怀疑自己还能否看出其中的差别；接着在某一个时刻我们知道自己根本看不出它们的差别。在调试乐器时，或者在有连续等级变化的其他情境中，我们也都是这样。因此，这种自明性其实是等级程度的问题，而且很明显，等级高的自明性比等级低的自明性更加可靠。

在派生知识中，我们的根本前提是必须具备某种程度的自明性，而且从这些根本前提中演绎出的结论，也必须与前提之间具备某种程度的自明性。举一个几何推理中的例子：我们先有了某个定理的自明性，这还不够，因为推理中每一步的前提与结论的联系也必须自明。在较难的推理中，这种联系的自明程度往往比较低。因此，在难度极高的推理中出现错误就不奇怪了。

无论是直观知识还是派生知识，从前面的讨论中我们可

以看出：如果我们假定直观知识的可信性与其自明程度成正
比，那么可信程度也会有等级之分。最上面是明显的感觉材
料，中间是逻辑和数学这样相对简单也比较确定的真理，最
下面是只比它反面的或然性稍大的判断，它们在可信程度上
是递减的。那些我们坚信的，如果是真的，我们就称之为
"知识"，前提是它必须是直观的，或至少是从直观知识中用
逻辑推理或心理推理推断出来的。我们深信的如果不为真，
我们就称之为"谬误"。我们深信的东西，如果它既不是知识
也不是谬误，同时我们在相信它时会带有迟疑（因为它缺少
最高的自明性，或不是来自最高自明性的事物），那么我们就
称之为"或然性意见"。因此，我们平时作为知识传播的大部
分内容，其实多少都是或然性意见。

关于或然性意见，"一致性"可以帮助我们理解它。尽管
我们反对将一致性视为真理的定义，但至少可以看成真理的
一个标准。多个彼此独立的或然性意见，组合成一个或然性
意见的整体，如果这些个体的或然性意见彼此融贯，那么这
个整体就比其中的任何一个个体都更具有或然性。许多科学
假设的或然性，就是通过这样的方式获得的。它们被纳入了
一个或然性意见的融贯系统，因而比它们独立时更具或然性。
这同样也适用于常见的哲学假设。通常在一个单一事例中，
这样的假设看起来疑点重重。但是当我们考虑到它们为或然
性引入许多顺序和一致性时，它们就变得可靠了。这一点也
适用于"如何区分梦和现实"这类问题。如果我们的梦每天
晚上都像白天的生活一样连贯，那么我们就不知道是该相信
梦境还是现实了。其实，对一致性的检验，就可以否定梦境

确认现实了。但这样的检验，尽管可以增加或然性，却永远无法提供绝对的确定性，除非一致性的系统中已具备了一定程度的确定性。因此，仅仅组织或然性意见本身是永远无法把它转变成无可争议的知识的。

第十四章　论哲学知识的范围

到这一章为止，我们还没有涉及大多数哲学家著作中讨论最多的关键问题。大多数哲学家（至少，很多哲学家）都宣称他们能通过先验的形而上学推理来证明宗教的基本教义、宇宙的根本合理性、物质的虚幻、世上邪恶的非实在性……显然，他们希望能找到我们相信这些的理由，因为对于许多终生进行哲学研究的人来说，这种希望是他们的灵感源泉。只是，这种希望我个人认为毫无意义。因为把整个宇宙视作一个整体的知识似乎无法通过形而上学来获得，而且根据逻辑原理得出的"此类必然存在""他类不能存在"这样的结论，在证据上似乎也经不起一场批判性的审视。在这一章中，我打算简要考察的正是他们希望的这种推理，以期发现它是否有效。

关于我们想要考察的观点，最伟大的近代哲学家代表是黑格尔。黑格尔的哲学非常晦涩难懂，其真正的解释，研究者们各执一词。我下面将采用的解释，是多数评论家支持的观点，其优点是给出了一种有趣且重要的哲学类型。根据这一解释，黑格尔的主要论点是：所有缺少"整体"的东西，显然都是碎片化的，如果没有世界其他部分的补充，它们显然是不存在的。这就像一个解剖学家通过一根骨头就能看出整只动物的轮廓，根据黑格尔的说法，形而上学者能从任何一个实在性的片段中看出整体的实在性（至少是大致轮廓）。每一个表面上分离的实在性片段，都像是有一个钩子，能钩住与它相邻的片段，然后，它旁边那块又伸出新的钩子，钩住它旁边的片段，以此类推，直到整个宇宙都被构建起来。在黑格尔看来，这种本质上的不完整性，在思想世界和事物世界中同样存在。在思想世界里，如果我们举出任何一个抽象的或不完整的观念，经过检验，我们会发现，如果我们忘记了这种思想的不完整性，我们就会卷入到矛盾之中，这些矛盾会使该观念转换成与之相反的观念。要想避免这种状况，我们就得找出一个完整的新观念，即通过把我们最初的观念和它的反面进行综合，从而得出一个新观念。这一新观念，虽然比我们最初的观念要完整，但我们会发现，它仍然不是最完整的，而且还要过渡到它的反面，接着又必然与之结合，形成一个新的综合体。在这条路上，黑格尔高歌猛进，直到他提出"绝对观念"理论。根据他的说法，绝对观念完美无缺、没有反面、不用再发展。因此，绝对观念完全可以用来描述"绝对的实在性"，但所有层次较低的观念，都只是从局部视角，而非以整体视角来描述实在性的。因此黑格尔得出结论：绝对的实在形成的是一个单一和谐的系统，这一系统是超时空的，不带有一丝邪恶的，是完全理性和完全精神上的存在。所以，黑格尔相信，在我们所知的这个世界上，任何与此相反的现象，都可以从逻辑上证明完全是由我们那种片段化、零散地看待宇宙的方式所导致的。如果我们把宇宙视为一个整体，就像上帝眼中的宇宙那样，那么时间、空间、物质和邪恶，所有的努力与挣扎都将消失，与此同时我们应该能看到一个永恒的、完美的、不变的精神统一体。

不可否认，这个概念中存在某种极端升华的东西①，某种我们倒是希望能认同它的东西。但当我们仔细考察支持它的论证时，就会发现其中似乎包含了许多既混乱又不合理的假设。这个体系建立的基本原则是：一个不完整的东西，一定无法靠它自身存在，必须借助其他事物的支持。有的观点认为，任何与外部事物有关的事物，其内在性质中必然包含一些对外部事物的引证，因此如果这些外部事物不存在了，那么该事物也就不能成立了。比如，一个人的性质，其构成包括他的记忆与知识、爱恨……如果没有他所知的客体、他爱与恨的客体，那他就不再是他了。显然，他在本质上只是一些他的片段。如果把他看作实在性的整体，那就是自相矛盾的。

然而，这整个观点都有赖于事物的"性质"，它似乎就代表了"关于那个事物的全部真理"。作为连接一个事物与另一个事物的真理，如果另一个事物不存在了，那么真理也就不复存在了，事实如此。但一个事物的真理，并不是该事物的一部分。尽管根据上述用法，它必须是事物"性质"的一部分。如果我们所说的"性质"，是指关于一件事物的所有真理，那么很明显，除非我们能知道该事物与宇宙中其他事物的关系，否则我们就无法知道它的"性质"是什么。但

---

① 暗指以上帝存在为核心的宗教体系。

是，如果"性质"一词是这样用的，那我们就必须承认该事物的"性质"还不为人所知，或无法完全已知的情况下，该事物也许早已被我们所知了。于是就像这样，当使用"性质"一词时，在事物的知识和真理的知识之间就出现了一种混淆。就算我们所知的关于某一事物的命题少之又少，从理论上讲，我们甚至不必知道关于它的任何命题，我们也许早就通过亲知获得了关于它的知识。因此，亲知某一事物并不涉及上述这些关于它的"性质"的知识。并且，尽管从范围上讲对某一事物的亲知涉及我们所知的关于该事物的任何命题，但就上述意义来讲，却从未涉及关于该事物"性质"的知识。因此，结论是：（1）对某一事物的亲知，在逻辑上并不涉及对其关系的知识；（2）对该事物某些关系的知识，既不涉及关于该事物所有关系的知识，也不涉及关于该事物在上述意义上的"性质"的知识。例如，我也许通过亲知就能获知自己牙疼，并且，这种知识可能是通过亲知能获得的最完整的知识了，获知这些，既不需要牙医（未曾亲知我牙疼的人）来告诉我牙疼的原因，我也不必了解根据上述原因获知我的牙疼具有何种"性质"。因此，事实是，某一事物包含着各种关系，却并不能证明它的关系在逻辑上是必要的。也就是说，仅仅根据"这一事物就是这样"的事实，我们无法推断它必定具有现实中的种种关系。所以，这似乎只能理解为——我们早知它是这样了。

于是，就有了以下结论——就像黑格尔主张的，我们无法证明宇宙是一个整体，自成一个单一、和谐的体系，因此，我们更无从证明空间、时间、物质和邪恶的非实在性。因为这是黑格尔从事物碎片化、关联性的特征中推断出来的。于是，我们就只能对世界进行零散的调查，无法了解那些与我们的经验相距甚远的宇宙组成部分的特征。对于那些对哲学家们所提出的体系满怀希望的人，这样的结果令人失望，却与我们这个时代的归纳和科学意气相投，并且，从我们前几章对人类知识的全面考察中也得以证明。

形而上学者那些雄心勃勃的伟大尝试，大多是想要证明一点：现实世界中的种种现象都是自相矛盾的，因此不可能是实在的。然而，现代思想从整体上越来越趋于表明那些假设中的矛盾都是虚幻、不真实的，而从"这为何是必然"的思考中，能被先验地证明的更是极少数。空间和时间能够很好地说明这一点。它们似乎在范围上是无限的，而且可以被无限分割。如果我们沿着一条直线两端的任意一个方向前进，很难想象我们会到达某个终点，因为一旦越过了那一点，就什么都没有了，包括真空。类似的，如果想象我们在时间中向着过去或未来旅行，很难相信我们能到达最初和最后的时间，因为一旦超越了那个时间点，就连抽象的时间都没有了。这样看来，空间和时间似乎是无限的。

同样，如果我们在一条直线上取任意两点，那么很明显，无论它们之间的距离有多短，其间一定还有其他点。每段距离都可以再一分为二，日取其半，取之不竭。在时间问题上也大致如此，不管两个片刻之间是多么短暂，它们之间还有其他无数的瞬间。这样看来，空间和时间都是可以无限分割的。但与无限的延展性和无限的可分性这些明显的事实相违背的是，哲学家的进一步论证却倾向于表明：不可能存在一个无限事物的集合，所以空间中的点或时间中的片刻也就必然有限。这样，一边是肉眼可见的空间和时间的性质，另一边是凭空假设的无限集合的不可能性，这就产生了自相矛盾。

最先强调这种矛盾的人是康德，是他推导出了空间和时间的不可能性，并且指出时间空间都仅仅是主观的预设。自康德时代起，许多哲学家都相信空间和时间只是现象，不是这个世界的真实特征。然而，多亏了数学家们的苦苦钻研，尤其是格奥尔格·康托尔，他已经发现了无限集合的不可能性是错误的。事实上，它们并不是自相矛盾的，而是某些顽固的心理偏见产生的矛盾。因此，将空间和时间视为不实在的理由烟消云散，形而上学在理论结构上的一个重要思想来源也就此枯竭。

然而，数学家并不满足于仅仅展示出通常认为可能的空间，他们还表示，在逻辑上讲，还有许多其他可能的空间。欧几里得提出的某些定理，从常识上看是必然的，古代哲学家们也认为它们是必然的，但现在我们知道，它们所表现出来的那种必然性，仅仅来自我们对实际空间的熟悉，而非建立在任何先验的逻辑基础之上。数学家们想象出许多不同的世界，在那些世界中，欧几里得的定理都是错误的，数学家们通过这种方式，用逻辑给常识的偏见松绑，并表示可能还有许多与我们的世界多少有些不同的平行宇宙。其中一些宇宙，就像仅仅在测距度量问题上略微不同的"欧几里得宇宙"，这样我们就无法仅凭观察来分辨到底哪个是我们真实的宇宙，哪个是欧几里得宇宙，或者是其他宇宙。因此，我们的认知被彻底颠覆了。以前，经验似乎只给逻辑留下了一种可能，而逻辑却表明，不可能仅有一种宇宙。现在，逻辑在经验之外尽可能呈现了多个宇宙，而经验只在其中一部分宇宙掌握大权。因此，虽然我们对"是什么"的认识，比以前自以为的还要少，但我们对"可能是什么"的认识，却大大地增加了。我们没有囿于狭窄的围墙，在角落和缝隙里探索，正相反，我们发现自己置身于一个拥有高度自由的开放世界，虽然有很多东西仍然未知，但确实有太多东西等待我们去获知。

从某种程度上说，在空间和时间上发生过的，在其他层面上也发生过。用先验原理来规定宇宙的尝试已宣告失败，逻辑不再像从前那样成为可能性的阻碍，而是成了解放想象力的工具。逻辑为人们提出无数可能的方案，这是未经深思的常识所难以理解的，并且逻辑还把它们保留下来接受经验的检验，在有必要时让经验在逻辑所提供的众多世界当中替我们做出选择。因此，关于存在的知识取决于我们能从经验中学到的知识，而非我们能从实际中经验的东西。如我们所知，有许多通过描述获知的知识，属于我们没有直接经验的事物。但在所有通过描述获取的知识当中，我们需要某些普遍的联系，使我们能从各种材料中准确推断出材料所指的客体。举个例子，感觉材料是物理客体的标志，这一原理本身就是普遍性的一种联系，而且，只有借助这一原理，经验才能帮我们获得关于物理客体的知识。这同样适用于因果律，更适用于像万有引力那样普遍性较少的原理。

一些像万有引力定律这类的原理，是通过经验与一些完全先验的原理（如归纳原理）相结合来证明的，更准确一点儿说，很有可能是以这样的方式来证明的。因此，我们的直观知识，即所有其他真理性知识的来源，可以分为两种：一种是纯粹的经验知识，它告诉我们所亲知的特殊事物的存在和它们的某些属性；另一种是纯粹的先验知识，它向我们提供了普遍性之间的联系，使我们能从经验知识所给出的特殊事实中做出推断。我们的派生知识总是依赖于纯粹的先验知识，也经常依赖于纯粹的经验知识。

如果上面所说的都是真的，那么哲学知识与科学知识并没有什么本质区别。没有只针对哲学而不针对科学的单独智慧源泉，哲学的成果与科学的成果也没有本质的区别。真正使哲学研究有别于科学的是哲学的本质特征，即批判性。哲学批判性地检视科学和日常生活中所用的原理，努力找出这些原理中可能存在的任何矛盾之处，并且，只有当这些原理经受住批判的考问，再也提不出一个反驳理由时，才可以把它们作为知识成果保留下来。就像许多哲学家坚信的，如果科学的基本原理能脱离烦琐细节的纠缠，为我们提供关于整个宇宙的知识，那么这种知识对我们的信念将与科学知识对我们的信念具有同样的要求，但我们的调查并没有找到这种知识存在的证据。因此，对于过于自信的某些形而上学者所提出的特别学说，更多地产生的是一种否定的结果。但是，关于通常被认为是知识而加以接受的东西，我们主要抱持的还是肯定的态度。我们很少能把这种知识作为我们批判的结果来加以拒斥，我们也没有理由认为人不能拥有一般被认为他可以拥有的那种知识。

然而，当我们把哲学说成一种"批判的知识"时，就有必要对其加上限定条件。如果我们采取彻底的怀疑主义者的态度，将自己排除于一切知识之外，又要求我们从这个外部的立场回到知识的闭环的内部，那么我们就是在自取其辱。我们的怀疑永远无法被反驳，因为所有的反驳都必须从某种争论者之间共享的知识出发，若都是凭空怀疑，那任何争论都无从谈起。所以，哲学所采用的对知识的批判要想取得任何成果，就不能用这种破坏性的方法。如果我们要反对这种绝对的怀疑论，那么任何合乎逻辑的论证都无法提出。但不难看出，它确实不合理。被尊称为近代哲学开端的笛卡儿，他的"方法的怀疑"就不属于此类，而是一种被我们确认为哲学本质的批判方法。他的"方法的怀疑"就是怀疑任何可疑的东西。对任何东西都可以稍稍停留，用显而易见的知识问自己：如果仔细推敲，我是否能肯定地回答自己知道。这就构成了哲学的批判。一些知识，比如，"我们的感觉材料是存在的"，无论我们如何冷静、彻底地反思，它似乎都不容置疑。对于这样的知识，哲学批判不是要我们放弃对它们的信念。但也有一些信念，比如相信"物理客体与我们的感觉材料完全相似"，在我们开始反思之前，我们就一直相信它，但经过仔细考证，这些信念就会烟消云散了。像这样的哲学信念，除非能找到新的论据来支持它，否则哲学就会逼迫我们放弃它。但是，有些信念，无论我们如何仔细地考察，都似乎无可辩驳。要我们放弃这些信念，既不合理，也不是哲学所提倡的。

　　总之，哲学上的批判不是无端的拒绝，而是要考察每一个知识的优点，并且在考察完成后，要将任何显现为知识的内容保存下去。我们也必须承认犯错的风险，因为人类就是这样容易犯错。但是，哲学可以公开地宣称它能降低这种风险，有时甚至能降低到忽略不计的程度。在一个必然会犯错的世界里，我们不可能做得比这更好了。并且，任何谨慎的哲学家，都不敢保证自己已经做到了这一点。

第十五章 哲学的价值是什么

在结束对哲学问题简短且不完整的回顾后，我们最后应该仔细想一想，哲学的价值到底是什么？为什么要研究哲学？在科学或实务的影响下，许多人抱持怀疑，比起单纯且无用的琐事、细枝末节的分辨以及在知识不可能问题上的争论，哲学是不是更好？鉴于此类事实，我们更应该好好思考这个问题。

这种哲学观的出现，一方面出于对人生目的的谬见，另一方面出于对哲学最终目的的谬见。物理科学通过发明让无数之前对它视而不见的人知晓了它的大用处，因此，物理科学的研究之所以被人们推崇，不是因为它影响了几个物理专业的学生，而是它直接影响了全人类。但是这样的功利性不适用于哲学。对非哲学专业的人而言，假如说学哲学有什么价值，那就只剩它对哲学系学生的间接影响了。因此，要思考哲学的价值，必须首先回到哲学的影响当中。

但如果我们不想在寻找哲学价值的努力中碰壁，首先必须解放思想，从那些自诩"务实"之人的偏见中跳出来。正如这个词的常见意思，"务实"的人，是指那种只强调物质需要的人，他认识到人必须吃饭来滋养身体，却忽视了心灵同样需要滋养。假如有一天，人人衣食无忧，贫穷和疾病几乎被消灭，即使是这样，要建立一个有意义的社会，我们仍有许多工作要做。即使是在当下的世界，心灵之物也和身体同等重要。哲学的价值只有在心灵中才能找到，也只有对心灵之物坚信不疑的人，才会相信哲学研究并非屠龙之术。

和其他所有学科一样，哲学的首要目标是获取知识。哲学所追求的是那种使诸多学科统一化和系统化的知识，以及那种对我们的确信、偏见和信念的基础进行批判性研究而获得的知识。但是我们还不能说，哲学在为它的问题找出明确答案方面已经取得了伟大成就。如果你问一个数学家、一个矿物学家、一个历史学家或任何其他学者，在他那门学科中已经确定的真理体系是什么，只要你愿意听，他就能一直给你讲下去，直到你听烦为止。但如果你就这个问题去问一个哲学家，如果他足够诚实，就不得不承认他的研究还没有取得过像其他学科那样积极的成果。诚然，之所以会这样，是因为一种事实：一旦任何一个学科的知识走向明确化，它就不能再称作"学科"了，而是成为一门独立的科学。如今属于天文学的所有天体研究，就曾经属于哲学研究的范畴，牛顿的伟大著作也因此命名为《自然哲学的数学原理》。同样，对人类内心的研究曾经也是哲学的一部分，如今已经从哲学中分离出来，变成了心理学。因此，在很大程度上，哲学的不确定性与其说真实，还不如说明显。那些已经确定答案的问题，被归入各个学科之中，而那些还没有明确答案的问题则被剩了下来，它们所产生的知识便称为哲学。

然而，这只是关于哲学的不确定性的一部分真理，还有许多问题，尽管其中有一些使我们的精神生活充满了最深刻的趣味，但就我们所知，除非人类的智力变得与现在的格局完全不同，否则那些问题对人类的才智来说就是始终无解的。宇宙有任何统一的计划或目的吗？或者它仅仅是原子间的偶然聚合？意识是宇宙中永恒的一部分、给予智慧以无限增长的希望，还是发生在生命最终必然归于消亡的小行星上的一场短暂意外？善与恶的重要性是对谁而言？宇宙还是仅仅有人类？这样的许多问题都是由哲学提出来的，哲学家们对这些问题的回答也是仁者见仁、智者见智。但是，无论是否有其他方法可以找到答案，似乎哲学给出的答案中没有一个可以验证为真。然而，无论发现一个答案的希望有多渺茫，作为哲学之业的一部分，就是让我们不断地去考虑这些问题，去认识到它们的重要性，去检视所有的方法，并且在宇宙中持续地保持慎思的兴趣，要知道这样的兴趣一旦将自己囿于确凿的知识之中就会被扼杀殆尽。

诚然，许多哲学家认为，哲学可以为这些基本问题的某些答案确定真伪。他们认为宗教信仰中最重要的东西其真伪性可以通过严格的论证加以证明。为了对这样的尝试做出判断，就有必要对人类的知识进行通览，并就其方法和局限性形成意见。在这样一个主题上，教条主义者发表评判并不明智，但是如果通过对前几章的调查研究还没有使我们误入歧途，那么我们就应宣布放弃为宗教信仰寻找哲学上的证据的希望。我们不能把针对这样的问题的任何成套的明确答案作为哲学价值的一部分。因此，需要再次重申的是，哲学的价值绝不是建立在这样的假定之上的，即可以使研究哲学的人获得任何可以确定的知识体系。

在很大程度上讲，哲学的价值就是要在不确定性中去寻找。一个未经哲学浸染的人，一生都会自缚于偏见之中。这些偏见可能来自常识，可能来自他所在的时代或国家的习惯和信仰，也可能来自他内心未经深思而形成的信念。对于这类人，世界常常是非黑即白、一目了然的。日常所见的客体，不会产生任何问题，但陌生的可能性却会被人们轻蔑地拒绝。相反，一旦我们开始用哲学思维进行思考，就会发现，即使是最日常的小事也会引发很多宏大的问题（就像我们在前几章中讨论的），而且我们往往只能是管窥蠡测。对于哲学提出的这些怀疑，哲学本身并不能告诉我们一个正确的答案，却能提供多样的可能性。而这些可能性足以拓展我们的思维，将我们的思想从习惯的掌控中解放出来。于是，哲学在降低了我们对于"事物是什么"的确定性的同时，带来了大量对于"事物可能是什么"的知识。至于从未经历这种解放的那些人，哲学可以驱除他们身上傲慢的教条主义，同时，通过向我们展示日常事物的不熟悉的那一面，哲学能让我们始终保持鲜活的好奇心。

除了在展示人们未曾怀疑过的各种可能性方面的功用，哲学还具有另一种价值，兴许还是它的主要价值——通过沉思来获知客体的伟大之处，使人们从自私狭隘中获得解放。遵从本能生活的人，总是将自己封闭在蝇营狗苟的小圈子里，可能包含了家庭和朋友，但肯定不包含外部世界，除非外部世界能促进或阻碍小圈子里的本能欲求。这样的生活，会多少带有一些狂热和局限，相比起来，哲学生活是冷静而自由的。受私利驱使的世界是一个屈居于宏大世界中的小世界，迟早会被外面的大世界一脚踏平。所以，我们必须扩大自己的利益版图，将整个外部世界收入囊中，如若不然，我们就像深陷围城的守军，心知无法逃脱，只得丢盔卸甲。这样的生活毫无和平可言，只能在不忍放手的欲望和软弱无力的意志之间不断纠缠。无论如何，如果想要活得既伟大又自由，就必须逃出这种樊笼与斗争。

有一种逃离的方式就是哲学沉思。根据最广泛的研究，我们发现，哲学沉思并没有把宇宙分为两个对立的阵营——朋友和敌人、乐于助人的和落井下石的、好的和坏的，它一视同仁地看待整个宇宙。纯粹的哲学沉思，其目的不是证明宇宙中除了人类之外的部分与人类的相似性。所有的直接认识，其本质都是一种自我的扩张。这种扩张，往往是在不直接寻求的情况下才能获得最佳成果，即在研究过程中遵从求知欲的指引，事先并不寄希望于客体有这样那样的特征，而是让自我去适应在客体中发现的那些特征，只有这样才能实现自我的扩张。如果我们拥抱自我的本来面目，承认世界与我如此相似，以至于在不必承认它们之间任何差异的前提下获取知识，自我扩张是无法实现的。想要证明这一点的欲望是一种自我主张的形式，而且，就像所有的自我主张一样，会对自我渴望的那种成长造成障碍，同时自我也很清楚它是有能力那样做的。哲学沉思就像其他领域一样，自我主张把世界看成达到自己目的的一种手段。因此，它使自我比世界更重要，并对世界的伟大之物设置了限制。相反，在沉思中，我们从"非我"出发，通过它的伟大，自我的边界得以扩大；通过宇宙的无限性，沉思宇宙的心灵，也在无限中收获了某种分享。

因此，那些把宇宙同化为人类的哲学，并不能培养伟大的灵魂。知识是一种自我与非我的结合形式，与所有的结合一样，会受损于支配，如果要迫使宇宙与我们自身所发现的东西相一致，那么任何这样的尝试都会使知识遭到破坏。有一种常见的哲学认为：人是万物之尺，真理都是人造的，空间、时间以及普遍性的世界，都是心灵的属性，如果有一样东西不是心灵创造的，那它就是不可知的，对我们也毫无意义。这样的观点，基于我们之前讨论的内容，它肯定是错误的。但是这种观点除了不实之外，它还剥夺了哲学沉思中一切有价值的东西，因为它将沉思禁锢于自我之中。它所称的知识，不是与非我的结合，而是一整套的偏见、习惯和欲望，在我们和我们以外的世界之间，形成了一道不可穿透的帷幕。在这种知识论中找到乐趣的人，就好比是那种从没离开过自家小圈子的人，因为他怕一旦踏出一步，他的话就不再是金科玉律了。

相反，真正的哲学沉思，是在自我的每一次扩张中，在一切能扩大沉思客体的事物中，使沉思的主体也得以扩大，并从中获得满足。在哲学沉思中，一切个人的、私密的事物，一切依赖于习惯、私利或欲望的事物，都会使客体扭曲，使心智所追求的知识的结合受损。通过在主体与客体之间设置种种障碍，这种个人和私密的东西就变成了心智的牢笼。自由的心智会像上帝那样观察事物，无关此时此地，无关希望和恐惧，也无关习惯信仰和传统偏见的束缚，冷静地、沉着地在绝对唯一的知识欲望中把知识作为非个人专属的、纯粹沉思性的、人类所能获得的事物。因此，相比于来自感官的知识，自由的智慧更关注抽象的和普遍性的知识，这样的知识，是私人历史的偶然事件无法沾染的，因为感官知识必定依赖于一种排他的自私观点，也依赖于人的身体，因为正是身体感官扭曲了事物所呈现的面貌。

一旦心灵习惯了哲学沉思的自由和公正，在行动和情感的世界里，它就会保持同样的自由和公正。它会把自己的目的和欲望视为整体的一部分，却不会固守成见，因为它把它们视作世界上一些极其微小的碎片，而世界上其他一切都不受任何个人行为的影响。在哲学沉思中，公正是对真理的纯粹的渴望，与心灵有着极其相同的特质。在行动中，公正就是正义；在情感上，公正就是普世的爱，这种爱可以给予所有人，而不仅仅是施予有用之人或可敬之人。因此，沉思扩大的不仅是我们思想的客体，也扩大了我们行动和情感的客体。它使我们成了宇宙的公民，而不是深处高墙之内与高墙之外的一切作战的那样的城市里的公民。在这种宇宙的公民身份中，人类获得了真正的自由，也从狭隘的希望和恐惧的束缚中获得了解放。

因此，我们来总结一下关于哲学价值的讨论，我们研究哲学，不是为了对它提出的问题找寻一个明确的答案，我们也不可能知道哪个答案肯定为真。哲学研究的是问题本身，因为这些问题扩大了我们关于"可能"的概念，丰富了我们心智层面的想象力，减少了锁闭心灵、让我们无法思考的教条式定论。但最重要的是，我们要通过哲学的沉思来体会宇宙的伟大。这样，人的心灵也会随之越发伟大，直到与构成其至高至善的宇宙融为一体。

中

我们关于外部世界的知识

(原书正文共8节，本书选译前5节)

自序

在下面的几篇讲稿中，我将借由例证来说明哲学中逻辑分析法的本质、适用性及其局限。弗雷格[①]在其著作中，最先给出了逻辑分析法的完整范例。在实际研究中，我渐渐发觉这种方法不仅直观明了，不仅能够体现基本原理，而且可以在哲学的所有分支中提供客观的科学知识。迄今为止，人们使用的绝大多数方法都自诩能得出比逻辑分析更了不起的结论。但遗憾的是，许多有真才实学的哲学家对此并不认同。若只是把以往那些伟大的哲学体系当作假说或激发想象的工具，那这些理论还是颇为有用、值得做一番研究的；但如若想让哲学成为一门科学，想让得出的结论不受那些鼓吹这些结论的哲学家性情爱好的影响，就得另辟蹊径。在下面的讲稿中，我将尽力指出（虽然仍有不足）达到这一目的的方法。

我想借一个关键问题来阐述我所运用的方法。这个问题即未经加工的感觉材料和数学物理的空间、时间、物质之间

---

① 指弗里德里希·路德维希·戈特洛布·弗雷格，德国数学家、逻辑学家和哲学家，数理逻辑和分析哲学的奠基人。

的关系。怀特海[①]博士使我意识到这个问题的重要性，他不仅是我的朋友，也是我的合作者。我的讲稿和《哲学问题》一书的观点不尽相同，而其中的不同之处几乎都是受他的影响，比如点的定义、瞬间和"物"的处理建议，以及物理世界是构造出来的，而非推论出来的这一整套概念，都得益于怀特海博士的理论。事实上，针对这些问题，怀特海博士在《数学原理》第四卷中给出了较为精准的答案，我这里只涉及一些皮毛。不过，如果他讨论问题的方法能得以贯彻，那将会给实在论和唯心论两派长年累月的争论带来曙光，从而孕育出一种能解决所有可解决之问题的方法。

　　前人关于物理世界中实在或非实在的思辨令人费解，原因在于，起初并没有较好的理论能够解释数学中的"无穷"这一概念。尽管康托尔解决了这一难题，但我们还是需要运用基于能将感知的对象（这些对象仅能通过数学逻辑阐述）用作素材的数学构造，才能得出针对这些问题的有效而翔实的答案。离开了数学逻辑，如此抽象、复杂的概念根本无从解释。在这一方面，光看我的讲稿确实难以理解，因为讲稿中的内容仅是一些通俗的概要，一旦怀特海博士的著作发表，看完他的论述，你便会豁然开朗。我的讲稿中还稍稍涉及了一些纯逻辑的内容，这些内容受益于我的朋友路德维希·维特根斯坦先生，他与我分享了一些他尚未发表的重大发现。

　　我的目的是阐述方法，而只研究现成的结构并不能达到

---

① 指阿尔弗雷德·怀特海，英国数学家、哲学家和教育理论家，同罗素合著《数学原理》一书。

这一目的，故我将许多尚处于试验阶段、未臻完善的内容加了进来。除了康托尔[①]的无限性理论之外，讲稿中收录的其他理论不一定尽善尽美，但是我认为，如果后人觉得这些理论需要修改，应该以其当今为人们所接受的方式找出其亟待改进之处。因此，我希望读者能够包容本书理论的不完备之处。

1914 年 6 月于剑桥

---

① 指格奥尔格·康托尔，德国数学家，集合论的创始人。

第一章　当前的哲学发展趋势

哲学自创立之初便和其他学问不同——主张多，成果少。自泰勒斯提出"万物皆水"这一论点之后，哲学家们关于事物的总和众说纷纭，而在阿那克西曼德反驳了泰勒斯的观点之后，哲学家们依然对此各执一词。我认为，是时候结束这种不尽如人意的状态了。下面，我主要以某些特定问题为例，试着指出哲学家们别具一格的主张以及他们至今未能更进一步的原因。我认为，所有的哲学学派都没有正确地认识哲学的问题和方法。哲学家们应当认识到，单凭我们所具备的知识手段，无法解决许多传统的哲学问题。因此，我们需要用一种较为从容、恰当的方法去解决那些受人忽视但十分重要的问题，同时，这种方法必须像最先进的科学那样精确、可靠。

我们可将当下的哲学分为三种主要类型。尽管一个哲学家会或多或少地同时具备这三种哲学类型，但他的理论本质和倾向依然是可辨的。第一种类型，我称为"古典传统"，其代表人物是康德和黑格尔，这一类型试图用柏拉图之后颇有建树的大哲学家的方法和成果适应今世之需。第二种类型，我称为"进化论"，其优势得益于达尔文，赫伯特·斯宾塞[1]是这类哲学的开山鼻祖。不过，不同于斯宾塞当时的研究，近年来，在詹姆斯[2]和柏格森的主导下，"进化论"已经走上了积极探索、勇于创新的道路。第三种类型，由于没有更好的名称，我姑且称为"逻辑原子论"，这一类哲学通过对数学的批判性研究，已逐渐潜入了哲学的范畴。这种哲学是我想要提倡的。尽管还没有许多忠实的追随者，但由哈佛圈子首次提出的"新实在论"很大程度上体现了这类哲学的精神。我认为，它代表着类似伽利略为物理学所带去的那种进步性：用零碎、详细、可证实的结果，取代了从前那些未经检验、凭想象得出的笼统表述。不过，我们必须首先对与之对立的其他两种哲学类型稍加考察批判，才能理解这种新哲学所主张的变革。

古典传统

　　二十年前，古典传统彻底战胜了与之分庭抗礼的英国经验主义传统，在英国所有大学中占据着毋庸置疑的主导地位。时至今日，虽然古典传统日渐式微，但仍有许多鼎鼎有名的教师默默坚守。在法国学术界，尽管有柏格森存在，但古典传统仍执牛耳。在德国，古典传统也受到不少人的热情追捧。然而，从整体上说，古典传统代表着一种不断衰败的力量，没能与时俱进。总的来说，古典传统的推崇者都是那些除了

---

[1]　英国哲学家、社会学家，社会达尔文主义之父。

[2]　指威廉·詹姆斯，美国心理学之父，哲学家、教育学家、实用主义的倡导者，机能主义心理学派创始人之一，也是最早的实验心理学家之一。

哲学只懂文学的人，而不是那些受过科学启迪的人。反抗古典传统的力量不仅来自理性论证，而且来自某种普遍化的理智之力。也正是这股力量，不断瓦解着历史上其他伟大的哲学综合体，让我们这个时代成了一个迷茫的时代，在前人确信无疑的路上惶惑摸索。

推动古典传统发展的原动力来自希腊哲学家们对推理无所不能的朴素信仰。几何学的发现曾一度让他们沉迷其中，其先验的演绎法似乎放诸四海而皆准。譬如，他们打算证明所有实在都是"一"，并不存在"变化"，对世界的感知也仅是幻觉。而且，他们对自身推理的正确性深信不疑，哪怕得出古怪的结论也不会有一丝疑虑。因此，他们认为仅凭思考就能掌握那些关于实在整体性的最惊人且重大的真理，任何与之相悖的观察结果都无法将其撼动。随着早期哲学家的推动力逐渐削弱，从中世纪开始直至今日，推理的地位逐渐被权威和传统所取代，这种情况又随着系统神学的出现进一步得到巩固。从笛卡儿算起的近代哲学，尽管没有像中世纪哲学一样受到权威的束缚，却依旧未加批判地接受了亚里士多德的逻辑。再者，除英国之外，近代哲学依然相信先验的推理不仅能够解开宇宙的奥秘（这是其他方式难以企及的），还能证明实在与人直接观察到的样子大不相同。我认为，古典传统的显著特征正是这种对推理的信念，而非其他任何由此产生的具体信条。而正是这种信念，造成了在哲学领域树立科学态度的主要障碍。

拿一位代表人物举例，或许可以比较清楚地阐述古典传统中包含的哲学本质。为此，我们来仔细思考一下布拉德莱[①]先生的学说，他可能是这一学派依旧在世的最杰出的代表。布拉德莱先生所著的《现象与实在》一书分为两部：第一部名为《现象》，第二部名为《实在》。《现象》检验和批判了几乎所有日常世界的组成部分：物与质、关系、时空、变化、因果关系、主动性、自我等。尽管这些概念从某种程度上说都是实在的组成部分，但它们并没有看起来的那么真实。只有一个单独的、不可分割的、永恒的整体，它才是真实的存在，名为"绝对"。"绝对"从某种意义上说是精神层面的概念，但它并非由我们所了解的灵魂以及思想意志所构成。这两部书中的一切理论皆由抽象的逻辑推理所构建，宣称在那些被斥为纯粹现象的范畴中发现了自相矛盾之处，并称没有任何站得住脚的东西能代替最终被确认为实在的那种"绝对"。

一个简单的例子就足以阐明布拉德莱先生的论证方法。世界上似乎有很多事物都以不同的方式彼此相关：左与右、前与后、父与子，等等。但是根据布拉德莱先生的观点，这些关系只要一经推敲，便能发现其自相矛盾之处，因此实属子虚乌有。他首先论证说，如果事物之间存在关系，那么必然存在具有这种关系的性质。对于他的这部分论证我们无须纠结，可置之一旁。他接着说道：

"然而另一方面，我们无法理解关系如何同性质相关。如果关系和性质毫不相干，那性质之间就不存在任何关系。如果是这样，那正如我们所见，性质就不再是性质，而它们的关系也子虚乌有。但如果关系和性质相关，那很显然，我们

---

① 指弗兰西斯·赫伯特·布拉德莱，英国唯心主义哲学家、新黑格尔主义。

需要用一种新的关系来将这两者联系起来。因为关系不可能只是一个关系项独有或两个关系项共有的形容词，或类似这样的表述，这种说法似乎是无论如何都经不住推敲的。关系本身既然是某种东西，如果它本身和关系项不存在关系，那么它又以何种能让人理解的方式与这些关系项相关联呢？到这里我们再次被卷入了一个无望的旋涡，因为我们不得不永无止境地去继续寻找新的关系。就像一条串联的环，由一个环连成了一条环形锁链。而这条锁链同时又是一个两端皆可串联的环，其每端又各需一个新环与旧环串联在一起。问题就是要找出关系如何同性质相关，但这一问题是无解的。"

我不打算详细验证这项论证，也不想确切地指出它的谬误所在，我只是将其作为一种方法的例子加以引用。我觉得，大多数人都会认同一点——这个论证故弄玄虚，难以服人。因为比起世间万物彼此联系这样明摆着的事实，人们更容易在较为微妙、抽象、困难的论证中犯错。对于几乎只了解几何学一门科学的古希腊人来说，即使推理出了最古怪的结论，他们也很可能深以为然地遵循。但如今我们已掌握了实验、观察等方法，了解到被经验科学所驳斥的那些先验谬误的悠久历史，因此，对于我们来说，一旦面对任何所得结论与明摆着的事实相矛盾的演绎，自然会怀疑它是谬误。这种怀疑很容易过度，如果可能，最理想的状况是在错误存在时就能确实地发现错误的确切性质。不过毫无疑问，我们所谓的经验世界观已成为最有教养人群思维习惯的一部分。正是这种经验世界观，而非任何明确的论证，整体减轻了古典传统对哲学学生和受教育民众的束缚。

哲学中，逻辑的功能是首要的——这一点我会在后面尝试说明，但依我之见，逻辑的功能并不是古典传统中所具有的那种功能。在古典传统中，逻辑通过否定体现其建设性，其目的似乎是从可能性相等的选项中择其一而否弃其余，而被选中者便被断定能在现实世界中实现，进而，世界就通过逻辑被构建起来了，几乎无须寻求具体经验的帮助。在我看来，逻辑的真正功能恰恰相反。逻辑应用于处理经验方面的问题时，重分析而不重构造。拿先验来说，它侧重于说明那些之前从未注意的备选项的可能性，而不是那些先前看似可能的备选项的不可能性，因此，逻辑解放了关于世界本质的想象，同时又拒绝就世界的本质定规立法。这个由逻辑内部革命带来的变化，已经肃清了传统形而上学野心勃勃的复杂结构，即使那些最信仰逻辑的人，也已经不再有这种野心了；而对于许多视逻辑为空想的人来说，由逻辑引发的那些自相矛盾的体系甚至都不值一驳，因此，这些体系在各方面都失去了吸引力，甚至连哲学界都越发对其放任自流。

我觉得应该提一提该学派最受欢迎的几种学说，以阐明其主张的本质。这个学派告诉我们，宇宙就像动物或完美的艺术品，是一个"有机统一体"。大体的意思是：各个不同部分互相适应、共同协作，并且它们的本质由各自在整体中所处的位置决定。这种信念有时被独断地提出，有时则会辅以一些逻辑论证为之辩护。如果这种观点是正确的，那么宇宙的每个部分都是一个小宇宙，都是整体的缩影。根据这种学说，如果我们深入了解自己，那么就应该无所不知。常识自然会反驳道，我们与某些人群（比如亚洲人）的关系是如此迂回间接、微不足道，以至于我们不能通过与自身相关的事实推断出任何同他们相关的重要信息。如果在火星或者宇宙中更遥远的地方存在生命体，那么这项论证就会变得愈加有力。进一步来说，我们所生活的这个时空，其全部内容兴许在众多宇宙中只是九牛一毛，同时，每个宇宙从其自身角度来看都是完整的。因此，万物必然统一的概念，终究只是缺乏想象力的表现，而一种更自由的逻辑则让我们得以摆脱唯心主义所兜售的存在总体论，这种理论俨然一所要求统一着装的慈善机构。

该学派还有另一种学说，尽管没有得到所有人的认可，却为大部分人所主张，即一切实在都是所谓"心理上的"或者说"精神上的"东西。也就是说一切实在的存在都必须依赖于心理。这种观点经常被特化为一种形式，声称知者和所知之间的关系是根本的，并且除了这两者不可能存在其他事物。此处，同样的定义功能再一次被归因于先验论证，即认为未知的实在中存在矛盾。如果我没理解错，这项论证依然是谬误的。一种更完善的逻辑会告诉你，未知事物的广度和本质是没有极限的。我谈论未知事物时，不仅指我们个人不了解的事物，还指那些任何心灵都不了解的事物。此处的旧逻辑也像在别处一样，把想象力囚禁在熟悉事物的高墙内，将可能性拒之门外。新逻辑则宁可指出有些事情可能会发生，却不会下定论说有些事情必然会发生。

古希腊人对理性的信念和中世纪对宇宙整齐划一的信念如同一对个性迥异的父母，而逻辑中的古典传统便是它们唯一幸存的后代。对于被战争、迫害、瘟疫所困扰的经院哲学家来说，没有什么比安全和秩序更能令他们感到快乐的了。他们在理想幻梦中寻觅的安全和秩序：无论是托马斯·阿奎那还是但丁的宇宙都像荷兰画派①的室内画一样小巧精致。而如今安全已经令人习以为常，人性原始的野性已渐行渐远，直至沦为日常生活之外聊以慰藉的调味品，所以对于生活在当今的我们来说，心中所梦想的世界和处于归尔甫派和吉伯林派②战乱中的人们心中所梦想的世界大相径庭。因此威廉·詹姆斯反对被他称为古典传统的"整块宇宙"。因为尼采崇尚强力，因此许多温和的文人会说出嗜血的言辞。人性野蛮的基质在行为中无法得到满足，于是转而在想象寻求宣泄。如同在其他领域，这种趋势在哲学领域中也十分明显。正是这种趋势（而非形式上的论证）把古典传统推至一旁，代之以一种自诩更强健、更富生机的哲学。

进化论

不论哪种形式的进化论，在我们这个时代都被奉为圭臬，在政治、文学、哲学等领域独占鳌头。尼采、实用主义③、柏格森标志着进化论在哲学领域发展的三个阶段，他们的观点就连哲学圈外的人都耳熟能详，这表明进化论和这个时代的精神的确能产生共鸣。进化论自诩植根于科学，能点燃希望，

---

①　17世纪在荷兰兴起的艺术流派，继承了15、16世纪尼德兰民族艺术传统，以写实、纯朴为其特点，很少受到当时流行于欧洲的巴洛克风格的影响。

②　又称教皇派、皇帝派，指位于中世纪意大利中部和北部分别支持教皇和神圣罗马帝国的派别。

③　产生于19世纪70年代的现代哲学派别，认为认识只能来源于经验，真理是对经验的解释，关注行动是否能带来某种实际的效果，有用即是真理，无用即为谬误。

激发对人类力量坚定不移的信念，是与古希腊人的论辩权威和中世纪的独断权威相抗衡的良方。反对如此广为流传又深得人心的信条似乎意义不大，况且，每个现代人都会对其精神表示赞同。但我认为，人们陶醉于进化论坂上走丸般的成功，反倒忘记了真正理解宇宙所需凭借的诸多大本大宗。只有与古希腊文化中的某部分结合，这种新精神才能脱离稚嫩，走向成熟。我们应当谨记：生物学不是唯一的科学，亦不是其他科学必须遵循的规范。我会试着证明，进化论所用的方法并非真正科学的哲学方法，研究的问题亦非真正科学的哲学问题。真正科学的哲学，不仅更艰深，更超脱，更少夹杂世俗的愿望，而且要通过更严苛的训练才能在实践中成功。

达尔文的《物种起源》让世人相信，动物和植物之间的差异并不像看上去那样固定不变。自然种类学说轻易、明确地将生物分门别类，该学说被供奉于亚里士多德传统的神龛之上，领受正统信条之名，备受保护。然而，进化论将这一学说从生物学界永远扫地出门。人类自诩高高在上，在我们看来，人和低等动物之间似乎有着天壤之别。然而进化论表明，这种差异是逐渐演化的结果，其间包含许多生物，这些生物既不能确定地归入人科，又不能将其排斥在外。而且，拉普拉斯①也已经证明，太阳和行星很可能是大大小小的原始星云分化而来的。因此，原本固定的旧界标开始松动，变得不再明确，所有明确的分界线都变得模糊。事物和物种失去了边界，再没有人能说明它们从何而来，终归何处。

然而，就算人类的自大心理一度被"人猿同祖"这一说

---

① 法国分析学家、概率学家、物理学家。

法所撼动，但很快就找到了重新肯定自己的途径——进化的"哲学"。从阿米巴[①]变成人的过程，在人类看来显然是一种进步，尽管我们不知道阿米巴是否认同这一观点。科学已证明，过去的历史也许就是这样一个循环变化的过程。人们对此欣然接受，认为其揭示了宇宙不断完善的发展规律——理想会慢慢演化、展开成为现实。不过，这一观点虽然能让斯宾塞等"黑格尔进化论者"满意，却无法说服那些全心全意信仰变化的人。在后者看来，如果世界不断向一个理想靠近，这个理想便呆滞、过于静止，无法激励人心。实现理想的渴望和理想本身都必须随着进化的过程变化发展。固定的目标是决然不存在的，存在的唯有不断塑造新需求的冲动——生命。也正是生命，让进化的过程变得统一而连贯。

自17世纪以来，詹姆斯口中的那些"软心肠者"一直在与一种机械的自然观进行殊死搏斗，强力推行这种机械论的似乎就是物理学。古典传统之所以有吸引力，很大程度上是因为其多少摆脱了物理学所宣扬的机械论。而如今，在生物学的影响下，"软心肠者"认为有望更彻底地摆脱机械论，不仅彻底摈弃物理学规律，而且要摈弃那些看似坚不可摧的逻辑工具及其固定的概念、普遍的原则，以及某些即便人们心中再不服也只能认同的推论。因此，那种认为"目的"是一个端倪渐显的固定目标，我们会逐步向其靠近的旧式目的论遭到了柏格森的否定。他认为这种目的论未能让变化占据统治地位，并在解释了自己为何不接受机械论之后，继续说道：

[①]　一种单细胞动物。

　　彻底的目的论亦是不可取的，原因同上。以莱布尼茨的理论为例，极端目的论认为，事物和存在仅仅是在实现一个预先安排好的计划。但如果宇宙中一切尽在预料之中，不存在新的发明创造的话，那时间便再次失去意义，正如机械论所假设的那样（该理论也假设一切早有定数）。目的论一旦从这个角度来理解，不过是一种颠倒过来的机械论罢了。因为两者源自相同的假定，唯一的不同点在于当我们有限的理智与连绵不绝的事物（其连续性被归结为纯粹的现象）一起运动时，目的论宣称：指引我们的灯光在前方，用未来的引力代替了过去的冲动。但正如运动本身是一种现象一样，这种连续性也只是一种纯粹的现象。在莱布尼茨的学说中，时间被归结为一种混乱的知觉，这种知觉与人类的观点不同，对于一个安坐于事物中心的心灵来说，这一知觉[1]将像升腾的雾气一般归于无形。

　　不过，目的论和机械论不同，不但没有明确的条条框框，反而能屈能伸，十分变通。对于机械论哲学，我们要么接纳，要么摈弃。如果一颗微尘偏离了力学所预见的轨道，表现出稍许自发运动的迹象，那么机械论就必须被摈弃。反之，对于这个信奉目的论的学说我们无法断然否定。一种形式的目的论遭到否定，另一种形式的目的论便会应运而生。目的论的原则本质上与人的心理有关，十分灵活，其涵盖范围极广，兼容并包，导致人们一旦抛弃纯粹机械论就会接受目的论的某种观点。因此，本书提出的理论不可避免地将带有几分目的论色彩。

---

[1]　即时间。

　　柏格森式的目的论依赖于他的"生命"概念。在他的哲学中，生命像一条不断流淌的河流。河流中的所有分别界限都是人为造作的、毫不真实的。各自独立的事物、开始和终结的观念等，都只是人们为方便起见而虚构出来的东西。这条生命之河中，只存在平顺且不间断的转化。如果今天的信念能载着我们在生命之河中徜徉，那这些信念在今天就能视为真的，但到了明天，就会变成假的，必须代之以新的信念，以应对新的情况。我们的全部思想就是为了方便虚构出来的东西和生命之河的幻象组成的。尽管有我们虚构出来的东西，但是实在依然川流不息，我们居于其中，却无法用思想将其描摹出来。柏格森虽然没有给出确凿的陈述，但却暗暗下了这么一个保证：尽管我们无法预知未来，但未来将胜于过去和现在。他把读者当成等着糖吃的孩子，让他们只管闭上眼，张开嘴就好。在这种哲学中，逻辑、数学、物理学都消失了，因为它们过于"静态"。只有趋向目标的冲动和运动，才是真实存在的，而这个目标好比天边的彩虹，我们不断前进，它不断后退，我们每到一处，所看见的景色都和从远处看到的不同。

　　眼下，我不打算对这种哲学做专门的考察，只想提出两点意见：其一，进化的事实即便能在科学上令人信服，也不代表在哲学上也能如此；其二，激发这种哲学的动机和兴趣完全是出于实际考虑，它处理的问题太过特殊，因此很难说它确实触及了在我看来构成真正哲学的任何问题。

　　（1）生物学已使人相信：物种之所以有差别是为了适应环境，起初，它们的祖先并未如此分化。虽然这一事实本身十分耐人寻味，但并不能由此得出哲学结论。哲学无所不包，对一切存在一视同仁。作为有情众生，地表物质所发生的细微变化对于具有主动感知能力的我们来说十分重要；而对于哲学家，地表之外的物质所发生的变化同样是重中之重。即便数百万年以来，地表发生的种种变化按当前的伦理观来看呈现进步的性质，也并不足以证明进步是宇宙的普遍规律。除非急于求成，不然没人会从如此片面的事实中得出如此草率的概括性结论。在下定论之前，不能只听生物学的一家之言，更应结合研究存在事物的所有学科的观点。由此，我们得出的结论是：想要了解世界，必须首先了解变化和连续性。和生物学相比，物理学在这点上体现得更明显。但是，无论是物理学还是生物学，都无法分析变化和连续性所带来的问题。因为这类新问题属于另一个研究领域。因此，不能仅凭生物学、物理学所揭示的特定事实，就断言进化论对该问题给出了特定答案。若对此问题妄下定论，进化论将不再是科学的理论；但若对此问题避而不谈，进化论也不算哲学的课题。因而，进化论由两部分构成：一部分不属于哲学范畴，只能算一种草率的概括，有待专门的科学对其进行证实或证伪；另一部分不属于科学范畴，只能算未经证实的教条，虽然讨论的是哲学问题，但进化论所依据的事实，并不能推导出这些结论。

（2）进化论关注的是人类的命运问题，或至少是生命的命运问题。相比于知识本身，它更关心道德和幸福。应当承认，许多其他的哲学也是如此，很少有人渴望获得哲学真正能够给予的知识。但是，如果想让哲学成为一门科学，而我们的目的恰好就是找到实现这一想法的方式，那首要条件就是：哲学家应当和真正的科学家一样不偏不倚，对一切事物抱有理智的好奇心。想了解人类的命运，我们必须探寻关于未来的知识，但是，这种知识具有一定的局限。我们无法确定这一局限的范围会随着科学的进步扩大多少。但可以肯定，任何关于未来的命题，就其讨论的问题来看，都属于某种特定的科学。证明这些命题，需要采用这一科学的方法。投机取巧地用哲学代替其他科学，并不能得出同样的结果。哲学要成为一门真正的学科，就必须有自身的研究领域，并致力于得出其他科学无法证明亦无法反驳的成果。

假设哲学确实存在，那么它所包含的命题必然不能与其他科学重合。这一考虑影响深远。一切所谓与人类利益相关的问题，譬如来生的问题，至少从理论上来看，都属于可以根据经验证据判定的专门科学。过去的哲学家动不动就对经验问题下定论，结果发现，自己的论断和验明无误的事实相去甚远，因此，我们必须抛弃用哲学来满足世俗欲求的想法。哲学只有远离实用主义的沾染，才能帮助我们概括了解世界的方方面面，教我们如何运用逻辑去分析那些为人熟知却纷繁复杂的事物。如果哲学能够实现上述目标，提出有成效的假设，那其他科学也会间接受益，数学、物理学、心理学等学科受益尤多。然而，要将真正科学的哲学发扬光大，只能寄望于那些想要求知、希望摆脱思想困惑的人，除此之外别无他选。它在自身领域内给人带来的那种满足感与其他科学别无二致。不过，关于人类命运或宇宙命运这样的问题，哲学无法解答，也不试图给出答案。

若上述内容属实，那进化论不过是仓促下从某些特别片面的事实中得出的概括，伴随着对一切分析尝试的独断否定，受实际而非理论的兴趣所驱使。因此，尽管它旁征博引，援引了诸多科学的具体成果，但和被它取而代之的古典传统一样，并没有真正做到更具科学性。那么，如何让哲学具有科学性？什么才是哲学真正的课题？下面我将列举一些现有的成果，接着推而广之，谈一些更普遍的。首先，我们来谈一下关于空间、时间、物质的物理概念问题。正如我们所见，进化论的拥护者对这些概念提出了疑问。人们终将承认这些概念需要重建，物理学家们也日益迫切地主张这一点。人们还将承认，这种重建必须深入探究变化和万物之流变，不能满足于用旧力学所主张的物质不灭这种基本概念来解释。不过，我认为概念的重建不适合走柏格森的路线，因为他对逻辑的否定百害而无一利。然而，我也不提倡公开论战，而更倾向于独立探讨，从前哲学阶段显现为事实的东西出发，在前后连贯的前提下，始终保证紧密围绕这些初始材料进行研究。

其实，从来没有哪两个哲学家能够真正相互理解，因此公开争论在哲学领域收效甚微。尽管如此，似乎还是有必要在一开始就谈一谈科学态度与神秘态度针锋相对的原因。形而上学最初便是从这两种态度的结合或冲突中发展出来的。古希腊最早的哲学家中，伊奥尼亚学派①偏科学，而西西里派

---

① 古希腊学派，由泰勒斯创立，认为一切表面现象的千变万化之中有一种始终不变的东西。

则偏神秘。但在西西里派中，例如，毕达哥拉斯[①]便很不寻常地集两种态度于一身，既从科学态度出发提出了直角三角形的定理，又从神秘态度出发认为吃豆子是不道德行为。因此，他的弟子也分成了两派：一派热爱直角三角形，另一派害怕吃豆子，而前一个派别没有传续下去。正因如此，所以后来许多希腊数学思辨尤其是柏拉图的数学观，蒙上了一层神秘主义色彩。当然，柏拉图也集科学态度和神秘态度于一身，而且格调较其前辈高了不少，不过神秘态度在他身上显然占上风，在两者矛盾激化时必然稳操胜券。除此之外，柏拉图还借鉴了埃利亚学派[②]的方法，用逻辑战胜常识，为神秘主义创造发展空间。这种方法至今依然为古典传统的追随者们所沿用。

在我看来，神秘主义为自身辩护的逻辑并不正确，据此，我将在后面对其提出批判。但那些彻头彻尾的神秘主义者并不使用他们所鄙夷的逻辑，而是从神秘的洞见中寻求立竿见影的启示。如今，发展完备的神秘主义在西方虽然罕见，但许多人的思想多少都带着点神秘主义色彩，在那些人无凭无据却深信不疑的事情上尤为如此。那些执着于寻找刹那即逝、难以获得之物的人，都怀着一种无法抗拒的信念，即在科学所记录、分类的大量琐碎的事实之外，世界上还存在某种更深刻、更有意义的东西。他们觉得，在世间万物的背后，有某种颇为不同的东西在透出微光，并在人得到启示的瞬间大

---

① 古希腊数学家、哲学家。
② 古希腊最早的唯心主义哲学派别之一，因该学派建立于南意大利半岛的埃利亚地区而得名。

放光明，也只有这种启示才能给人带去那种配得上真理这一称呼的实在知识。因此，对于他们来说，寻求这些瞬间是获得智慧的方法，而不是像科学家那样冷静观察、客观分析，不假思索地认为琐碎之物和重要之物同样具有实在性。

尽管我不了解神秘主义者眼中世界的实在性或非实在性，但我无意去否定它，甚至不想说揭示了这样一个世界的洞见不是真正的洞见。在此，我秉持科学至上的态度，坚定地认为：尽管许多至关重要的真理最初也仅是猜想和假设，却不能证明这种未经检验、缺乏依据的洞见足以作为真理的基石。人们常常觉得本能和理性是对立的。18世纪时，人们在这组对立概念中站在了理性一边。但在卢梭和浪漫主义运动的影响下，人们心中的天平又倾向于本能。起初，那些反抗人为统治和思想的人支持本能。后来，由于单纯用理性来解释传统神学变得越来越无力，所以一些人支持本能，因为他们觉得科学使他们的信条受到威胁，这些信条即一种精神层面对生命和世界的看法。柏格森以"直觉"之名抬高了本能的地位，使其成为形而上学真理的唯一仲裁者。但实际上，本能和理性的对立大都是虚构的。本能、直觉或洞见先让人产生信念，随后理性再来证实或驳斥这一信念。不过，有望证实的内容，终究还是由本能所产生的信念构成的。理性的力量仅限于协调和指挥，而不能用于创造。即使在最纯粹的逻辑领域，新的事物也是由洞见产生的。

有时候，信念不同确实会让本能同理性产生冲突。当人们本能地奉持某一信念的时候，哪怕它与其他信念天差地别，人们也不会轻易放弃这一信念。和人类的其他能力一样，本能也会出错。缺乏理性的人往往不愿意承认自己本能的判断有错，但若说的是别人，态度便截然相反。在现实事务中，本能最不容易出错，因为本能的正确判断有助于生存。譬如，人们能异常敏锐地看穿他人精心的伪装，察觉对方是友善还是心怀叵意。然而，即便在这种时候，要是遇上城府太深或善于奉承的人，我们也不免看走眼，更别提那些和实际生活不直接相关的事了。哲学要处理的就是这类事情，非常强大的本能信念可能大错特错，因为本能信念有时会和其他强大的信念之间产生明显的冲突。因此，我们需要理性在其中调和仲裁。理性既能检验信念的兼容性，又能在存疑的情况下，从多方面考察错误的可能来源。在此，我并不是要全盘否定本能，而是反对盲目信赖本能的某些有趣层面，而排斥其他较为寻常但同样可靠的层面。理性所要纠正的，正是这种片面性，而不是本能本身。

　　这些原则听起来有些老生常谈，此处我们可以借柏格森的理论加以说明。柏格森主张"直觉"，反对"理智"。他说："认识事物有两种截然不同的方法：第一种方法要我们在对象外围绕圈子，第二种方法要我们进入对象内部。第一种取决于我们所持有的观点和自我表达的符号，而第二种既不凭借任何观点，亦不凭借任何符号。可以说，用第一种方法获得的认识仅止步于相对，用第二种方法则在某些情形中臻于绝对。"第二种认识方法即直觉。柏格森称："正是通过这种理智的共鸣，我们方能进入对象的内部，与其中某种东西不谋而合。这种东西仅存在于事物的内部，因而不可名状。"（《形而上学原理》第6页）接着，他以自我认识为例，说道："至少有一种存在于事物内部的实在，只能通过直觉去认识，单凭分析无法把握。这种实在，即是我们随时间流变的人格，是绵延的自我。"（《形而上学原理》第8页）柏格森哲学的其他部分则借字词这种不完善的媒介，传达直觉所获得的认识，从而彻底否定一切凭借科学和常识获得的近似知识的东西。

既然这种方法在本能和理智之争中站在了本能一方，它就需要证明为何本能比理智更能取信于人。对此，柏格森试着从两个方面来阐述。首先，他指出理智是一种纯粹从实际出发的能力，人之所以具备这种能力，是为了取得生物学所定义的成功；其次，他提到了动物身上与生俱来的卓越本领和世界的某些特征，并认为这些本领和特征凭直觉才能理解，理智对其无能为力。

根据柏格森的理论，理智是在求生的过程中发展而来的，是一种纯粹实际的能力，而不是真正信念的来源。对此，我们可以提出反驳：首先，唯有通过理智，我们才知道什么是求生，以及哪种动物是人类生物学上的祖先。如果说理智将人引入歧途，那我们恐怕要推翻整个仅靠推断得来的生物进化史了。其次，如果我们赞同柏格森的说法，认为生物进化如同达尔文所想的一般，那不仅是理智，而且我们所具备的一切能力都是为了追求实际效用而发展起来的。直觉也仅在判断他人品性和癖好等直接能用上的场合表现得最为明显。柏格森显然认为直觉和纯粹的数学能力相比，比较难用生存竞争来解释。然而，原始社会的野蛮人如果交错了朋友，可能要为这一误判丢了性命；反观眼下高度文明的社会，人们却不会因为数学能力差而被判死刑。关于动物本能，他给出的那些最令人咋舌的例子，每个都和生存价值直接挂钩。当然，直觉和理智之所以发展起来，确实是因为它们有用。一般来说，判断它们是好是坏，要看它们带来的是真理还是谬论。可对于文明人而言，理智已经和艺术才能一样，其发展有时会超越对个人有用的范畴；另一方面，随着文明的发展，直觉从整体来看似乎在削弱。一般来说，儿童的直觉比成年人更灵敏，而未受教育者的直觉又比受教育者灵敏。或许狗的直觉能力甚至超过了人类所具备的任何能力。而单凭这些事实就推崇直觉的人，就该回到丛林中裸奔，用靛蓝涂抹全身，摘野果充饥。

接着，我们考察一下直觉是否真像柏格森所说的那样颠扑不破。据他所说，最好的例子就是我们对于自身的认识，但众所周知，人们很少也很难做到认识自我。譬如，吝啬、虚荣、善妒是多数人的天性，尽管他们的挚友对此一清二楚，他们自身却一无所知。诚然，直觉有一种令人诚服的力量，这种力量是理智所缺乏的，人们一旦动用了直觉，就几乎不会质疑它的真实性。但若经过考察发现，直觉和理智一样也会犯错，那让它占上风的主观确实性便再无优势可言，反倒坐实了它假意欺骗的弊处。除自我认识，我再举一个关于直觉的典型例子——人们对所爱之人的认识。爱情看似能消除不同人格之间的屏障，让人们自以为能像认识自我一样，洞悉对方的灵魂。然而，在爱情里，撒谎欺瞒屡试不爽；即使不存在有意欺骗，经验也会逐步证明那些所谓的心心相印其实都是虚妄的，从长远来看，凭借理智亦步亦趋、不断求索的方式才更为可靠。

柏格森坚称，理智只能借助过去已有的经验来看待事物，而直觉却能把握事物每一瞬间的独特和新奇。值得肯定的是，每时每刻都会产生独特新奇的东西，而理智的概念确实无法充分描述它们，只有直接的亲知才能把握这种独特和新奇。但据我所知，这种亲知完全是从感觉中获得的，要想把握这种亲知，不需要借助任何特殊的直觉能力。提供新材料的既不是理智也不是直觉，而是感觉。但若这些材料闻所未闻，理智则比直觉更有能力处理它们。孵出了一窝小鸭的母鸡肯定是有直觉的，这种直觉让它亲近小鸭，把它们当成自己的孩子，而不是光从分析的角度认识它们。然而，一旦小鸭们下了水，这种流于表面的直觉便成了错觉，母鸡只能眼巴巴地留在岸上。事实上，直觉既是本能的一个层面，也是本能的发展。在上面的例子中，直觉与本能的所有层面一样，在特定的环境中塑造了母鸡的习惯，这一点着实令人惊叹。而一旦环境产生了变化，要求的行为方式不在习惯范围内，直觉就无能为力了。

哲学研究旨在用理论理解世界，但对于动物，对于未开化之人，甚至对于文明程度最高的人来说，并不具有显著的实际意义。因此，那些出于本能或直觉快捷粗略、即取即用的方法很难在这个领域找到用武之地。那些比较古老的活动最能彰显直觉的能力，这些活动揭示了我们和动物以及半人类祖先之间的亲缘关系，这种关系自古以来代代相承。譬如说，在自我保护和恋爱等方面，直觉的应对方式有时迅速且准确（尽管并不总是如此），常使带着批判眼光来看待世界的理智自愧不如。但哲学所追求的并不是阐明这种从过去留存下来的亲缘关系。哲学旨趣高尚、极富教养。从事者要想有所成就，从某种意义上说需要从依照本能的生活中解放出来，甚至有时需要用超然物外的态度面对世俗的种种希望和恐惧。因此，我们不能在哲学中期待直觉何时能大显身手。与之相对，哲学真正的研究对象以及掌握哲学研究的思想习惯，既不可思议又非同寻常，而且超然物外，所以，相较于绝大多数其他情况来说，在哲学研究中采取理智的做法比凭借直觉来得高明。未经分析便不加批判地仓促下定论是最不可取的。

在我们进行有点艰深而抽象的讨论之前，最好先考察一下何种希望可以保留，何种希望必须抛弃。若希望人类本身的欲求得到满足——希望证明世界存在某种合乎理想的伦理性质——依我所见，这种希望是哲学无论如何都满足不了的。善与恶的世界之所以不同，是因为这两个世界中特定的事物具有不同的特性，而这种事物特性上的区别不够抽象，不能纳入哲学所研究的范围。比方说，爱与恨虽然在伦理上对立，但从哲学的角度来看，这二者对待对象的态度相差无几。这种对待对象的态度构成了心理现象，而哲学研究的，便是这类态度的一般形式和结构。然而，爱与恨的区别并不是形式结构的不同，因而只能划入心理学这一专门科学的研究范畴，与哲学无关。因此，尽管对伦理的兴趣时常能给哲学家以启迪，但终究不能登上哲学舞台。某一伦理兴趣可能启发一整项哲学研究，但不应将其带入具体细节的研究，也不应期望能得到预想中的特定结果。

乍看之下，这一观点难免令人扫兴，那我们不妨回想一下，其他门类的科学也都经历过与之类似的必然变化。如今，物理学家和化学家已不需要证明离子和原子在伦理学上的重要性，生物学家也不会被要求证明其解剖的动植物能产生多大效用。可在前科学时期，情况截然不同。譬如，人们之所以会研究天文学，是因为相信占星术，认为行星运动至关重要，能对人类的生活产生最直接且重要的影响。当这一信念不再盛行，对天文学不计功利的研究崛起时，那些沉迷占星术的人可能还坚持认为，天文学既然与人类利害无关，那便毫无研究价值。柏拉图的《蒂迈欧篇》中所述的物理学充满着伦理观念，其宗旨就是指出地球值得赞美。反之，近代物理学家虽然对此从未反驳，但作为物理学家，地球的伦理性质并不属于他们的研究范畴，他们只关心如何找出事实，并非去评判这些事实的是非黑白。在心理学领域，科学态度的出现甚至晚于物理学，而且难度也更大。人们想当然地认为：人性非善即恶，既然善恶之分在实践中举足轻重，理论上也应如是。直到19世纪，伦理中立的心理科学才发展起来。对于心理学而言，要想在科学上有所成就，同样必须保证在伦理上保持中立。

迄今为止，鲜有人在哲学上寻求伦理的中立，更几乎没有人在哲学上达到过伦理的中立。人们铭记着自己的夙愿，并借由这些夙愿评判各种哲学。当具体科学不再认为善恶观念能帮助人们了解世界时，哲学竟沦为了这一信念的避难所。但如果我们不想让哲学成为南柯一梦，就必须将这一信念从哲学这个最后的避难所中驱逐出去。通常来讲，那些直接追求幸福的人并不能完全得偿所愿，追求善约莫也是如此。无论如何，在思想上忘记善恶只求事实，比通过自身欲望这一歪曲的媒介来看待世界，更有可能获得善。

近年来，我们掌握了大量关于事实的知识，这种知识积累的速度堪比文艺复兴时期，这对一般理智的世界观产生了两方面影响。一方面，人们开始怀疑那些宏伟、庞大的体系，不再将其奉为真理。各种理论此消彼长，每个理论都仅能在短期内将已知事实分类，推动新事实的探索，却不足以应对那些新发现的事实。即便是提出这些理论的人，也只在科学上把这些理论当作权宜之计。中世纪经院哲学家曾自诩达到了理想状态，找到了无所不包的综合理论，而今我们却与那个曾触手可及的目标渐行渐远。正如蒙田笔下的世界那般，人们专注于发现越来越多的事实，对其他事情不屑一顾，而这些事实反过来又将人们珍视的理论一个个推翻，致使将其排列整合的理智不胜其烦，失望之下便开始敷衍了事。

另一方面，新的现实带来了新力量，人类正以前所未有的速度从物质层面加大对自然力的控制，并有望在将来超过所有可轻易判定的界限。因此，尽管终极理论带来失望，人类对实践却充满乐观，认为自己似乎无所不能。因此，人类将自身固有的限制抛诸脑后，忘却自己终将一死，忘却自己依赖于宇宙中各种力的平衡，任何确凿的事实都无法动摇人类渴望万能的梦想。不论什么哲学，只要对人类满足自身愿望的能力加以限制，都不为其所容纳。因此，正由于理论的结果令人失望，人类才不容许任何质疑其在实践上取得成功的想法存在。

我认为，近代精神无论是在接纳新事实方面，还是在质疑对整个宇宙下独断的见解方面都是值得肯定的，整体上说也是具有进步意义的。但在我看来，这种精神在实践上过于自负，在理论上又少有建树。毕竟，人类穷其所能，大多数精力依然被用在对抗阻碍自己实现希望的障碍上，而这些障碍又是天然存在且恒久不变的。如果这样还要自诩万能，那人类未免显得浅薄，甚至有点荒唐了。在理论方面，终极的形而上学真理虽不像过去一些哲学家所认为的那样无所不包、难以企及，但我相信，只要人们具有科学蕴含的希望、耐心、开明等特质，同时能像古希腊人那样体会抽象逻辑世界的美，了解思考真理最终所具有的无上内在价值，就能最终发现它。

因此，如果想在哲学研究中真正受到科学精神的启发，就必须研究那些枯燥又抽象的事物，而不能指望在人生中寻找实际问题的答案。对于那些为了搞清宇宙构造而研究复杂晦涩问题的人而言，是可以从哲学中获得丰厚回报的。其所获得的成就，不仅可以像牛顿和达尔文的理论那样举世闻名，还可以更长久地帮助我们成功塑造心理习惯。与每一种强有力的新研究方法一样，这种哲学研究角度，还带来了更可靠、更有根据的力量感和进步的希望，这是那些在仓促之下对宇宙本质做出的错误概括所无法企及的。尽管它做不到它所声称的"能满足曾经鼓舞了哲学家们的许多希望"，但在满足较为纯粹理智的希望这方面，这种研究角度做得远胜前人。

第二章 逻辑：哲学的本质

　　我们在第一章中讨论过的话题以及接下来要讨论的话题，尽管属于哲学范畴，但其实是在讲逻辑。这不是一种巧合，而是基于一个事实——不管什么哲学问题，一旦经过分析、提炼，其结果要么和哲学毫无关系，要么纯粹就是在讲逻辑。不过，由于古往今来的哲学家对"逻辑"一词各执己见，所以我有必要事先给我所谓的"逻辑"下一个定义。

　　逻辑，在中世纪直至今天的教学中，指的无非是"三段论推理"方面的术语和规则的汇集。亚里士多德曾说，普通人只需跟着他反复学习逻辑学这一门课就行了。传统逻辑中那些浅薄的谬论至今仍被那些大名鼎鼎的权威奉为必备的"入门知识"，这种道貌岸然的伪君子式训练，在他们看来能使你获益匪浅。然而，我认为所有哲学都归于逻辑，并不是要赞扬这种说法。从17世纪初开始，所有致力于推理的知识分子都抛弃了中世纪的传统，以各种各样的方式拓宽了逻辑的适用范围。

　　培根和伽利略引入的归纳法，首次拓宽了逻辑的适用范围。培根的归纳法空谈理论、漏洞百出，而伽利略的归纳法则是在现代物理学和天文学的实际运用中得出的。这可能是一般受教育群众所知的唯一一次对旧逻辑的拓展。归纳法作为一种研究方法固然重要，但当它物尽其用之后，便似乎不复存在了：在一门完善科学的最终形式中，似乎一切都是能通过演绎得出的。如果归纳法仍然存在（具体是否存在很难给出定论），那么它充其量也只是让演绎得以进行的原则之一罢了。因此，引入归纳法最终似乎并未构建出一种新的非演绎推理方式，而是通过指出一种既非三段论又无法被纳入中世纪模式的演绎方式，从而拓展了演绎的范围。

根据所掌握的知识，我们很难理解归纳法的适用范围及有效性，但这两点又十分重要。拿"太阳明天是否会升起？"这一问题为例，我们起初肯定不假思索就会给出肯定回答，并觉得这是毫无疑问的，毕竟太阳曾在过去那么多的早晨升起。现在，我自己也不知道这能否算一个根据，不过我想假定其成立。而紧接着就出现了一个问题：我们根据过去太阳升起推断出未来太阳也会升起是基于什么推理原则？穆勒的答案是：该推理基于因果律。我们暂且假定这个答案是正确的，那么我们又为什么要相信因果律呢？针对这个问题，大致来说有三种可能的答案：（1）因果律是先天的认知；（2）因果律是公设；（3）因果律是根据过去适用的事例得出的经验概括。"因果律是先天的认知"这种说法无法被彻底驳倒，但只要精确阐述因果律，指出其远比一般所想象的更为复杂和模糊，就能表明该理论难以服人。认为因果律是公设，即明知其很可能是错的但仍选择相信，这种说法同样也难以断然驳斥，但它显然也无法证明因果律在推理中有任何作用。

因此，我们只得接受穆勒的观点，即因果律是一种经验概括。

然而，我们要如何证明经验概括是正确的呢？支持这一点的论据不可能是经验的，因此，我们如果想从已经观察到的事物推演出尚未观察到的事物，唯有通过两者间某种已知的关系才能做到。但根据定义，未观察到的事物并不是通过经验认识的，因而如果我们真能了解它和被观察到的事物之间的关系，那这一认知必定与经验无关。我们且来看看穆勒对该问题的看法。

穆勒将证明因果律的过程命名为"简单枚举归纳"，而这一过程中很难规避差错。他说："该过程把一般真理的本质归于在我们所知的一切事例中都被证明为真的命题。"至于此方法中可能存在的谬误，穆勒断言："简单枚举法的不可靠性与概括内容的广度成反比，观察的对象越是特殊，范围越是狭窄，这个过程就越不可靠，越不充分。随着范围的扩大，这种方法尽管不科学，但可靠性便越来越高了。无所不包的那些真理，如因果律、算术原理、几何原理等，唯有通过这种方法加以证明，才能恰如其分、令人满意，除此之外别无他法。"

上文的论述中有两个明显缺陷：（1）如何证明简单枚举法本身是正确的？（2）什么样的逻辑原则（如果真有这样一种逻辑原则）和该方法涉及的范围相同，同时又没有这种方法的缺陷？我们先来讨论第二个问题。

像简单枚举法那样即使按照指示操作，得出的结果也时对时错的证明方法，显然不是一种有效方法，因为有效的方法必须得出确定不移的真理。因此，若想让简单枚举法成为一种有效方法，就绝不能用穆勒的方式来陈述。我们至多只能说经验材料给结论带来了或然性。我们应该这样说：因果律在我们能够检验的所有事例中都适用，因此它在未经检验的事例中或许也适用。"或然性"这一概念很难简而概之，不过现在我们可以暂时按下不表。这样，至少我们有了一个可以算作逻辑原则的东西，因为它是没有例外的。如果一个命题在所有我们已知的事例中都为真，并且这些事例的数量十分庞大，那么，根据这些经验材料，该命题在其他事例中也为真的可能性是非常大的。某一事件也许根据经验材料来看可能会发生，最终却没有发生，该事实也无法反驳这一判断。然而，对于这一点显然可以做进一步的分析和更精确的描述。我们应该这么说：每一个使命题为真的事例，都增加了它在新事例中为真的可能性。如果有足够多的事例能证明这个命题为真，同时不存在任何反例，那么该命题在新事例中为真的可能性就会无限接近于确定。简单枚举法若想变得有效，就少不了诸如此类的原则提供理论支持。

这给我们带来了另一个问题：我们怎么知道这个原则是正确的呢？显然，既然我们需要用这个原则来证明归纳是正确的，那就不能反过来用归纳来证明该原则；既然该原则超出了经验材料的范围，那就不能仅仅凭经验材料对其加以证明；既然需要用该原则来证明从经验材料内到经验材料外的一切推论，那么它本身就不能因为这些材料而具有任何程度的或然性。因此，如果该原则为人们所知，那必然不是通过经验得知的。我并不是说人们已经知道这一原则，我只是说经验论者所承认的这种由经验得出的推论，需要靠该原则来证明，而该原则本身是不能靠经验来证明的。

关于任何其他逻辑原则，我们都可以采用类似论证来得出类似结论。所以，逻辑知识不仅仅源于经验，经验论者的哲学也不可能被全盘接受，尽管它在逻辑范围外的很多问题上都拔新领异。

黑格尔及其门徒以一种截然不同的方式拓宽了逻辑的范围，我认为他们的方式是靠不住的，但若要指出他们的逻辑概念和我主张的逻辑概念到底有哪些差别，这就需要确实的论证。在他们的作品中，逻辑实际上等同于形而上学。大致而言，二者是以如下方式等同的：黑格尔通过先验推理，认为世界必然存在一系列彼此不同、十分重要，同时又妙趣横生的特性，因为不具备这些特性的世界是不可能存在的，是自相矛盾。因此，他所谓的"逻辑"是对宇宙本质的探究，而这种探究成立的前提是宇宙必须具有逻辑上的一致性。然而，无论如何，即使黑格尔的推理是正确的，我也不认为它属于逻辑的范畴，不如说它是逻辑在现实世界中的一种运用。逻辑本身研究的应该是"同一性是什么"这类问题，但据我所知，黑格尔并没有对这类问题加以讨论。尽管他批判了传统逻辑，并自称要用自己改良过的逻辑来代替它，但从某种意义上说，传统逻辑及其全部缺陷自始至终都在未遭批判、未被发觉的情况下渗透进他的推理中。在我看来，我们无法沿着黑格尔所倡导的方向进行逻辑改造，而是要从黑格尔和其他大多数哲学家的体系所共有的前提出发，以较多的耐心、较少的奢望对逻辑做出更彻底的改造。

在我看来，可以用"范畴"这个黑格尔经常使用的概念来解释为什么黑格尔体系在采纳了普通逻辑后又去批判它。我认为，这个概念本质上是逻辑混淆的产物，然而它似乎以某种方式替代了"作为全体实在的各种性质"这一概念。布拉德莱先生曾提出一个理论，即我们通过判断认为，一个谓词的形成来自作为全体的实在。这个理论源于黑格尔。传统逻辑认为每个命题中的谓词都是由主词而来，由此可以很容易地得出一个结论，即只能有一个主词——绝对。因为如果有两个主词，那么这个含有两个主词的命题就不会把一个谓词的来由归于两个主词中的任何一个了。因此，黑格尔的学说便是：哲学命题一定是以"绝对是如何如何"的形式出现的。这一学说建立在主谓形式具有普遍性这一传统信念之上。这个信念是传统的，几乎是不自觉的，而且并不被认为有多重要，但它却在暗地里起作用。而且那些乍看之下似乎证明其真理性的论证（例如，对关系的驳斥）都事先假定了这一信念。这是黑格尔不加批判地采纳传统逻辑的最重要的方面。当他明确讨论形式逻辑时也涉及其他次要的方面，而且这些方面作为诸如"具体共相""差异中的同一性"等重要的黑格尔哲学概念的来源还是很关键的。

另外还有一种与此截然不同的方向，逻辑学在技术上的发展就是沿着这一方向突飞猛进的。我说的就是被称为数理逻辑的那个方向。这种逻辑在两种不同的意义上与数学息息相关：最重要的是，它本身是数学的一个分支，同时又专门应用于其他更传统的数学分支之上。从历史角度看，它起初只是数学的一个分支，它在其他分支上的专门应用是近代才发展起来的。无论从上面哪个方面来说，数理逻辑都是莱布尼茨平生的夙愿，为其所珍爱，并投入了毕生热情。他以此为主题的许多著作近来都得以发表，因为被后来人再度发现了。不过他的这些著作没有一本是本人发表的，因为他所得出的结论与传统的三段论学说的某些观点产生了不可调和的矛盾。现在我们知道传统学说在这些方面观点是错的，但出于对亚里士多德的敬重，莱布尼茨完全没有意识到有这一可能性。

现代数理逻辑的发展可追溯至布尔的《思维法则》（1854年），但在皮亚诺和弗雷格之前，细数布尔及其后继者所取得的成就，除了某些细节外，唯一确实的成就便是发明了一套数学符号，这套数学符号可以通过比较新的方法与亚里士多德的旧方法所共有的前提推演出结论。这个主题作为数学的一个独立分支有一定重要性，但与真正的逻辑几乎毫无关系。自希腊时代以后，真正的逻辑的首个重大进步是由数学家皮亚诺和弗雷格各自单独推动的。他们皆通过分析数学得出逻辑结论。传统逻辑认为"苏格拉底会死"和"人都会死"这两个命题具有相同形式。皮亚诺和弗雷格却指出它们在形式上大相径庭。逻辑在哲学上的重要性可以通过以下事实来说明，这种混淆（大多数作者至今还在犯错）不仅模糊了对判断和推理形式的全部研究，而且把事物与其性质的关系、具体存在与抽象概念的关系以及感官世界和柏拉图理念世界的关系搞得扑朔迷离。出于技术上的原因，皮亚诺和弗雷格指出了这种错误，并且把他们的逻辑主要应用于技术发展，但说他们所取得的进步对哲学具有重要意义绝对是不为过的。

数理逻辑，即使是其最为现代的形式，除了开头部分，也不直接具有哲学层面的重要性。在开头之后，与其说它是哲学，不如说它是数学。至于数理逻辑的开头部分，我将对其简略谈一下，因为这是唯一能被称为哲学逻辑的部分。尽管它后来的发展并非和哲学直接相关，却可以在哲学研究中起到很大间接作用。哲学发展使得我们能够对比纯粹言语推理所能列举之概念更抽象的概念进行轻松处理，这些发展给我们提供了在其他情况下很难想到的有效假设，这些发展还使我们能迅速看出构造一个逻辑体系或科学体系最少需要多少材料储备。不仅是弗雷格关于数的理论，而且包括全部数理概念的理论（我们将在下面两章中对其进行概括说明），都是受数理逻辑启发而得出的，缺少数理逻辑，想得出以上理论简直是天方夜谭。

在上述两种情形以及许多其他情形中，我们采用的是某种"抽象原则"，这一原则也可称为"消除抽象的原则"。这一原则清除了大量的形而上学糟粕。它由数理逻辑直接引出，若没有数理逻辑的帮助，则无法得到证明并投入实际运用。我们将在第四章中解释这个原则，此处仅对其用途预先做一些简要说明。如果我们认为，一组对象之所以具有某种相似性，是因为它们具有某种共同性质，那么根据"抽象原则"可知：这些对象所具备的相似性，已经具备了其假定存在的共同性质的一切效用。因而，除非我们已经知道了某种共同性质，否则无须去假设出一种共同性质，因为完全可以用对象的组别与类型来替代共同性质。通过这种或那种方式，就连数理逻辑领域稍晚发展起来的那些部分，都能有极大的间接用途。不过，眼下我们该把注意力放在数理逻辑的哲学基础这一问题上。

除了所论及的特定对象，每个命题和推论中还有着某种形式，将命题或推论的成分组合在一起。如果我说："苏格拉底是凡人""琼斯是愤怒的""太阳是炽热的"。这三个例子有一个共同之处，即"是"字所表示的东西，这种东西便是命题的形式，而非实际组成部分。再比如，如果关于苏格拉底说了很多事实：他是雅典人，他娶了桑蒂普，他喝了毒药，等等。这些命题都有一个共同的成分——"苏格拉底"，但其存在的形式各异。另外，若选取其中一个命题，并每次都将此命题中的一个成分用其他成分替换掉，则该命题形式依然不变，而原来的成分却不复存在。例如，下面一系列命题，"苏格拉底喝了毒药""柯勒律治喝了毒药""苏格拉底吃了鸦片""柯勒律治吃了鸦片"。这一系列命题中，成分都发生了变化，但形式并未改变。因此，形式不是成分的一种，而是成分的组合方式。这样看来，形式才是哲学逻辑的真正对象。

显然，关于逻辑形式的知识与关于存在事物的知识截然不同。"苏格拉底喝了毒药"这句话的形式并非"苏格拉底"或"毒药"这类存在的事物，它与存在事物之间的联系甚至不如"喝"这个动作紧密。它完全是一种更抽象、更缥缈的东西。我们可能认识句子中的每一个词，却读不懂整个句子的意思，如果一句话又长又复杂，就很容易出现这种情况。在这种情况下，我们只了解句子的成分，却不了解句子的形式。我们也可能了解句子的形式，却对其成分一无所知。比如，我说"尤利乌斯喝了毒药"，那些根本不认识尤利乌斯的人（假设有这样的人），虽然不理解句子的成分，但能明白这个句子的形式。因此，要理解一个句子，不仅需要了解其中的成分，还应该掌握一些特殊的形式。这便是句子传达信息的方式，因为它告诉我们某些已知对象是靠某种已知形式联系起来的。尽管大多数人并不清楚，但是我们对交谈中话语的所有理解，都涉及某种逻辑形式的知识。逻辑哲学要做的，便是将这种知识抽丝剥茧，将其清晰纯粹地呈现在人们面前。

在所有推论中，只有形式最重要。推论的特定对象除了保证前提的真实性之外没什么用，这也是为什么逻辑形式如此关键。比如我说："苏格拉底是人，人都有一死，因此，苏格拉底也会死。"在这句话中，前提和结论绝不依赖于我所说的"苏格拉底""人""终有一死"这些部分。这一推论的一般形式应该这样表达："若一个事物具有某种属性，并且任何具备该属性的事物还具有另一种属性，那么该事物也同样具有这另一种属性。"此处不涉及任何特定事物或特定属性，因此这个命题具有绝对普遍性。所有经过充分阐述的推论，都是具有普遍性的命题。若推论前提的真实性依赖于推论的对象，那便是因为我们未能将这些前提抽丝剥茧，明确阐述出来。在逻辑学上，讨论某个情形特定的推论，等于浪费时间。自始至终，我们探讨的都是完全普遍的、纯粹形式上的蕴含关系，而这些假说何时能被证实、何时无法被证实，则是其他科学领域的研究范畴。

然而，构成推论的命题形式并不是最简单的形式。这样的形式总是具有假说性质，即如果一个命题为真，则另一个命题也为真。因此，在考察推论之前，逻辑必须考察那些较为简单的、作为推论前提的形式。传统逻辑在这里毫无用处。

传统逻辑认为简单命题（不陈述两个或两个以上命题之间关系的命题）只有一种形式：认为一个谓语必须对应一个主语。当我们把多种性质归于某一事物的时候，这种形式是恰当的。例如，我们可以说，"这个东西又圆又红"。语法学就偏爱这种形式，但在哲学上，这种形式并不普遍，甚至极为少见。如果我们说"这个东西比那个东西大"，并非单指"这个东西"有某种性质，而是指"这个东西""那个东西"之间的关系。我们会用"那个东西比这个东西小"来表达同样的事实，但从语法上看，句子的主语调换了。因此，从形式上看，阐述两者之间某种关系的命题有别于主谓式的命题，而传统形而上学存在诸多谬误的根源，就在于未能察觉或不愿承认这种区别。

认为一切命题都是主谓式的——或者说认为一切事实都寓于某物具有某种性质之中的想法（或不自觉的信念），使得绝大多数哲学家一直以来都无法对科学和日常生活世界给出任何说明。即使他们真心而急切地想给出这类说明，或许也很快就会发现错误。但他们都不急于理解科学和日常生活的世界，而更热衷于把这两个世界判定为不实在的世界，从而构建一个超越我们感官的"实在"世界。认为感官世界不实在的信念，来自某些心境下不可抗拒的力量，我觉得这些心境有某种纯粹生理学的渊源，但仍极具说服力。大多数神秘主义和形而上学的思想都是由这些心境所产生的信念中发展而来的。当这种心境带来的强烈情绪平静下来的时候，一个有推理习惯的人，会寻找符合逻辑的论据来支持他从自己身上发现的信念。不过，因为这种信念已然存在，所以他会心安理得地接受任何能自圆其说的理由。那些表面上经过他逻辑验证的悖论，实际上源于神秘主义，而且如果这些悖论符合他自己的洞见，他还会觉得这些悖论是他的逻辑必须达到的目标。那些信奉神秘主义的大哲学家（最著名的是柏拉图、斯宾诺莎、黑格尔等人）就是这么研究逻辑的。不过由于他们想当然地认为神秘情感会产生这种洞见，所以他们的逻辑学说枯燥乏味，而他们的弟子则认为这些学说与他们的洞见毫无关系。然而，这些学说和他们理论的根源密不可分，而且对科学和常识的世界一直怀着"恶意"（这个词是桑塔亚纳先生提出的，很有用，所以借用一下）。只有这样才能解释为什么这些哲学家虽然承认自己的学说与一切似乎已经得到充分证实且最值得相信的日常和科学事实格格不入，还依然扬扬得意。

神秘主义逻辑自然要指出任何带恶意的东西所固有的缺陷。当神秘心境占主导地位时，人们并不会觉得需要逻辑。一旦神秘心境消退后，逻辑的冲动便重占了上风，不过依然会想要保留这种正在消失的洞见，或者至少要证明它曾是洞见，看起来与之矛盾的东西都是幻觉。因此，这样的逻辑算不上公正坦率，而是起于某种憎恶之情，即针对它将被应用其中的日常世界的憎恶。采取这样的态度自然不会得到最佳结果。谁都知道为了驳斥某位作者而去读他的作品，并非理解该作者的明智之举；抱着万物都是幻觉的信念去拜读"自然"这部巨著，同样不太可能理解自然。如果我们逻辑的目的是去发现日常世界是可以理解的，那便绝不能对其怀有敌意，而必须发自肺腑地接纳这个世界，而形而上学思想家通常不会这样做。

既然传统逻辑认为，一切命题都是主谓形式的，就不会承认关系的实在性。传统逻辑认为，一切关系都必须还原为有明显联系的项的属性。驳斥这一观点的方法有很多，其中最简单的方法来自对"不对称关系"的考察。为了更好地解释这一点，我先来解释两种互不关联的关系分类的方法。

有这样一些关系，如适用于A和B，则也适用于B和A。例如，"兄弟或姐妹"的关系即属此类。如果A是B的兄弟或姐妹，则B也是A的兄弟或姐妹。任何一种相似性也符合这种关系：例如颜色的相似性。同样，任何一种差异性也符合这种关系。如果A的颜色与B不同，则B的颜色也与A不同。这类关系叫作对称关系。因此，当一种关系既适用于A和B，又适用于B和A时，那么它就是对称关系。

所有不是"对称关系"的关系都叫"非对称关系"。比方说，如果A是B的兄弟，B有可能是A的姐妹。因此，"兄弟"是非对称关系。

如果一种关系适用于A和B，却不适用于B和A，这种关系则称为"不对称关系"，因此丈夫、父亲、祖父等关系都属于"不对称关系"。之前、之后、大于、在上、在右等关系，也属于"不对称关系"，所有能产生序列的关系同样属于"不对称关系"。

上述将关系分为对称关系、不对称关系、非对称关系的分类方法，是我们需要考察的两种方法中的第一种。第二种分类方法则将关系分为传递关系、不传递关系、非传递关系，其定义如下：

如果一种关系凡是适用于 A 和 B，以及 B 和 C 的时候，那也适用于 A 和 C，那么我们就将其称为"传递关系"。因此，之前、之后、大于、在上等关系都属于传递关系。所有能产生序列的关系，都属于传递关系，当然传递关系不限于此。刚才提到的那些传递关系都是不对称的，但也有许多传递关系是对称的。例如任何方面都相等的传递关系、颜色完全相同的传递关系、同等数量的传递关系（应用于集合时）等。

任何时候，只要一种关系不具传递性，我们就称其为"非传递关系"。例如，"兄弟"是非传递关系，因为某人兄弟的兄弟可能就是他本人。所有种类的差异性都属于非传递关系。

如果 A 对 B 具有某种关系，B 对 C 也具有相同的关系，而 A 对 C 却从没有这种关系，那我们就说这种关系是"不传递关系"。因此，"父亲"是不传递关系，"高一英寸"或"一年后"也是不传递关系。

了解上述分类之后，我们现在回过头来看看是不是一切关系都可以还原为主谓关系。

放在对称关系（如果既适用于 A 和 B，也适用于 B 和 A 的那些关系）中来看，该学说似乎具有一定的道理。我们可以将具有传递性的对称关系（例如相等）理解为表示具有某种共同属性，而将不具备传递性的对称关系（例如不相等）理解为表示具有某种不同属性；但当我们碰到不对称关系时（例如之前、之后、大于、小于），显然不可能将其还原为属性。举个例子，当我们只知道两个东西不相等，却不知哪个更大些时，我们可以说不相等是由于两者大小不同所致，因为不相等是一种对称关系。但是说因为其中一个东西大于

（而非仅仅不等于）另一个东西，所以两者具有不同的大小，这样说从形式上看并不能解释这个事实。因为如果另一个东西大于这个东西，那它们的大小也是不同的，但要解释的事实，已经和上一种情况不同了。因此仅仅存在大小上的差别，并不能囊括事实的全部，否则，"这个大于那个"就和"那个大于这个"就没有任何区别了。我们不得不说，这个的大小"大于"那个的大小，因此我们无法摆脱"大于"这层关系。简而言之，具有相同属性和具有不同属性都是对称关系，因此不能用来解释不对称关系。

不对称关系寓于一切序列之中，如空间和时间、大于和小于、全体和部分等众多现实世界至关重要的特征中，都蕴含不对称关系。因此，把一切全都精简为主词和谓词的逻辑，只得将这些方面统斥为谬误和单纯的表象。除非怀拥着恶意进行逻辑推理，否则这样一种全盘否定的做法会令人匪夷所思。事实上，我认为，除非怀带偏见，否则没有任何理由去否认关系的实在性。而一旦承认了关系具有实在性，那将感官世界视为虚妄的一切逻辑就成了无源之水。开门见山地说，只有依据缺乏论证支持的神秘洞见才会设想感官世界是虚妄的。只要这种自诩为洞见的东西不通过论证为自己辩护，那么我们就无法通过论证去反驳它。因此，作为逻辑学家，我们可以承认神秘主义者的世界有存在的可能性，但如果我们并不具备他们那种洞见，就必须继续研究我们熟悉的日常世界。不过，如果神秘主义者宣称我们对世界的认识荒谬不已，那么我们的逻辑将严阵以待，予以还击。想要创建完成这一任务的逻辑，第一步便是要承认关系的实在性。

具有两个项的关系，仅是众多关系中的一种。关系也可能包含三个、四个或任意数量的项。具有两个项的关系最为简单，相对于其他关系而言也更受关注。而且一般来说，哲学家们（不论他们是否承认关系的实在性）也只考察这种关系。当然，其他关系也有其自身的价值，在解决某些问题上也是不可或缺的方法。比方说，嫉妒是三人之间的关系。罗伊斯教授提到了"给"这种关系——A 把 B 给 C 便是具有三个项的关系。当一个人对他妻子说："亲爱的，我希望你能劝劝安吉丽，让她接受埃德温。"这时候，他希望构建一个四人（他、妻子、安吉丽、埃德温）之间的关系。因此，这类关系毫不晦涩和罕见。但如果想解释清楚这种关系和具有两个项的关系之间有何区别，我们就必须着手将事实的逻辑形式进行分类。这不仅是逻辑的首要任务，也是传统逻辑最欠缺的地方。

现存世界由许多性质关系各异的事物构成。想要将现存世界描述得面面俱到，不仅要将这些事物一一列出，而且要提到这些事物的所有性质和关系。我们不仅要知道这个东西、那个东西，以及其他的东西，还要知道它们哪个是红的，哪个是黄的，哪个早于哪个，哪个介于其他两者之间，等等。我讲到某个"事实"时，不是指世界上某个简单的事物，而是指该事物具有的某种性质或某些事物具有的某种关系。这就好比我不会把"拿破仑"称作事实，而会把"拿破仑很有野心""拿破仑娶了约瑟芬"称作事实。在这个意义上，事实的构成绝不简单，而是往往包含两个或更多的成分。当事实仅仅指一个事物具备的某种性质时，那它只包含两个成分，即这个事物和这种性质。当一个事实由两个事物之间的关系组成时，那它就包含了三个成分，即这两个事物和这种关系。当一个事实由三个事物之间的关系组成时，那它就包含四个成分，以此类推。从这个角度来看，构成事实的成分并非其他事实，而是事物、性质或关系。当我们说有超过两个项的关系时，我们的意思是有一些单独的事实是由一个单独的关系和两个以上的事物构成的。我并不是在说两个项之间存在一种既适用于A和B，又适用于A和C的关系。比方说，一个人既是他父亲的儿子，也是他母亲的儿子，这构成了两个不同的事实。如果我们选择将其看作一个事实，那它就是一个由多个事实构成的事实。但这里我所说的"事实"并非由事实构成，而是由事物和关系构成。例如，A因为C而嫉妒B。这里只有一个涉及三个人的事实。这里的嫉妒只有一种，而非两种。我所说的含有三个项的关系是针对以下情形而言的：可能出现的最简单的事实是，除了这种关系之外还包含三个事物的那种事实。这一定义也适用于具有四个、五个或更多项的关系。我们为事实的逻辑形式列出的清单上，必须承认所有类的关系：两个包含相同数量事物的事实具有相同的形式，两个包含不同数量事物的事实具有不同的形式。

　　不论什么事实，都存在一个表达该事实的断言。事实本身是客观的，独立于我们对它的想法或观点，但断言则或真或假，和我们的想法密不可分。断言可以是肯定的，也可以是否定的，我们既可以断言查理一世是被处死的，也可以断言他没有死在床上。否定的断言可以说是一种否认。假设一种语言的形式只有真假两种可能，比方说"查理一世（没有）

死在他的床上"，我们对这种语言形式要么持肯定态度，要么持否定态度：在一种情形中持肯定的断言，在另一种情形中持否定的断言。我将这种只有真假两种可能的语言形式称为"命题"。因此，命题就是可以有意义地加以肯定或否定的东西。一个命题如果表达了我们所说的一个事实，即在我们肯定它的时候，也就是断言某个事物具有某种形式或某些事物具有某种关系的时候，这个命题就可以称为"原子命题"，因为我们可以立刻看到还有其他一些命题，原子命题包含其中，就像原子包含于分子中。尽管原子命题同事实一样，可以有无数种形式，但它们不过是一种形式的命题。其他所有形式的命题都更复杂。为了保持事实和命题在语言上对应，我们将上面所考察的事实称为"原子事实"，即决定原子命题应被肯定或否定的事实。

　　对于"这是红的"，或"这个先于那个"这类原子命题，我们只能凭经验来对其肯定或否定。也许有时候一个原子事实能够推出另一个原子事实，尽管这种可能性看起来不大；但不论如何，基于不包含原子事实的前提是无法推出原子事实的。由此可见，如果想要全面、彻底地了解原子事实，那么至少有些原子事实不是依靠推理了解的。以这种形式了解的原子事实，便是感官知觉的事实，无论如何，感官知觉的事实都是我们通过这种方法得知的最明显的事实。假如我们了解所有的原子事实，而且知道除我们所知的之外再无其他原子事实，那么从理论上说，我们应该能将任何形式的一切真理都推导出来。如此看来，逻辑就能提供我们所需的一切工具。但是，在我们最初获得关于原子事实知识的过程中，逻辑毫无用处。在纯逻辑中，我们不会谈及原子事实，我们的讨论范围仅限于形式，而不去问有什么对象能够填入这些形式。因此，纯逻辑独立于原子事实。反之，在某种意义上说，原子事实也是独立于逻辑的。纯逻辑和原子事实处于两个极端：前者先于经验，后者仅凭经验。但在这两极之间，还存在一片广阔的中间地带，我们有必要在其中进行一番粗略的探索。

　　"分子命题"是指包含如果、或、和、除非等连接词的命题，这些连接词是分子命题的标志。请思考一个断言："如果下雨，我就会带伞。"这个断言虽然像原子命题的断言一样可真可假，但很明显，无论是与命题对应的事实，还是命题与事实相对应的性质，都与原子命题的情况大不相同。"天会不会下雨"和"我带不带伞"两者各自都是原子事实，都是可以借由观察而确定的。然而，"如果一件事发生，则另一件事也将发生"这句话中所包含的两者之间的联系，却与这两者都截然不同。我们不必用"天果然下雨了"或"我确实带了伞"来判定这一联系的真实性。哪怕眼下万里无云，但天气之前变坏过，所以我带着伞，因此这一联系依然是真的。因此，我们谈论的是两个命题之间的联系，这种联系并非取决于这两个命题得到肯定或否定，而只取决于第二个命题能否由第一个命题推出。因此，这样的命题从形式上来看与原子命题是截然不同的。

　　对于逻辑而言，此类命题至关重要，因为它们是一切推理的依据。如果我跟你说过，天要是下雨我就带伞，那么当你看见外面大雨瓢泼的时候，你就可以推出我会带伞。只有当命题以这种方式联系在一起时，才能由一个命题的真假推出另一个命题的真假，才存在推论。有时候，我们虽然不知道作为组成部分的原子命题的真假，却可以像上述雨伞的例子那样得知分子命题。推论的实际功用取决于这一事实。

我们要考察的另一种命题叫"全称命题"，如"所有人都是会死的""所有等边三角形都是等角的"。另外，全称命题还包括含有"有些"一词的命题，例如"有些人是哲学家""有些哲学家并不聪明"。这些命题是对全称命题的否定，在上面的例子中也就是分别否定了"所有人都不是哲学家""所有哲学家都聪明"这两个命题。我们可以把包含"有些"一词的命题称为"否定的全称命题"，把包含"所有"一词的命题称为"肯定的全称命题"。我们会发现这些命题乍看上去和逻辑学教科书上的命题很像，但是逻辑学教科书并不了解它们的特殊性和复杂性，对由它们所引起的问题，也只是以最粗浅的方式一带而过。

我们讨论原子事实时已经发现，倘若我们已经知晓一切原子事实，并且除我们所知的原子事实之外别无其他原子事实，那么从理论上说，我们应该可以借助逻辑推导出此外的一切真理。关于别无其他原子事实的知识是肯定的普遍知识，从这种知识可以得出"一切原子事实都为我所知"或至少能得出"一切原子事实都在该集合中"（不论这个集合是怎样产生的）。显而易见，像"所有人都是会死的"这种全称命题，不可能只通过原子事实推出。假设我们了解每一个人，并且知道他是会死的，这一点也不能使我们了解所有人都是会死的，除非我们已知我们所知道的这些人就是所有存在的人，而这是一个全称命题。假设我们已知全宇宙其他每个存在的实体，并且知道他们都不是不死的人，这一点依然不能使我们得出"所有人都会死"的结论，除非我们知道自己已经探索了全宇宙，也就是说，除非我们知道"一切事物都属于我所考察过的该事物的集合"。因此，普遍真理不可能仅由特殊真理推导而出，继而，如果普遍真理是可知的，那么它们必须要么是自明的，要么是从其中至少有一个是普遍真理这一前提中推导出来的。然而，一切经验的证据都属于特殊真理，所以如果真的存在关于普遍真理的知识，那这些知识必定独立于经验证据，换句话说，不依赖于感觉材料。

上述结论（归纳原则是其中的一例）至关重要，因为它驳斥了旧经验论者的观点。他们认为一切知识都源于感官并依赖于感官。我们知道，如果坚持这种观点，就必须否认我们知晓任何全称命题。从逻辑上看，这种情形完全是可能的，但实际上并非如此，而且确实没有人会想要坚持这种观点，除非他是一个爱走极端的理论家。因此我们必须承认存在不是来自感官的普遍知识，这些知识中有一些并非靠推论得出的，而是一种基本知识。

这样的普遍知识可以在逻辑中找到。我不知道是否存在任何一种不是源于逻辑的普遍知识。但不管怎样，这种知识在逻辑中是存在的。还记得我们曾把像"苏格拉底是人，所有人都会死，因此苏格拉底也会死"这类命题被排除在纯逻辑之外，因为"苏格拉底""人""会死"都是源于经验的词，只有通过特殊经验才能了解。在纯逻辑中与之对应的命题是："如果任一事物具有某个属性，同时凡是具有该属性的事物也具有某个别的属性，那么所说的这个事物就具有这个别的属性。"这个命题绝对是普遍的，它适用于一切事物和一切属性，当然，这个命题也是自明的。因此在这一类纯逻辑的命题中包含着我们曾经寻求的那种自明的一般命题。

像"如果苏格拉底是人，同时所有人都是会死的，那么苏格拉底也是会死的"这样的命题之所以为真，完全归功于它的形式。在这个假设的形式中，该命题的真理性，既不取决于苏格拉底是否真的是人，也不取决于所有人是否都会死。因此，当我们用其他的词代替"苏格拉底""人""会死"的时候，这个假设的形式同样为真。这个例子中的普遍真理是纯形式的，属于逻辑范畴。既然它没有提及任何特殊的事物，甚至没有提及任何特殊的性质或关系，因此它完全独立于实存世界中的偶然事实，而且，从理论上说，我们不必对特殊事物或其性质及关系有任何经验，便可以认识到这一普遍真理。

可以这么说：逻辑由两部分组成。第一部分研究什么是命题，以及命题可能具有什么形式，并列举出不同的原子命题、分子命题、全称命题等。第二部分包含某些最普遍的命题，这些命题肯定了具有某些形式的所有命题都为真。这部分归入了纯数学，纯数学的命题经过分析皆转变成这类普遍的形式真理。仅仅列举形式的第一部分更为难懂，同时从哲学家的角度看更重要。许多哲学问题能获得真正的科学讨论，相比起其他因素，更应归功于逻辑第一部分近年来的发展。

可以将判断或信念的性质问题作为一个例子，来说明解决这类问题取决于我们对逻辑形式的分类是否完备。我们已经看到，假定主谓关系具有普遍性使得对序列顺序进行正确分析变成天方夜谭，时间和空间也因此变得不可理解。但在这种情况下，我们只需要承认两个项的关系而已。就判断来说，则需要承认存在更为复杂的形式。如果一切判断都为真，那我们会说判断就是对事实的理解，而这种理解是人心与事实之间的一种关系。由于逻辑分类清单并不完备，使得人们往往对上面这种观点深信不疑。但是，就谬误来说，这种观点就会使人陷入无法解决的困难。假设我认为查理一世死在他的床上，但不存在一个类似"查理一世死在他的床上"这样的客观事实和我的理解有关系。虽然"查理一世""死"和"他的床"都是客观的，但事实上除了在我的思想之中，这三者并没有像我错误的信念那样结合起来。因此，我们在分析一种信念时，必须另辟蹊径，寻求某种不同于两项关系的逻辑形式。在我看来，正因为没有意识到这一必要性，所以迄今为止，几乎所有关于认识论的论著都如同空中楼阁，致使谬误问题无法解决，也致使信念和直觉的差别成了难以理解的东西。

如我所愿，现代逻辑显然能够扩大我们的抽象想象的范围，为我们提供了无数可能的假说。任何复杂的事实都能用这些假说进行分析。在这方面，它与古典传统所践行的逻辑恰恰相反。在传统逻辑中，那些乍看似乎可能的假说，都被公然判定为不可能，并且事先规定实在必须具有某种特质。与此相反，在现代逻辑中，虽然乍看之下似乎可能的假说仍得到了承认，但只有逻辑才能提出其他假说，丰富我们的认识储备。而且我们经常能够见到，如果要正确分析事实，这些假说必不可少。旧逻辑给思想戴上镣铐，而新逻辑则为思想插上翅膀。依我看，新逻辑给哲学带来的进步不亚于伽利略给物理学带来的进步，使我们最终得以知晓：哪些问题我们能解决，哪些问题非人力所能为，因此只能放弃。对于能解决的问题，新逻辑为我们提供了一种方法，使得出的结果不仅因人而异，同时又能得到一切足具判断能力的人的首肯。

第三章　我们关于外部世界的知识

　　探讨哲学的途径很多，其中最为古老，同时也是最多人选择的一条是质疑感官世界的实在性。我们可以看到，印度神秘主义、自巴门尼德以来的希腊和近代一元论哲学、贝克莱哲学，以及现代物理学，都曾批判过可以感知的现象，而它们持反对态度的原因则五花八门。神秘主义者对可感现象的斥责源于其对幕后那个更为实在、更为有意义的世界的直接知识；巴门尼德和柏拉图斥责可感现象是认为这种现象所具有的持续流变性与根据逻辑分析揭示出的抽象物的不变本质相冲突；贝克莱用了几种武器来攻击可感现象，但他主要的攻击对象是感觉材料的主观性，以及这些材料对观察者身体结构和视角的依赖性；而现代物理学则以可感证据本身为基础，认为电子的疯狂舞动在表面上看与视觉或触觉的直接对象大不相同。

　　以上这些批判所提出的问题都很重大且耐人寻味。

　　神秘主义者若只讲积极的启示，我们无从反驳。但当他否认感官对象的实在性时，我们就可以质问他所谓的"实在"是什么意思，他是如何从假设的超感官世界的实在性中推出感官对象的非实在性。在回答这些问题时，神秘主义者会被带入一种逻辑，这种逻辑又同巴门尼德、柏拉图和唯心主义传统的逻辑相杂糅。

在第一章中，我们曾讨论过布拉德莱的例子，由此可以看出唯心主义传统的逻辑已经逐渐变得极为艰深复杂、晦涩难懂。如果对这种逻辑进行全面讨论，我们就没时间进行所讲主题的其他方面了。因此，我们虽然承认这种逻辑值得大篇幅地讨论，但在这里只能对其主要学说做一些必要批判，并以此为例来讨论其他话题。我们将把重点放在诸如它对运动连续性和时空无限性的诘难之上。现代数学家们已对这些问题做了充分的回答，他们的回答，为逻辑分析方法在哲学领域赢得了长久的胜利。

贝克莱的批判在感官、神经、大脑生理学的支撑之下显得十分有力。我们必须承认感官的直接对象是否存在确实取决于我们的生理状况，比如我们看见一块有色表面，一旦闭上眼睛，这块有色表面便不复存在了。但若是由此推出这些感官直接对象的存在依赖于心灵，而且在我们看到它们的时候也并不真实，或者说它们不是我们关于外部世界知识的唯一基础，这就错了。我将在这一章中对此详细讨论。

我们将看到物理世界与感官世界之间的差异更多是（这一点我们会在第四章中考察）流于表面的，而非真实存在。我们也会看到凡是在物理学上有理由相信的东西，都能通过感官得到相应的解释。

我们始终都是以现代逻辑作为发现的工具，这种逻辑与教科书里的逻辑和唯心主义的逻辑截然不同。在第二章中我们已经简要说明了现代逻辑与其他传统逻辑的不同之处。

在最后一章中，基于前文讨论的因果律和自由意志，我们将尝试对科学哲学的逻辑分析法加以概括说明，并尝试评价这种方法让我们对哲学进步燃起的希望。

在本章中，我想采取逻辑分析法来探讨一个最古老的哲学问题——我们关于外部世界的知识。就此问题而言，我并不是要给出一种武断专横的回答，我要做的是分析和陈述所涉及的问题，并指出证据所在。虽然这不是万无一失的解决办法，但在我看来，眼下的探讨从全新的角度阐明了这一问题，不论是对于寻找答案，还是对于判断问题中哪些部分可以得出确定答案这一先行问题，都不可或缺。

我们都是从"材料"出发来研究一切哲学问题的。我所说的"材料"是指那些属于普遍知识的东西，它们和普遍知识一样扑朔迷离、错综复杂且经不起推敲，然而不知怎么却能取信于人。从整体和某种解释上来看，我们总认为它们千真万确。就现在所讨论的问题而言，我们所涉及的普遍知识多种多样。首先，通过直接和当下的体验，我们认识到了日常生活中一些特定对象，例如家具、房屋、市区、他人……其次，通过历史、地理和新闻等，这些特殊的知识向外延伸，让我们认识到了一些从未亲身经验的特殊事物。最后，由于自然科学预言未来的惊人能力令众人心服首肯，人们借助自然科学，将关于特殊事物的知识系统化。虽然我们乐于承认这种知识并非毫无纰漏，但是我们相信，通过曾带给我们信念的那些方法，我们能够发现和校正这些纰漏，而不会像那些鼓吹实用性的人那样，假定整座知识大厦能够搭建于并不稳固的基础之上。因此，大体而言，只要不对任何特殊部分持绝对独断的态度，我们就能认为大部分普遍知识都能成为哲学分析的材料。

我们这样做一开始必然会遭到反对。人们可能会说：哲学家的任务是要对日常生活中那些公认容易犯错的信念质疑，并代之以更可靠、更不可辩驳的东西。一方面，这种说法没错，而且某种程度上说，该任务能在分析过程中得以实现。另一方面，尤为重要的是，想要做到这一点几乎不可能。若想要使哲学研究成立，在承认可以对一切普遍知识都抱有怀疑态度的同时，我们必须对这种知识的主体部分加以接受。哲学家所能获得的任何一种细致入微的知识，都无法给我们一个立足点去批判日常生活的全部知识。我们最多只能通过内省来考察和精炼我们的普遍知识，采纳那些借以获取普遍知识的准则，并以一种更审慎、更严谨的态度将其加以运用。我们还不能说哲学所达到的确定性足以抛弃经验事实和科学规律。因此，哲学的探究虽然从细节上看秉持了怀疑论，但从整体而言并非如此。也就是说，哲学对细节的批判仅能基于诸细节之间的关系，而非基于某些同样适用于所有细节的外在准则。我们不是出于任何武断的自信才避免全面批判，事实上恰恰相反：并不是普遍知识必然无误，而是我们无从获得一类截然不同的知识。普遍的怀疑论虽然在逻辑上无法驳斥，但在现实中却百无一用。所以，普遍怀疑论只能给我们的信念增添一种犹豫不决的感觉，而不能用以获得另一种能取而代之的信念。

想要批判某种材料，只能借用其他材料，而不能采用外在标准，但是在上文所列举的各种普遍知识中，我们还是能分辨出不同等级的确实性。我们个人能感觉得到的东西对我们来说无疑是最为确实的。一般来说，"感官证据"是最不容置疑的。而那些依靠得自书本（如历史、地理上）的事实为证据的东西，按照证据的性质和范围，其确实性千差万别。如果有人质疑拿破仑的存在，那肯定沦为笑谈。但论及阿伽门农是不是一个真实的历史人物，却有待商榷。在科学领域，我们发现除了最高程度的确实性外，还有其他不同程度的确实性。比方说，引力定律迄今已得到了和拿破仑存在一样的确实性，近似真理；反之，最近那些关于物质结构的推断，获得支持的概率还很低。属于不同材料的各种程度的确实性，本身就可以视作这些材料的组成部分。与其他材料一样，它们都寓于一团模糊不清的知识体系之中，而哲学家的任务，就是对这一知识体系加以分析。

我们开始分析普遍知识时，首先会发现这类知识有些是派生的，有些是原始的。也就是说，某些知识为我们所相信，是因为它们即使不能说是从严格逻辑意义上推导出来的，也是从某种别的知识那里推导出来的。而另一部分知识为我们所相信，则完全出于其自身，无须任何外部证据支持。显然，感觉提供了后一种知识：通过视觉、触觉、听觉所感知的直接事实是无须论证的，是完全自明的。然而，心理学家让我们意识到：真正通过感觉得到的东西比大多数人预想中的要少得多，乍看之下似乎是从感觉得来的东西，其实是推导出来的。这对我们的空间知觉尤其适用。例如，对于一个可见的对象，我们会本能地根据该对象同自己的距离和自己的视点，从这个对象看起来的大小和形状，推出其"实际的"大小和形状。我们在听一个人说话时，我们的实际感觉常常会漏掉他所说的很多东西，而代之以无意识的推理。听外语的时候，这个过程更加艰难，我们会发现自己成了聋子。举个例子，我们看外国戏剧，就需要坐到更加靠近剧场舞台的位置，而在本国我们通常不用坐得那么近。因此，分析材料的第一步——发现在感觉中得到的究竟为何物困难重重。然而，我们不打算在这一点上太过纠结，只要我们承认了它的存在，那么针对主要问题所得出的结果并不会因之产生太大的差异。

我们分析的下一步，必然要考察普遍知识中派生的那部分是如何产生的。而在这里，我们将陷入逻辑学与心理学之间多少令人困惑的纠葛之中。从心理学角度看，一个信念无论是由一个或多个其他信念所引起的，还是由某种感官得出的事实（不单单是这个信念所断定的东西）所引起的，都可以称为"派生信念"。从这个意义上讲，派生信念源源不断地产生不需要借助任何推理过程，而仅仅借助观念的集合或某种同样超乎逻辑的过程。我们从一个人的面部表情判断他的情绪：我们说，我们看见他在生气，而其实我们只看到他皱着眉头，也就是说我们并没有通过任何逻辑推理的过程来判断他的心理状态。我们做出判断，却常常说不出自己实际看到了情感的哪个物理标志。在这种情况下，知识由心理学层面派生而出，但从逻辑学角度来看，从某种程度上来说它又是原始的，因为它不是由逻辑推理所得出的。我们也许可以、也许不能通过逻辑推理得出同一结果，但无论能不能，我们肯定没有用过这种推理。如果我们把一个实际上不是通过逻辑推理得出的信念叫作"从逻辑上看是原始的信念"，那么将会有无数从心理学角度看是派生的，从逻辑学看却是原始的信念。把这两类原始性加以区分对于我们现在的讨论至关重要。

我们一旦对在逻辑学上而非在心理学上是原始的那些信念加以推敲，便会发现除非能借助逻辑推理，从在心理学上也是原始的信念出发把上述信念推导出来，否则我们越是对它们加以思考，就会越来越不相信它们是真的。例如，我们很自然地会相信桌、椅、山、树在我们转身不看它们时依然在那儿。我不想主张现实恰恰相反，但是我的确认为情形是否如此这一问题不能单靠一句基于假设的"显然如此"马上得到解决。除了少数哲学家以外，在所有人看来，桌、椅、山、树继续存在的这种信念都是逻辑学上原始的信念，而非心理学上原始的信念。从心理学角度看，我们只有曾经看到过那些桌、椅、山、树，才会产生这种信念。因为我们曾经看到过它们，是否就有权设想它们依然在那儿？这个问题一旦被严肃地放在台面上讨论，我们就会觉得必须提出某种论证，如果不这么做，我们的信念就无异于一种虔诚的意见。我们并不会觉得需要对感官的直接对象加以论证：它们就在那儿，就其瞬间的存在而言是不需要任何进一步论证的。由此可见，心理学上派生的信念比原始的信念更需要被证明。

由此，我们就要对两种材料（我们将其称为"硬"材料和"软"材料）略加区别。这种区别仅限于程度上，而且非强加不可。但是，哪怕这种区别无须过于严肃对待，依然能帮助我们把情况弄清楚。我这里所说的"硬"材料，指的是那些不受批判反思削弱影响的材料；而"软"材料，则是指那些经过批判反思的过程，在我们内心对之或多或少产生疑虑的材料。硬材料中最"硬"的有两种，即特殊的感官事实和逻辑的普遍真理。我们越是对它们反复推敲，就越了解它们究竟为何物，以及我们对它们的怀疑究竟出于何意，而它们本身则变得越发明确无疑。对这些材料我们可以在词句上质疑，但词句上的质疑仅发生在一种情况下，即那些名义上被质疑的东西，我们在思想中对其并不怀疑，仅仅是这些被质疑的词句出现在了我们脑海中。我认为在这两种情形中若产生真正的怀疑，那这种怀疑便是病态的。无论如何，我都觉得它们是毋庸置疑的，我想你们都会同意我这个观点。若没有这种假设，我们将会陷入普遍怀疑主义。我们已看到，这种怀疑是难以反驳且无所裨益的。如果我们要继续研究哲学，就必须对怀疑论的假设敬而远之。虽然我们承认怀疑论哲学的确简洁、精练，但还必须对其他假设做进一步的考察，这些假设虽然可能并不可靠，但至少应该像怀疑论者的假设一样，应当得到我们的重视。

若将我们对"硬"材料和"软"材料所做的区别应用于从心理学角度看是派生、从逻辑学角度看是原始的信念之上，就会发现它们大都属于软材料。经过反思，我们会发现它们可以凭逻辑来证明，于是它们便又成为可以相信的东西，而不再是材料了。作为材料虽然也能得到一定程度上的关注，但毕竟不能同感官事实或逻辑规律相提并论。在我看来，它们值得关注之处就是使我们在信心不足的情况下有正当理由期望硬材料能够证明它们至少是有可能的。而且就算我们发现硬材料，并无法说明它们是真是假，我认为也应当倾向于假设它们为真。不过，此刻我们仅限于谈论硬材料，以期发现仅借助这些材料能构造出一个什么样的世界。

我们的材料现在主要是感官事实（我们自己的感觉材料）和逻辑规律。但即使是最严格的考察也会容许在这个小小的库存中稍微加上些东西。某些记忆层面上的事实，尤其是近期的记忆事实，似乎具有最高程度的确实性。某些内省的事实就像感官事实一样确定无疑。就我们当前目的来说，对于感官事实本身的解释，必须留有一定的余地。有时必须把时空关系也包括在内，例如完全是当下一瞬间发生高速运动。某些比较的事实，例如两种颜色是否相似，毫无疑问都属于硬材料。另外，我们也必须记住硬材料和软材料的区别是心理学层面上的，是主观的，因此，如果我们的心灵之外还存在他人的心灵（对这一点目前必须存疑），那么对他人来说，可能存在与我们不同的硬材料目录。

某些普遍的信念无疑是排除在硬材料之外的。那种引领我们辨别一般可感对象在我们没有感知到它们时依然存在的信念便属此类。他人内心的信念也属此类，这种信念显然是基于我们对他人身体的知觉推导出来的，而且一旦我们意识到它是推导出来的，就需要逻辑证明。对于他人证言的信念（包括我们从书上学来的一切）自然涉及他人是否真的具有心灵这一疑问。因此，在我们开始重构世界之前，世界是支离破碎的。对于这个世界我们能说的最多不过是，它比笛卡儿凭借类似过程所构造的世界略广，因为笛卡儿的世界只包含他自己和他的思想。

　　现在，我们就可以理解并陈述有关我们对外部世界知识的问题，并去掉那些曾把这个问题弄得模糊不清的种种误解了。这个问题就是：基于我们自己的硬材料能否推导出其他不同的东西？但在考察此问题前，我们先简要考察一下哪些方面不在这个问题的讨论范围。

　　当我们在讨论中谈到"外部"世界时，我们绝不是指"空间上外在的"世界，除非我们用一种既特殊又晦涩的方式来解释"空间"。就这个词的自然意义而言，视觉的直接对象以及装饰这个可见世界的有色表面是空间上外在的。我们感觉它们"在那里"而不"在这里"时，不需要假设有一种不同于硬材料的存在，我们能够或多或少估计出一个有色表面的距离。只要不是太远，我们多多少少是通过视觉来估算出该距离的。但不论情形是否如此，普通距离肯定只能借助于感觉材料来进行估计。直接给予的世界是空间上的世界，无法全部包含在我们的身体之内。因此，我们对于该意义上的外在之物的知识是毋庸置疑的。

　　而这个问题常常以另一种形式提出，即"我们能否知道存在任何独立于我们自我的实在？""独立"和"自我"两个词使得这一提问形式含混不清。首先来看"自我"，要解决哪一部分可算作"自我"，哪一部分不能算作"自我"这一问题困难重重。在"自我"所指的许多其他东西中，我们可以选择两个特别重要的：（1）能对对象产生思维和意识的单纯主体；（2）一旦我们的生命终结就必然不复存在的事物之总和。单纯主体（如果存在）是一个推论，而不是材料的一部分，因此，在我们目前的研究中可以把"自我"的意义撇开不谈。"自我"的第二种意义很难解释得滴水不漏，因为我们几乎不知道有什么东西是依赖于我们生命而存在的。从这个形式上说，"自我"的定义引进了"依赖"一词，该词和"独立"一词同样引起了一些问题。因此，我们先谈一下"独立"，然后再谈"自我"。

当我们说一事物独立于另一事物时，可以是指从逻辑上看，该事物的存在可能与另一事物毫无关系，也可以指一事物只能作为另一事物的结果而出现的那种因果关系是不存在的。据我所知，一事物能够在逻辑上依赖于另一事物的唯一情况就是另一事物是该事物的一部分。例如，从逻辑上看，一本书的存在依赖于它的书页，没有书页就没有书。因此，从这个意义上说，"我们能否知道有任何独立于我们自身的实在存在？"这个问题可以归纳为"我们能否知道有任何我们自身并非其中一部分的实在存在？"。从这个形式出发，我们再回到给"自我"下定义的问题上。然而，我认为无论怎么定义"自我"，即使把它作为单一主体，也不能假设它是感官的直接对象中的一部分。所以基于问题的这一形式，我们必须承认我们能知道有独立于我们自身的实在存在。

因果依存性的问题还要比上面难得多。要知道一类事物在因果上独立于另一类事物，我们必须知道它实际是在没有另一类事物的情形下发生的。很显然，无论我们赋予"自我"什么样的合法意义，我们的思想和感觉都在因果上依赖于我们自己：没有它们所属的"自我"，它们就不会出现。但是就感官对象而言，这种现象就不怎么明显了。如我们所见，常识的观点的确认为这种对象，在没有任何感知者在场的情况下仍继续存在。若情况属实，那么这些对象就是在因果上独立于我们自身的；若情况相反，那它们就不是在因果上独立于我们自身的。因此，从这个形式上，问题就可以归结为：我们能否知道感官对象或任何其他不是我们思想和感觉的对象在我们没有感知到它们时也存在？此时，"独立"这个困难的词已经不复存在，这也就是我们刚才用来提出问题的那种形式。

以上述形式出现的问题，又带出了两个不同的疑问，把这两个疑问分开来看至关重要。第一个疑问是：我们能否知道感官对象或与之极其类似的对象在我们没有感知到它们时也依然存在？第二个疑问是：如果前一个问题的答案无从知晓，那么我们能否知道由感官对象推导而出但又不必与之相似的其他对象，无论在我们感知到感官对象时，还是在其他任何时候都存在？后者在哲学上属于"物自体"问题，在科学上是作为物理学假定存在的物质的问题而提出的。我们首先考察一下这个问题。

我们总觉得自己是被动地产生感觉，这一事实使我们自然地设想感觉的产生有外在的原因。这里要先把感觉和可感对象区别开来：（1）感觉是一种心理活动，是我们对可感对象的知觉；（2）可感对象是我们在感觉中感知到的那种对象。当我们谈到可感对象时，必须明白我所说的不是指桌子这类东西，这类东西是可见可触的，可被许多人同时看到，是永恒不变的。我指的是当我们注视桌子时瞬间看到的那一小块颜色，或者当我们按压它时感受到的特有的硬度，或者当我们敲它时所听到的特定声音。我把它们每一个都称为一个可感对象，而把对它们的知觉叫作感觉。我们的被动感如果真的提供了什么论证的话，也仅仅表明感觉有一外在的原因，我们自会在可感对象中对其深挖。因此，到目前为止，并没有任何充分的理由假定可感对象必由外在原因而起。但是哲学上的物自体和物理学上的物质，却是作为可感对象以及感觉的外在原因出现的。这个共同见解的依据又是什么？

无论是在哲学上还是在物理学上，我认为这种见解来自以下两者的结合：（1）那些能独立于我们的意识而持续存在的东西使它们自身在我们的感觉中被认识的这一信念；（2）我们的感觉经常以一种依赖于我们自身，而非依赖于被认为独立于我们而存在的任何东西的方式变化的事实。首先，我们不假思索地相信一切事物都是其表面看起来的那样，如果我们闭上眼睛，虽然不再看到那些已经看到过的对象，但它们依然是原来的样子。但是有些论证反对这些观点，一般认为这些论证难以反驳。要明白这些论证想证明什么更是难如登天，但是我们若要在研究外部世界的问题上做出任何突破性进展，就必须下决心去研讨这些论证。

一张桌子，从一个位置看和从另一个位置看所呈现的表象不同。这种说法属于常识，但此说法已经假定了有一张实在的桌子，因此，我们能看到其表象。我们试着只用可感对象而不用其他任何假设来陈述所知之物，会发现当我们绕着桌子走的时候，能感知到一系列变化着的可见对象。但当我们在说"绕着桌子走"的时候，仍然保留着有一张与所有现象相联系的桌子这个假设。我们应该这么说：一方面，我们具有觉得自己正在行走的肌肉感觉和其他感觉，另一方面，我们的视觉也在不断变化着。因此，举例来说，一块醒目的颜色并非突然被某种全然不同的东西所代替，而是被十分类似、具有难以察觉区别的形状、颜色所代替。这就是我们的思想在摆脱了具有不断变化表象的永恒不变之"事物"的假设之后，真正根据经验所了解到的一切。我们实际所知的是肌肉感觉和其他身体感觉与视觉变化之间的一种相互关系。

但是，绕着桌子走，并不是改变桌子表象的唯一方式。我们还可以通过闭上一只眼，或戴上蓝色眼镜，或通过显微镜观察等方式改变桌子的表象。这些活动都在以不同的方式改变着我们称之为"桌子"的视觉现象。按我们所说，如果较远的对象的周围状况发生了变化（比如起雾、下雨或天晴等），那么它们所呈现的表象也会随之改变。生理学上的变化也会改变事物的表象。如果我们假定存在常识的世界，那么所有这些变化，包括生理学上的变化，都是产生于介质中的变化。要把这一套事实归结为仅包含可感对象，除此之外不假定任何东西的形式，就不再像前面的情形那样容易了。任何介于我们自身和我们所见事物之间的东西，必然是不可见的，我们从任何方向上看到的东西都会受到最近的可见对象的限制。人们也许会反驳：尽管我们能通过眼镜看东西，但眼镜上的污渍依然是可见的。然而，在这种情况下我们实际看到的是一个有污点的混合物，眼镜上的污点是可见的，而干净的部分是不可见的，因此我们能看到它以外的东西。所以，我们无法仅凭视觉发现介质对事物表象的影响。

以蓝色眼镜为例，这个例子最简单了，但也可作为其他事例的典型。眼镜框当然是可见的，但如果蓝色的镜片一尘不染，则是不可见的，我们所说的镜片上的蓝色，可以显现在通过镜片所看到的对象上。我们通过触觉知道镜片本身，为了知道镜片介于我们和通过它所看见的对象之间，我们必须知道如何使触觉空间和视觉空间相关联。仅以感觉材料来陈述这种相互关系绝非易事。但是它并不具有原则上的困难，因而可以认为是已经完成的，此时，我们便可能将一种意义赋予这一论断之上，即我们能触摸的这个蓝色镜片介于我们和我们所说的"通过"它所见的对象之间。

然而，我们还没有把这一论断完全归结于感官实际所提供的东西。我们陷入了一个假设，即我们在触摸蓝色眼镜时所意识到的那个对象，在我们不触摸眼镜时依然存在。我们在触摸眼镜的时候，唯有通过镜片看到自己的那截指关节才能让我们直接了解到某种东西的存在。如果我们要解释通过眼镜看见那些不同于眼镜的对象呈现出蓝色这一现象，似乎就必须假设在我们没有触摸眼镜的时候，眼镜依然存在。如果这一假设是必要的，那我们的主要问题也就迎刃而解了：我们有办法认识那种并非感觉所给予，但与感觉所给予的同类的对象在当下是存在的。

不过，人们可能提出疑问：尽管这一假设毋庸置疑理所当然，但实际上它是不是不可避免的？我们可以说：我们在触摸眼镜时所感觉到的对象虽然之后不复存在，但依旧会持续产生影响。照这样看，可感对象不再被感知时，人们假定它依然继续存在，是从它们仍有影响这一事实所做的谬误推论。人们常常以为任何不复存在的东西都不可能继续产生影响，但这是由错误的因果概念导致的偏见。因此，我们不能根据先验之不可能来抛弃当下之假设，反而必须进一步考察这个假设能否真正解释事实。

人们可能会说，我们的假设在蓝色镜片根本没被触摸的情况下毫无用处。在那种情况下，我们要如何解释对象呈现出的蓝色表象？更概括一些，我们把这些假设的触觉与未被触摸的可见对象联系起来，到底想要说明什么？我们知道，如果我们愿意，这些对象是可以被证实的，虽然事实上我们并没有去证实它们。这些假设的触觉难道不是这些对象永久具有而为触摸所显示的那些特性？

让我们先考察一下这个比较概括的问题。经验告诉我们：凡是看到某种有色表面，就能通过触摸获得某种预期的软硬、形状等感觉。由此可知，可见的东西通常是可触的，而且不论我们是否触摸到它，它都具有软硬的性质，我们触摸到它的时候，就有望感觉到这种软硬性。但仅仅从我们能推导出我们的触觉这一事实就能表明：从逻辑上看，无须假定在被感觉到之前就存在一种可通过触觉感知的性质。我们实际所知，只是问题中出现的这些视觉现象连同触摸一起会导致某些感觉，这些感觉必定要用视觉现象加以规定，否则就不可能凭借视觉现象将其推导出来。

现在，我们可以就蓝色眼镜的经验事实做一个论断，该论断将为常识信念提供解释，同时又不假设在可感对象处于可感状态之下存在任何超出其存在的东西。根据触觉和视觉相关联的经验，我们已经能把触觉空间上的某个位置与视觉空间上的某个位置联系起来了。拿透明的东西举例，有时我们能在触觉空间中感觉到有一个可触对象，但在相应的视觉空间中却没发现任何可见对象。但是在蓝色眼镜这类情况中，我们发现，任何对象若从视觉上看，在某一个位置上是空的，却在该位置之外是可见的，那它就具有另外一种颜色，这种颜色与没有可触对象处于该位置时不同。当我们在触觉空间中移动可触对象时，一块蓝色就在视觉空间中移动。如果我们看到一块蓝色在视觉空间中这样移动，而又对介于其间的可触对象缺乏任何感觉经验，那无论如何我们都会推导出一个结论：若把手放到触觉空间的某个特定位置，就会体验到某种触觉。如果我们要避免无法感知的对象，那么，当我们说虽然蓝色眼镜没有被触摸到，但它会处在某一特定的位置，而且我们只看到通过蓝色眼镜而变成蓝色的其他事物时，就势必要把上面这句话的意义定为完满的。

我认为可以把下面这一点定为普遍原则——若物理学或常识是可以被证实的，那一定仅用真实的感觉材料就能对其进行解释。理由很简单，证实总是由一个预期的感觉材料出现而形成的。天文学家告诉我们将有月食，我们注视着月亮，发现地球的影子将侵蚀月亮，也就是说，我们所见到的月亮的表象与平常满月时有很大的不同。如果预期的感觉材料能构成证实，那么我们所做的断定必然是与感觉材料有关，或者，若被断定的东西有一部分同感觉材料无关，那么只有其他的部分得到了证实。事实上感觉材料的出现是有一定规则性的（或者说符合规律的）。不过，在某个时候出现的感觉材料往往与在不同时间出现的那些材料有着因果联系，而与在相近时间出现的感觉材料，却没有联系或至少没有非常紧密的联系。如果我望着月亮，之后马上听到一列火车驶来的声音，那么这两个感觉材料之间不存在非常紧密的因果联系。但是，如果我在一周内的两天晚上分别望见月亮，那么这两个感觉材料的因果联系则十分紧密。我们可以通过想象一个"实在的"月亮，以得到关于这种联系最简单或至少是最容易的论断。只要有一系列可能的感觉材料，不论我们是否望见月亮，这个月亮都会一直存在，而在这些可能的感觉材料中，只有当我打算望月亮的那一刻出现的感觉材料才是现实的感觉材料。

　　但是通过这种方式得到的证实程度非常之小。我们必须谨记，就我们目前怀疑的程度来看，我们不能随心所欲地接受证据。当我们听到某些声音，而我们想要表达某种思想时，也会发出这种声音，那我们就假定在另一个人的心中也有那种思想或者与其极其类似的思想，并发出了我们听到的声音。如果我们同时还看到了一个与我们身体类似的身体，像我们说话时动嘴唇那样也在动嘴唇，那我们就不能相信对方是有生命的，当我们不看对方时，对方的内部感情也继续存在。我们看见一个朋友被重物砸到了脚趾，并听到他说出我们在类似情况下也会说的话，这种现象无疑能得到解释，而无须假定对方是我们所看见和听到的一系列形状和声音。然而，实际上不会有人痴迷哲学到走火入魔，以至于不能确信他的朋友感受到了他在同样情况下会感受到的同一种痛。我们一会儿再来考察一下这种信念的合法性。此刻，我只想指出，正如我们认为月亮在我们不看它时依然存在的信念需要证明一样，这个信念也需要得到相同类型的证明，没有这类证明，那些听到或读到的证词只不过是一些声音和形状，而不能作为其所宣告之事实的依据。因此，就目前物理学发展水平而言，我们所能达到的证实，就其程度而言，只达到了个人肉眼所见的高度，而仅凭个人肉眼观察到的证实，在建立整门学科的道路上，只能发挥有限作用。

在继续讨论之前，我们先来把已经谈论过的论证总结一下。我们谈论的问题是："能否从我们自身的硬材料推导出这些材料之外的东西存在？"由于给"自身"和"独立"做出准确的定义异常艰难，所以不能用"我们能不能知道除我们自身和我们的状态之外还存在其他东西？"或"我们能否知道有任何独立于我们自身的东西存在？"来陈述这一问题。我们觉得感觉存在的被动性并不重要，因为这充其量也就证明了感觉是由可感对象引起的。自然的朴素信念认为所见的事物在不被看见时也正如（或近似）它们被看见时所呈现的样子继续存在，不过这个信念，已经正趋于被下述事实否定——常识所认为的一个对象的表象，会随着常识所认为的着眼点和介质（包括我们的感官、神经、大脑）的变化而变化。如刚才所说，这个事实假定了由稳固对象构成的常识世界，然而又对此提出疑问。因此，在我们发现它对上述问题的确会产生影响之前，必须找到一种方法来陈述这一事实，这种陈述不包括任何带有疑问的假设。于是，我们通过纯粹的经验找到的结果就是，某些感觉材料的逐渐变化与其他某些感觉材料的逐渐变化互相关联，或者在身体运动的情形中与其他感觉材料本身相关联。

关于可感对象在其可感性不复存在时仍然继续存在的假设（例如通过触摸发现了一个可见物体很硬，这种"硬"的性质在该物体不再被触摸时仍继续存在），可改用下面这一陈述代替：可感对象的结果仍然存在，就是说，现在发生之事在许多情况下只能基于对先前发生之事的解释来说明。在常识和物理学提供的关于世界的解释中，凡是人们可通过自己的亲身经验证明的东西，都可用这种方法来解释，因为只有一个预期的感觉材料出现，才能形成证实。但是，此方法在用于解释那些依赖于听来或读来的证据而存在的东西时则无能为力，因为这种证据依赖于我们自己心灵之外的（他人的）心灵，因此需要一种并非由感觉所提供的关于某物的知识。但是在考察我们关于他人心灵的知识问题之前，先回来谈谈物自体。也就是讨论这样一种理论：我们并未感知某一可感对象时存在着的东西，是与可感对象全然不同的某种东西，它与我们和我们的感官一起促使感觉产生，然而其本身不是由感觉所提供的。

如果我们以常识假定存在一个对象，该对象具有各种变化不定的现象，会引起诸多问题，而这些问题自然就让人产生了物自体的概念。人们认为桌子作为一种感觉材料使我们产生了视觉和触觉，但这些感觉材料既然会因着眼点和介质的变化而变化，那么桌子就无疑与它引起的感觉材料完全不同。这个理论有一种混淆的倾向，即把心理现象的感觉和感官对象相混淆，让人们觉得它还挺有道理。一个色块即使只在被看到时才存在，也仍然与我们眼中看到的它截然不同，我们看它是一个心理过程，而这个色块和心理毫无关系。但是，我们可以在保留所考察的理论的同时，避免这种混淆。我认为，之所以要对该理论进行驳斥，是因为它没有意识到它指出的那些困难所要求的重建的本质。除非我们已经构建了一个比稍纵即逝的感官世界更为稳固的世界，否则我们就不能合法地谈论着眼点和介质上的变化。我希望我们对蓝色眼镜和绕着桌子走的讨论已经把这一点弄清楚了，然而，关于所要求的重建的性质，我们依然心中没数。

尽管就陈述来看，上述理论并不能令人满意，但我们还是应当带着一定程度的敬意来处理它，因为它是物理学和生理学得以建立的理论纲要，所以它必能得到真正的解释。我们就来看一看这一解释是如何实现的。

首先要了解的是，根本没有"感官幻觉"之类的东西。感官对象即使出现在梦中也是我们知道的最确实无疑的真实对象。那么是什么让我们称它们为梦中不真实的对象呢？只是因为它们与其他感官对象有着不寻常的联系。我梦见自己身在美国，醒来发现自己却在英国，而我并未横渡大西洋，但我横渡大西洋一事同我在美国的一次"真实的"到访之间可是密不可分的！当经验使我们认为有一种正常的联系存在于一些感官对象和其他感官对象之间时，我们就称这些感官对象是"真实的"。如果缺乏这种联系，它们则被称为"幻觉"。但是幻觉不过是由这些感官对象引起的一些推论罢了，其本身与我们醒着时所感觉到的对象一样，是完全真实的。反之，醒着时的可感对象，决然不能认为它们比梦中的那些可感对象具有任何更本质的真实性。梦中的生活和醒着的生活，在我们最初进行构造时必须一视同仁，只有通过一些绝不仅仅是可感的真实性才能表明梦是不真实的。

承认了感官对象具有明确无疑的瞬间真实性之后，接着要注意一种混淆，由可变性而来的诘难就由此产生。当我们绕桌子走时，桌子的样相随之改变，但是人们认为既不能说桌子在变，也不能说桌子的各种不同样子"实际上"都定格于同一地点。如果我们按压一只眼球，就看到"两张"桌子，然而"实际上"有两张桌子这种说法是荒谬的。不过，这样一些论证似乎都包含了一种假设，即可能有某种比感官对象更为实在的东西。若我们看见两张桌子，那么就有两张可见的桌子。但同时我们也可能通过触摸发现只有一张可触的桌子，这一点毋庸置疑。这使我们宣称这两张视觉上的桌子乃是一种幻觉，因为一个可见对象通常只对应一个可触对象。但在此情形中，我们能给出的最正当的解释就是触觉和视觉相关联的方式非同寻常。此外，当桌子的样相随着我们绕着它走而改变，我们又被告知不可能在同一地点有这么多不同的样子时，那这个回答就简单多了：谈论桌子的批评家所谓的"同一地点"是什么意思？使用这个词就代表我们预先假定我们的一切困难都已解决。然而，除非联系到某一套已知的短暂感觉材料，不然我们无权谈论"地点"。当身体运动导致一切变化了，那地点也都随之改头换面了。因此，这种困难如果存在，至少没有被正确地陈述出来。

现在，我们另辟蹊径重新讨论这个问题。我们不去探讨能解释感官世界最低限度的假设，我们要做的是构造一个能对事实做出可能（而非必须）的解释，以获得一个有助于想象的假设模式。这样我们就有望对假设澄沙汰砾，仅留下可作为我们问题抽象答案的那些残余。

我们来想象一下，正如莱布尼茨在单子论中所述：每个心灵都是从其特有的观点来看世界的。简便起见，我们这里只谈视觉，对于缺乏视觉的心灵我们暂且不谈。每个心灵每时每刻都能看到一个极其复杂的三维世界，但是绝没有一个东西能同时被两个心灵看到。当我们说两个人看到同一事物时，常常会发现由于着眼点不同，两人直接感知的对象是有差异的，无论这种差异有多小。（在这种情况下，我假定见证是有效的，然而由于我们只是在构造一个可能的理论，因此是可以做出这一假定的。）因此，一个心灵所见的三维世界与别的心灵所见的世界互不相干，因为地点只能由在此地点上或其周围的东西来构成。所以，尽管不同的世界会有差异，我们仍可设想每个世界都恰如其分地被感知的那样存在着，即使没有被感知到，也同被感知时毫无二致。我们还可以设想，那些实际上未被感知的世界不计其数，假如有两个人坐在一间屋子里，就有两个近似的世界被他们感知，假如第三个人进来坐在他们中间，就有介于两个世界之间的第三个世界得到感知。的确，我们无法合理地设想这个世界在此之前就已经存在，因为它受第三个人的感官、神经和大脑所制约。但我们可以合理设想，哪怕第三个人没有出现，这个世界从那个着眼点看去将会呈现的样子也已然存在。我们将已被感知和未被感知的世界的一切景象所构成的系统称为"视景"系统。我将用"私人世界"一词来表示实际被感知的世界景象。因此，一个"私人世界"就是一个被感知的"视景"，但未被感知的视景数量有多少，我们不得而知。

我们发现，两个人有时会感知到非常相似的视景，甚至两个人用来描述它们的字眼都一样。他们都说自己看到同一张桌子，因为他们看到的两张桌子之间的差别微不足道。因此，有时我们能够根据一个视景中的大量事物与另一个视景中的大量事物之间的相似性建立一种相互关系。当它们具有极大的相似性时，我们就说这两个视景的着眼点在空间上十分接近，但两个视景十分接近的空间与这两个视景之内的空间是完全不同的。前者是两个视景之间的一种关系，既不在这两个视景之内，也无人能感知到它。想要知道它，只能借助推理。在两个被感知的相似视景之间，我们能够想象存在一系列的其他视景，其中至少有些是未被感知的，因此两个视景无论多么相似，其间仍会存在其他更为相似的视景，这样，各个视景之间的关系就能构成连续的、三维的空间（如果我们选择如此描述的话）。

现在我们可以对常识的瞬间"事物"下定义了，这些事物与其瞬间的表象相对。借助相邻视景的相似性，我们可以把一个视景中的对象与另一个视景中与之相似的对象关联起来。假定在一个视景中有一个对象，把一切视景中与之相关联的所有对象都组成一个系统，此系统就能看作常识的瞬间"事物"。因此，一个"事物"的一个样相是这个样相系统中的一部分，样相系统即这一瞬间的"事物"（不同视景在时间上的相互关联产生了某种复杂性，相对论对此进行了讨论，此时我们暂且忽略）。一个事物的一切样相都是实在的，而事物本身却是一个纯粹的逻辑构造。不过，它的优点在于可以在不同的着眼点间处于中立而且可以为不止一人所见，这里所谓的可见是就每人可见它的一个样相而言的。

我们将看到每个视景都有其自己的空间，而以这些视景本身为要素的空间有且只有一个。有多少视景就有多少私有空间，因此，至少也可以这么说：有多少感知者就有多少私有空间，而且此外还可能存在无数其他私有空间，以纯粹质料的形式存在，而且未被任何人看到过。但是只存在由一个个单独视景组成的完整视景空间，这些单独的视景又有其各自的私有空间。现在，我们有必要说明一个问题：一个单独的视景的私有空间是如何与这个囊括一切的视景空间相关联的？

视景空间是私有空间（视景）的"着眼点"系统。由于我们尚未给"着眼点"下定义，因此也可以说视景空间就是私有空间本身的系统。每个私有空间都可看作视景空间中的一个点，或至少是一个组成要素。这些私有空间呈相似性排列。例如，假设我们从一个含有圆盘形现象的私有空间出发，可以将圆盘称为硬币，并假定此现象在所提及的视景中是圆形的，而非椭圆形的。然后我们就能构造一整个系列的视景，其中包含了一系列不同程度、不同大小的圆形样相。想要得到这些大小不一的样相，我们只需（如上所述）靠近或远离这枚硬币即可。那些硬币在里面看起来很圆的视景，可以说在视景空间中处于同一直线上，这些视景的次序按圆形样相的大小排列。另外，那些硬币看起来大的视景比看起来小的视景更接近于这个硬币。不过我们必须注意这个论断，并在下面进行考察。此外还需再提一句，我们可以选用硬币之外的任何其他"事物"，来规定我们的视景在视景空间中的关系，而且经验表明，不论选用什么事物，都能得到相同的视景空间次序。

为了说明私有空间和视景空间之间的关系，我们首先得说明"一个事物在视景空间中所处的位置"是什么意思。为此，我们再来考察一下这个在许多视景中都显现的硬币。我们将那些硬币在里面看起来很圆的视景构成一条直线，而且我们认同硬币在里面看起来较大的视景离硬币更近。我们可以将另一类视景构成另外一条直线，在此视景中，硬币的一端看上去像具有一定厚度的直线。这两条直线在视景空间的某个地点（在某个视景中）相交，这个视景就可以定义为"该硬币在视景空间中所处的位置"。诚然，为了把这条直线延伸到它们相交的点，除了该硬币之外，还必须借助其他东西，基于经验，我们知道如果太靠近这枚硬币以至于碰到眼睛了，该硬币就不会再呈现任何现象。不过这点困难不值一提，因为从经验来看，这些视景的空间次序是独立于被选来规定这种次序的那些特殊"事物"的。举个例子，我们可以把原来这枚硬币移开，再分别放上另外两枚硬币。使其中一枚的样相在原来硬币为圆形的地方也呈圆形，另一枚在原来硬币为直线的地方也呈直线，以这种方式使那两条直线都延伸到它们的交叉点。于是就可以构成唯一一个视景，后放进去的两枚硬币中有一枚在其中看似圆形，另一枚则看似直线。根据定义，这就是原来硬币在视景空间中的位置。

当然，以上只是概而论之，以说明得出定义的方法。并未谈及硬币的大小，而且假定我们可以在移开这枚硬币时不受其他事物位置上与此同时所发生的变化之干扰。不过这类细节不会影响原则，只会让原则在运用上变得更加复杂而已。

我们既然已经给一个已知事物所处位置的视景下了定义，

就能理解一个事物在其中看起来较大的那些视景比它在其中看起来较小的视景更贴近这一事物的含义：前者更接近该事物所处位置的那个视景。

现在，我们也能说明私有空间和视景空间各部分之间的相互关系了。如果一个物体在某一私有空间中有一样相，那么我们就把这个样相在私有空间的地点同这个事物在视景空间中的地点关联起来。

我们可以把"这里"定义为我们的私有空间在视景空间中所占据的位置。由此我们就能理解所谓一个事物接近或远离"这里"是什么意思，一个事物接近"这里"即指它所在的位置靠近我的私人世界。我们还能理解所谓"我们的私人世界"在我们头脑中是什么意思。因为，"我们的私人世界"是视景空间中的一处，而且也可能是我们头脑所在之处的一部分。

我们将观察到：视景空间中有两个位置与一个事物的每个样相都互相联系着，即这个事物所在之处和以该样相为组成部分的视景所在之处。一个事物的每个样相都是两类不同样相的组成部分。这两类样相中，一类是指该事物各种不同的样相，其中最多只有一个显现于任何一个已知视景中；另一类是指以已知样相为组成部分的视景，即该事物会呈现出该已知样相的视景。物理学家自然按前一种方法对样相进行分类，心理学家则选择后一种方法对样相进行分类。与一个单独样相相联系的这两个位置分别对应对这个样相分类的两种方法。我们可以把这两个位置区分为该样相"在"那里显现的位置，和该样相"从"那里显现的位置。"在那里显现的位置"是这个样相所属事物的所在，"从那里显现的地点"是这个样相所属视景的所在。

我们现在要做的就是尽力说明一个事实，即一个事物在某一已知位置上呈现出的样相是受介质影响的。一个事物在不同视景中的样相，可以看作从该事物所在位置向外扩散的。当其离这个位置越来越远时就会发生种种变化。若要找到样相变化的规律，我们不能只考虑临近这个事物的那些样相，还要考虑样相"从"那里显现的诸多位置上的事物。因此，这个经验事实是可以用我们的构造来解释的。

我们现在构造出的世界图景，大部分都是假设的，它包含并整理的经验事实也包括源于见证的那些事实。我们只需稍稍努力，便可以用已经构造的这个世界去解释简单粗糙的感官事实、物理学事实、生理学事实。因此这是一个可能真实的世界。它与事实相符，没有任何与之相悖的经验证据，而且在逻辑上也是完全说得通的。但我们是否有充足理由认为它是实在的？这又把我们带回原来的问题，即关于相信在我的私人世界之外还存在其他东西的根据问题。从我们假设的构造可以得出如下结论：没有任何根据能驳斥这个信念的真实性，但是能支持这个信念的根据也尚未出现。我们将再次提出有关见证和他人心灵存在的根据，并针对这个问题继续研究。

首先我们必须承认，支持他人心灵存在的论证并非牢不可破。梦中的幻象似乎也有一个心灵，一般来说是令人讨厌的心灵。它会给我们出乎意料的回答，拒不服从我们的愿望，并且展现出我们习惯在醒来时才会见到的各种智能特征。然而，当我们醒着时，我们并不相信这个人物幻象会和人们醒着时所见的那些现象一样，是一个私人世界的代表，而这个私人世界我们无法直接进入。若我们相信醒着时所见的人也是这样，那么这种想法必然是建立在某种缺乏证明的根据之上，因为显然我们醒着的生活可能只是一场异常持久、循环往复的噩梦。别人对我们所说的一切，我们在书上读到的一切，使我们排忧解闷的日报、周刊、月刊、季刊，关于肥皂的广告，以及政治家们的演说，也许都是我们臆想出来的。可能事实就是这样，因为你无法证明它是假的，虽然没人真的相信它。有没有任何逻辑的根据来否定这种可能性呢，或者说有没有超越习惯和成见的东西呢?

我们一开始谈他人的心灵是从一种非常广义的角度来谈的，从这个角度看，他人的心灵属于我们的材料。也就是说，我们最初开始反思的时候，发现自己已经相信它们存在了，不是因为任何论证，而是因为我们对这种信念已经习以为常。不过，它是一个心理上派生的信念，因为它源于对人体的观察，与其他类似的信念一样，并不属于最"硬"的硬材料，反而在哲学反思的影响下，显得十足可疑，导致我们希望有某种论证能把它与感官事实联系起来。

明显的论证当然来自类比。他人的身体行为与我们有某种思想和情感时是一致的，因此，通过类比，人们自然设想他人的这些行为像我们自己的行为一样与思想和情感有联系。有人说:"当心!"而我们发现自己正处在被车撞倒的危险之下，于是我们就把我们听见的这句话归诸首先看到这辆汽车的人，该情形表明有一些我们并未直接意识到但确实存在的东西。但是整个情景以及我们的推论也会在我们的梦中出现，在这种情形下推论一般就会被认为是错误的。当我们认为自己是醒着的时候，有没有什么东西使得这种类比推论更令人信服呢？

较之梦中的推论，我们之所以更倾向于醒时的推论，只是因为它范围更大，而且前后一致。假若有人每天晚上必梦见一群白天素未谋面的人，这些人的性格前后一致，并且随着岁月的流逝而逐渐变老，那么这个做梦的人就会和电影脚本中的人一样，难以判断哪个是梦幻世界，哪个是"真实"世界。而我们的梦既不能形成一以贯之的整体，也不能与醒时的生活相一致，所以我们认为梦是不真实的。在醒时的生活中我们能发现某种一致性，而梦则反复无常。我们自然会假设魔鬼和死者的灵魂会在我们睡时探望我们，但是现代人通常都拒绝接受这一观点，但又很难将之驳倒。另外，神秘主义者在顿悟那一刹那，仿佛是从包含他全部人世生活的梦中觉醒过来：整个感官世界变得如梦似幻，他带着清晨梦醒后的清醒和确信，看见了一个与充斥着日常烦恼琐事的世界截然不同的世界。谁来斥责他？又有谁来为他辩护？或者又有谁会来证明我们自己生活其中的那些普通对象看似具有的可靠性呢？

我觉得类比论证无法有力支持"他人具有心灵"这一假设，同时，这个假设把大量事实系统化，同时没有产生任何让我们有理由认为是假的结论。因此，它的真实性不容置喙，而且把它用作一个工作的假设也是有理有据的。一旦承认了这个假设，我们就能源源不断地吸收由见证得来的对感官世界的知识，从而形成我们在假设构造中采纳的私人世界的体系。事实上，不论我们如何尝试像哲学家一样思考，都不得不相信他人的心灵，所以，我们的信念是否被证明为正确，这个问题只是一种思辨的兴趣。如果它是正确的，那么将我们从科学和常识中得到的知识（不仅限于我们的私有材料）大大推广，便没有更多原则上的困难了。

上面这个不算充分的结论，无法作为我们此次冗长讨论的全部结果。关于感觉和客观实在的联系问题，人们通常不会效仿我们将最初的怀疑推广到如此远的观点上来讨论。大多数作者都自觉或不自觉地假定他人的见证应该得到承认。因此（至少含蓄地）假定他人是具有心灵的。但是在承认了这些后，困难却接踵而至：一个物理对象同时呈现给两个人的表象是不同的，或者一个对象在两个时间呈献给同一个人的表象也是不同的，而在这两个时间之间这一对象并不可能发生变化。这种种困难不禁使人们怀疑依靠感官究竟能在多大程度上认识客观实在，而且使人们设想会出现一些积极论证来反对那种认为客观实在可为感官所知的观点。我们提出的假设的构造，解释了这些论证，并且表明：我们能采取一种逻辑上无可挑剔的方法来解释常识和物理科学所给予的世界，然后为一切感觉材料（包括硬材料和软材料）找到一个位置。这个与心理学和物理学一致的假设的构造，就是我们以上讨论的主要成果。也许我们只需取这个构造的一部分作为最初假设，而且可以借助点、瞬、微粒的定义所提出的逻辑方法，从更少的材料中得出这个构造。但我还不知道能将我们最初的假定缩减到什么程度。

第四章 物理学世界与感官世界

在反对感官对象实在性的观点中，有一个观点所依凭的论据，是从物理学角度所观察到的物质和凭感觉观察到的物质之间存在显著差别。大多科学家都会指责直接观察到的材料是"纯粹主观的"材料，同时却坚持由这些材料所推导出的物理是真理。虽然这种态度也许有其正当性（显然需要正当性），而唯一正当之理由便是物质为感觉材料凭借逻辑构造而成，但前提是真的有某种纯先天的原则可以从已知推导出未知。因此必须找到某种方法来架起物理学世界和感官世界之间的桥梁，本章讨论的就是这个问题。物理学家似乎没有意识到这道鸿沟的存在，心理学家虽然意识到了这道鸿沟，但缺乏跨越这道鸿沟所需的数学知识。这是一个难题，我具体也不知应该如何解决这个难题。我只希望能够让人们察觉这个问题，从而提出解决问题的方法。

首先，我来对这两个泾渭分明的世界做一番概括描述。先讲物理学世界，因为虽然感官世界人生而知之，物理学世界需要凭借后天的推理，但人们对物理学世界更为熟悉，而纯粹的感官世界则变得陌生并再难有新发现了。物理学的起源是人们关于相对恒常不动的物体（桌、椅、石、山、地、日、月……）的基于常识的信念。注意，这个常识信念是大胆地将形而上学理论化的一个例子，人们并不总能通过感官感觉到对象，因此会怀疑在自己没有看见或感觉到的时候，对象是否存在。从贝克莱时代起，这一直是个尖锐的问题，但往往被常识忽视了，因而至今仍被物理学家们忽视。至此，我们首次同直接凭借感官观察到的材料分道扬镳，虽然这次分道扬镳仅仅出于概念的延伸，而且可能我们茹毛饮血的先祖在极其遥远的史前时代便造就了这一结果。

但是桌、椅、石、山并非十分恒久而固定。桌、椅的腿会断，石头会因霜冻而开裂，高山会因地震或火山喷发而崩坏。还有其他看似物质的东西，几乎没有一样是恒久而固定的。呼出的气、烟、云等就是这样的东西，缩小一点范围，冰和雪也是这样的东西；河流和海洋虽然恒常存在，却日夜流转。人们认为呼出的气、烟、云等概括来说，看得见却摸不着的东西很难说是实在的。时至今日，人们依然认为看得见却摸不着是灵魂的一大特征。这种对象的特别之处在于它们似乎能消失得无影无踪，而不仅仅是转化为别的东西。冰雪消融化为水，不需要运用太多理论就可以做出"水和冰雪同质不同形"这一假设。固体碎裂后，各部分形状、大小实际上同先前没两样。一块石头可以被砸个粉碎，但组成这些石屑的颗粒仍保持粉碎前的性质。因此，古代自然哲学家在瞬息万变的现象中寻求那种固定不动、恒久不变之物的理想，似乎是可以实现的，因为他们把普通物体设想为由大量原子构成。实际上，在电磁理论代替原子论之前，这种"台球式"

的物质观直到不久前还一直支配着物理学家的想象力。而电磁理论本身也正朝着一种新型原子论的方向发展。除了因化学需要而创设的具有特殊形式的原子论之外,传统动力学整体上也被某种原子论所统治,动力学规律和公理的陈述,无不透露出原子论思想。

物理学家通过想象对物理世界做出的生动描绘随着理论的更新,经历了剧烈的变化,尽管理论修改的程度比外行人单看文字变化所推想的要小得多。然而,物理学理论中,总有一些特点几乎是恒久不变的。人们总是假定,存在某种不可毁灭的东西,能在空间中运动。这种不可毁灭的东西一方面非常小,另一方面不会占据空间中的一个点。人们设想存在一个无所不包的空间,运动即在这个空间内发生。直到不久前,我们仍会设想存在一个无所不包的时间。但相对论把"局部时间"这一概念放在了突出地位,从而在一定程度上动摇了人们对单一均匀时间流的信仰。关于相对论的最终结果我们不去妄断,但依我所见,有一点很确定,即该理论并没有消除不同的局部时间相互关联的可能性,因而在哲学领域不会产生如某些人预料的那种深远影响。事实上,尽管在测量上有困难,但我认为物理学的所有运动法则都建立在一个无所不包的时间基础之上,因此现代物理学和牛顿时代的物理学一样,笃信存在一群名叫"粒子"的实体,它们不可毁灭,并在唯一的时空中彼此间做着相对的运动。

直接感觉材料的世界与此大相径庭。在这个世界中,没有恒久的东西,即使像山这样我们认为恒久不变的东西也只在为人所见之时才成为感觉材料,在其他时候并不能立即证明其存在。因此，与其说有一个无所不包的空间，不如说基于不同的空间感觉，人人都有若干个空间。这些空间是根据不同感觉相互作用这一关系产生的。通过经验，我们知道了这些空间通过相互关联可以得到一个新空间。经验和本能的理论思维告诉我们，可以把我们的空间和我们认为存在于他人可感知世界的那些空间关联起来。在我们的私人世界中创造单一的时间相对简单，而把两组私有时间关联起来，则困难重重。因此，将物理学世界和感官世界联系起来除了让物理学的一些假设变得不确定之外，还产生了三大问题：（1）恒常"事物"的构造；（2）单一空间的构造；（3）单一时间的构造。我们将依次讨论这三个问题。

（1）"不可毁灭"的事物这一信念最早以原子论形式出现。我认为，人们提出原子论的基本动机并不是要凭借经验成功诠释现象，而是要塑造出一种本能的信念，使人相信在可感知的世界中，一切现象背后存在某种恒常不变的东西。由于原子论在实践中屡屡成功（最高成就是质量守恒定律），所以这一信念变得更加根深蒂固，不断壮大。但它并非这些成功的产物，反倒是这些成功源于这一信念。写物理学主题的哲理作家，有时会把某物和其他东西之间的守恒关系说成是科学得以存在的根本，但我认为这些看法大谬不然。假设没有物质恒常不变这一先入为主的信念，那我们现在凭借这一信念所得出的规律也可以用一种脱离这一信念的方式来表达。我们为什么会觉得冰一旦融化，剩下的水和冰是同一物质的不同形式呢？原因仅仅是这一设想以一种符合我们既定概念的方式来描述该现象。我们真正了解到的是在一定的温度条件下，"冰"这一现象被"水"这一现象所代替。我们可以根据"一个现象接着产生另一个现象"这一事实找到一些规律，但除非心怀既定的成见，否则绝无理由能证明两种现象源于同一实体。

假如刚才所说无误，想要把感官世界同物理学世界联系起来，就要完成一件事，即摆脱先入为主的信念，重构物质概念。尽管现代物理学取得了革命性的成果，可是物质概念的实证性成功表明，一定存在某种合理的概念大致可以发挥同样的作用。尽管我们现在还不能准确地阐述这种合理的概念，但是可以看个大概。为此，我们只需在普通常识的陈述中去除存在恒常实体的假设，换一种说法即可。例如，我们会说事物是逐渐变化的。这种变化有时极为迅速，但是变化的过程中不可能不经历一系列连续的中间状态。这意味着，任何可被感知的现象，只要我们加以观察，一定能观察到一系列连续的现象与该现象相关联，这些连续现象以我们察觉不到的渐变速度，趋向于我们常识所认为的属于同一事物的新现象。这样，事物或许就可以定义某些成系列的现象，这些现象由连续性和某种因果律彼此联系。对于缓慢变化的事物，这一点显而易见。以一张随着岁月的流逝而褪色的壁纸举例。我们很难说服自己这张壁纸不是一个颜色在不同时间有所不同的"东西"。但我们对于这张壁纸，又真正了解多少呢？我们知道在适当的环境下（也就是说，我们"在这间屋里"），我们感知到了形成了某些花样的某些颜色，尽管这些颜色准确来说做不到时时相同，但足以让我们觉得相差不大。如果我们能依据颜色的变化得出规律，那就能得出所有经验上可证实之事的规律，假设有一个恒常的实体——壁纸，它在不同时间"具有"不同颜色，这种假设是一种毫无来由的形而上学。如果我们乐意，可把壁纸定义为其本身一系列不同样相的集合。这些样相集合在一起的动机，和我们把壁纸看成一个可被感知之物的动机是一样的，这个可被感知之物由连续性和因果律结合而成。说得更宽泛一点，一个"事物"可以定义为某种呈系列的样相集合，这些样相通常会被说成是这一事物的层面。说某一样相是某一事物的样相，仅仅表示该样相是样相之一，这些样相从系列来看即是该事物。至此，对于事物的解释和之前并无二致：凡可证实皆为不变。但是对于我们的语言，要如此诠释才能避免做出关于恒常之物的假设，这种形而上学的假设完全没有必要。

上述排除恒常事物的原则是"奥卡姆剃刀"的一个范例。所有科学的哲学思维都受到"奥卡姆剃刀"这一原则的启发。其内容为：如非必要切勿增加存在物。换句话说，在讨论任何话题时，需找出无疑包含在内的存在物，并且只利用这些存在物来做阐释。如此阐释往往比常识和大多数哲学理论更为复杂难懂。因为后者加入了一些假定的存在物，而这些存在物存在的理由并不能令人信服。我们会认为想象一张颜色会变化的壁纸比单纯想象一系列的颜色会更容易些。但是，认为人们脑中信手拈来且并不违和的东西无须得到证明的想法是错误的，上文对"事物"所做的论述有充分解释。

上文对"事物"由来的概括，尽管可能从大体上看是正确的，但没有涉及一些非常难以解释的情况，对于这些情况，我们需要稍加考察。面对一大堆杂乱无章的感觉材料，我们意欲将其收集起来，整合成诸多系列，每个系列都可被看成某一"事物"的各个现象的集合，这些现象前后相继、绵延不绝。首先，常识所定义的事物和物理学中由恒常的粒子所构成的集合体之间存在某些概念冲突。从常识看，人体是一个事物，但从科学来看，构成人体的物质是不断变化着的。但这一概念冲突并不严重，就我们讨论这一问题的初衷而言，多半可以将其搁置一旁。我们要解决的问题是：应该根据什么原则在一堆杂乱无章的感觉材料中挑出一部分，并将其归为同一事物的所有现象呢？

对这一问题若不深究，只给出一个大概的答案并不难。因为某些现象的集合是十分稳定的，如山水、室内家具、熟人的面孔等。我们会毫不犹豫地认为这些现象在连续不断的各个时刻都隶属于同一个事物或同一组事物。但是，如果我们仅因为表面相似就做出判断，就会像《错误的喜剧》一书中所描述的那样误入歧途。这就表明，想要做出判断，还须考虑别的方面，因为两个不同的事物之间或多或少有相似性，其相似程度甚至可以说一模一样。

拿连续性作为判断事物的标准，也不是很恰当。我们都知道，如果注视着一个被认定为处于变化的事物，常常会发现它的变化在我们可感知的范围内是连续的。我们由此可以假设，如果在两个不同的时间看见两个有一定区别的现象，并且有理由认为这两个现象属于同一个事物，那么这个事物在我们没有观察它的时候也存在着一系列连续的中间状态。于是，人们就倾向于认为变化的连续性是构成一个事物的充要条件。但事实上，它既不是必要条件，也不是充分条件。之所以说不是必要条件，是因为我们的注意力没有完全集中在这个事物身上，所以那些未被观察到的状态，纯粹是人们假想出来的，因此无法由此得出在此之前和之后发生的现象属于同一事物；反之，也正是因为我们做了连续性的设想，才产生了未被观察到的中间状态。连续性也不是构成一个事物的充分条件，例如：我们可以根据明显连续的渐变过程，从任意一滴海水推导出另一滴海水的存在。我们最多只能说：不断观察过程中的间断性通常是事物之间差别的一个标志，不过在突然爆炸之类的情形中，就连这个结论也是站不住脚的。

然而，连续性的假定在物理学上还是取得了很大成功。这个事实虽然证明了一些东西，但对我们解决当下这个问题提供不了明显的帮助。它证明了在已知世界中没有与"一切变化都是连续的"这一假设相矛盾的事物，不过由于有些事物变化太快，有些事物被我们疏于观察，变化可能不总是连续的。基于这个假设，如果要把两个现象归为属于同一事物，那么可以承认连续性是一个必要条件。但是，大海中水滴的例子，可以表明它并不是个充分条件，因此我们还需找到某种别的东西，才能给"事物"下一个哪怕是最粗浅的定义。

我们进一步需要的东西，似乎从本质上满足因果律。如果只是这么说，那听起来会很含糊，但我们会尽量精确地表述。我所说的"因果律"，指一种能够把不同时间的事件，甚至在极端情况下把发生在同一时间的事件联系起来的规律，而这种联系是靠逻辑无法证明的。这是一个极为宽泛的定义，从这个定义来讲，动力学规律是因果律，把一个"事物"同时呈现的现象与不同感官相互关联起来的规律也是因果律。问题是：因果律对定义"事物"有什么帮助？

要回答这个问题，我们必须思考物理学的实证性成立究竟证明了什么。它证明了物理学的假设尽管不能在感觉材料范围之外得到证实，但与感觉材料并不矛盾。相反，理论上倒可以把所有感觉材料从某一时间范围内的所有材料中计算出来。如今，物理学已经发现：把感觉材料汇集成系列从经验上说是可能的，每一系列都被看作属于同一"事物"，并且按照物理学规律活动，不隶属于同一事物的系列，一般不会以相同的方式活动。如果要弄清两个现象是否属于同一个事物，只有一种方式能将这些现象集合起来，从而使所得的事物服从物理学规律。要证明此事可行十分困难，但就我们目前想达到的目的而言，可以先将证明一事撇在一边，并假定这是唯一可行的方法。我们在给"事物"下定义的时候，必须把那些未观察到的样相（如果确实存在这种样相）包括在内。这样，我们就可以这样给事物下定义了：事物便是符合物理学规律的样相序列。这些样相序列的存在是经验的事实，从而让物理学具备可证实性。

人们或许还会反驳说，物理学中的"物质"和呈系列的感觉材料是两回事。我们可以这样说，感觉材料属于心理学范畴，因而从某种意义来说，完全是主观的东西。而物理学并不在心理学的考量范围内，且不会假设它所谓的"物质"只有被感知时才存在。

对于这一反驳，存在两种答案，每种都具备一定的价值。

（a）上面我们已经讨论了物理学具备可证实性问题。可证实性与真实性绝非一回事，事实上，与真实性相比，可证实性要主观得多，而且与心理学紧密联系。一个命题若要具备可证实性，仅仅具备真实性还不够，还必须能让我们发现它是真的。因此，可证实性依赖于我们获取知识的能力，而不仅仅依赖于客观真实性。正如人们通常认为的，物理学中有很多不可证实的东西，例如：①如果事物恰恰存在于没有观察者的地方，那对于观察者来说，它会是什么样子的；②如果事物事实上从未显现过，那它又是什么样子的；③那些永不显现的事物又是什么样子的。提出所有这些假设的目的都是简化因果律的陈述，但是它们都无法组成物理学中已知为真的任何东西。因而，就引出了第二个答案。

（b）如果物理学全部是由已知为真或至少可以被证实或证伪的命题组成，那么我们刚才列举的三类假设之实体，必然都可以被解释为感觉材料的逻辑函项。我先来回顾一下第三章中假设的莱布尼茨的世界，并以此来说明其是如何成立的。在那个世界里有很多视景，尽管它们各不相同，但常包含一些互相关联、能被认为属于同一事物的东西。如果某个视景在一个实际观察者面前显现，那我们就将其称为"实际的"私人世界；如果一个视景仅仅是根据连续性原则构造出来，我们便称其为"理想的"私人世界。一个物理上的事物，在每一瞬间都是由其在不同世界中这一瞬间所体现的样相汇集而成的，因此，一个事物的瞬间状态是其样相的集合。"理想的"现象是仅被预测而未被任何观察者实际感知的样相。事物的"理想"状态就是其一切现象都是理想的那一瞬间的状态。理想的事物，就是任何时候都处于理想状态的事物。既然理想的现象、理想的状态、理想的事物是经过测算得出的，因此必然是含有实际的现象、实际的状态、实际的事物的函项。事实上，归根结底，它们必然是实际现象的函项。因此，为了说明物理学规律，无须赋予理想要素任何实在性：只要我们能知道如何确定它们在何时转换成实际要素，那么承认它们只是逻辑的造物便足够了。事实上，我们已经在一定程度上做到这一点了，例如：不论何时，只要我们选择仰望星空，星空便成为实际的存在了。我们完全可以相信理想要素的存在，而且没有理由不相信这一点。然而，除非借助某种先验的规律，否则我们不可能知道理想要素的存在，因为我们所拥有的经验知识仅限于实际观察到的事物。

（2）物理学有三个主要概念：空间、时间、物质。物质这一概念所引起的一些问题在上面讨论"事物"时已经指出了。而空间和时间的概念也产生了几乎同类的难题。凭借感觉直接得出的世界是偶然、杂乱的，而由几何学、动力学所构建的世界是平稳、有序的。我们在将前一个世界简化为后一个世界的过程中碰到了诸多困难，它们便是空间和时间概念带来的难题。我们先来考察一下空间概念。

没有读过心理学书的人很少会知道构建一个囊括一切（包含一切可感知的对象）的空间要花费多少精力。康德在心理学方面特别无知，他把空间描绘成"一个无限的给定整体"，但从心理学角度稍加思考，便可以得出：无限的空间不会是给定的，而所谓给定的空间不会是无限的。想要回答什么是"给定的"空间很困难，心理学家对此也是各执一词。不过我们只要提出一些一般的评述，就足以指出这些问题，而不必对尚处于争论阶段的心理学观点下定论。

首先要注意的一点是：不同感官具有不同的空间。视觉空间与触觉空间区别很大，我们只能通过幼儿时期的经验才能把两者关联起来。当我们长大后，看到一个能够着的对象，就知道去触摸它，并知道这个对象摸起来大概是什么感觉。如果我们闭着眼触摸一个对象，就知道在哪里能找到它，并知道这个对象看起来会是什么样子。但是，这种知识是从我们早年对某种触觉和某种视觉相互关联的经验中得来的。那个包含这两种感觉的空间是由理智构建而成的，而并非一个给予的材料。除了视觉和触觉之外还有其他感官，它们提供其他种类的空间，只不过没有前两者那么重要罢了。这些感官也需要通过经验的相互关联，从而被安置在统一的空间内。与先前讨论事物时的情形一样，这个无所不包的空间，说起来很方便，但无须设想它真的存在。我们凭经验只能确定包含若干感官的若干空间由经验发现的规律是相互关联的。而这个统一的空间作为一个由各种空间组合而成的逻辑构造，也许是有效的，但没有任何充分的理由能假定其具有独立的形而上学的实在性。

直接经验的空间与几何学和物理学上的空间的另一个区别和"点"有关。几何学和物理学上的空间由无数的点组成，但从未有人亲眼见过或摸过这些点。如果在可感空间内部有点存在，那这些点一定是一种推论。我们很难找到任何方法能把点作为独立的存在物从感觉材料中推断出来，因此如果可能，我们必须找到直接给定之对象的某种逻辑构造和某种复杂的集合。这种构造和集合须具有形成点的几何特征。人们习惯于把点看作简单的、无限小的东西，但是几何学绝不会要求我们这么看。在几何学中，点与点之间只需要具有相互关系，且这些关系有可供枚举的抽象属性即可，感觉材料的一个集合便可达此目的。我暂时还不知道具体怎么做到这一点，但我很确定它是可以做到的。

下文将引用由怀特海博士首创的例证法，以说明感觉材料是如何构造"点"的。为了便于大家掌握，我将其做了简化。首先我们发现不存在无限小的感觉材料。例如，我们可见的任何物体的表面，其面积必然是有限的。但在最初看来是一个整体的东西，只要仔细观察，常常能发现该整体能分割成其所包含的部分。因此一个空间对象是可以做到包含于另一空间对象之内并被其完全包含的。基于这种包含关系，我们通过一些非常自然的假设，便能把一个"点"定义为某种类型的空间对象，即那些自然而然会被认为包含这个"点"的空间对象（如最终结果所示）。我们下面来一步步地讨论，以得出"点"的定义：

任意取一组立体或平面来看，在一般情况下，它们不会聚成一个点。但如果它们越变越小，而且其中任意两个立体或平面之间存在包含关系，那在它们逐渐变小的过程中，我们能认识到它们变小的极限便是成为一个点。想要形成包含关系，必须满足以下几个假设：①包含关系必须能够传递。②两个不同的空间对象不可能互相包含，但一个单独的空间对象则总是包含其自身。③在任何一组空间对象中，如果至少有一个空间对象被它们所包含，那么所有这些对象就存在一个低限或最低限。也就是说，在这个极限的状态下，有一个被所有对象所包含的对象，而该对象所包含着的全部对象同时又被所有对象所包含。④为防止例外，必须再加上一句话：确实有包含的事例，也就是说，确实有相互包含的对象。当一种包含关系具有这些性质时，我们就称之为"点生产者"。在任意一种包含关系中，如果有两个对象中的一个被另一个所包含，那么我们就称这组对象为"包含系列"。想要让一个包含系列能够聚集成一个点，就需要存在一个条件，该条件可以通过以下推导得出：假设有两个包含系列，第二个包含系列中的一些分子被第一个包含系列中的任一分子所包含，同时第一个包含系列中的一些分子也被第二个包含系列中任一分子所包含。在这种情况下，第一个包含系列就可称为"点包含系列"，而"点"即所有包含某一个"点包含系列"分子的对象。为了保证无限可分性，除了规定"点生产者"的那些属性之外，还要加上另一种属性，即凡是包含自身的对象也同时包含着一个异于自身的对象。如此，那些产生于"点生产者"，并具有这种属性的"点"，就是具备几何学意义的点。

（3）只要我们定义了私人世界，时间的问题就没空间的问题那么复杂了，我们可以比较清晰地看到如何用以上方法研究它。我们的意识并非只持续一个数学意义上的瞬间，而总是有一定的持续时间，不论它多么短促。即使有数学上的运动理论所假设的那种物理世界，对我们的感觉印象来说，这种感觉不仅是一瞬间的事，因而我们直接接触到的感官对象，也不是一瞬间的事。因此，瞬间不属于经验材料。瞬间若要合理化，就必须通过推导或构造而出。想知道瞬间是如何被合理推导出来很难，我们只能选择认为它们是被构造出来的。那么，瞬间是如何被构造出来的呢？

直接经验向我们提供了不同事件之间的两种时间关系：同时发生和先后发生。这两种关系都是粗糙材料的组成部分。但是，这两种关系并不由事件本身确定，它们的时间顺序是我们的主观活动所附加的。在一定限度内，时间顺序与事件一样是被给予的。在任何一篇冒险故事里，你都可以找到下面这样的文字："他带着冷笑，用左轮手枪指着这个无畏青年的胸膛。'数到三，我就开枪。'他说。他用清晰的声音冷静地说完了'一'和'二'。三就在他的唇边。就在这一刹那，一道令人目眩的闪电划破了长空。"这里我们看到了同时性，这种同时性并非像康德要我们相信的那样，是来自这个勇敢小伙子的主观心理，而是像左轮手枪和闪电一样是客观的。"一"和"二"这两个字先于闪电说出，但同样属于直接经验。这些时间关系也适用于非严格意义上同时发生的事件。一个事件可能开始得比另一个事件早，因而先于另一事件，但是它可能在另一事件开始以后还在继续，因而两个事件同时进行。如果它在另一事件过去之后还继续发生，那么它又是后于另一事件的。如果我们讨论的是一个持续的有限时间（不论多么短促），那"先""同时""后"并非互不相容。只有在我们讨论某种转瞬即逝的东西时，它们才不相容。

我们将会发现，自己不可能给出所谓的"绝对日期"，而只能给出由事件规定的日期。我们不可能指出某一时间的本身，只能指出在该时间发生的某件事。因此从经验角度看，我们没有理由去设想存在着与事件对立的时间，由同时性和连续性之间的关系所安排的事件，就是经验所能提供给我们的一切。因此，如果我们不想引进多余的形而上学实体，那么在给物理学中认为是一个瞬间的东西下定义时，就必须借助某种构造。这种构造在事件及时间关系之外不做任何假设。

如果我们想借助时间来精确地指定一个日期，那应该怎么做？如果我们任取一个事件，是不可能精确指定日期的，因为这个事件的持续时间并非一瞬间，也就是说，它可能与两个不同时间发生的事件同时发生。从理论上说，要精确地指定一个日期，我们必须能确定是否有某一事件先于、处于或后于这个日期，并且必须明确其他任何日期不是先于就是后于这个日期，而不是与其重合的。现在我们不去假设存在一个事件A，而是假设存在两个事件A和B，并假定A和B部分重叠，但B先于A结束。那么在A和B同时进行的事件，必然是A和B重叠的这段时间。这样单独观察A和B，我们就更接近确切的日期了。设C是一个与A和B同时的事件，但先于A或B结束。那么A和B和C同时发生的事件，必然是这三者重叠的更短的时间。照此进行下去，我们取越来越多的事件，就能越来越精确地为一个与所有这些事件同时发生的新事件确定日期了。用这种方法可以十分精准地确定日期。

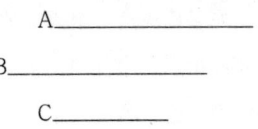

我们来试着选取一组事件，其中任意两个事件都是重叠

的，因而它们全都存在于某段时间中（不论这段时间有多短）。如果存在任何与这些事件同时发生的事件，那么我们就将其添加到这一组事件中去。就这样不断增加，直到我们建立一个组，组外的任何事件都不和组内的任何事件同时进行，但组内的所有事件都同时进行。我们把这一整组定义为时间的一瞬。此外，它还具有我们对一个瞬间的设想应具备的那些性质。

我们认为瞬间应当具备什么性质呢？首先，它们必须构成一个序列，任意两个瞬间中的一个必定先于另一个发生，而另一个必不先于前一个发生。如果一个瞬间先于另一个瞬间发生，另一个瞬间又先于第三个瞬间发生，那么第一个瞬间必先于第三个瞬间发生。其次，每个事件必然处于很多的瞬间当中，两个事件如果处于同一瞬间，那这两个事件就是同时发生的，如果一个事件所在的一个瞬间早于另一事件所在的某个瞬间发生，它就是先于另一事件发生的。最后，如果我们假定在任意一个事件持续的时间内总有某种变化在某处进行，那么这个瞬间的系列的内部就应当是紧密的。也就是说，随便挑出两个瞬间，在其间必定有另一些瞬间。那我们所定义的瞬间是否具备这些性质？

如果一个事件是构成一个瞬间的那组事件之一，我们就说它"处于"这个瞬间。如果构成这一组瞬间的事件中有一个事件早于构成另一个瞬间中那组事件中的某个事件，而不是与之同时发生，我们就说，这个瞬间先于另一瞬间发生。当一个事件早于另一事件发生，而不是与之同时发生时，我们就说它"完全先于"另一事件发生。现在我们知道，在两个非同时发生的事件中，必然有一个完全先于另一个发生。在这种情形下，另一个事件也就不可能完全先于这一个事件发生。我们还知道，如果一个事件完全先于另一事件发生，而另一事件又完全先于第三个事件发生，那么第一个事件就完全先于第三个事件发生。从这些事实中我们不难推导出，（正如我们所定义的）瞬间是一个序列。

接下来我们必须指出，每个事件都至少"处于"一个瞬间。就是说，假设有任一事件，那就至少有一个如我们在定义瞬间时所用的集合，而这个事件是该集合的元素。为此，我们要考察一下与某一事件同时发生但不比其晚开始（并不完全后于与其同时发生的任何事物）的一切事件。我们将这些事件称为"初始的同时事件"。我们将会看到，假如完全晚于该事件某个同时事件的一切事件，都在它的某个"初始的同时事件"之后发生，那么这个事件的集合就是该事件存在的第一个瞬间。

最后，假定有两个事件，其中一个完全早于另一个发生，如果有一些事件完全晚于前者发生，而与后者的某个事件同时进行，那么这一时间序列就是紧密的。现实情况是否果真如此呢？这是一个经验问题。但如果现实情况不是如此，我们就没有理由去设想这个时间序列是紧密的了。

因此，无须假设任何可能引起争论的形而上学意义上的实体存在，我们对瞬间的定义，保证了数学层面的一切要求。

和点的情况一样，瞬间也可用包含关系来定义。当一个对象与另一个对象同时发生（而非早于或晚于其发生）时，那从时间上说，这个对象就被另一个对象所包含。凡是在时间上包含或被包含的东西，我们都称其为一个"事件"。为了使时间上的包含关系成为一个"点生产者"，我们就会要求：①它必须具备可传递性，也就是说，如果一个事件包含另一事件，另一事件包含第三个事件，那么第一个事件就包含第三个事件；②每个事件都包含其自身，但是如果一个事件包含另一个不同的事件，那么另一个事件就不包含这个事件；③假定存在任意一组事件，其中至少有一个事件被整组事件所包含，那么就存在一个事件，它既包含这组事件所包含的全部事件，又被所有这些事件包含；④事件的数量至少为一个。为了确保时间的无限可分性，我们还要求每个事件必须包含自身之外的一些事件。假定了这些特征以后，时间包含关系就成了一个无限可分的点生产者了。现在，通过选择这样一组事件，其中任意两个事件都符合一个包含另一个的特点，我们就能构成一个事件的"包含序列"。假定有任意一个别的包含序列，使得第一个系列的每个元素都包含第二个系列的某个元素，这就是一个"点包含序列"。于是，一个"瞬间"就是指所有包含某一点包含序列的元素的那些事件的集合。

把不同私人世界的时间相关联起来，以产生一个在物理学上看无所不包的统一时间，是一件更加困难的事。在第三章中，不同私人世界常常包含着互相关联的现象，常识会认为这些现象是属于同一个"事物"的现象。当不同世界中的两个现象相互关联，属于事物的一个瞬间"状态"时，人们就会自然地认为它们是同时发生的，从而提供一种能把不同私有事件相互关联起来的简单手段。但这只能看作一种初步的近似状态。接近声源的人和远离声源的人相比，会更快听到我们称为"声音"的东西，看到光也是如此（尽管程度较低）。虽然不同世界两个相互关联的现象是事物某个瞬间状态的组成部分，但在物理上不一定发生在同一时刻。为满足对物理学规律做尽可能简单陈述的要求，不同的私有时间相互关联，一些极其复杂的技术性问题也由此产生。但是从哲学的观点来看，这些技术性问题中并不包含极其严重的原则性难题。

上面的简述只是尝试和建议，其目的仅仅是指出一种方法。假定有一个世界，该世界同心理学家在感官世界中发现的世界具有相似的性质，那我们就有可能通过纯粹的逻辑构造给所谓粒子、点、瞬间的那些感觉材料的序列或集合下定义，从而利用数学合理地解释这个世界。如果这种构造能够实现，那么数学、物理学就可应用于真实世界，尽管事实上存在的实体中并没有所谓的粒、点以及瞬间。

上文解释了一个很重要的问题，但这个问题的重要性乃至它的存在性，却由于文明世界对各学科的分类而不幸被掩盖了。物理学家不仅对哲学懵然无知，而且鄙夷不屑。他们在实践中对粒、点、瞬间的假设沾沾自喜，还以一种带有讥讽的"谦虚"态度认为这些概念还不够被称为形而上学。形而上学家只对"心灵是唯一实在"的唯心主义观点和巴门尼德关于"实在不变"的观点着迷，颠来倒去反复地讲物质、空间、时间概念中的矛盾，因此他们必然不会努力去创造一套关于粒、点、瞬间的可信理论。心理学家在解释未经处理的感觉所提供的粗糙材料的杂乱性质上，做过很有价值的工作，但他们全然不懂数学和现代逻辑，因而满足于说物质、空间、时间是"理智的构造",既不尝试详细指出理智是如何构造它们的,也不尝试详细指出物理学所说的"实际有效性"为何物。人们期待哲学家会最终意识到,不具备一点逻辑、数学、物理学的知识,是无法在这类问题上取得任何扎实成果的。但是由于缺乏具有这些必备知识素养的学者,这个至关重要的问题至今仍无人触碰,也无人知晓。

确实有两位作家兼物理学家曾做过一些工作,虽然做得不多,但是让人们认识到研究这个问题的重要性。这两位作家就是庞加莱和马赫。庞加莱所著的《科学与假设》与马赫所著的《感觉的分析》都对这个问题进行了研究。但在我看来,他们的著作虽然值得敬佩,却受到了普遍哲学偏见的影响。庞加莱笃信康德,马赫又是个极端经验主义者。在庞加莱看来,物理学中的数学部分,几乎全部都是约定俗成的。在马赫看来,作为心理事件的感觉,同其作为物理世界一部分的对象是同一个东西。但无论如何,这两位作家,特别是马赫,对我们的问题曾做出了重大贡献,因而值得一提。

点或瞬间,一旦被定义为可感性质的集合,就会给人留下荒唐的第一印象,会被认为是诡辩。这种看法有一定道理。但是,当我们给数下定义的时候,情况也是如此。因为有整整一类问题都下这样的定义,而且给人的第一印象都是诡辩。假定有一组对象,其中任意两个对象都有"对称和传递"这类关系。几乎可以肯定,我们终究会认为它们全都具有某种共同的性质,或者和这一集合之外的某个对象有同样的关系。这类情况很重要,因此哪怕不得不重复先前的定义,我也要努力对其加以阐明。

如果一个项和另一个项有一种关系，那么另一个项和这个项也具有这种关系，这样的关系就被称为"对称"关系。因此"兄弟姐妹"是一种"对称"关系：如果某人是另一个人的兄弟或姐妹，那么另一个也是这个人的兄弟或姐妹。"同时"也是一种对称关系，"同样大小"也是如此。如果一个项跟另一个项存在一种关系，另一个项同第三个项也存在这种关系，那么第一个项跟第三个项亦存在这种关系，这种关系被称为"传递"。刚刚提到的这些对称关系都是传递关系，例如，在"兄弟或姐妹"的情形中，假定还有第三个人是某人的兄弟或姐妹。又比如，在同时的情形中，假定我们指的是完全同时，即同时开始并同时结束。

但有很多关系是传递关系而非对称关系。例如，像"大于""早于""在其右侧""某人的祖先"这样的关系。事实上，所有形成系列的关系都是传递关系而非对称关系。另外，有些关系则是对称关系而非传递关系。例如，任何方面的差异。如果A与B年龄不同，B与C年龄不同，并不能推出A与C年龄不同。对一个持续了有限时间的事件来说，如果同时仅指两个事件重叠，那么同时关系不一定是传递关系。如果A刚好在B开始后结束，B刚好在C开始后结束，那从这个意义上讲，A和B同时，B和C也同时，但是A和C很可能不是同时。

凡可以自然表示为在任何方面相等或具有共同性质的关系，都是传递关系和对称关系，比如具有相同高度、相同重量或相同颜色的关系，皆属此类。基于具有共同性质会产生传递对称关系这个事实，我们就能设想一定是某种共同性质产生了这种关系。"同等数量"是两个集合间的传递对称关系。因此，我们设想两个集合具有一种共同性质，这种性质被称为"数"。"存在于某一瞬间"（就我们所定义的瞬间而言）是一个传递对称关系。因此，我们设想存在这样一个瞬间，它赋予存在于此瞬间的一切事物以共同性质。"为某物的状态"也是传递对称关系。因此，我们设想，除了一系列"状态"之外，还确实存在一个"物"，才使这种关系成为传递对称关系。在所有这些情形中，对某个项具有某种传递对称关系的这些项能满足这些元素的共同性质一切形式上的必要条件。既然这个项是确定存在的，那任何其他共同性质都可能是虚假的。因此，为了避免不必要的假设，用这个项代替通常假定的共同性质才是周全的做法。正因如此，我们采用了上述定义，也正因如此，才产生了那种类似诡辩的观感。如果有语言所假定的这样一些共同性质存在，也无妨，因为我们并未否定它们，而只是不断言它们存在。但如果根本不存在这样的共同性质，那这种方法就可以确保我们无误。因此，既然缺少同此相关的特定知识，那么我们所采用的这种方法就是唯一可靠的方法，唯有这种方法能避免引入虚构的形而上学实体。

五　论原因概念及其在自由意志问题中的应用

　　在前几章中，我们说明了哲学分析的本质，现在可以对其做一般的阐述了。我们先来谈一下构成我们所谓"材料"的普遍知识。经过考察，我们发现这些材料不仅复杂、含糊，而且在逻辑上大多是相互依存的。通过分析我们将其转化、归结为尽可能简单明确的命题，并通过演绎将其组织起来。其中有一些初始命题是其他所有命题的逻辑前提。这些初始命题即这一系列普遍知识的前提，因此前提和材料区别很大。前提更为简单，更为明确，更少带有逻辑上冗余的成分。如果进行彻底分析，那么这些前提就会完全摆脱逻辑冗余，达到彻底明确的状态，而且非常简单，并与其所推导出来的知识在逻辑上毫不冲突。发现这些前提的工作，属于哲学范畴；但是如果给"数学"赋予较为宽泛的定义的话，从这些前提推导出一套普遍知识的工作则属于数学范畴。

　　但是，除了按照逻辑来分析构成材料的常识外，我们还要考察其确定程度。当得出前提时，我们会发现其中有一些确定性存疑，我们还会发现，依赖于这些可疑前提的原始材料也是可疑的。例如，在第三章中，我们已然看到物理学有些部分依赖证据，故而依赖他人心灵（而非我们自己的心灵）存在的那部分似乎不如我们凭借自己的感觉材料和逻辑规律的那部分更确定。与此类似，人们常常觉得在几何学中，依赖于平行公理的那些部分不如不依赖于这一前提的那些部分更确定。从一般意义上说，我们通常认为是知识的东西并不统统具有相同程度的确定性。并且当我们对前提展开分析时，所得结论的确定性取决于证明过程中所用到的最可疑的前提的确定性。因此，对前提展开分析不只为了达到逻辑目的，而且有助于评估各种派生信念的确定性。鉴于人的一切信念都可能有误，这类分析的重要性至少能和纯逻辑在哲学分析中的重要性不相上下。

在本章中，我要把分析法运用于"原因"的概念之中，还要将其运用于自由意志问题，从而展开讨论。为了达到上述目的，我将探讨以下问题：（1）何为因果律；（2）因果律迄今一直有效的证据是什么；（3）因果律在将来仍会有效的证据是什么；（4）如何区别科学上所应用的因果性及常识、传统哲学上的因果性；（5）对"原因"概念的分析为自由意志问题提供了什么新见解。

（1）我所谓的"因果律"，是一个一般命题，因为该命题有可能由其他命题或其他许多命题推导出一个事物或事件。如果你听到雷声而没有看见闪电，但根据"闪电先于雷声"这一一般命题便可推出，尽管你没有看到，还是有闪电的。当鲁滨孙·克鲁索看见一个脚印时，他推断岛上有人，而且根据"地面上形状如人脚的一切印记都是有人在这些印记处站立过的结果"这一一般命题，可以证明他的推论是正确的。

看见太阳落山，我们就推出明天太阳会再度升起。我们听见一个人在说话，就推断他具有某些思想。所有这些推论都是基于因果律而得出的。

我们说，因果律使我们能从一个或更多其他事物（或事件）推导出其他事物（或事件）。此处"事物"一词应理解为仅适用于特殊对象，即不包括数、类、抽象性质和关系之类的逻辑对象，却包括感觉材料以及与其同类的所有东西。就因果律可直接得到证实而言，其所推导出的事物和推论所凭借的事物必然都是材料，虽然它们并不需要同时都是材料。事实上，我们用以扩展对存在事物知识的因果律，必然适用于此刻并不是材料的东西。因果律的实际效用就在于实现这种应用的可能性。就我们当前的目标来说，重点在于被推导出来的东西是一个"事物"，一个"特殊现象"，一个具有感官对象实在性的对象，而不是诸如"美德"或"2的平方根"之类的抽象对象。

但是，我们想要对因果律有亲身体会，就必须依靠一个被实际给予的特殊现象。因此，由因果律推导出来的特殊现象只能用相对精确性语言来描述，除非该推论已经得到证实，否则是无法命名的。再者，正因为因果律是普遍的，可应用于许多事例，我们进行推导所依靠的那个特殊现象必然是因为具备某种普遍的特征，而并不恰恰是这个特殊现象本身，才让推导成立。前面所举的一切例子明显都符合这一点。我们从雷声推导出没有感知到的闪电，并非根据雷声的任何特性，而是根据此次雷声与其他雷声的相似之处。因此因果律必须说明某一类事物中的一个事物（或许多特定种类事物中的特定事物）的存在暗含着与之相关的另一事物的存在。只要前者属于所讨论的这类事物，它就保持不变。

应当指出，因果律中恒定的东西不是被给予的一个或一些对象，也不是被推导出来的对象（这两者都可在很大范围内变化），而是被给予的东西与被推导出的东西之间的关系。"同因同果"这一原则有时被说成是因果性的原则，但是这个原则的范围比科学上实际遇到的原则要窄得多。的确，严格来说，正因为"相同的"原因绝对不会重现，所以该原则根本就没有范围。关于这一点，我们稍后再讨论。

被推导出来的特殊现象，可能由因果律单独决定，也可能仅仅是由一些能够描述许多不同特殊现象的一般词句描绘得出。这取决于因果律所断定的恒定关系是只有一个词句能与材料产生关系，还是许多词句都能与材料产生关系。如果许多词句都能与材料产生关系，那么除非找到某种更为严谨的规律使我们能毫不含糊地确定被推导出来的事物，否则是无法满足科学要求的。

所有已知事物都存在于时间之中，因此，因果律必须考虑到时间关系。陈述被给予的东西和被推出的东西之间的接续或共存关系，将成为因果律的一部分。我们听到雷声并推导出有过闪电，此时的因果律就是说明被推出的东西早于被给予的东西。反之，我们看到闪电并等待雷声到来，此时的因果律就是说明被给予的东西早于被推出的东西。我们从一个人的话推出他的想法，此时的因果律就是说明这两者是（至少几乎是）同时的。

如果要让因果律达到科学所要求的精确性，就一定不能满足含糊的早于或晚于，而必须指出早多少或晚多少。这就是说，被给予的东西与被推出的东西之间所存在的时间关系应当是可以被精确描述的。我们所做的推论，通常会因为时间间隔的长短和方向而有所不同。"一刻钟以前这个人还活着，一小时之后他就会变得全身冰冷了。"这样的陈述包含两个因果律，一是从一个材料推出一刻钟以前存在的某种东西，二是从同一个材料推出一小时以后将会存在的某种东西。

因果律所涉及的材料常常不止一个，而是会涉及许多。这些材料不必同时发生，但它们的时间关系必须是确定的。因果律的一般形式如下：

"一些事物只要借由某种相互关系（其中必定包括它们的时间关系）出现，随之便出现另一个与其具有固定关系的事物，而该事物的出现日期也是固定的，并且与它们出现的日期有关。"

实际上，这些被给予的事物不会仅存在于瞬间，因为存在于瞬间的事物（如果确实有这样的东西）绝不可能是材料。被给予的事物每一个都会占据一定（有限的）时间。它们也许不是静态的事物，而是过程（尤其可能是运动）。我们在前面的章节中讨论过运动在什么情况下可能是材料，此处无须重述。

被推导出的对象是否晚于某些材料或一切材料，这对因果律来说并不重要。它同样可能早于某些材料或与某些材料同时发生。重点只有一个：该规律应当使我们能够根据材料推导出存在一个多少能够精确描述的对象。

（2）现在谈第二个问题，即迄今为止，至少在过去所知道的那部分时间里，因果律成立的证据有何性质？千万别把这个问题同另一个问题相混淆——这个证据能否让我们得以假定因果律在将来和过去未知的时间里也是真的？现在，我只是在问相信因果律的根据是什么，而不是问这些根据是否足以用来证明我们对普遍因果性的信念。

第一步就是找出接续或共存所具备的近似不可分析的一致性。闪电之后有雷声，挨打后感到疼痛，靠近火炉后感到温暖。另外还有共存的一致性，例如，触觉和视觉、喉咙的某种感觉与人们所发出的声音之间共存的一致性。每一种这样的接续或共存的一致性得到一定次数的验证之后，人们就会产生一种期望，认为这种一致性在未来将会重复出现。也就是说，在一个相关事件发生的地方，也会出现另一个相关事件。经历过的过去的一致性和对未来的期望之间的联系，只是那些迄今观察到是真实的接续一致性之一。这为所谓"动物式因果信念"提供了一种心理学解释，因为这种信念从马和狗身上也能看到，是一种行为习惯，而非真正的信念。至此我们不过是在重复休谟的观点，他讨论原因时提到过这一点，但显然还有很多东西尚未涉及。

事实上，是不是真的存在这样一种可称为因果性或一致性的特征，对整个已知过去都是有效的呢？如果存在，我们又该如何对其进行阐述呢？

我们在前文提到的各种一致性（如闪电之后有雷声）也存在例外情况。有时我们看到了闪电但没有听到雷声。在这种情况下，我们会觉得如果离闪电更近的话就能听到雷声了，但这只是根据理论所做的设想，不能用来证明理论。不过，科学经验似乎表明，我们能够在一种已知的一致性失效的地方发现一种更宽泛的一致性，这种一致性能容纳更多情况，把先前的一致性中有效和无效的部分都囊括其中。除非是气球或飞机，否则在空中没有支撑的物体一定会掉下来。但是，力学原理描述的，是既适用于落体也适用于气球和飞机的一致性。力学所断定的一致性有许多假设的、或多或少是人为的部分，因为不这么做，这些部分就不能为人所用，没有观察到的物体都是为了说明已经观察到的各种特性而推导出来的。然而，通过经验我们可以得出一个事实，即这类物体尽管是假定的，但依然可能符合规律，而只要这些物体能通过观察获得，我们就决不会去假定它们。因此，我们可以承认力学规律能通过经验证实。尽管如此，我们也必须承认这种证实并不像有时设想的那样完满和成功。

我们现在来假设整个过去都是按照不变的规律进行（必须承认，这一假设并不可信），那么对这些规律的性质我们能说些什么呢？它们不会像断言相同的原因永远产生相同的结果那么简单。我们可以将引力定律作为得到毫无例外证明的那类规律的范例。为了以一种可由观察来证实的形式陈述这一定律，我们将其限定在太阳系范围内。因此，这个定律陈述的是：行星及其卫星在每一瞬间的运动都存在一个趋向太阳系中所有其他物体的诸多加速度合成的加速度，这个加速度与这些物体的质量成正比，与它们的距离的平方成反比。根据这个定律，对于任意一段有限时间（不论其多么短暂）内太阳系的状态，如果不考虑引力之外的其他的力或太阳系之外的其他物体，那么这个状态在前后的所有时间上都是确定的。但是，从当今科学所能观察到的范围来看，其他的力似乎同样是有规律可循的，而且也可以仅凭因果律来概括。如果对物质的力学解释是完备的，那么我们就能从足量的涉及一段特定有限时间（不论其多么短暂）的材料中推导出宇宙的过去和未来的全部物理过程。

在心理世界中，因果律普遍性的证据没有物理世界中充分。心理学不能自诩拥有任何能与引力天文学相媲美的成就。但是，心理世界中的证据数量与物理世界中的证据数量相比也没有少很多。正如在物理领域中一样，我们在心理领域中也很容易发现科学起步所凭借的那种粗糙而近似的因果律。在感官世界中，先有视觉、触觉等感觉之间的相互联系以及使我们把各种感觉与眼、耳、鼻、舌等联系起来的事实，接着才有与我们意志相应的身体运动这类事实。虽然也有例外情况，但是就像悬在空中的物体会掉落下来的规律也有例外一样，也是能讲清楚的。事实上，心理学上的因果律证据虽然没到能使心存疑虑的研究者解除一切疑虑的程度，但可以保证心理学家有充分的根据假定其是理所当然的。应当指出，在因果律中，有由心理上给定的词句推出物理上词句的那类因果律，也有与之相反由物理词句推出心理词句的另一类因果律，这两种因果律和给定与推出词句都是心理的那类因果律一样容易发现。

尽管我们已经谈到了因果律，但你们会注意到至今尚未提及"原因"一词。现在我们正好针对这个词来讲讲它合理和不合理的使用。在对世界进行的科学解释中，"原因"一词仅属于遥远年代，当时人们探知了一些小范围适用且初步近似的通则，并以此为基础，得出适用范围更大、更为恒定的规律。只要我们还不了解产生"砒霜毒死人"这一结果的确切过程，我们就可以说："砒霜是致死原因。"但是在足够先进的科学中，任何对恒定规律的陈述都不会包含"原因"这个词。不过，对"原因"一词笼统模糊的用法也许会保留下来。那些前科学时代所运用的近似一致的概念，除了极少数例外，在一切情况下都是真的，或者说在一切实际发生的情况下都是真的。在这类情况中，若能把先前发生的事件称为"原因"，之后发生的事件称为"结果"，这确实很方便。从这个意义上说，且仅从该意义上说，当我们谈到某个事件是由另一个事件"导致"时才会使用"原因"和"结果"。为了避免烦人的絮叨，我们有时必须这么做。

（3）现在来谈第三个问题，即我们能提出什么理由来相信因果律在将来以及未经观察的过去中也成立呢？

我们讲到了迄今为止人们已经观察到了一些因果律，而有一个观点，同我们所拥有的一切经验证据都不抵触，即无论是心理还是物理的事物，就我们的观察而言，都是遵照因果律发生的。这些事实所体现的普遍因果律可描述如下：

"在同时或不同时发生的不同事件之间存在某种恒定不变的关系，因而在任何有限时间（不论其多么短暂）内的宇宙中，每个先发生和后发生的事件从理论上说都可以将其规定为这段时间内某些事件的函数。"

我们有没有理由相信这个普遍规律？或者换一种更审慎的问法：我们是否有理由相信某个特定的因果律（如引力定律）在将来仍然成立呢？

在观察到一致性之后，人们会期待其重新出现，这也是一个为人所知的因果律。一匹马总被车夫赶着在某路上走，它就会期待着还被赶着在那条路上走；一只狗总在某个时间得到喂食，它就会在那个时间而不在别的时间期待食物的到来。正如休谟指出，这种期待只能用来解释常识对前后连续的一致性的信念，但是对未来的信念来说，绝没有提供任何逻辑依据。甚至对期待继续经验已经验过的一致性也没有提供任何逻辑根据，因为这种期待也正是一种我们需要为之寻找根据的因果律。如果休谟对因果律的解释就是定论，那么我们不但没理由假定太阳明天会升起，而且也没有理由假定五分钟后我们依然会期待太阳明天会升起。

当然，人们也许会说，关于未来的一切推论从事实上说都是不成立的。对于这种观点，我不知道如何反驳。但是，在承认这种观点合理的同时，我们至少可以来探讨一下：如果关于未来的推论成立，那么在做出这种推论时必然包含的原则是什么？

此处所包含的原则就是归纳原则，如果该原则为真，那它必定是一个不能由经验证实或证否的先验逻辑规律。如何表述这一原则很难，但若要用归纳法证明我们的推论是正确的，就必然会引出下面这一命题：“如果在大量的事例中，某类事物与另一类事物存在某种形式的联系，那么这一类事物同另一类事物之间很可能总是有类似的联系。随着事例数量的增多，这种联系的或然性就会无限接近于确定性。”人们可能会问：这个命题是不是真的？但是如果我们承认它是真的，就可以推导出全部已知过去的所有特征很可能都适用于未来和未知的过去。因此，如果这个命题是真的，它就能保证我们刚才所做的那个推论的真实性——因果律可能在过去和未来任何时候都是成立的。但是，如果没有这个原则，那么通过因果律所观察到的事例就不可能给未被观察的事例提供任何推测，因而就不可能正当地推出未被直接观察到的事物的存在。

因此针对并非直接给予的事物之存在的一切推论，其根据是归纳原则而非因果律。有了归纳原则，这种推论所需要的一切都可以得到证明；没有归纳原则，所有这类推论都无法成立。这个重要的原则一直没有得到相应的关注。对演绎逻辑感兴趣的人自然会对其视而不见，而注重归纳应用范围的那些人则想要维持一切逻辑皆基于经验的观点。因而不能期望那些人会认识到自己视若珍宝的归纳原则本身也是需要逻辑原则的。该逻辑原则显然不可能依靠归纳原则去证明，因此如果它是可以认识的，那它必然是先验的。

我认为，任何了解因果律复杂性的人，都不会认为因果律是先验的。从"万事皆有因"这种陈述来看，因果律似乎很简单。但是一经考察，"原因"就渐渐消融于"因果律"之中了，而"因果律"的定义则一点都不简单。如果"一个事物的存在能推出另一个事物的存在"这一推论能够成立，其中必然包含着某种先验原则。但从以上分析来看，这个原则应当是归纳，而非因果。如果我们的讨论是正确的，那么从过去推出未来是否成立就完全取决于归纳原则。如果归纳原则是对的，这种推论就成立；如果是错的，那这种推论就不成立。

（4）现在我来谈一下上面所得出的因果律概念与哲学和常识上传统原因概念的关系问题。

在历史上，"原因"这一概念一直与人类意志的概念相联结。国王的命令就是一种典型。人们认为原因是"主动的"，结果是"被动的"。因此不难设想，"真实的"原因必然包含对结果的某种预见。这样一来，结果就变成原因所追求的"目的"。于是在对自然的解释上，目的论代替了因果律。但所有这样的观念在物理学上都不过是拟人化的迷信。马赫和其他一些人极力主张纯"描述性"的物理观，正是要反对这些错误。他们认为，物理学旨在告诉我们事物"如何"发生，而非"为何"发生。如果"为何"这个问题不仅是要寻找现象发生所依据的普遍规律，那么，这个问题通过物理学肯定得不到解答，连问都不该问。从这个角度讲，描述性观点无疑是正确的。但在利用因果律支持从已观察到的东西推出未观察到的东西的推导过程中，它就不再是纯粹描述性的了。正是这些规律成了传统"原因"概念中能在科学中被应用的部分。因此，在这个概念中有需要保存的某种东西，只不过在传统形而上学通常假定的东西中占比非常小罢了。

要了解科学所应用的原因与我们自然想象的原因之间的区别，须努力区别过去与未来的一切因素。此事极为困难，因为我们的心理生活同"差异"密不可分。在我们对过去和未来的感觉上，记忆和希望造成了一种差异，我们的词库几乎充满了主动观念——未雨绸缪的观念。一切及物动词都包含主动原因的概念，若想要消除这个概念，就必须使用某些烦人冗长的词语来表达。

请思考下面这句话："布鲁图杀死恺撒。"在其他情况下，吸引我们注意的可能是"布鲁图"和"恺撒"，但是现在我们要仔细思考的则是"杀死"。我们可以说，杀死一个人是故意导致他死亡。也就是说要某人死亡的欲望是导致某种行为的原因，因为我们相信这种行为会导致某人死亡。或者更精确地说，导致这种行为的原因是欲望加上信念。布鲁图希望恺撒死，并且相信他被刺就会死。因此布鲁图用匕首刺恺撒，正如布鲁图希望的，"被刺"是恺撒的死因。任何实现目的的行为都包含这样两个因果的步骤：C是欲望的结果，而且人们相信（如果这个目的真正达到了的话）B将是C的原因。这种欲望和信念共同成为B的原因，而B又转化为C的原因。于是首先就要有A，即对C的欲望，也是对B（一种行为）会导致C的信念；然后就有了B，它源自A，也被认为是导致C的原因。所以，如果这个信念是正确的，我们就得到了B所导致的C；如果这个信念是不正确的，我们就会失望。从纯粹科学的观点来看，A、B、C这个序列同样可以从相反的顺序来考察，验尸就是如此。但是从布鲁图的观点来看，使这一整个序列变得有趣的是最初的欲望。如果他的欲望是不同的，那就不会产生那个实际上已经发生的结果了。这是真实的，并且这给了他一种权力和自由感。如果这些结果未曾发生，那么他的欲望就应该是不同的，因为这些结果之所以发生正是由于他怀有这样的欲望。因此欲望是由结果决定的，正如同结果是由欲望所决定的一样。但是我们一般不可能事先知道欲望导致的后果，也不知道欲望本身是什么，因此把这种形式的推论用于我们自身的行为并无实际意义，但用于他人的行为则至关重要。

从科学角度看，不能把原因与意志做类比，因为这种类比会让我们认为结果是被原因逼迫而来的。一个原因是具有某种已知一般特征的一个（或一组）事件，该（组）事件与其他某个事件（结果）存在一种已知的关系——只有一个事件（或不论如何只有一类确定的事件）能与一个给定的原因有关系。我们习惯只把原因之后的事件称为"结果"，但做出这样的限制是没有任何依据的。承认结果先于原因或与原因同时发生更为合适，因为具有任何科学重要性的东西之所以重要，并不取决于它在原因之后。

如果从原因到结果的推论是毋庸置疑的，那原因就似乎不得不涉及整个世界。只要漏掉任何一个东西，就可能会漏掉能使预期结果发生改变的某种东西。但是就实际、科学的目的而言，现象可以集合为在因果关系上独立自足或近乎独立自足的群组。按照通常的因果性概念，原因是一个单独事件，例如我们说闪电是雷声的原因……但是我们很难了解所谓单独事件究竟是什么意思。一般来说，为了对结果产生接近确定的认识，似乎就必须把超越非科学常识所能预见范围的情况包含在内。但是原因比较简单的或然因果联系常常比原因比较复杂又难以确定的明确无疑的因果联系在实践领域具有更重要的价值。

总而言之，哲学家所说的那种严格、确定、普遍的因果律是一种理想化的、可能为真的规律，但由于缺少有效证据，我们不认为它是真的。对一个实证科学的事实来说，我们实际知道的是：我们观察到一组事件中的各个元素之间在一定时间内具有某种恒定关系，而当这种关系没有形成时（有时会有这种情况），我们通常能通过扩大这组事件的范围来发现一种新的恒定关系。具有给定时间间隔的特定种类事件之间的恒定关系，就是"因果律"。但只要原因并未包含世上全部情况，不论何种因果律都可能会有例外。根据大量经验，我们相信可以通过扩大所谓"原因"的群组来处理这种例外。但是这种信念只要未经证实，都不应看作确实可靠的，只能看作是对进一步探讨方向的建议。

意志和与之相对应的身体动作，是一组极为常见的因果关系。不过，（打个比方）突然中风是例外。身体动作与实现这种动作的目的之间的关系是另一组非常常见的因果联系（尽管例外更多）。这些联系显而易见，而欲望的原因则比较晦涩难解。因此人们自然而然地把欲望作为因果链的开端，认为一切原因都和欲望相差无几，而欲望本身则是自发的。不过，任何严谨的心理学家都不会认同这样的观点，于是我们便被引向一个问题，即如何把对原因的分析运用到自由意志的问题上。

（5）自由意志问题与因果性分析之间的联系如此紧密，尽管这个问题由来已久，但我们也不必失望，认为不可能借助有关原因概念的新观点得到解决该问题的新启示。自由意志问题曾经时不时地深深激起人们的热情，而且担心意志并非自由曾让一些人忧虑不已。我相信，通过冷静分析，我们可以发现有关意志的疑难问题在情感方面的重要性并没有人们想象的那样大，因为人们本以为否定自由意志会带来不愉快的结果，但其实按照理性对自由意志做任何形式的否定并不会带来不愉快的结果。然而，我之所以想讨论这个问题，并非主要出于这个原因，而是因为它是一个很好的例子，可用来说明分析的阐明作用以及不做分析可能会导致无休止的争论。

我们先来尝试找出自己在寻求自由意志时真正寻求的东西。我们寻求自由意志的理由有很多，有些意义深远，有些微不足道。先来说说前者：虽然我们不想有被命运掌控的感觉，但结果往往是不论我们多么想求得一个事物，却在一种外力的胁迫之下转而寻求另一个事物。无论我们多么想把事做好，遗传和周围环境都可能迫使我们把事情搞砸，这是我们想都不愿去想的。我们希望在感到不确定的时候，自己的选择举足轻重，而且自己有能力做出选择。但是，除了这些可敬的愿望之外，还有一些并不太值得尊敬的愿望，同样驱使我们寻求自由意志。我们不愿意去想如果别人对我们足够了解，便足以预见我们的行为。尽管我们知道自己常常能够预见别人，尤其是老人，的行为。例如，有一位邻居是个老绅士。虽然我们很尊敬他，但我们知道，一提到松鸡，他就会讲他家藏枪室里那只松鸡的故事。但我自己不会像他那样刻板，从不会把一桩奇闻趣事对同一个人讲两遍。如果不能肯定他喜欢听，甚至一遍都不会讲。比如，尽管我们曾经见过俾斯麦，但是我们完全能在听别人提到他的时候不讲自己遇到他的事。从这个意义上说，尽管人们知道没人拥有自由意志，但他依然会认为自己拥有自由意志。寻求这种自由意志大概不过是虚荣心作祟罢了。我不相信这种欲求确实能得到满足。但我认为另一种较为值得尊重的欲求，无异于一种可靠的决定论。

从而，有两个问题需要我们思考：（1）从理论上说，能否根据充足的前提条件预见人的行为？（2）人的行为是否受外力的支配？下面，我会试着阐明这两个问题是截然不同的，对第一个问题我们可以给出肯定的回答，但并不是说我们也要对第二个问题给予肯定的回答。

（1）从理论上说，能否根据充分的前提条件预见人的行为？我们尽量对这个问题进行精确的表述。我们可以这样来表述这个问题：一个行为与先前发生的一定数量的事件之间是否存在某种恒定的关系，以至于在给出先前发生的事件的情况下，只有一个行为或至多只有具有某些明显特性的行为和这个先前发生的事件存在这种关系？如果情况确实如此，那么只要了解了这些先前的事件，从理论上说，就有可能预见某个特定行为，或者至少可以预见该行为能满足这种恒定关系所必须具备的特性。

柏格森对这个问题给出了否定回答，他质疑了因果律的普适性。他主张，每个时间（特别是心理事件）都包含着太多过去，以至不可能在更早的时间发生，因此必然与所有以前和以后的事件大不相同。例如，如果我把一首诗读了好多遍，我每次读诗的感受都会受到先前阅读的影响，所以我的情感绝不可能完全重复。在他看来，因果性原则断言同一原因如果重现，将产生同一结果。但他主张，由于人有记忆，所以这个原则不适用于心理事件。显然，同一原因如果重现，则单单重复事实就会对其产生影响，使它不可能产生一样的结果。他推论说，每个心理事件都是真正意义上的新事件，无法从过去预见，因为过去并不包含同该心理事件完全相似，借助其我们能够想象之后事件的东西。根据这个理由，柏格森认为意志无疑是自由的。

柏格森的论点确实含有大量真理，我不想否认它的重要性，但是，我认为他论点的结果并不如他所预想的那样。决定论者不一定要主张自己能预见将要实施行为的全部详情。如果他能预见 A 要杀 B，那么他这样的先见之明不会因为他不可能知道 A 杀人时极其复杂的全部心理状态，或不知道 A 是要用刀还是用左轮手枪行凶而失败。如果这类将要实施的行为能在小范围内得以预见，那存在一些无法预见的细节便没有什么实际意义了。老绅士每次讲述藏枪室里松鸡的故事，听众由于对该故事越来越熟悉，每次感受都会有所不同，但这些不同的感受并不会让人们无法预见到这个故事将被再次讲述。柏格森的论证，丝毫没有表明我们绝不可能预见有一类行为将被实施。

此外，柏格森对因果律的陈述也不充分。因果律不仅仅指如果同样的原因重复出现，就会产生同样的结果。反正，因果律是指在一定种类的原因与一定种类的结果之间具有一种恒定的关系。例如，若有一个物体自由下落，则该物体下落的高度和下落的时间之间具有一种恒定的关系。为了能预测一个物体下落所需要的时间，我们无须让该物体从先前观察过的同一高度下落。如果一定要这样，那什么预见都无法做出了，因为要在两个不同的场合使高度达到完全相同是不可能做到的。同样，因为我们知道太阳对地球的引力与两者之间距离的平方成反比，所以，我们不仅可以在先前无法观测的距离上算出太阳对地球的引力，还可以算出任何距离上太阳对地球的引力。事实上，我们发现一直在重复的是原因和结果之间的关系，而非原因本身。原因所需要的全部条件是其与已知结果的那些原因在相关性方面属同一类别。

柏格森对因果性的陈述还有一点不恰当，即假定原因必然为一个事件，而原因可以是两个或更多的事件，甚至可以是某个连续的过程。这里讨论的实质问题是：心理事件是否由过去决定。例如我把一首诗读上几遍，显然当下读诗的感觉大部分取决于过去的经验，但不取决于过去的一个单独事件。我们以往每次读诗都必须归于原因之中。我们很容易就能发觉这当中蕴含着某种规律，按照该规律，随着读诗次数的增加，结果也会有所不同。事实上，柏格森自己也暗暗假定了这样一种规律。最后，由于我们知道再读下去必然索然无味，所以最终决定不再读诗。也许我们并不知道关于索然无味的一切细枝末节，但是我们对于如何做决定心中一清二楚。而且再读下去必然会觉得索然无味的预知从一定程度上说多少是正确的。因此，柏格森依据那些类别的事例，并不足以证明预见不具备的实际或情感的重要性。因此我们可以将他的论点放到一边，单刀直入地讨论问题。

从理论上说，根据因果律我们可以通过先前的事件预知后来的事件，人们常常认为这种因果律是先验的，是思想的必然结果，是科学不可或缺的范畴。在我看来，这些说法言过其实。在某些方面，因果律曾为经验所证实；在另一些方面，也没有确凿的证据能够否定它。科学可以在已经发现为真的地方运用因果律，但是不必强迫假定因果律在其他领域也为真。因此，我们不能认为因果律一定可以应用于人的意志这一点具有先验的确定性。

人的意志究竟在多大程度上受因果律支配，这是一个纯经验的问题。从经验角度看，我们的意志显然大都是有原因的，但是我们不能据此断定人的一切意志都必定是有原因的。然而，正如我们有理由认为物理事件事出有因一样，我们也能凭相同的理由认为一切意志也可能都有原因。

我们可以假设（虽然疑点重重），存在一些关于心理之物和物理之物相互联系的规律。从这些规律出发，就能知道世界上一切物质的状态，包括一切大脑和有机生命体的所有状态，从而推导出世界上一切心灵的状态。反过来说，如果已获知一切心灵的状态，就可推导出世界上一切物质的状态。大脑与心灵之间显然有某种程度的相互关系，但这种关系的圆满程度我们不得而知。不过，这不是我要引出的重点。我想强调的是，即使我们承认了最极端的决定论和心脑相互关系的主张，也得不出有损于自由意志学说中值得保留的东西的结论。我认为，相信会得出这种结论的想法，完全是因为把原因等同于意志，认为原因迫使结果产生有点像一个当权者可以迫使人去做他原本不想做的事情。一旦认识了科学因果律的本质，就可以意识到这种类比荒谬不已。不过这就引出关于自由意志的第二个问题，即如果接受决定论，是否可以认为我们的行为从某种角度看是受外力所迫的。

（2）人的行为是否受外力支配？在深入思考的时候，我们主观上会有一种自由的感觉。有时，人们就根据这种自由感来反对意愿是有原因的观点。然而，这种自由感只让我们觉得自己能在许多待选方案中选择最为中意的一个，但并不表明我们乐于选择的方案与过去的事情之间没有任何因果联系。人们之所以会认为这两者并不相容，是因为习惯于将原因等同于意愿，那些想用更科学的态度思考原因的人也会常常不自觉地保留这种习惯。如果原因与意愿相似，那么外因就与他人的意愿相似，那根据外因可预见的行为就是受外力所支配的。但是科学界并不赞成这种观点。我们已经见到，原因并不会强迫结果出现，正如结果也不会强迫原因出现一样。因果之间有一种相互关系，因而它们彼此可以互相推导。当地质学家根据地球的现状推导其过去的状态时，我们不能说地球过去的状态是在现在的状态迫使下形成的，只有在原因使结果成为结果这个意义上，我们才可以说地球现在的状态使其过去的状态成了地质学资料。从这个角度看，我们觉得原因和结果之间存在差别纯粹是一种困惑，这种困惑产生的原因是我们对过去发生的事件有记忆，然而对未来发生的事件并没有记忆。

某些自由意志论者将未来无确定性作为其主张的依据。这不过是出于无知而已。显然，任何一种理想的自由意志都不可能仅仅将无知作为依凭。若如此，则动物比人更自由，野蛮人比文明人更自由。任何有价值的自由意志必然是与最完备的知识并存的。即使不假定因果律存在，完备的知识也必然包括过去和未来。我们对过去的知识并非完全根据因果推论，而是部分源于记忆。我们没有对未来的记忆，纯粹出于偶然。正如我们可以回顾过去的事件那样，我们也可以直接预见未来的事件，就像预言家所谓的天眼那样。未来的事件一定按照它们必将发展的那样发展，从这个意义上说，它们和过去的事件一样是确定的。如果我们能像直接回顾过去那样预见未来，那么还存在什么自由意志呢？如果有这样一种自由意志，那它一定完全独立于决定论之外。它甚至和包罗万象的因果性也不冲突。这种自由意志必然包含了其中一切有价值的东西，因为我们无法想象纯粹的无知会成为任何美好事物的必要条件。试想有一群洞悉未来之人，那么我们去问一问这些人，是否具有我们所谓的"自由意志"？

我们想象的这群人不需要等待事件发生就知道在未来的某个时刻将采取什么决定。他们此时此刻就知道他们会怀揣什么意愿。但是他们会不会懊悔具有这种知识？不会，除非这些预见到的意愿本身令他们懊悔。如果预见未来意愿的方法也能被预见到，那么这些预见到的意愿就不太可能会令人懊悔。我们很难否认这些被预见的东西是命中注定的，而且无论多么糟糕都会发生。但人的行为都是欲望的结果，不带任何欲望的任何预见都不是真的。一个预见的意愿必然不会因为被预见而成为糟糕的意愿。我们想象中的那群人，很容易就会知道这些意愿的因果联系，因此他们会比我们更好地预测其意愿以满足自己的欲望。既然意愿是欲望的结果，就不可能存在一种同欲望相反的关于意愿的预见。我们必须牢记，这种假定的预见并不创造未来，正如记忆并不创造过去一样。我不觉得过去的自己必然是不自由的，这只是因为处于现在的我们记得自己过去的意愿。同样，即使现在能看到我们未来的意愿，我们在未来也可能是自由的。简而言之，任何有价值的自由仅仅要求我们的意愿和欲望的结果相符，而不是外力能迫使我们去欲求我们并不想要的东西。此外的一切都是思想上的困惑，之所以有这种困惑，是因为我们觉得尽管知识不具有迫使过去发生的力量，但它会迫使事情在未来发生。因此，只有在这个重要的形式中，自由意识才是真的，想求得其他形式的自由意志不过是缺乏充分分析的结果。

我们在前面几章中谈到了一些有关哲学方法的东西，举的都是具体事例，而不是阐述一般规则。例证是唯一有价值的哲学方法。而现在到了课程末尾，我们可以集中讲几条普遍原则，兴许能有助于同学们养成一种哲学思维习惯，提供一个解决哲学问题的向导。

哲学并不会因为利用其他科学（如赫伯特·斯宾塞就用了这种方法）而带有科学性。哲学旨在探求普遍的东西，尽管各门科学能够提出广泛的综合概括，但并不能使其具有确实性。一种仓促的综合概括（如斯宾塞关于进化论的综合概括），并不会因为其概括的东西是最新的科学理论就不草率了。哲学是其他各门学科之外的一门学问。哲学的结论，不可能由其他各门科学来确定，反过来说，也不能假设其他科学会与哲学结论相抵触。例如，哲学的任务本来就不是预测世界。世界到底是前进还是倒退，还是静止不变，都不是哲学家该去谈论的。

要成为一个科学的哲学家，需要经过某些特殊的心理训练。首先，他必须有追求哲学真理的欲望，而且这种欲望必须十分强烈，即使在希望渺茫的岁月中也不会淡去。怀有追求哲学真理欲望之人凤毛麟角，哪怕在哲学家队伍中，有着对哲学真理纯粹追求的人也很少见。有时，尤其是在长期无果的探求之后，追求真理的欲望会被想要认为自己知道真理的欲望所掩盖。某种看似有理的观点就这么出现了，若不去关注针对这种观点的反驳意见，或者只是懒得去找，我们是可以心安理得地相信这种观点的。虽然，如果我们抵御住追求安逸的愿望，最终会发现这种观点是错的。其次，对于职业哲学家来说，对纯粹真理的欲求还常常被对体系的爱好所蒙蔽。哪怕一个小小的事实，如果与哲学家的体系不相容，就势必会遭到重塑、歪曲，直到它看起来与体系相容为止。然而，对于未来而言，这一个小小的事实可能比其不相容的体系更为重要。毕达哥拉斯创造了一个体系，除了正方形的对角线和边不可通约之外，这一体系中的一切同他所知道的事实都完美吻合。即使他的门徒希帕索斯因揭露这一例外而被淹死之后，不可通约这个小小的"事实"依然不可动摇。在我们看来，尽管他的体系现在看来只能引发人们探究历史的兴趣，但这个事实的发现，仍然是毕达哥拉斯之所以不朽的主要功绩。因此，对体系的爱好以及与之相随的体系创造者的虚夸与自负是研究哲学之人必须小心的陷阱。

要建立某个结论的欲望，或者说从一般意义而言，为不论哪种圆满的结论寻找证据的欲望，无疑一直是真正的哲学研究所面对的主要障碍。人们被一些不明所以的感情左右，变得那么反常，以至于普遍都认为下定决心追求某个结论就是美德的标志，而经过研究得出相反结论的人则被视为邪恶之人。毫无疑问，相比起获得真理，人们更希望获得一个皆大欢喜的结果。但是只有真理至上的人才可以通过研究哲学寻着真实的结果。

但即使存在必要程度的求知欲，我们也很难将认识抽象真理的那种心理洞见同生动的想象区别开来，同时不被心理习惯所影响。要冲破心理习惯的束缚，我们必须像笛卡儿一样从方法论角度进行怀疑，此外必须培养逻辑的想象力，以便手头掌握一些可自由支配的假设，不至于变成在常识影响下形成的很容易就能想到的那些假设的奴隶。怀疑熟悉的事物和想象不熟悉的事物相互关联，共同构成了哲学家所必需的精神训练。

我们在开始进行哲学反思时发现的那些朴素信念，最后基本都可以得到真正的解释。但在被纳入哲学之前，这些信念都必须经受怀疑论批判的严峻考验。不经历这种考验，它们不过是些盲目的习惯，是做事的方法，而非理智的确信。尽管大多数信念也许都能通过这一检验，但我们深信有些信念是通不过的，若是那样，我们的看法就必须做出重大调整。我们必须怀疑感官、理性、道德，简言之，必须怀疑一切，才能打破习惯的统治。我们会发现，对某些方面产生怀疑是可能的；而在另一些方面，则会受到对抽象真理直接洞见的复核，而哲学知识产生的可能性就依赖于这种直接洞见。

同时，在直接感知真理的过程中，我们还需辅以丰富的想象力来得出抽象假设。我认为，这是哲学领域至今最欠缺的东西。由于逻辑工具如此缺乏，导致先前的哲学家们所能想到的假设都被发现和事实不符。这种状况常常会让人们采取诸如全盘否定事实之类的冒险做法，若当时哲学家在想象假设的时候掌握比较充分的逻辑工具，则一定能找到解开谜团的钥匙。正因如此，学习逻辑成了哲学研究的中心。逻辑为哲学提供了研究方法，正如数学为物理学提供了研究方法一样。从柏拉图到文艺复兴这个时期，物理学曾经和哲学一样毫无进展、一片混沌，并且带有了迷信成分。通过伽利略对事实的最新观察和随后数学的处理，物理学一跃成了一门科学。因而，今天的哲学，正因为同时获得了新事实和逻辑方法而正在跻身科学的行列。

然而，尽管哲学可能取得新进展，但是和物理学一样，头一个结果便是大大缩小了已知事物的范畴。在伽利略之前，人们认为自己对物理学领域最有趣的问题都有着充分的认识。而伽利略确立了一些本身并不有趣的事实（如物体下落的路线），但这些例子作为真知识和新方法却饶有趣味。伽利略本人也预见到了这些新方法会在未来结出硕果。伽利略所发现的事实并不多，但足以摧毁从亚里士多德一路传承下来的整套庞大的"知识体系"，正如至浅的晨光足以让繁星暗淡。哲学上也是如此，尽管人们相信这样那样的体系，但几乎所有人都认为当今人们所了解的东西已经很多了，但我们必须扫清传统哲学系统中人们自以为掌握的知识，必须弃旧迎新，若能取得伽利略落体定律那样的成果，何尝不是一大幸事。

实践方法论上的怀疑（若这种怀疑是真实而持久的）会在知识上带来一种谦恭，我们将乐于了解哲学领域的一切，无论其看起来是多么微不足道。哲学一直以来都苦于缺少这样一种谦恭的态度。哲学所犯的错误，便是想要把有趣的问题一网打尽，而非充满耐心、慢慢地把可以得到的可靠知识积累起来，把大问题留到将来解决。科学家做研究，如果结果似乎是重要的话，他们并不会因为自己研究的东西微不足道而感到羞耻。一个实验的直接结果就其本身来说并没有多大趣味，在哲学上也是如此，在一些单独来看微不足道的事情上花时间往往是值得的，因为只有对这些事情深入思考，才有可能解决更大的问题。

如果我们已经挑出了问题，而且获得了必要的心理训练，所采用的方法是一以贯之的。经过考察，我们会发现那些引起哲学探讨的大问题都是很复杂的，都会依赖很多子问题，而这些子问题又常常比那些大问题更加抽象。我们一般会发现，自己掌握的所有原始材料和最初似乎了解到的所有事实都很含糊，很迷惑人，很复杂。现代流行的哲学观点都带有这些缺点。因此必须创造一种概念工具，尽可能做到精确、普遍、简洁，再借此把原始材料分析为哲学所想要发现的那类前提。在分析的过程中，我们会对困难追根溯源，一步步让它更加抽象，更加微妙，更加难以把握。我们常常会看到，在任何一个明显的大问题背后都存在许多这类不同寻常的抽象问题。若用尽哲学方法依然无果，我们便到了只有凭借哲学洞见，才能取得进展的地步了。在这里，只有天才方可有所作为。一般来说，需要逻辑想象力的某种新尝试，需要想到先前从未想到的可能性，以及对这种可能性在何种情形之下能实现的直觉。如果没能想到适当可能性，那将会留下无法解决的难题，留下难以抉择的论点，留下困惑与失望。但是一般来说，适当的可能性一旦被想到，很快便能够凭借自己针对表面冲突事实惊人的同化力来证明自己。再往后，哲学的工作便是综合性的，也是相对容易的。而真正的困难出现在分析的最后阶段。

现在，对于哲学进步的前景充满信心为时尚早。许多传统的哲学问题（其中绝大部分问题引起了远不止专业学生人群的兴趣）似乎并不能采用科学方法解决。正如占星术一旦变成了天文学，便使对其感兴趣之人流失大半一样，哲学在做出越来越少的断定之时，也势必会丧失吸引力。但对于已经庞大并在不断扩大的科学家队伍（也难怪，这些人至今还一直以某种轻蔑的态度对哲学嗤之以鼻）来说，哲学的新方法在解决诸如数、无限性、连续性、时空等古老问题上已经取得了成功，也展现了吸引力，而这种吸引力是之前的老方法所不具备的。物理学及其相对论原理和有关物质本质的革命性研究也正感到在基本假设上需要带有科学性的哲学所努力促成的那种创新。我相信，要保证哲学在不久的将来能取得超越哲学家们迄今取得的一切成就，唯一的条件便是创立一个由受过科学训练，对哲学有兴趣的人组成的学派，该学派不为过去的传统所束缚，也不为那些照搬古人一切东西的人所误导。

下

我的哲学之发展

（原书正文共18节，本书选译前17节）

请当心，不要让人用哲学和欺诈陷害你。

——《歌罗西书》第二章第八节

他们中一个人，即他们的先知说："克里特人总是说谎者、野兽、蠢汉。"

这所言非虚。

——《提多书》第一章第十二、第十三节

第一章　导论

　　根据我曾关心过的问题以及影响过我的人及其著作,《我的哲学之发展》一书可分不同阶段来看待。本书中只有一个一以贯之的精神:我一生中时刻渴望发现的是,我们究竟知道了多少,以及我们知道的东西能在多大程度上被确定或怀疑。在我的哲学生涯中有一个重要的分水岭——1899—1900年,我接触了逻辑原子论哲学以及皮亚诺在数理逻辑上的技巧。这是一场巨大的思想革命,甚至使我此前的工作与此后的哲学事业几乎彻底分割,只有纯数学除外。于我而言,那几年的变化确实是一场革命,此后的变化只不过是一些渐进式的小小波澜。

　　我最初对哲学产生兴趣,缘于两个方面:一方面,我渴望了解哲学能否为“信仰”之类的体系提供辩护,无论这种信仰是多么含糊不清;另一方面,我坚持希望在纯数学领域一探究竟,前提是在其他领域的探索之路受阻。在青春期的孤独中,在几乎不靠任何书的帮助下,我曾在夜里一遍遍地思考这些问题。关于宗教,我起初不相信自由意志,然后不相信永生,最后不相信上帝。关于纯数学的各种基础,我当时也是一无所获。我当时对经验主义抱有强烈偏见，以致无法相信"2+2=4"是从经验中得出的一个归纳概括，仍会怀疑除了纯粹的否定命题我还能相信什么。

剑桥大学最初给我灌输了康德、黑格尔的哲学思想，但 G. E. 摩尔和我一道拒绝了它们。我认为，尽管我们在这次反叛中达成了一致，却也在关注点上产生了重大分歧。起初，我觉得摩尔最先感兴趣的是产生自认识的事实是否独立，以及拒绝承认拥有各种先验直觉和范畴的整个康德式的设置，认为它塑造的是经验而非外部世界。我无比赞成这一点，但我更加关心的是各种特殊性这类纯逻辑问题。其中最重要的学说，也是我此后所有哲学思想中主要的学说，即"外部世界的各种关系学说"。一元论者认为，两个项之间的关系，总是由两个分离的项的属性，以及它们所构建的整体的属性组成的，更严格地说，它仅仅是由最后这个整体的属性组成的。这种观点似乎让数学变得无法解释。我的结论是，关系并不代表在两个相关项中存在任何对应的复杂性，而且，一般而言，关系不是它们所构建的整体的任何属性的对应物。我在《对莱布尼茨哲学的批评性解释》一书中刚刚发展了这一观点，就发现了皮亚诺在数理逻辑领域的探索，这又将我引向了一种新技术和一门全新的数学哲学。黑格尔和他的门徒一向热衷于"证明"空间、时间和物质是不存在的，并试图"证明"一个人所信仰的一切都是虚假的。在确信黑格尔反对各种现实事物的论点站不住脚之后，我走向了另一个极端，开始相信任何不可辩驳的现实——点、瞬间、粒子与柏拉图的理念。

　　然而，1910年以后，我已完成了所有在纯数学领域的计划，开始专注思考物理世界，我受到了怀特海博士很大的影响，开始转向"奥卡姆剃刀"的诸多领域新应用。我曾研究过这一理论在数学哲学中的应用。怀特海使我相信，在研究物理学时，不必非要假设各个点和瞬间是属于物理世界的一部分不可。他认为，物质世界里的东西可以由各种事件构成，每一个事件都占据着一个拥有有限总量的时空。我也开始同意他的观点。就像"奥卡姆剃刀"原理的应用中，我们必须承认不增加无用的实体，但至少不用思考它们是否存在。这样做的好处是，我们在解释任何受到质疑的知识分支时，可以减少不必要的各种假设。关于物质世界，不可能证明那里不存在点和瞬间，但可能证明物理学没有给出任何理由来假设存在这样的诸多事物。

　　也就是说，1910—1914年，我开始渐渐感兴趣的，不仅是"物理世界是什么"，还有"我们如何知道它"。自那时起，知觉与物理学的关系，就成了反复占据我脑海的一个大问题。在这个问题上，我的哲学经历了最后一次实质性的变化。我曾认为，知觉是主体和客体之间的关系，因为这能使我更容易理解，知觉如何为我们提供主体以外的某些事物的认识。但是在威廉·詹姆斯的影响下，我一开始认为这种观点是错误的，或至少过于简化了。我认为，至少各种感觉，包括视觉、听觉，在本质上似乎不是发生关系的各种事件。当然，我不是想说当我看见什么东西的时候，我与我看见的东西之间没有任何关系；我想说的是，这种关系比我认为的要间接得多，也比我体内发生的任何事间接得多。就其逻辑结构而言，当我看到某种事件可以恰好地发生时，不必有任何东西外在于我，从而让我看见。我的各种看法发生的改变，大大增加了问题的难度，它关系到与外部的世界关联的经验。

　　大约就在同时，我开始对另一个问题感兴趣，那是在1917年。这就是语言与各种事实之间的关系问题。这个问题分为两部分：第一部分是词汇，第二部分是语法。在我对这个问题感兴趣之前，它已被很多人研究过了。韦尔比夫人[①]有一本相关专著，哲学家F. C. S.席勒也一直提倡它的价值。然而，我曾认为语言是"透明的"——一种常常被人使用却不被人注意的媒介。关于语法，在数理逻辑中出现的各种矛盾，使我看到这种观点是不充分的。关于词汇，我从行为角度考察认识这一动作时，发现了各种语言学的问题。出于这两个理由，我越发强调自己此前在认识论的语言方面所做的研究。但是我从来无法与那些用语言规制自我的人达成一致。语言的本质，即它拥有的意思——它与其他事物有关，而与语言本身无关，换言之，语言与非语言的事物有关。

　　我最近的研究主要是关于非证明的推论问题。过去的经验主义哲学家认为，这种推论能否成立，取决于归纳。不幸的是，如果不考虑常识，那么仅通过简单列举就可以证明归纳法，将经常出现错误的结论。如果一个原则需要常识才能安全使用，那么这类原则无法使逻辑学家满意。因此，如果我们要接受科学的各种广泛的概述以及常识，我们必须寻找一个归纳以外的原则，只要它不可被反驳。这是一个极其宏

---

① 指维多利亚·韦尔比－格雷戈里夫人，19世纪英国贵族、语言学家、人类学家。

大的问题，我不能假装已经比那些里程碑式的人物做得更多——沿着他们的路，可能会找到一个解决方法。

自从我放弃康德和黑格尔的哲学以来，已经借用分析找到了哲学问题的解决办法。尽管有一些现代思潮在唱反调，但我仍然坚信，只有通过分析才能进步。我已经发现——举一个重要的例子——通过分析物理学和知觉，完全可以解决精神与物质之间的关系问题。诚然，还没有人接受我眼中的解决方法，但我坚信并且希望，这仅仅是因为我的理论尚未被人理解。

第二章 我现在的世界观

我逐渐形成的观点几乎被所有人误解了，出于此原因，我将尽可能简明地阐述这个观点。我只是努力陈述这一观点，而非给出使我得出这一观点的诸多理由。然而，我将通过序言的方式较多地解释这一观点：它综合了四种不同的科学——物理学、生理学、心理学和数理逻辑。数理逻辑用于创建拥有一些指定属性的各种结构，它们拥有更少的数学平顺性。我颠覆了自康德以来哲学界最常见的论证过程。哲学家们通常从"我们如何知道"开始，接着是"我们知道什么"。我认为这是错误的，因为知道我们如何知道，仅仅占知道我们所知的东西的很小一部分。我之所以觉得这种观点是错误的，还有另一层原因——"知道什么"这个问题，很容易获得一种它不配拥有的宇宙中的价值，并且让学习它的哲学学生误以为，精神（心灵）凌驾于物质的宇宙之上，甚至整个物理学的宇宙，只不过是精神在某些瞬间做的一场噩梦罢了。这种观点与我想象中的宇宙相去甚远。我毫无保留地接受了来自天文学和地质学的观点，它们认为，除了时空中的一小块碎片之外，我们找不到任何精神上的证据，况且，星云和星球演化的伟大进程，是由精神永远无法干涉的诸多定律所推动的。

显然，这一最初的偏见一旦被接受，我们就必须先从理论物理学角度去理解宇宙演变的那些重要历史过程。但很不幸，理论物理学不再像17世纪那样，以宏大教条式的清晰语言来阐述了。牛顿曾研究过四个基本概念——空间、时间、物质和力，但这四大基础都已经被现代物理学打入冷宫。牛顿认为，空间和时间是两个可靠的、彼此独立的事物。它们已经被时空所取代，时空并不是真实的，而仅仅是一个由各种关系构成的体系。物质的概念，不得不被一系列事件所取代。"力"是牛顿经典理论中第一个被抛弃的概念，如今已被"能量"所取代；你根本无法区分"能量"和一团惨白的幽灵，后者是所谓物质在世界上的全部残留物。因为被物理学家称为"力"的那种哲学概念，也早已行将就木。我不想承认这个概念已死，但它确实已不复当年的活力。

出于这些原因，现代物理学的说法经常让人一头雾水。尽管如此，我们仍必须相信，经典力学的概念正在不断地消亡。今天，如果有任何团体抵制现代物理学的学说，那么肯定会被背景雄厚的物理学家团体所打压。因此，现代物理学家享有远远超过宗教裁判曾拥有的至上权力，这样看来，物品，当然应该对他们的陈述心怀敬畏之情。对我而言，我毫不怀疑，尽管可以预料物理学将会有渐进的变化，但目前的各种学说很可能比世界上任何与之竞争的学说都更接近真理。科学在任何时代都不可能完全正确，但它也极少是完全错误的，而且通常比非科学理论的正确率更高。因此，假设接受它才是理性的。

人们并不总能意识到理论物理学提供的信息有多么抽象。它提出了一些基本、特定的等式，使其能够处理各种事件的逻辑结构，却完全不知道拥有这种结构的事件的内在特征是什么。只有当事件发生在我们身上时，我们才知道它们的内在特征。理论物理学中的任何东西，都不能让我们就别处的各种事件的内在特征说任何话。它们可能就像发生在我们身上的各种事件一样，或者它们可能完全不同，其发生方式完全难以想象。物理学提供给我们的，是一些特定的等式，它们提供了自身变化的各种抽象的属性。但是，至于其中什么发生了变化，从何而来又变成什么，对于这点，物理学总是缄默无言。

接下来讨论知觉大概是什么，但不会超出物理学范畴。暴露在一部分夜空下的一张底片，能拍出一些星星的照片。假设感光底片和大气条件差不多，那么同一部分天空的不同照片将非常类似。因此，一定有某种"影响"（我用了一个尽可能模糊的词）从不同的星星传到不同的底片上。物理学家过去认为这种影响是由各种波构成的，但现在认为它是由名为"光子"的小能量束构成的。他们知道光子移动的速度有多快，以及它有时会以何种方式偏离一条直线的路径。当它撞击感光底片时，就会转化成另一种"能量"。由于每颗单独的星星都会被拍下来，在一个晴朗的夜里，它能在任何地方被拍下来，所以在每一个能拍到它的地方，一定会发生与它特别相关的某件事情。因此，夜晚的大气层随处都包含着许多可彼此独立的事件，就像那些星星一样。每一个可分离的事件，都必须有某种单独的历史，将其与它来自的那颗星联系起来。以上这一切，都基于我们思考了暴露在同样夜空下的不同感光底片。

再举一个例子：想象一下，有一个玩世不恭的富人，对剧院里观众的附庸风雅很不耐烦，于是他决定排演一出戏，只给很多部胶片摄影机看，不给真人观众看。这些摄影机（假设功能都一样好）根据透视定律和它们与舞台的距离不同，它们会拍下许多十分相似的影片。这再次表明，像底片一样，在每台摄影机上，每个瞬间都在发生一个复杂事件，这与舞台上发生的各种复杂事件密切相关。这和前面的例子一样，需要来自多种来源的可分离的"影响"。如果在某个特定的时刻，有一个演员大喊："去死吧，瓦莱！"另一个喊道："救命，杀人啦！"两者都将被记录下来，因此在每台电影摄影机前，一定会发生与两者相关的某件事情。

再举一个例子：假设一段话由许多留声机同时录制下来，留声机的录音与原始的演讲没有任何明显的相似之处，但是通过一种适当的机理，它们可以被制作成以假乱真的声音。因此，它们一定和那段话有一些共同之处。但是它们的共同点只能用相当抽象的语言来表达。广播甚至是说明相同过程的一个更好的例证。从表面上看，使一个播音员和听他广播的一个人之间产生隔阂的东西，要么与播音员所说的完全相似，要么与听众听到的完全相似。同样，这里有一条因果链，在其中，起点和终点几乎相同，但就内在特征而言，那些中间项似乎完全是另一种东西。就像在留声机唱片中一样，在整个因果链中保留下来的是结构的一种特定的恒常性。

这些不同的过程都属于纯物理学。我不认为摄影机有思想，哪怕它们的制造者天赋异禀，可以让后座的摄影机拍手叫好，让前排摄影机发出嘘声。以上这些关于知觉的物理过程表明，在大多数地方、大多数时间（即使不是在所有地方、所有时间）都会发生大量重叠的事件，而这些事件中的许多事件，在给定的时间和地点，都是通过因果链与原始事件相联系的，而原始事件是通过一种富有成效的遗传，在许多不同的地方产生了感觉材料与自身相似的后代。

这些思考会让我们构建出什么样的宇宙图景呢？我的答案是必须分阶段，这些阶段在分析程度上略有不同。就当下的目的而言，我将满足于把"事件"的概念视为根本概念。我认为每一个事件都占据着一个总量有限的时空，而且与无数其他的事件相重叠，这些事件部分地而非整个地占据着同一个时空的区域。用点和瞬间运算的数学家可以用数理逻辑从重叠事件的集合中构造它们，但这只是他出于技术上的打算，我们暂时可以忽略。在任何一个给定的很小的时空区域中发生的各种事件，与在其他地方发生的各种事件并非没有关联。相反，如果感光底片可以拍摄某颗星星，那是因为在感光底片上发生了一个事件，这个事件通过我们称之为遗传的方式，与所讨论的那颗星星联系在一起。底片则相反，它又是另一张后代照片的来源。在数学物理学中，人们只对它所处理的那些事物的各种极其抽象的方面感兴趣，这些不同的过程似乎是能量传播的路径。因为数学物理学是如此抽象，它的世界似乎与我们的日常生活有天壤之别。但是，两者之间的不同其实是更加表面的。假设你研究人口统计学，组成这些条目的人在被记录到人口普查数据里以前，几乎被剥夺了真人的所有特征。但在这种情况下，由于抽象的过程还没有走得很远，我们发现在想象中还原它并不困难。但就数学物理学而言，从抽象到具体的回归之路是漫长艰辛的。我们厌倦了，很想休息一下，使一些半抽象的东西拥有一种具体的现实性，而这种现实性是它无法拥有的。

还有一种可能：在进一步的分析中，各种"事件"不再是最后发生的原材料了。但是在当下的讨论中，我会暂且忽略这一点。

我们已经看到，出于各种纯粹物理的理由，当来自星星的光在所有方向上前进时，在许多不同的地点和时间发生的各种事件往往可以被归为来自一个祖先的许多家庭中。在这样的家族的其中一个分支中，绵延不绝的每一代人都有不同程度的相似性。构成光从一颗星星到大气层的这段旅程的各种事件，变化缓慢而微小。这就是为什么我们可以将这些事件看作"光子"这种实体走过的路程，它们可以被认为是持久的。但是当那束光线到达我们的大气层时，一系列越来越古怪的事情开始在它身上发生。它可能会被雾或云阻止或改变，可能会击中一片水面，接着被反射或折射。它可能会击中一台天文摄像机，成为某位天文学家感兴趣的一个黑色小斑点。最后，它可能碰巧射进某个人的一只眼睛。当这一点发生时，各种结果就非常复杂了。生理学家研究了眼睛和大脑之间的一组事件，这些事件与外部世界中的光子之间的相似性微乎其微，就像无线电波与播音员的言语之间的相似性非常小一样。最后，生理学家追踪到神经中的搅乱，它到达了大脑中合宜的区域；然后，这个大脑的主人最终看见了那颗星星。人们会感到困惑，因为看见那颗星星似乎与生理学家在视觉神经中发现的各种过程是那么不同，然而，明确的一点是，如果没有这些过程，那个人就不会看见星星。因此，可以假设在精神和物质之间有一道鸿沟，而试图填平这道鸿沟，在某种程度上是不虔诚的行为。于我而言，我相信没有什么比无线电波转变成声音更神秘的事情了。我认为，这种神秘性是通过一种对物质世界的错误构想产生的，是害怕精神世界降格到次要的物质世界水平。

我们前面一直在谈论的这个世界，到目前为止，完全是一个推论出的世界。我们没有知觉到物理学上的实体，而且，如果物质世界是由这样的一些实体组成的，那么我们就看不见眼睛或视神经，因为如果物理学家可信，那么眼睛和视神经同样是由假设的各种古怪的实体构成，理论物理学家试图让我们熟悉这些实体。然而，既然这些实体的推论可信，那么它们只要在必要的程度上被定义，使其满足推论的意图即可。没有必要假设电子、质子、中子、介子、光子以及其他东西拥有那种属于直接经验客体的简单的现实。它们充其量只有属于"伦敦"的这类现实，"伦敦"是一个方便理解的词，但是通过用这个词陈述的每一个事实，都可以被陈述出来，尽管在不用这个词的时候更麻烦。然而，"伦敦"和电子之间有一个不同，也是一个重要的不同：我们可以看到组成"伦敦"的各个部分，确实，我们可以更直接地知道部分而非整体。在电子的例子中，我们无法知觉到它，无法知觉到自己知道自身是属于自身的一个项。我们只知道它是一个假设的实体，可以满足各种特定理论意图。就理论物理学而言，满足这些意图的任何东西都可被认为是电子。它可以简单，也可以复杂。如果是复杂的，它可以由任何组成部分构成，使生成的结构拥有各种必要的属性。所有这些不仅适用于无生命的世界，而且同样适用于眼睛和其他感官组织、神经和大脑。

但是，我们的世界并不完全是一堆推论推出来的物质。有些事我们不必寻求科学家的意见就能知道。如果你太热、太冷，你完全可以意识到，而不用问物理学家为什么会冷会热。当你看到其他人的脸时，你就有了一种确凿的体验，但体验并不包括理论物理学家口中的"事物"。当你与他人目光交会时，你相信他们也在看着你。你的眼睛作为视觉的客体，属于世界的推论部分，尽管镜子、照片和你朋友的证词使这种推论变得相当不容置疑。你的眼睛作为视觉客体的推论，在本质上与物理学家对电子等东西的推论是同类的；而且，如果你要否认物理学家的各种推论的有效性，你也应该否认你知道自己有一双可见的眼睛——就像欧几里得说的那样，这是荒谬的。

我们可以将自己知道的无须推论的一切事物称为"材料"（data），包括我们体验到的所有感觉——视觉、听觉、触觉等。常识认为，我们的许多感觉都是由我们自己身体以外的各种起因引起的。常识不相信它坐在其中的房间在它闭上眼睛或睡觉时就不存在了。常识不相信妻子和孩子只是它想象中的虚构人物。在所有这些方面，我们可以同意常识；但是它的错误之处在于，以为各种无生命的客体与它们导致的各种感觉在内在特征上是相似的。就像认为留声机唱片与它产生的音乐相似一样。要相信这一点是毫无根据的。然而，我主要想强调的，并不是物质世界与材料世界的不同。相反，乍看之下，比物理学更接近各种相似性的可能性表明，我认为将它揭示出来是重要的。

我觉得最好和莱布尼茨的观点比较一下，以强化我自己的观点。莱布尼茨为，宇宙由许多"单子"组成，每个单子都有一个小小的心灵，都能反映出一个完整的宇宙。它们以不同程度的失真，进行着这种反映。那些最好的单子反映出的宇宙图景最清晰。由于受到亚里士多德主谓逻辑的误导，莱布尼茨认为单子之间并不相互作用，而且它们继续映照同一宇宙的事实可以用一种事先建立的和谐来解释。他的学说的这一部分是完全无法令人接受的。只有通过外部的世界对我们的因果作用，我们才能反思世界，只要我们确实反思了。但是他这个学说的其他一些方面更符合我想提倡的理论。其中最重要的一个理论与空间有关。莱布尼茨认为有两种空间（尽管他从未明确表态）。在每个单子私人的世界里都有一个"空间"，可以通过分析和排列材料知道单子的这份空间，无须假设任何超出材料的东西。但是，还有另一种空间。莱布尼茨告诉我们，许多单子从各自不同的视角反映世界，不同的视角之间是相似的。各种不同视角集合的安排，给我们带来了另一种空间，这不同于每个单子私人的世界。在这个公共空间中，每个单子占据一个点，或者无论如何，都占据一个非常小的区域。尽管在它私人的世界里有一个私自的空间，从它私自的视角来看是广大的空间，而当这个单子被放在其他单子中间时，这整个广大的空间收缩成了一个微小的针尖。我们可以将每个单子在材料世界中的空间称为"私人空间"，而将由各种单子的不同视角组成的空间称为"物理空间"。只要单子正确地映照这个世界，私自的空间的各种几何学属性将类似于物质空间的各种几何学属性。

在大多数的情况下，只要稍微改变一下，就可以为我想提倡的这个理论举出例子。我各种知觉的世界中有空间，在物理学中也有空间。对我和莱布尼茨而言，我各种知觉的整个空间只占据了物质空间的一小部分。然而，在我的理论和莱布尼茨的理论之间有一个重要的不同，这个不同与对因果性的不同构想和相对论的各种结果有关。我认为，物质世界的时空秩序是与因果联系在一起的，而这反过来又与各种物质过程的不可逆性有关。在经典的物理学中，一切都是可颠倒的。如果你以和以前一样的速度使每一小点物质开始倒退运动，宇宙的整个历史本身就会向后展开。现代物理学从热力学第二定律开始，不仅在热力学方面，而且在其他方面抛弃了这种观点。各种放射性的原子会分离，而且它们不会再次聚集在一起。一般而言，物质世界的各种进程都有一个区分了因果的特定方向，这个方向在经典动力学中是缺席的。我认为物质世界的时空秩序包含了这种直接的因果性。正是基于这个理由，我坚持我的一个观点，它让其他哲学家颇为震惊——人们的各种思想在自己的头脑里。来自一颗星星的光穿过介于其间的空间，导致大脑中视神经的末梢出现一个紊乱。我坚持认为大脑中发生的事情是一种视觉感受。事实上，我坚持认为大脑是由各种思想组成的——使用最广泛的意义上的"思想"，就像笛卡儿这样使用过它一样。对此，人们会回答："没有意义！我可以通过显微镜看见大脑，我可以看到它不是由各种思想组成的，而是由物质组成的，就像桌子和椅子是由物质组成的一样。"这简直错得离谱。通过显微镜观察大脑所看到的东西，是你私人世界的一部分。你说自己正在观看，是从大脑开始的一个长期因果过程对你的影响。你说自己正在观看的大脑毫无疑问是物质世界的一部分，但它不等于存储你的经验材料的大脑。存储经验材料的大脑是物质的大脑的一个远程影响。而且，如果各种事件在物质时空中的位置，就像我坚持认为的，受到因果关系的影响，那么你的知觉一定存在于大脑中，发生在眼睛和视神经中的各种事件率先进入大脑。关于这个问题，我可以引用哈德森先生于1956年4月在《心灵》杂志上发表的一篇文章的标题来说明我与大多数哲学家的区别。文章标题是《为什么我们不能目睹或观察"在我们头脑中"发生的事情》。我认为，我们可以目睹或观察我们头脑中发生的事情，却根本不能目睹或观察任何其他事情。

我们可以通过另一条路来达到相同的结果。当我们思考拍摄一部分星空的感光底片时，看到这涉及感光底片上的许多事件，就是说，每一个可拍摄的客体，都起码对应一个事件。我推论，在时空的每一块很小的区域都有大量的重叠事件，每一个重叠事件都由一条与某个更早时间的来源相连的因果线连接——尽管通常只是稍微早那么一点点的时间。放置在任何地方的敏感的工具，比如感光底片，从某种意义上可以说是去"知觉"各种客体，这些因果线就是从中产生的。

我不想用"知觉"这个词，除非这个工具是一个活生生的大脑，但那是因为，活体大脑居住的那些区域与那里发生的各种事件之间，拥有各种特定和特有的关系，其中最重要的关系是记忆。无论这些特有的关系存在于何处，我们都会说存在一个知觉者。我们可以将"精神"定义为：通过向后和向前的记忆链相互关联的各种事件的一个集合。我们了解一个各种事件的集合（比如构成我们自己的集合），比我们知道的世界上其他任何事物的构成都更加紧密和直接。至于自己身上发生了什么，我们不仅知道抽象的逻辑结构，还了解各种特征——我的意思是，让声音与颜色相对应，或者红色与绿色相对应的那些特征。这是我们无法知道的那类事情，这就涉及了物质世界。

上述理论有三个要点。第一，数学物理学中出现的各种实体不是物质世界的一部分，而是由各种事件组成的一些构建，是给数学家提供便利的各种单位。第二，我们所有不借助推论的知觉，都属于我们私人的世界。在这方面，我同意贝克莱的观点。我们通过视觉感受知道的星空，就在我们的内心。我们所相信的外部星空，是由推论得出的。第三，各种因果线使我们能够意识到各种客体的多样性，尽管到处都有这样的因果线，但它们倾向于像沙漠中的河流一样逐渐消失。这就是为什么我们在任何情况下都不能知觉一切。

我认为上述理论可以被证明，就像物理学的理论那样，我不仅认为它们无法被反驳，而且，它为困扰许多古代哲学家毕生的难题提供了答案。我认为，任何一个谨慎之人，都不会对我的理论提出比这更多的要求。

第三章 哲学家最初的努力

我从15岁时就开始思考各种哲学问题。从那时到我进入剑桥大学这三年，我的思考是孤独的、彻底业余的，因为我没读过任何哲学书。直到在去三一学院前的最后几个月，我才读到了穆勒的《逻辑体系》。我的大部分时间都被花在数学上，它几乎主导着我在哲学思考中的各种尝试，但促使我思考的情感动因，主要是怀疑宗教的各种基本教条。我之所以对神学产生怀疑，不仅因为我曾在那里找到一丝慰藉，而且因为我觉得，如果我公开这些疑虑会招致痛苦，惹人耻笑。因此，我变得非常孤僻，与世隔绝。在16岁生日前后，我写下了自己信与不信的东西，是用希腊字母拼写的，是为了不让别人看出来。以下是部分摘录：

1888年3月3日

我将就一些主题开始写作，尤其是我最近感兴趣的宗教问题。由于环境更替产生的结果，我开始窥视滋养自己那种宗教的诸多根基。在某些方面，我的一些结论证实了自己以前的信条，但在另一些方面，我无法抗拒地得出了一些结论，它们不仅会使我的同胞震惊，而且已给我带来了很多痛苦。我之前很少肯定某事，但我对某些事的看法几乎是确定的，即使我并不相信它们。我没有勇气告诉我的同胞：我绝不相信永生……

3月19日

我的意思是，今天要放下自己相信上帝的各种根据。可以说，最初我确实相信上帝，如果必须给我的信仰取一个名字，我应该称自己是个"有神论者"。我现在在寻找相信上帝的理由时，只会考虑那些科学论点。我曾发誓相信上帝，我付出了很大的代价去坚守教条，并拒绝所有其他观点。为了找到相信上帝的各种科学根据，我必须回到所有事物的开端。我知道，如果目前的各种自然定律一直起作用，那么此刻宇宙中物质和能量的精确数量就一直不变，但星云假说指出，整个宇宙充满未分化的星云物质的时间并不算太久远。因此，如今存在的物质和力当中很可能有一种创造物，而这种创造物显然只能由神性的能力所创造。然而，即使承认它们一直存在，但在这里，这种力对物质产生作用的动因是什么？我认为，它们只可归因于一种神性控制的力量，我将其恰当地称为"上帝"。

3月22日

在最近的思维训练中，我通过自然的一致性，以及一些规律在自然各方面运行的恒常性，证明了上帝的存在。现在，我们来看这一推论能不能成立。我们假设此刻看见的宇宙，仅仅是因为偶尔而存在的，那么，在任何既定条件下，我们能否期待每一个原子的行动都与另一个原子完全一致呢？我认为，如果原子是无生命的，那么就不能期待它们在不自主的情况下做出任何行动。另外，如果原子被赋予了自由意志，我们就只能得出这样的结论：宇宙中所有的原子都在结成团体，并制定任何项都不曾违背过的定律。这显然是一个荒谬的假设，因此我们必须相信上帝。但这种证明上帝存在的方式，同时也反驳了各种神迹和其他各种所谓的显灵。然而，这还没有反驳它们存在的可能性，因为，诚然，各种定律的制定者也可以取消它们。我们可能会以另一种方式怀疑神迹，因为，如果上帝是宇宙中各种定律的制定者，那么，如果他必须偶尔改变定律，就肯定意味着定律有缺陷，我们永远不能将这种缺陷归于神性的本质，就像在《圣经》中上帝后悔他的创造一样。

4月2日

我现在要谈谈我们这些可怜的必死之人感兴趣或者说最感兴趣的问题。我要谈的是永生。这是让我在思考中最感失望和痛苦的问题。有两种看待永生的方式。第一，通过进化与比较人和动物来看待永生。第二，通过比较人与上帝来看待永生。第一个显然更科学，因为我们了解动物，却不了解上帝。嗯，我们首先来思考自由意志，我认为，在人和其他原生动物之间没有明确的分界线。因此，如果我们赋予人自由意志，我们也必须赋予原生动物自由意志。这很难做到。因此，除非我们愿意赋予原生动物自由意志，否则我们不能赋予人自由意志。然而，这是有可能的，但很难想象。似乎对我而言可能的是，原生质只是在自然的平常过程中聚集在一起的，并没有得到上帝的任何眷顾。那么，我们和所有生物，都只是简单依靠各种化学的力量在运作，和一棵树比起来也没什么稀罕的。没有任何人假装拥有自由意志，而且，如果我们甚至对任何时候作用在任何人身上的力有足够的认识，对任何人在任何时候的积极消极动机、他大脑的组成有足够的认识，那么，我们正好可以预测他将会做什么。再次，从宗教的角度来看，拥有自由意志是极其傲慢的事情，因为它明显是对上帝律法的一种阻碍，根据律法，我们人的一切行动都会像众星一样被安排妥当。我认为，我们必须将初创各种律法的工作留给上帝，这些律法永远不会被破坏，并且决定着每个人的行动。如果没有自由意志，我们就无法获得永生。

4月9日，星期一

……我真希望自己相信永生。因为，一想到人不过是一种不幸被赋予意识的机器，就让我觉得十分悲惨。但是，没有其他一种理论与上帝全能相一致，我认为，科学对此给出了各种充分证明。于是，我必须是一个无神论者或一个不相信永生的人。发现有神论靠不住以后，我接受了无神论，而且没让任何人知道。我认为，无论有神论多么令人失望，它都确实曾带给我们值得惊奇的想法，让我们相信上帝的伟大，他在万物之初创造律法，仅在宇宙角落里一团模糊的以太物质上发挥作用，就能产生我们这样的动物——不仅能意识到自己的存在，甚至能理解上帝存在的凤毛麟角！他并没有多加干预！此刻，让我们再来想想，自由意志不存在这种荒谬的理论。如果我们跟任何人谈起这个问题，他们就会踢腾自己的腿或做类似的动作。但是也许他们不得不这么做，因为他们必须证明一件事，这为他们提供了做这件事的动机。于是，无论我们做什么事，总有决定这样做的动机。此外，在莎士比亚、赫伯特·斯宾塞和一个巴布亚岛民之间没有任何明显的区别。但实际上，他们俩和巴布亚岛民之间的区别，跟人和猴子之间的区别差不多。

4月14日

然而，说人不会永生、没有自由意志也没有灵魂，这种学说几乎寸步难行——简而言之，人不过是一种被赋予意识的神奇机器。因为意识本身是一种特征，以便区分人和无机物。假如人有一个有别于无机物的特征，它为什么不能是自由意志呢？也就是说，自由意志不必遵守第一运动定律，至少它的运动方向不受各种外界因素干扰。此外，我们似乎无法想象一个伟大的人，有理性，有对宇宙的认识，有关于是非的信念，有各种情绪，有爱与恨，有自己的信仰；但是这个人却是一种易腐化的化合物，他的性格和行为结果，完全取决于他大脑中分子的各种特殊运动。而伟人之所以伟大，是因为分子与分子碰撞的次数比其他人要频繁一些！这难道不是天方夜谭吗？相信这种谬论的人是不是疯了？但还有别的选择吗？我们无非是接受已经被证明的演化论，知道猿类的智商会逐渐提高，上帝突然奇迹般地赋予其中一种猿类惊人的理性。我们如何获得这种理性，至今仍是一个谜。那么人，被真正称为上帝光辉之作的人，在演化几万年之后，是否注定要彻底灭亡？不能这么说，但我更喜欢这样的说法，上帝曾需要用一次神迹来创造人类，如今却让人类随心所欲地生活。

4月18日

那么，先接受这样的理论：人一定会死，而且没有自由意志。这纯粹是一个理论，当然这都只是推测，我们能形成哪些关于对错的理念呢？许多人说，如果你提到这种荒谬的宿命论（尽管他们不这么认为，但这与我此时想法是一样的），那么良心等概念会变成什么呢？（他们认为良心是上帝直接植入人体的）现在，我的理念是，我们的良心首先是来自演化（演化当然会形成自我保护的本能），其次是来自文明和教育，它们大大提升了自我保护的理念，并上升为道德。让我们以《十诚》为例，它们算是原始道德，其中许多条目对社会安定极为有利。于是，其中向来被认为最恶劣、最令人悔恨的罪行是谋杀，因为这是对人类种群的直接毁灭。同样，我们知道，在希伯来人中，生养很多孩子被认为是上帝的偏爱，而膝下无子的人被认为是上帝在诅咒他。在古罗马社会，寡妇也遭人白眼，而且我相信，罗马人禁止寡妇单身一年以上。为什么会有这些奇怪理念呢？难道它们不只是因为这些令人怜悯或厌恶的客体没有生下新的人类吗？我们很容易理解，当人变得过于理智时，这些理念是如何成长起来的，因为，如果谋杀和自杀在一个种群中频频发生，那么，这个种群就会灭绝，因此，厌弃杀人的部落，就会有很大的生存优势。当然，在受教育程度更高的社会中，这些观念经过了多次修正。我打算下次再谈论这个。

4月20日

因此，我认为，原始道德总是起源于保护种群的理念。但这是一个文明社群应该遵循的规则吗？不是。我用自己的人生准则引导自己的行为，偏离我认为是罪孽的准则，在我认为最有可能产生最大幸福的方式中行动，同时考虑幸福的强度和获得幸福之人的数量。我奶奶觉得这是不切实际的生活准则，她说，既然你永远不可能知道什么东西能带来最大的幸福，那么你最好听从良心的呼唤。然而，人们很容易认为良心主要来自教育（例如，爱尔兰人不认为说谎有错），这个事实本身似乎就足以反驳良心的神圣本质。而且，正如我相信的，良心不过是演化和教育相结合的产物，那么很明显，听从良心而非理性，显然是荒谬的。我的理性告诉我，为了获得最大的幸福而采取行动是最佳方式。因为我曾试着寻找其他的目标，但失败了。不单独追求我个人的幸福，每个人的幸福都是平等的，在我自己、亲戚、朋友或者陌生人之间没有任何差别。在现实生活中，只要别人无法左右我的意见，对我而言就是一样的，因为很明显，如果有机会，你最好做别人眼中正确的事情。我的理性支持这种观点：首先，我找不到其他人，像所有接受演化论的人一样，被迫放弃探究良心的陈旧理念；其次，我认为，幸福似乎是一件值得追求的伟大事业，其实所有诚实的公众人物都在追求它。作为这一理论在生活中的实践，我会说，在没有其他人关注我的情况下（如果确实有这种情况），我当然应该彻底自私地取悦自己。再举一个例子，假如我能用我的命换一个快被淹死的人的命，我明知道他是坏人，他死了更好，显然我应该选自己的命，而不是他的命。因为，如果我死了倒也省事。但一旦我救了他，我的余生会收到无尽的赞美。但是，如果我任由他淹死，我会让死者失去生存机会，也会因为道德谴责而痛苦，但这个世界确实会因为他的死变得更好，因为我还有一点希望。

4月29日

在所有事情上，我都曾发誓听从理性，而不是听我从祖先那里部分继承的本能。这种本能一方面是通过自然选择而逐渐获得的，另一方面是通过我接受的教育而获得的。在大是大非的问题上听从这些观点是多么荒谬啊。因为，正如我之前观察到的，遗传的部分只能带来各种种群自我保护的原则，或者我所属的那个种群中小部分原则。因受教育而获得的那部分良心是好是坏，取决于个体受的教育。然而，即使这颗上帝赐予的良心招惹了残忍的玛丽女王，让她烧死虔诚的新教徒，我们这些理性的人还是得去听从良心。我认为这种观念有些疯狂，但我依然尽可能凭借理性走得更远。我认为，我的理想是寻求最多数人的最大幸福。然后，我可以运用理性找出最有利于实现这个结果的道路，但就我个人而言，由于我所受的良好教育，我多少也可以凭着良心去参透这个过程。但诡异的是，人类为什么不放弃野兽的冲动，转而诉诸理性……

5月3日

……还有，另外一个我没提到的强力论点，即"灵魂"似乎与身体不可分割，它与身体一起成长、衰弱、睡觉，影响大脑，反过来又受到大脑中任何反常事物的影响。华兹华斯的诗歌《暗示》是骗人的，因为很明显，灵魂是随着身体成长的，而非像他所说的从一开始就很完美。

6月3日

不同的是，几乎没有什么教条的原则能让我信服。我接连发现，从前不容置疑的各种信念，正从我身上坠入怀疑的谷底。例如，我从来没有一瞬间怀疑过，抓住真理是一件好事。但是现在，我正是对此有最大限度的怀疑和不确定性。因为对真理的追求使我得到了这些结果，我将这些结果写进了这本书，然而，假如我乐意接受年轻时的各种受教，我本应该保持在舒适里。对真理的追求粉碎了我大部分的旧信念，让我很有可能犯下了罪，我本应该珍惜这些信念。我不认为追求真理能让自己更快乐，当然它赋予了我更深层的性格，轻视各种琐事或嘲笑，但同时，它也夺走了很多欢乐，让我更难交到知心朋友。最糟糕的是，它阻碍了我与同胞自由交往，让他们对我内心深处的某些思想嗤之以鼻，如果我不幸地公开了这些思想，立刻就会变成饭后谈资，这种痛苦我难以形容的，尽管还未到非人道的地步。于是，在我自己的例子中，应该说追求真理带来的各种消极影响多于各种积极影响。但是，我接受的这种真理本身，可能会被说不是真理，而且我可能会被告知，如果我接受了真正的真理会因此更加快乐，然而，这是一个非常值得怀疑的观点。从这时起，我非常怀疑真理的各种纯粹优点。当然，生物学上的真理，会让我们轻视人性，这必定会招致痛苦。此外，真理让我疏远了昔日的朋友，并妨碍我结交新的朋友，这也是一件坏事。我们也许应该将这些事情视为一种殉道，因为一个人获得的真理，往往可能增加他人的幸福，但他自己的幸福却在流失。总的来说，我依然乐于追求真理，尽管我不打算传播这本书中的那种真理（假如它真的算真理），我更想避免去传播它。

我的精神在这里陷入了混乱，这种混乱缘于一种尝试——整合来自三个世纪的三种理论与知觉。从以上摘录可以看出，我那粗糙的思维方式始终追随着笛卡儿的路线。我早年很熟悉笛卡儿这个名字，但只知他发明了"笛卡儿函数"，不知他还写过哲学书。我拒绝自由意志的理由是它侵犯了上帝的全能性，这可能使我走上斯宾诺莎的哲学道路。出于相同的原因，我被引向了这种 17 世纪的理论，这种原因同样塑造了它——熟悉动力学的各种定律，而且相信它们解释了物质的一切运动。然而，过了一段时间，我开始不相信上帝，甚至走得更远，更像一个 18 世纪的法国启蒙哲学家，变成理性的狂热信徒——我喜欢拉普拉斯算子，憎恨一切自认为是迷信的东西，我深信通过理性和装上机器部件，能让人类变得完美。这些都出于一种狂热而非怀旧之情。然而，我就这样带着情绪抱守着这些陈旧观点，因为我找不到理性的支持。我后悔自己抛弃了信仰。我带着一种狂热激情去爱自然的美,带着同情去阅读。尽管我以清晰的理性拒绝了宗教,却仍为华兹华斯、卡莱尔和丁尼生的宗教诗进行辩护。在我读到穆勒的《逻辑体系》之前只读过贝克莱的书。穆勒的书我认为近乎完美,但我还是被那些令人无法接受的诗人的花言巧语打动了。卡莱尔的"永存者否"和"永存者是"似乎对我是非常耀眼的,尽管我认为它们没什么用。在我当时知道的诗人中,只有雪莱和我意气相投,不仅因为他的优点,还因为他的缺点。他的自怨自艾和他的无神论都给我带来安慰。我根本无法使自己成为一个和谐的总体,使其囊括17世纪的各种知识、18世纪的各种信念和19世纪的各种狂热的一个和谐整体。

我不仅对神学有各种怀疑,而且对数学也有各种怀疑。欧几里得的一些证明,特别是那些使用叠加法的证明,我认为非常站不住脚。我的一位导师告诉我一些非欧几里得式的几何学。尽管我对它一无所知,只知道它存在的事实,直到很多年以后,我才有一个认识,这样一个主题非常令人兴奋,它在智力上使人高兴,却是令人不安的几何学怀疑的一个来源。教我微积分的人,不知道它的根本定理的各种有效证明,却试图说服我接受官方的各种诡辩,将其作为体现信仰的一种行为。我意识到微积分在实践中是可行的,但是我无法理解为什么它应该这样做。然而,我得到了技术的技巧之后,找到了如此多的乐趣,以至于大多数时候我都忘记了自己的各种怀疑。而且,在某种程度上,它们被一本书彻底扫清,这让我非常高兴,这本书就是 W. K. 克利福德的《精确科学的常识》。

尽管青春期充满痛苦,但在那些年里,对知识和智力成就的渴望一直驱使我不断前进。我隐隐觉得我有能力拨开迷雾，去伪存真，让世界上人人都活得更加幸福，机器各司其职，社会公平接受监督。我希望有一天能找到一种完美的数学，它如此确定，不给怀疑论留下任何反驳的余地，然后一点点地将这种确定性扩展到其他各个科学。在这三年里，我对神学的兴趣逐渐减退，抛弃对正统神学的最后一丝幻想，这带给我一种真正的解脱。

第四章　唯我主义的短暂巡游

直到1890年10月进入剑桥大学后，我才遇到了穆勒以外的哲学家们，包括在他们的书本中，以及与他们本人面对面。在之前的三年里，尽管将主要时间花在数学上，但我仍努力进行了大量的哲学阅读和论证。哈罗德·约阿希姆是默顿学院的哲学教授也是布拉德莱的信徒，他是我在黑斯尔米尔的邻居，也是我叔叔的妹夫。我告诉他我很喜欢哲学，他非常友善地开给我一份读书清单。我只记得其中两本书：一是布拉德莱的《逻辑学》，他说这本书很好但很难；二是鲍桑葵的《逻辑学》，他说这书更好，但也更难读。可能让他吃惊的是，我开始读他书单上所有的书。但是，我的哲学阅读被一个偶然事件打断了许久。1892年年初，我得了轻微流感，导致我好几个月提不起精神和兴趣。我那时的研究毫无进展，而且由于我没有告诉任何人自己得了流感以及它的后果，人们觉得读哲学是在拖累我的数学。我曾咨询詹姆斯·沃德应该读什么书，他告诉我："在你的数学荣誉学位考试通过之前别再读哲学了。"数学考试及格的人就是数学考试及格的人，他得出了这样一个同一律的结论。但结果我的数学成绩并不坏，他给我建议时我还有些担心呢。

我在剑桥大学读本科时，发现这里数学教学一塌糊涂。最糟糕的是荣誉学位考试的授勋制度，这个制度不久后就被废除了。对不同考生按成绩排先后，导致只强调"各种问题"，而不重视"书本研究"。为数学定理提供"各种证明"，是对逻辑能力的一种侮辱。事实上，整个数学科目被他们搞成一套耍小聪明的技巧，只为了在荣誉学位考试中积累分数。这一切对我的影响是，我觉得数学很讨厌。当我通过了荣誉学位考试后，卖掉了自己所有的数学书，并发誓自己再也不看数学书了。所以，在我的第四学年，我满心欢喜地投入哲学的幻想世界中。

对我影响最大的是德国唯我主义，除了康德就是黑格尔，只有一个例外——亨利·西季威克，他是最后的功利主义者。当时，我和其他两个年轻人一样没有给他应有的尊重，还给他取外号叫"老西季"，觉得他是个老古董。这两个人就是詹姆斯·沃德和G. F. 斯托特，前者是康德的信徒，后者是黑格尔的信徒。布拉德莱的《表象与实在》就是在这时出版的，而且斯托特说，这本书在本体论方面已登峰造极。然而，这两人对我的影响都没有麦克戈塔特那么深。经验主义哲学早年曾深得我意，但麦克戈塔特针对粗陋的经验主义给出了一些黑格尔式的解答。他说他可以通过逻辑证明世界是美好的、灵魂是永生的。他承认，这个证明过程十分冗长艰涩。我们只有掌握很多哲学后才能理解它。我一开始站出来反对他，却逐渐失去立场，直到1894年，就在我的伦理学考试之前，我彻底转向了半康德、半黑格尔的形而上学。

　　根据教学制度，通过考试之后，接下来要写一篇学位论文。我选的主题是"几何学的各种基础"，尤其是"非欧几何对康德超验审美的影响"。我在论文中穿插了有关经济学和德国社会民主主义的研究，这也是我第一本书的主题。我用在柏林的两个冬天写完了那本书。这两个冬天和第二年（1896年），我和妻子去美国旅行，这让我摆脱了剑桥的狭隘，还让我发现了德国人在纯数学上的研究，这是我的知识空白。尽管我之前曾发了个毒誓，但还是读了很多数学书——后来我发现，其中大部分跟我的兴趣毫不相干。我读了达布的《表面理论》、迪尼的《实变函数理论》、几本法语的《分析课程》、高斯的《曲面通论》、格拉斯曼的《扩张论》，最后这本书将我引向了怀特海，他的《普遍代数》不久后就出版了，主要阐述格拉斯曼的体系，这让我非常兴奋。但我相信应用数学比纯数学更有价值，因为应用数学更有可能促进人类的共同幸福（在我维多利亚式的乐观主义脑瓜里，就是这样想的）。我仔细阅读了克勒克·麦克斯韦的《电和磁》，还研究了赫兹的《机械原理》。当赫兹成功地制造电磁波时，我与有荣焉。J. J. 汤普森的实验也让我兴味盎然。我还读过一些与我更志趣相投的作品，比如戴德金、康托尔和弗雷格的著作。弗雷格对我的帮助可能更大，后来我才认识到这一点。

　　我写的第一本哲学书《论几何学的基础》，是对我学位论文的详细扩展，现在回想起来，这本书还是挺蠢的。我接过了康德的问题"几何学如何成立"，我认定，只有当空间是三个公认形式之一时才能成立，其中一个是欧几里得几何学，另两个是非欧几何学（当且仅当拥有恒定的"曲率度量衡"

时）。爱因斯坦的革命把这类观点一扫而空。在他的广义相对论中，我说的那种几何学是不可能成立的。爱因斯坦引用的张量理论基础对我是有用的，但此前我从没听说过什么张量理论。除了各种细节，我不觉得这本早期的书有什么价值。

但更糟糕的事情接踵而来。我的几何学理论主要是康德式的，但在这之后我一股脑儿扑向了黑格尔式辩证法。我写了一篇纯黑格尔式的论文《论数与量的关系》，论文主旨就在前两段中，如下：

我希望在这篇论文中讨论数学哲学中最根本的问题之一。我们的观点是，这种关系必须取决于我们如何诠释无穷小微积分及其所有结果——简而言之，取决于如何诠释所有高等数学。连续统一体的理念——在哲学和数学中，这一理念变得越来越突出，尤其是最近，它撤销了休谟和康德共有的原子论观点——我认为，随着数学中相对于数字的数量的相对合理的解释，连续统一体的概念必然会兴盛或衰落。然而，没有必要在这里处理数学方面的各种考虑；在纯粹的逻辑层面上，考虑数字和数量就已足够。我将一直使用数量作为连续的数量的对应物，而且我将努力在文稿的写作过程中，使"连续"这个词的意思明确。

我的论证如下：首先，我将讨论数字，并证明其超越正整数的各种扩展是由对单位的各种属性的逐渐吸收而产生的，而且提供了关于整体逐渐减少的信息。然后，我将讨论数字在连续统一体中的应用问题，而且将努力证明数字本身并没有提供关于数量的信息，数字只能与一个已有的数量单位进行比较。因此，看来在对单位进行分析时，必须寻找数量。假设数量是各种数量的一种内在的属性，我将讨论两个假设。第一个假设认为，数量是一个无法简化的范畴，第二个假设认为它是一种直接的感觉材料。关于第一个假设，我们将看到扩展的各种数量因为它们的可分性而变得矛盾，它们必须被认为是真正不可分的，所以是无法扩展的。但是，如果无法扩展的数量也是各种数量的一个内在属性，看来它一定也是它们之间的一种纯粹的关系。数量是一个范畴的假设提供了一种内在属性，因此必须拒绝这个假设。数量的意义是材料的这一假设，也会被发现导致了各种矛盾。因此，我们将不得不拒绝数量是各种数量的一种固有属性的观点。相反，我们应该将它视为一个比较的范畴；我们要说，在可以定量处理的各种事物中没有共同的属性，除了外部的属性包含的东西，它们是其他相似的定量的各种事物，可以被定量地比较。这将在最广泛的意义上将数量变成衡量，而且我认为，凭借这一点，我们先前的各种困难将会结束。但是同时，每个带有数字的关联都将停止——我们要说，数量或者衡量是比较的一个完全独立的比较构想。但是，对于牵涉衡量的比较类型的讨论，将以一种新的形式带回我们先前的各种困难；我们将发现，被比较的各种项，虽然我们不再把它们看成数量，但它们仍然充满矛盾，这与本文第一部分关于数量本身的矛盾是一致的。我的结论是，量只适用于事实上的类别和可能的即时材料，而不适用于任何完全理解的材料。

尽管库图拉特将这篇文章称为"一篇微妙的辩证法杰

作", 但在现在看来, 这完全是一派胡言。

我年轻时(也许现在依然如此)对自己的理论有一种难以置信的乐观。我在1896年完成了《论几何学的基础》, 我隐约记得已经解决了几何上的各种问题, 而且任由自己对物理学基础做了同样的研究。我在物理学基础上钻研了两年, 但是当时我发表的唯一表达观点的文章, 就只有那篇《论数与量的关系》。当时, 我是一个羽翼丰满的黑格尔主义者, 目标是为各门科学构建一套完整的辩证法, 它最终将证明一切现实都是精神上的。我接受了黑格尔的观点, 即没有一门科学是完全正确的, 因为所有科学都建立于某种抽象之上, 而且抽象迟早都会导致各种矛盾。无论康德与黑格尔在那个问题上发生冲突与否, 我都会支持黑格尔。康德的《自然科学的形而上学基础》给我留下了深刻的印象, 而且我对此做了详尽的注释, 我评论道, 全书分为四部分, 分别与各种范畴的表格相对应, 三个定律中的每一个都可有一个对应的范畴。但是这三个定律通常是非常人为的, 其中两个是自然的。

这两个问题使我对物理学哲学尤其感兴趣。第一个问题是关于绝对运动或者相对运动的问题。牛顿的一个论点显示, 旋转必须是绝对的而非相对的。但是, 这个论点让人们担心, 他们却无法找到任何反驳的理由, 尽管所有运动都是相对的这一相反观点的论点, 似乎至少同样是令人信服的。这个难题一直没有得到解决, 直到爱因斯坦提出他的相对论。从黑格尔式的辩证法观点来看, 这是矛盾的一个便利的来源: 没有必要在物理学内(所以我假设)找一个解决方法, 但是得承认, 物质是一种非现实的抽象, 任何关于物质的科学都无法在逻辑上令人满意。

我关心的另一个问题是，物质是由被真空隔开的原子构成的，还是由充满整个空间的全体物质构成的？我一开始倾向于前一种观点，其中最有逻辑性的倡导者是波斯科维奇。根据他的观点，一个原子只占据空间的一个点，所有的相互作用都是一定距离的作用，就像牛顿的万有引力定律一样。然而，另一种不同的观点来自法拉第的实验，而且体现在克勒克·麦克斯韦关于电和磁的伟大著作中。这本书一直是怀特海的学位论文的研究主题[①]，而且怀特海敦促我更偏爱他的观点，而非波斯科维奇的观点。除了偏爱经验主义的各种论点外，它还拥有在一定距离行动的优势，即使对牛顿而言这总是难以置信的。当我采用更现代的观点时，我赋予它一身黑格尔式的外衣，而且将其再现为从莱布尼茨到斯宾诺莎的一个辩证的过渡，所以容许我自己承认我认为的逻辑顺序胜过那个时间表。

我觉得，重温我在1896—1898年写的关于物理学哲学的论文是毫无意义的，然而我发现，如果不是这样，我想不到还能有什么其他办法。幸运的是，在这项工作达到我认为适合出版的阶段之前，我颠覆了自己的整个人生哲学，开始抛弃我在那两年做的一切。然而，我当时做笔记可能是早年习惯使然，而且，现在想起来，这些文字失之偏颇，我不认为它们比黑格尔的书更有价值。以下是我在那些年做的笔记里面一些比较重要的段落。

---

① 怀特海在剑桥大学一直被视为一个应用数学家而非纯数学家。这种观点仍然存在，因为剑桥大学对《论普遍代数》没有给予应有的重视。

论科学辩证法的理念（1898年1月1日）

通过从一开始就包括空间和时间，似乎可能获得一种辩证法，它与表象的关系比它与纯逻辑的关系更密切，而且不同之处在于，它也许不仅仅是各种范畴的图式化。因为可能存在我们所说的各种范畴和感觉之间的一种化学的联合，导致无法仅仅通过后续的各种纯粹范畴的图式化，获得各种新的理念。在这种辩证法中，我应该从这一结果出发，即数量是一种仅适用于这样的直接材料的构想，通过运用它可以使直接材料变成媒介。因此，从数量中辩证地得到的一切，都会与各种逻辑的范畴实质性不同，然而没有任何逻辑的范畴适用于这样的直接材料。数学的成功既支持又解释了现在的这个观点。似乎可能的是，在诸如连续统一体和全体物质这样的理念中，逻辑学徒劳地追求的直接性被保留了下来。我们或许能找到一种方法，将表象变成现实，而非先建构现实，然后再面对那种没前途的二元论。

但是，必须说，在这样的辩证法中，在除了最后阶段之外的任何阶段，我们必须避免过于严格要求自我一致性。因为感觉的要素总是存在的，我们不能将每一个矛盾都当作在谴责我们的各种构想，有些矛盾必须被认为是不可避免地由感觉的要素产生。因此，在构建这样的一种辩证法之前，必须找到一个原则，以便与不可避免的各种矛盾区分开来。我相信唯一不可避免的矛盾属于数量，即两件事可能在构想上有所不同，而这种不同也可能是一个构想。这种矛盾的必然性，似乎是因为意义的各种不同。

关于从几何学向动力学过渡的注释

物质常常被认为是由两个属性中的一个或另一个定义的：扩展或者力。但是，如果空间纯粹是相对的，正如几何学的讨论所表明的那样，扩展就不能成为物质的与众不同的标志，因为它必须作为实质来承担责任。因此，只有力仍然存在，即各个原子被视为尚未扩展的力的各个中心，仅仅由于它们的相互作用而占据局部的空间，却没有自身的空间。现在，力只能通过产生运动来表现它自己：各种力平衡的静止的构想只能从动力学概念推演出来。从此时起，几何学涉及对物质的考虑，而物质必须首先被认为是导致其他物质产生运动的物质。在这里，我们有了关于物质的一个相对的概念，这是可取的。此外，只要物质被视为终极的范畴，这个构想的相对性就包含了各种矛盾。我们必须首先讨论运动的各种定律，然后展示这些定律对物质和其他更多东西的观点，而且将我们引向其他的一些科学。

注意：为了从几何学到动力学的辩证的过渡，几何学涉及空间中不同部分图形的对立，涉及运动，那种运动涉及的不仅仅是空间中的物质，因为空间中的某个位置唯独由其位置定义，它是无法运动的。从此时起，几何学一定会使物质运动。从此时起，这就将我们带到了运动学面前，然后将我们带到动力学面前。因为运动涉及一个运动的物质，它的运动只是相对于其他的物质而言的。这个运动必须有一个起因，而且由于物质之间存在相互关系，这些物质之间的相互作用一定就是那个起因。这一点已经包含了各种运动定律。

关于物质的一些定义

普遍定义：物质，就其外部的感觉材料而言，可以视为一种逻辑的主体或实质。但它比其他任何感性材料的矛盾更少。

（1）运动学上的定义

物质在空间中的关系可以由各种形容词说明。我们看到，在几何学中，试图使空间成为一个逻辑主体的努力失败了：那些，只有在空间仅仅由一个纯粹的形容词说明的情况下，那些让认识成为可能的公理才是正确的。因此，它必须是关于某种事物的形容词，甚至几何学将物质作为其可能性的条件，尽管总的来说，几何学在其他方面对物质漠不关心。由于几何学比较空间的不同部分，因此，它的可能性涉及运动的可能性，即位置的改变。只要关注的是几何学，就不会引入时间，因为时间如何影响地点的变化是无关紧要的——也不会引入物质的任何属性，几何学易受表示空间的各种形容词变化的影响，然而，它仍没有丧失身份。但是，说这么多是有必要的，因为运动是必要的；且运动涉及的东西不仅是空间，因为各种位置被这样单独定义为不可运动的。简而言之，空间是不可运动的，如果几何学中没有运动是不可能的，那么我们需要一些可以在空间中运动的某种事物。几何学再次要求，空间不仅仅是由一个形容词说明，而是由一个表示关系的形容词说明，因此这种运动的物质的各种终极的组成部分必须不包含任何空间，而是由它们各种空间的关系占据局部的空间，就像点那样。例如，根据自由运动性的公理，这些点状的原子实际上必须运动，即改变它们的空间关系——但是它们如何运动，在这里是无关紧要的。各个原子只因彼此之间的关系而占据局部的空间，在它们各种可能的价值的多种形式中，只有这些关系占据的空间。举例而言，如果只有两个原子，空间就只是连接它们的那条直线；如果有三个原子，空间就是它们所在的那个平面。

（2）动力学上的定义

物质不仅是可运动的，而且是运动者：两个物质能够以某种方式互相影响，从而改变它们之间的各种空间关系。因为我们看到，在上文的定义中，物质必须运动，即改变它与其他物质的各种空间关系。

现在，这种改变是一个事件，根据因果关系定律，这种改变一定有一个起因。此外，如果我们要创建动力学，即一门关于物质运动的科学，除了考虑宇宙中的其他事物以外，我们还必须能够在自己已有的各种构想里面找到这个起因，即在物质和各种空间关系里面。事实上，我们不可能用各种更高的范畴真正独立地创建这样一门科学，这一点可以通过绝对运动的矛盾来证明。因此，物质运动的起因，看来实际上必须是比纯粹的物质或力更复杂的某种事物。从此时起，我们认为物质的运动是由物质引起的：任何两个物质都有一个相互的因果关系，它倾向于改变它们之间的空间关系，即它们之间的距离。这种关系就是力。

力必须是相互的（牛顿第三定律），因为它的影响是距离的变化，这是一种相互的关系。此外，除非我们假设它能在无穷小的时间内产生有限的影响，否则这将是荒谬的，它的影响必须使一个有限的空间关系发生变化，因此在一段有限的时间内产生了一个有限的速度，这给了它好比加速度的即时影响（谬论！）（这是第一条定律的对应物）。同样，为了使力的科学可以成为可能，两个原子之间的力必须是它们空间关系的一个函数，因为这本身就是可衡量的。（这种必要性也可以从相反的伴随变化定律推演出来，因为空间关系与力的因果是有关联的。）从此时起，力 =f（距离），这是引力定律的一般形式。因为经验并不能立即证实这一点，我们发明了一个新的构想，即质量，写上 $F=mm'f(\pi)(r)$（这包括运动第二定律）。这一点假设质量（运动的全体物质的对应物）在任何时间和地点对同一个粒子是恒定的，这遵循物质作为实质的构想（不对！）。上文将引力作为终极的动力学定律，以及将对质量的天文学衡量作为根本的定律。从此时起，对动力学而言，物质是由相互关联的各种事物组成的，其各种关系由以下组成：①各种空间关系；②倾向于改变空间关系的各种因果关系（力），它们自身的衡量标准是它们在改变这些关系时所起的作用，以及与这些有关联的各种功能。所以对它们的衡量以及对附属的质量的衡量，取决于对空间和时间的衡量，最终取决于对空间的衡量。

动力学与绝对运动

　　从此时起，定义一个位置和运动的唯一方法是参考各种轴，这些可以知觉的轴必须是物质的，能够指代各种空间关系中的那些关系者。更确切地说，它们必须由物质的各个点的各种关系产生。因此，运动只能通过它与物质的关系来定义。但是于运动的各种定律而言，这个问题不应该与其运动被考虑的物质，或者实际上与任何物质有任何动力的（因果的）关系，这是至关重要的。如果存在这样的一种关系，运动的各种定律就会变得不适用，我们的那些等式就变得不正确了。但是运动的各种定律都可以引向引力，而且如果这是普遍的，没有任何物质与任何给定的物质，没有任何动力学的关系。从此时起，就会产生矛盾。对动力学而言，在几何学上必要的是我们的各条轴应该是物质的，在动力学上必要的是它们应该是非物质的。

如何解决这个矛盾呢？很明显，这个矛盾是如此根本，以至于描述一个纯动力学的宇宙是荒谬可笑的——简单来说，现实中的各种事物，必须由除了空间与力之外的其他词汇来说明，因为空间与力的相对性让它们无法成形。出于各种实际的意图，这个矛盾并没有摧毁动力学的效用，因为，我们始终在发现与我们研究的任何物质运动毫不相关的一些物质，从而使我们的那些等式能够确实成立。但就眼下这个理论而言，为了不让空间与力的相对性妨碍对它们的理解，我们必须以各种关系来代替空间与力。也许，我还可以有希望恢复"这里"的卓越性，使其作为绝对位置的原点。也许，我们可以用"意志力"这个概念取代力，这样就进入了心理学领域。

物质和运动

例如，由斯塔洛提出的普通机械论，完全按照物质和属性、物质和运动的二元构想前进。它认为两者都是现实的、独立的、量子的，后者可以从物质转换为物质，但是不可毁灭。进一步，它假设有一个绝对空间，它的运动在这个空间里发生，这个绝对空间导致它坚称：（1）物质的各种要素必须拥有扩展；（2）所有运动的交流必须通过接触来进行（一个事物不能在它不存在的地方行动）。但由于空间的相对性，这两个公理都被驳斥了。我们如果用以下两个命题替代前两个，就能消除许多矛盾：（1'）物质的各种要素不包含任何空间，而是通过它们几何学上的关系占据局部的空间，就像点那样；（2'）所有的行动都是一定距离的行动，而且距离本身就是一种互动。这样一来，结果就变成：（a）没有弹性的矛盾，因为是不可变的，因为通过冲击没有损失任何能量，所以成了有弹性的。（b）有一个矛盾是，质量的各种要素在数量上必须相等，在化学中则不是这样。因为如果各种要素是点，那么任何必要的数字都可以在无论多么薄的任何一本书中被收集到一起，但是没有可以获得终极的原子的任何经验。（c）矛盾：缺乏自动力，但是在一定距离之外行动，因为根据物质的这种定义，它最本质的特征是"在一定距离之外行动，抛开它自身运动且可以引起其他的物质运动"。这样定义物质，就能永远避免把它当作一个主语、本体或一个绝对之物了。上述观点可以解释重力是瞬时的，各种介质对它而言并不是透明的。它能解决动能和潜在能量的矛盾吗？我还不知道。这就留下了绝对运动的根本矛盾——必须将一个体系的运动相对地看成物质本身在没有任何力的作用下的运动，但是物质的构想本身排除了任何物质的存在。这是由于将物质定义为运动的和由另一个物质引起运动的，其相对性被过分地强调了，这种定义使我们不可能永远将物质当作一个逻辑的主体、实质或绝对来看待。

关于绝对运动的矛盾的简述

（1）物质是自主运动的，同时也由其他物质引起运动。（2）物质的运动是物质与某些其他物质之间的空间关系的变化。（3）各种物质之间的空间关系的变化，只能通过各种物质之间某种不变的空间关系来衡量。（4）没有两个物质能够拥有不变的空间关系，除非它们彼此之间以及它们与其他物质之间没有动力学的关系。（5）正是这样一些关系（在1中）组成了物质的定义。

因此，（a）空间关系的任何改变都不可以衡量。（b）没有运动，就无法衡量任何物质和力。（c）由物质本质的相对性而产生的矛盾，使动力学在辩证上站不住脚。（d）物质和运动不能形成一个自我存在的世界，也不能组成现实。①

注意：运动在空间和时间上拥有双重的相对性，这导致了两种无限的倒退。重要的是，严格地说，矛盾并不是因为运动学的根据而产生的，只有当物质被认为是运动的起因时，它才会产生。

注意：绝对运动的必要性与试图将质量看作内在的东西密切关联。质量的相对性会消除其必要性。这也许会对全体物质有帮助。

我们能否使点状物质向全体物质实现辩证的过渡

绝对运动的矛盾只出现在动力学中，而非出现在运动学中。因此，它表明错误在于我们对力的构想，即对各个原子

---

① 运动的相对性导致在空间里的一种无限倒退，这精确地等于由因果关系引入的同样致命的无限倒退。

之间相互关联的构想。我们将物质的各种要素定义为自身运动，而且可以由其他的物质引起运动。但是在这个定义中，这些要素不再是自我存在的了。相反，除了质量以外，任何要素的形容词都完全是由该要素与所有其他要素的关系构成的，而且质量也只在这些关系中被展示出来。因此，必要的过程似乎将我们的原子视为仅仅是完全由各种形容词说明的一个单一的实质，或者如果我们更喜欢，可以将各个原子视为出现在不同地方的相同实质。结果是一样的，因为无论在哪种情况下，使其拥有特殊性的只能是形容词的说明。洛兹的观点似乎是真实的：如果 M 是整体，而且 A、B 变成了 A'、B'，那么 $M = \phi(A, B, \cdots) = \phi(A', B', \cdots)$，连接 A 和 B 的是这个等式，而非任何直接而短暂的因果关系。既然我们仍然决定将物质看成自我存在的，我们现在要说 M 是一个整体，它的空间和运动只是各种形容词；它是一个整体，不能被有效地分析为简单的实在物，尽管在某种意义上，它也可能像在精神的世界里那样，有一些浓缩的中心。即可能有一些形容词分布在空间的各个点上，给离散的各个点提供各种特有的属性。但是因为所有的空间都是由物质的形容词说明的，所以物质在某种意义上将无处不在。通过这样的方式，苍天和总物质之间的区别可能会被维持下去。物质的各种定律将不得不以某种方式从整体的不变性中产生，就像上面的等式 $M = \phi(A, B, \cdots)$。如何应用这一原则，可能是一个纯粹以经验为依据的研究的问题。似乎这个观点只是正好可能解决绝对运动的矛盾，因为现在除了一个整体以外，没有任何物质，而这个整体永远没有处于任何力的作用之下。但是没有处于任何力的作用之下的物质，恰恰是我们解决矛盾所需要的。我们的辩证法的原则似乎在于使整体逐渐变得更加明晰。我们分离出来的各个粒子，首先与其他粒子有关，然后必然与所有其他粒子有关，最后认为各个粒子是分离的之观点根本就是错误的。有了这一点，我们就转到了全体物质。对全体物质的粗陋观点——根据这种观点，物质在不同的地方有真正不同的各个部分，只是各部分之间没有区分——显然是没有希望的。正确的观点是，必然是一个整体的相同物质，暴露在空间的每一个点面前，而且在平常的意义上并未扩展，而是包含了所有的扩展。（"那光在她的灵魂里，在她的每一个部位。"《斗士参孙》）现在我们运动的各项原则将仰赖整体的永恒，而非仰赖各个单子的各种习惯。于是，整体的明晰性就在各方面有一种逐渐的增长。但离开动力学，我不知道如何继续这个过程。

注意：关于全体物质的运动学和绝对运动（或第一定律）的问题，考虑一个运动不是一个变化的可能性是非常重要的。只要改变仅仅随着运动的改变产生，就可以解释第一定律，而且允许由同类部分组成的全体物质里的运动。需要注意的是，整体没有得到适当的扩展：空间在它里面，而非它在空间里面。空间必须仅仅被视为其区别的一个方面，时间也是如此。这样就会提供一个定性的表象，不同的形容词附加在空间和时间的每一点上，但是在现实中，空间和时间是从这些定性的形容词中抽象出来的，反之亦然。这样，由于时间或地点的改变，就会产生各种不同，这就是运动的表象需要的一切。有趣的是，可以观察到，整个宇宙在某种意义上既存在于每一个空间点，也存在于每一个时间点。（这是我们先前对物质定义的结果，如果一个事物只在它自己的地点活动，那么物质可以在任何地点活动。）

论科学逻辑学

每一门科学都有一定数量的基本观念，这个数量比所有根本的理念要少。现在，每一门科学都可以被认为是试图用自己的各种理念创建一个宇宙。因此，在各种科学的逻辑学中，我们必须做的，就是用合宜的各组理念创建一个没有任何矛盾的世界，除非因为这些理念的不完整性不可避免地产生各种矛盾。在任何科学中，所有并非不可避免的各种矛盾在逻辑上都应该受到谴责；普遍的认识论认为，如果将整个科学当作一种形而上学，即当作一种独立的、自我存在的知识，这是应该受到谴责的。因此，我们必须首先整理一门科学的各种假设，以便将各种矛盾降到最低限度；然后为这些假设或理念提供补充，借此来消除所讨论的这门科学中的各种特殊的矛盾，于是，一门新科学得以外传，而这新科学又可以受到相同的处理。

举个例子，数是算术中的一个根本概念，它涉及可数的事物。因为空间是在感觉中唯一可以直接衡量的要素，几何学从此开始。几何学再次涉及一些可以定位以及一些可以运动的某种事物——因为根据定义，一个位置是不能运动的。物质和物理学从此开始。

然而，我认为必须区分两种辩证的过渡：第一种，就像从数字到可数事物的过渡、从空间到物质的过渡一样，只是给一个抽象的理念提供了其必要的和实质性的补充，同时让抽象的科学在其自身水平上充分发挥效力。在这种情况下，几乎没有矛盾，只有不完整性。另一种过渡，就像从连续到离散或从物质到力再到一个难以解释的东西。这是真正的黑格尔式辩证，而且表明有关科学的概念从根本上说是自相矛盾的，在任何对现实的形而上学的创建中，必须由另一个概念完全取代。

第五章　在反叛中走进多元主义

　　到 1898 年年底，G. E. 摩尔和我开始反对康德和黑格尔。由他带头，我紧随其后。我认为，关于这种新哲学的第一次评价，是摩尔在《心灵》上发表的文章《判断的本质》。尽管他和我如今都不会认同此文章里的所有学说，但我认为，我和他仍会同意其中的否定部分——"事实通常独立于经验之外"。尽管我们对于新哲学里面最感兴趣的部分达成了一致，但我们还是有分歧的。我认为摩尔最关心的是批判唯我主义，而我最关心的是批判一元论。但二者是密切关联的。它们通过各种关系的学说关联在一起，是布拉德莱从黑格尔的哲学中提炼出来的。我将这一点称为"内部的各种关系的学说"，我将自己的观点称为"外界的各种关系的学说"。内部的各种关系的学说认为，两个项之间的每一种关系都表达了两个项的内在属性，而且在终极的分析中表达了二者组成的整体的一种属性。于某些关系而言，这种观点似乎是合理的。就拿爱恨的关系来说，如果 A 爱 B，这种关系本身就是一个例子，可以说，它存在于 A 的精神的某些特定的状态中。即使是无神论者也必须承认，人可以爱上帝。由此可见，对上帝的爱是感受到他的人的一种状态，而不完全是一种有关的事实。但我感兴趣的是一类更抽象的关系。假设 A 和 B 都是事件，而 A 比 B 更早。我认为这句话 A 里面有任何东西独立于 B，并不意味着它一定有一个我们提到 B 时不能准确表达出来的特征。莱布尼茨给出了一个极端的例子。他说，如果有一个生活在欧洲的男人，他的妻子在印度，而这个妻子在他不知情的情况下去世了，那么这个男人在她死亡的那一刻就会经验一种内在的变化。这是我所反对的那类学说。我发现内部的各种关系的原则是不适用的，尤其是在"不对称"关系的情况下——如果在 A 和 B 之间成立，那么在 B 和 A 之间就不成立的这些关系。让我们再谈谈"更早"这个关系吧。如果 A 比 B 更早，那么 B 不会比 A 更早。如果你试图借助修饰 A 和 B 的形容词来表达 A 和 B 的关系，你就必须借助日期来实现它。你可以说 A 的日期是 A 的属性，B 的日期是 B 的属性，而这对你没有帮助，因为你必须继续说 A 的日期早于 B 的日期，以至于你无法摆脱这种关系。如果你将这种关系看作由 A 和 B 组成的整体的属性，那么你就陷入一个更糟糕的处境中，因为在这个整体中，A 和 B 没有顺序，因此你无法区分"A 比 B 更早"和"B 比 A 更早"。因为不对称的各种关系在数学的绝大多数领域是必不可少的，所以这个学说很重要。

我想引用我 1907 年在亚里士多德学会朗读的一篇论文来说明这个问题，文章讨论的是哈罗德·约阿希姆的《真理的性质》一书，内容如下：

我们一直在思考的各种学说，可能都是从一个有中心逻辑的学说中推出来的，于是这个学说可以这样来表达："每一种关系都是建立在相关项的各种本质之上的。"让我们称其为"内部的各种关系的公理"。从这个公理可以立即得出一个结论，在约阿希姆看来，整个现实或真理必须是一个有意义的整体。因为每一个部分都有一个本质，以展示出它与其他部分和整体的关系。从此时起，如果任何一个部分的本质可以完全被知道，那么整体和其他部分的本质也可以完全被知道；而反过来，如果要完全认识整体的本质，就需要认识它与每个部分的关系，从而认识每个部分与其他部分的各种关系，以及认识每个部分的本质。同样明显的是，如果现实或真理在约阿希姆先生看来是一个有意义的整体，那么内部的各种关系的公理一定是正确的。从此时起，这个公理等于一元真理理论。

此外，假设我们不会区别一件事物和它的"本质"，那么根据这个公理，除了与整体有关的事物之外，没有任何事物可以被认为是完全正确的。因为如果我们认为"A与B有关"，那么A和B也与宇宙中的其他事物有关。当我们仅仅考虑A的本质中A与B有关的那一部分时，我们被认为是正在考虑与B有关的A的身份；但这是一种抽象的、只是部分正确的考虑A的方式，因为A的本质，A也是如此，包含它与其他所有事物以及与B的关系的各种根据。如果不考虑整个宇宙，那么关于A所说的一切都完全不正确；那么关于A所说的东西，就等同于关于其他任何事物所说的东西，因为不同事物的各种本质都必须表达各种关系的同一个体系，就像莱布尼茨的单子映照宇宙一样。

现在让我们更仔细地考虑内部的各种关系的公理的意思，以及支持和反对它的各种根据。首先，我们有两种可能的意思，因为我们认为每一种关系实际上都是由各项或者各项组成的整体的各种本质构成的，或者纯粹是每一种关系在这些本质中都有一个根据。我并没有观察到唯我主义者们区分这两种意义；的确，一般而言，他们倾向于将一个命题与其各种后果合而为一，于是体现了实用主义的独特信条之一。然而，区分这两种意思将不再那么重要，因为正如我们将会看到，这两种意思都导致同一个观点，即两者之间根本没有任何关系。

正如布拉德莱主张的那样，内部的各种关系的公理涉及两种形式[①]，结论是那里没有任何关系，那里也没有许多事物，却只有一个事物。（唯我主义者会补充：最后。但这只意味着，这个结果通常很容易被忘记。）这一结论是通过考虑多样性的关系得出的。因为如果真的有两个事物，A 和 B，它们是不同的，那么不可能将这种多样性完全简化为修饰 A 和 B 的各种形容词。A 和 B 有必要拥有不同的形容词，而且这些形容词的多样性不能被诠释为这种意思，即它们轮流拥有不同的形容词，这是一种无休止的倒退。因为如果我们说 A 和 B 不同，当 A 拥有的形容词"不同于 B"，而且 B 拥有的形容词"不同于 A"时，我们必须假设这两个形容词是不同的。那么"与 A 是不同的"必须拥有形容词"与'与 B 是不同的'是不同的",它必须与"与'与A是不同的'是不同的",以此类推,直到无穷。我们不能将"与B是不同的"作为一个不需要进一步简化的形容词,因为我们必须问这个短语中的"不同的"是什么意思,它的意思是从一个关系中衍生出一个形容词,而非从一个形容词中衍生出一个关系。于是,如果要有任何多样性,就必须是这样一种多样性,它不可简化为各个形容词的不同,即并不是基于不同项的"各种本质"。因此,如果内部的各种关系的公理是正确的,那么就会得出一个结论:那里没有任何多样性,那里只有一个事物。因此,内部的各种关系的公理,等同于本体论一元论的假设,等同于否认存在任何关系。凡是我们看来有一个关系的地方,这实际上是一个整体的形容词,由假设关系的项组成。

于是,内部的各种关系的公理,等于假设每个命题都有一个主语、一个谓语。对于主张一个关系的一个命题,必须总是简化为一个主谓命题,它与由那个关系的各种项组成的整体有关。就这样,对于逐渐膨胀的各种整体,我们逐渐修正了自己最初的各种粗陋的、抽象的判断,而且越来越接近关于整体的独一真理。一个终极完全的真理必须由一个含有主语和谓语的命题构成,这个命题即整体。但是因为这涉及区分主语和谓语,就好像它们可能是不同的,甚至这样也不完全正确。关于它,我们能说的最好的话是,它"在智力上是不可改正的",即它和任何真理一样正确;但是,即使是绝对的真理,也不一定是完全正确的。①

如果我们问自己，支持内部的各种关系的公理的各种根据是什么，我们就会怀疑那些相信这一公理的人。例如，约阿希姆从头到尾都假设了这一公理，却没有提出任何有利于它的论点。就人们所能发现的各种根据而言，似乎有两类，尽管它们也许真的是无法区分的。首先，充足理由律，根据这个定律，一切都不能仅仅是一个野蛮的事实，必须有某种理由说明这样的或并非如此的存在。②其次，事实上，如果两个项有一种特定的关系，它们不可能不拥有它，如果它们不拥有它，它们将是不同的；这似乎表明，各项本身有一些东西导致了它们之间的联系。

（1）充足理由律是很难被精确制定的。这不仅意味着每一个正确的命题可以在逻辑上由其他正确的命题推演出来，因为这是一个明显的真理，它并不屈服于定律要求的各种结果。例如，"2+2=4"可以从"4+4=8"推导出来，但是将"4+4=8"作为"2+2=4"的一个理由是荒谬的。一个命题的理由，一直被认为是一个或多个更简单的命题。于是，充足理由律应该意味着，每一个命题都可以从一些更简单的命题

---

① 见《表象与实在》第一版，第544页："即使是绝对的真理，最后原来是错误的。而且必须承认，最终可能没有任何真理是完全正确的。这是对它给出的具体详细的声称的片面的、不充分的翻译。而这种内在的矛盾，不可动摇地属于真理的无副其实的特征。尽管如此，必须仍然坚持绝对的真理和有限的真理之间的区别。简而言之，前者在智力上是不可改正的。"——原注

② 见《表象与实在》第二版，第575页："如果那些来自它们自身内在本质的各项没有建立起这种关系，那么，就它们而言，它们似乎是毫无理由地关联在一起的，而且就它们而言，这种关联似乎是随机地建立起来的。"也参见第577页。——原注

推演出来。这似乎显然是错误的，但是在任何情况下，都不可能考虑唯我主义，因为唯我主义认为命题越简单就越不正确，以至于从简单的命题开始是荒谬的。因此，我的结论是，如果任何形式的充分的理性定律是有关联的，那么我们应该通过研究关系公理中的第二个根据来发现它，也就是说，那些相关项只能是相互有关的。

（2）我认为，这种论证的力量首要取决于对一种谬误形式的陈述。"如果A和B以一种特定的方式有关系"，我们可以说："你必须承认，如果它们之间没有关系，那么它们就会是别的东西，因此它们之间一定存在某种东西，对它们形成那种关系至关重要。"现在，如果两个项以一种特定的方式有关系，那么，如果它们并不如此相关，那么每一个可以想象的结果都会接踵而来。因为，如果它们是如此有关，那么它们并非如此有关的假设就是错误的，而从错误的假设中可以推演出任何东西。于是，必须改变上述陈述的形式。我们可能会说："如果A和B以一种特定的方式有关系，那么从此时起，任何不相关的东西一定是在A和B以外的，等等。"但这仅仅证明了与A和B无关的事物必须在数字上与A或B不同；它不能证明各种形容词的不同，除非我们假设内在的各种关系的公理成立。从此时起，这个论点只有一种修辞的力量，除非出现一个恶性的循环，否则无法证明其结论。

此刻，仍然要问的问题是：有没有任何根据反对内部的各种关系的公理？对于反对这一公理的人来说，第一个自然浮现的论点是：这一公理实际上很难执行。关于多样性，我们已经有过一个例证了；在许多其他情况下，这个困难更加显著。例如，假设一本书比另一本书更厚。我们可以将这些书之间"更厚"的关系，简化为一些修饰这些书的形容词，可以说：一本书是某某尺寸，另一本书是某某尺寸；但这个尺寸必须比另一个尺寸更大。如果我们将这种新的关系简化为修饰两种尺寸的形容词，那这些形容词仍必须有一个对应于"更厚"的关系，以此类推。从此时起，我们不能拒绝承认，我们迟早会得到不能简化为各种相关项的形容词的一个关系。这个论点特别适用于所有的不对称关系，即比如当它们指A和B之间的关系，而非B和A之间的关系时（上面仅简要陈述，其实在我的《数学原理》第212—216页中已经说明了）。

反对内部各种关系之公理的更深入论点，来自思考一个项的"本质"的含义。"本质"与这个项本身是相同的还是不同的？如果它是不同的，它一定与那个项有关，而将一个项与其本质之间的关系简化为一个关系以外的东西时，一定会带来无休止的倒退。于是，如果要遵循这一点，我们必须假设一个项就是它的本质。在这种情况下，每一个正确的命题都是一个纯粹分析性的主语，因为这个主语是其自身的整体的本质，而谓语是该本质的一部分。在这种情况下，又是什么将这些谓语联合成一个主语的各个谓语呢？如果主语不是它们自己的各个谓语的体系，那么任何随意的谓语的集合，都可能被认为将组成一个主语。如果一个项的"本质"是由各种谓语构成的，同时"本质"又与项本身相同，那么当我们问S是否有谓语P时，别人似乎不可能理解我们的意思。因为这不能意味着："P是用来解释S的意思的谓语之一吗？"

而且就所讨论的观点而言，很难看到它包含什么别的意思。我们不能试图在各个谓语之间引入一种连贯关系，借助这种关系，它们可以被称为一个主语的各个谓语，因为这将谓语建立在关系上，而非将各种关系简化为谓语。于是，我们肯定或否定主语不是"它的本质"，都面临相同的困难。（关于这个主题，参见我的《莱布尼茨哲学的批判解说》，第21、第24、第25章。）

另外，内部的各种关系的公理与所有的复杂性是不相容的。正如我们所看到的，这个公理导致了一种僵化的一元论。那里只有一个事物，只有一个命题。那一个命题（不仅是唯一正确的命题，而且是唯一的命题）将一个谓语赋予一个主语。但是这个命题并不完全正确，因为它涉及区分谓语和主语。但是接着就出现了困难：如果述谓涉及谓语和主语的不同，而且如果一个谓语与一个主语没有区别，我们甚至会假设，将一个谓语赋予一个主语的命题是错误的。因此，我们必须假设，述谓不涉及那个谓语与各个主语之间的不同，也不涉及那个谓语与某一个主语相同。但是，对于我们所研究的哲学而言，否认绝对相同和保持"不同中的相同"是必不可少的。除此之外，现实世界显而易见的多样性是无法解释的。困难在于，如果我们坚持严格的一元论，"不同中的相同"就是不可能的。因为"不同中的相同"包含许多片面的真理，而它们通过一种相互的给予和接受，融入了那个真理的整体中。但是严格一元论的那些片面真理，非但完全是错误的，而且它们根本无法存在。只要有这样一些命题，无论正误，都会走向多元主义。简而言之，"不同中的相同"的整个概念与关于各种内在关系的公理是抵触的；然而，如果没有这个关系，一元论就不能解释世界，这个世界像一顶折叠式大礼帽一样轰然坍塌了。我的结论是，这个公理是错误的，因此，唯我主义中那些取决于它的部分是毫无根据的。

因此，似乎有一些理由反对这个公理，即各种关系必须以其各项的"本质"或者由各项组成的整体的"本质"为根据，而且似乎没有任何理由支持这个公理。当这个公理被拒绝时，谈论一个关系的各项的"本质"就毫无意义：关系不再是复杂性的一个证明，一个给定的关系可能在许多不同的成对的项之间存在，而且一个给定的项可能与不同的项有许多不同的关系。"不同中的相同"消失了：那里既有相同也有不同，复杂事物可能有一些相同的和一些不同的要素，但对于我们所提到的任何一对客体，我们不再有义务说它们既相同又不同了，"在某种意义上"，这种"意义"是这样一种东西，它是极端地有必要留下来的无法定义的东西。我们可以得到一个由许多事物组成的世界，这些事物之间的关系不能从假设的"本质"或者从有关事物的学究气的本质中推演出来。在这个世界上，任何复杂的东西都是由各种有关的简单事物组成的，分析不再被无休止的衰退困扰。假设有这种世界，关于真理的本质我们该说些什么，它仍然是一个问题。

我第一次意识到各种关系问题的重要性，是在研究莱布尼茨的时候。我发现，关于莱布尼茨的那些书未能解释清楚的是，他的形而上学是基于这样的学说，即每一个命题都将一个谓语赋予主语，而且（在他看来几乎是相同的事情）每一个事实都是由拥有某种属性的一种实质组成的。我发现相同的学说构成了斯宾诺莎、黑格尔和布拉德莱体系的基础，事实上，他们都比莱布尼茨更严谨地发展了这个学说。

但是，不仅仅是这些相当枯燥的逻辑的学说使我在新哲学中喜乐。事实上，我觉得这是一次巨大的解放，就好像我从一所闷热的房子逃到了一个刮着大风的海角。我憎恨那种窒闷，它假设空间和时间只存在于我心中。我对星空的喜爱甚至胜过对道德律的喜爱，我不能忍受康德的观点，他认为我最喜欢的星空只是一种主观的虚构。在解放的第一次繁荣中，我成为一个天真的现实主义者，而且为草真是绿色的这个想法欢欣鼓舞，尽管从洛克开始的所有哲学家都对此持反对意见。我一直无法在其原本的精力中保持这种令人愉快的信念，但我再也不会将自己关在一个主观的牢狱里。

黑格尔主义者通过各种论点来证明这个、那个是不"现实的"。数字、空间、时间、物质，都公然被判定是自相矛盾的。除了绝对之外，没有什么是现实的，所以我们可以肯定，绝对只能思考它自己，因为没有其他东西可以思考，而且它的思想永远是唯我主义哲学家们在他们的书中思考的那类事物。

所有黑格尔主义者用来谴责数学和物理学所处理的事物的论证，都依赖于内在的各种关系的公理。因此，当我拒绝这个公理时，我开始相信黑格尔的信徒们不相信的一切。这给了我一个非常充实的宇宙。我想象着所有的数字排列在柏拉图式的天堂里。[①]我认为空间的点和时间的瞬间是事实上存

---

① 见我的《名人的梦魇》中"数学家的梦魇"一节。——原注

在的各种实体，物质很可能是由各种实际的要素组成的，物理学发现了这些提供便利的各种要素。我相信一个由许多动词和介词组成的普遍性的世界。最重要的是，我不必再认为数学并非完全正确。黑格尔派一直坚持认为"2+2=4"并非完全正确，但它们并不是"2+2=4.00001"或其他这样的数字。虽然他们没有这样说，他们的真正意思是，绝对可以找到比做算术题更好的事情来占据自己的精神，但是他们不喜欢用这样简单的语言来表述物质。

随着时间推移，我的宇宙变得不再那样繁荣。在我对黑格尔的第一次反叛中，我相信只要黑格尔否认一个事物不存在的证明是无效的，那么这个事物就一定存在。渐渐地，奥卡姆剃刀让我对现实有了一个更耳目一新的途径。我的意思并不是说它可以证明各种实体的非现实性，这被证明是不必要的；我的意思只是说，它废除了支持他们的现实的各种论点。我仍然认为，不可能反驳整数、点、瞬间或奥林匹斯之神的存在。我知道这些可能都是现实的，即使没有一丁点儿的理由让人这样认为。

在发展新哲学的早期，我在很大程度上被语言学上的各种问题困扰。我关心是什么造就了一个复杂事物的统一体，尤其是，造就了一个句子的统一体。一个句子和一个词语之间的不同使我迷惑不解。我看到一个句子的统一体取决于它包含一个动词这一事实，但是我认为，动词的意思似乎正好与对应的动名词是一样的，尽管动名词不再拥有将复杂事物的各个部分组合在一起的能力。我担心是和存在之间的不同。我的岳母是一个著名的宗教领袖，她信誓旦旦地对我说，哲学之所以艰涩,是因为它使用了许多很长的词语。我用我那天做的笔记中的句子来质问她,"因此,是的意思是什么,与是本身是不同的,因为'是是'是没有意义的"。不能说是很多复杂词汇使这个句子变得艰涩。时间推移,我不再被这些问题所困扰。这些问题源于一种错误的观念:如果一个词表示某种事物,那么世界上一定存在它所表示的这种事物。我在1905年提出的"描述理论"证明这是一个错误,它同时还扫除了很多悬而未决的问题。

尽管从那些日子以来,我已经改变了对各种问题的看法,我却没有改变对那些始终最重要问题的看法。我仍然坚持外界的各种关系的学说,以及多元主义的学说,两者是有关系的。我仍然认为一个孤立的真理可能是相当正确的。我仍然认为分析不是伪造。我仍然认为,除了同义反复之外的任何命题,只要它是正确的,那么它与事实之间的关系就是正确的,而各种事实一般都是独立于经验的。在一个没有经验的宇宙中,我看见一切都是可能的。相反,我认为经验是非常有限的,是宇宙中微不足道的一部分。自从我放弃康德和黑格尔的各种教导以后,我在这些问题上的观点并没有改变。

第六章　数学中的逻辑技巧

将各所大学划分出各个系，我认为是有必要的，但是这也产生了一些非常不幸的后果。亚里士多德曾研究过逻辑学，逻辑学当时被认为是哲学的一个分支或科目，只有精通希腊语的人才有能力研究它。结果，只有一点都不懂逻辑学的人才会研究数学。从亚里士多德和欧几里得时代到20世纪，这种分离一直是一场灾难。1900年在巴黎召开的世界哲学大会上，我开始意识到逻辑学的改革对数学哲学的重要性。通过聆听都灵的皮亚诺与其他齐聚一堂的哲学家们的讨论，我开始意识到这一点。我先前并不知道他的研究，但让我印象深刻的是，在每一次讨论中，他都比其他任何人表现出更高的精确性和更有逻辑的严谨性。我走向他，并对他说："我想读您的所有著作。您带了吗？"他带了，我立刻将它们从头到尾阅读了一遍。正是这些书促使我提出自己关于数学原理的各种观点。

数理逻辑绝不是一门新的学科。莱布尼茨在这方面做过一些尝试，但因为人们敬仰亚里士多德而受到了阻挠。布尔在1854年出版了他的《思想的各种定律》，而且已经开发了一整套主要处理"类—包含"的计算法。皮尔斯发展了一套关于各种关系的逻辑学，施罗德出版了三卷本的著作，总结了先前所做的一切研究。怀特海在《普遍代数》第一部中详细介绍了布尔的计算法。上面的大多数作品我已经很熟悉了，但是我没有发现它们对算术的语法有任何启发。在我访问巴黎之前，我曾写过一篇关于这个主题的文章，现在我还记得那篇文章的妙处，然而我重新读了一遍后，我发现它甚至尚未开始解决算术呈现给逻辑学的问题。

我从皮亚诺那儿得到的启示来自两个纯粹技术的进步，它们是很难理解的，除非有人（就像我一样）花费数年时间试图理解算术。这两个进步都是弗雷格在早些时候取得的，但是我怀疑皮亚诺是否知道这一点，我也是直到后来的某个时刻才知道。尽管很难理解，但是我必须竭尽所能去解释，这些进步是什么，以及它们为什么重要。我先从它们是什么开始。

第一个进步是区分命题"苏格拉底是一定会死的"与"所有希腊人都是一定会死的"。在亚里士多德和公认的三段论学说（康德认为三段论永远无法改进）中，这两种形式的命题被看作无法区分的，或者至少在任何重要的方面都没有不同。但是，事实上，除非这两种形式被视为完全不同的，否则逻辑学和算术都不能走得很远。"苏格拉底是一定会死的"将一个谓语赋予一个被命名的主语。"所有希腊人都是一定会死的"表示两个谓语的关系，即"希腊"和"一定会死的"。"所有希腊人都是一定会死的"完整陈述是"就 x 的所有可能的值而言，如果 x 是希腊人，那么 x 是一定会死的"。我们在这里用两个有关联的命题函数来代替一个主谓命题，当一个值被赋值给变量 x 时，每一个命题函数都成为一个主谓命题。"所有希腊人都是一定会死的"这个陈述并没有提到某个特殊的希腊人，但是它是关于普遍的希腊人的一个陈述。"如果 x 是希腊人，x 是一定会死的"这个陈述是正确的，无论 x 是不是希腊人。的确，如果根本没有希腊人，那么它是正确的。"所有的利普特人都是一定会死的"是正确的，尽管并不存在利普特人。"所有希腊人都是一定会死的"这个陈述，不像"苏格拉底是一定会死的"这个陈述，它没有指名道姓，只表达而且唯独表达了两个谓语之间的关联。这不能用列举法来证明，因为（重申）这个 x 不仅仅局限于希腊人的 x，而是可以扩展到整个宇宙。但是，尽管不能通过列举来证明它，却仍然可以知道它。我不知道是否存在带翅膀的马，我当然从来没有遇到过这样一匹马，但是尽管如此，我还是知道所有带翅膀的马都是马。简而言之，每一个包含所有这个词的陈述都涉及命题函数，但并不涉及这些函数的任何特殊的值。

我从皮亚诺那儿了解的第二个重要进步是，只由一个项组成的类并不等同于那个项。举个例子，"地球的卫星"是一个类，它只有一个项，即月亮。但是，将一个类等同于它唯一的项，就等于将完全无法解决的问题引入集合的逻辑学和数字的逻辑学中，因为数字适用于各种集合。一旦指出这一点，将"地球的卫星"与月亮等同的不恰当性就很容易被察觉。如果人类发现了地球的第二颗卫星，"地球的卫星"这个短语不会改变其意思；对于一个懂天文学却不知道地球有卫星的人而言，它也不会缺乏意义。另外，如果我们可以将

"月亮"当作一个名称，对那些不知道月亮的人而言，关于月亮的陈述是毫无意义的。对其他人而言，"月亮"将是一个毫无意义的声音，除非它被解释为那个措辞的对应物。"地球唯一的卫星"；如果这个解释被替代了，当我们说"今晚的月亮是明亮的"时，关于月亮的各种陈述将不会拥有它们对你和我的意义。替代描述的那个人是在各种概念关联的区域里，而非直接与感觉的世界接触，就像说"月亮是明亮的"那个人一样。在这方面，我们现在所关心的区别，与我们先前在"苏格拉底是一定会死的"和"所有希腊人都是一定会死的"之间的区别，有某种相似之处。

读者可能会以为，上述区别只是学究的掉书袋。我必须解释一下，为什么实际并非如此。

弗雷格之前的作者都错误构想了算术哲学。他们所有人犯的错误是一个非常自然的错误。他们认为数字是计数的结果，而且他们陷入了无可救药的困境中，因为计数为一的事物同样可以被看成许多的事物。比如，"英格兰有多少足球俱乐部"这个问题。在回答这个问题时，你将每一个俱乐部当作一个，但是你也可以问："某某足球俱乐部有多少会员？"在这种情况下，你将俱乐部当作许多会员组成的俱乐部。而且，如果A先生是这些俱乐部中的一员，尽管他以前也被计数为一，你可以合乎逻辑地问："A先生是由多少个分子组成的？"那么，A先生被计数成由许多分子组成的A先生。因此，很明显，计数的观点认为，使任何事物成为一的并不是它的物理结构，而是"这个实例由什么组成"这个问题。通过计数得到的数字是某个集合中的数字，在计数之前，该集合已经拥有它所拥有的任何数字。只有作为某种事物的许多实例，这个集合才是许多的。这个集合本身就是其他东西的实例，而且它作为实例在列举中被计数为一。我们被迫面对这样的问题："什么是一个集合？"以及"什么是一个实例？"除非通过命题函数，否则这两者都是无法理解的。命题函数是一个包含变量的表达，一旦赋值给变量，这个表达就成为一个命题。例如，"x是一个人"是一个命题函数。如果我们用苏格拉底或者柏拉图或者其他人来代替x，我们就得到了一个命题。我们也可以用非人的东西来代替x，我们仍然可以得到一个命题，尽管在这种情况下它是一个错误的命题。命题函数不过是一个表达，它本身没有再现任何事物。但是它可以构成一个句子的一部分，这个句子确实说了某件要么对、要么错的事情："x是一个使徒"什么也没说，但"'x是一个使徒'，所以x有12种值是正确的"是一个完整的句子。相似的考虑也适用于实例这个概念。当我们考虑一个实例时，我们考虑的是它作为命题函数的一个变量可能的值。如果我说，"苏格拉底是人的一个实例"，我的意思是苏格拉底是x的一个值，而"x是一个人"是正确的。经院哲学家们有一条格言，大意是1和存在可以削减为互相转换的项。只要人们相信这条格言，就不可能对1进行定义。正确的是，存在是一个没有用的词语，而那些错误地使用这个没有用的词语的人指的那类事物，既可能是许多事物，也可能是一个事物。1是一种特征。不是各种事物的特征，而是各种特定的命题函数的特征，命题函数拥有以下属性：有一个x使函数为正确的，这样，如果y使函数为正确的，那么y与x是相同的。这是唯一函数的定义，数字1是成为唯一函数的属性，只有特定的函数才具备此属性。相似地，零函数对于 x 的所有值都是错误的，而 0 是成为一个零函数的属性。

以前的数论总是因为"0"和"1"而陷入困境，正是皮亚诺应对这些困境的能力，给我留下了深刻的初次印象。但我花了很多年时间才全面了解这种新观点的全部结果。在数学中很容易想到"各种类"，而且有很长一段时间，我认为有必要区分各种类和命题函数。然而，我最终得出这个结论：除非作为一种技术手段，否则这个区分是没有必要的。"命题函数"这个短语可能没有必要听起来那么可怕。在很多情况下，人们可以使用"属性"替代这个词。于是，我们可以说每个数字都是各种特定的属性的一种属性，但是，除了终极的分析，否则也许继续使用"类"这个词更简单一些。

以上的各种思考将我引向了数字的定义，这些考虑是弗雷格在 16 年前提出的，但我是在重新发现它一年左右之后，才知道这一点。我将 2 定义为所有成对关系的类，将 3 定义为所有三角关系的类……一个对子可以定义为一个拥有项 x 和 y 的类，x 和 y 并不相同。如果 z 是这个类的一个项，那么 z 与 x 或 y 是相同的。一般而言，数字是一组拥有所谓的"相似性"属性的类。这一点可以如下定义：如果有一种方法将它们的项一对一地配对，那么两个类是相似的。例如，在一夫一妻制国家，你可以知道已婚男子的人数与已婚妇女的人数是相同的，而不必知道其中任何一方的人数（我在这里排除了寡妇和鳏夫）。同样，如果一个男人没有失去一条腿，你可以非常肯定他的右脚拥有的鞋的数量和他的左脚拥有的鞋的数量是一样的。如果一家公司的每个项都可以坐一把椅子，而且没有任何空椅子，那么椅子的数量一定与坐在椅子上的人的数量相同。在以上这些情况下，一个类的项和另一个类的项之间存在所谓的一对一关系，而这种一对一关系的存在被定义为相似性。任何类的数量都可以被定义为与之相似的所有类。

这个定义拥有多种优点。它处理了先前出现的与0和1相关的所有问题。0是那些没有项的各种类中的一个类——也就是说，它的唯一项就是一个类，不再有别的项，1是这些类中的一个类，它们的属性是由与某个项x相同的任何东西组成的，这个定义的第二个好处是它克服了关于一个和多个事物的各种困难。因为计数的各种项是作为命题函数的各种实例计算的，所涉及的统一体只是命题函数的各种实例，这与实例的多元性没有任何冲突。但是，还有一个优点比前两个更重要，那就是，我们摆脱了作为形而上学的各种实体的数字。事实上，它们只是为了语言上的各种便利，比"等等"或"即"并不拥有更多的实质性。克罗内克在关于数学的哲学中说："上帝创造了整数，数学家创造了各种数学装置的其余部分。"他的意思是每一个整数一定有一个独立的存在，而其他类型的数字不需要这个存在。根据上面对数字的定义，整数的特权就消失了，数学家的各种原始装置也被简化为纯粹的逻辑术语，比如或者、非、所有和一些。这是我第一次体验到奥卡姆剃刀的有用性，它减少了给定的知识体系所需的无法定义的项和无法证实的命题数量。

以上为数字的定义提供了一个更进一步的优势，这是非常重要的，那就是它结束了关于无限的数字的各种困难。虽然数字来源于计数，这需要接二连三的项，但是很难想象各种集合的数量，它们不能一次性地被列举穷尽。例如，你不能通过计数来数完有限数：无论你继续多长时间，总会有更大的数字出现。因此，只要数字是从计数中衍生出来的，就似乎不可能说出有限数的数量。然而，现在看来，计数只是发现一个集合中有多少项的方法之一，而且只碰巧适用于拥有有限个项的集合。新理论中的计数逻辑是这样的：例如，假设你正在数英镑纸币。通过意志的一个行动，你可以在几张纸币和数字1、2、3之间建立一组一对一的关系，直到数完所有的纸币。然后你就会知道，根据我们的定义，纸币的数量与你提到的数字的数量是一样的，如果你从1开始而且没有跳过，你提到的数字的数量就是你提到的最后一个数字。你不能将这个过程应用于拥有无限个项的集合，因为你的生命不够长。但是，由于计数已经不再是至关重要的了，这不需要引起你的关心。

我们已定义了上述所有数字，因此在数学应用中不再有任何困难。有理分数是整数之间的各种关系，它由乘法运算衍生。实数是一组有理数，包含所有高于零的数，直到一个特定的点。例如，2的平方根是所有平方小于2的有理数。这个定义，我相信我就是这个定义的发明者，终结了自毕达哥拉斯时代以来一直困扰着数学家们的一个难题。复数可以被当作一对对的实数，在有第一个项和第二个项的意义上使用"对"。也就是说，其中各种项的顺序是至关重要的。

除了我已经提到的那些事情以外，在皮亚诺及其他的弟子们的工作中，还有其他一些令我非常高兴的事情。我喜欢他们不使用图形发展几何学的方式，于是，他们展示了康德直觉的多余，我喜欢皮亚诺的曲线填满整个区域。但是，在偶然发现皮亚诺之前，我一直忙于研究各种关系的意义，因此，我几乎立刻着手，通过对各种关系的逻辑的符号化处理来补充他的研究。我是在7月底认识他的，而在9月，我写了一篇关于各种关系的逻辑的论文，发表在他的期刊上。同年的10月、11月和12月，我都在写《数学原理》。那本书的第三、第四、第五和第六章，我几乎就是在那几个月完成的。而我后来重写了第一、第二和第七章。在20世纪的前一天，即1900年12月31日，我完成了《数学原理》的初稿。从7月以来的几个月，是我前所未有的智力上的蜜月期。每一天我都发现，自己理解了前一天我还不理解的某种东西。我认为所有的困难都解决了，所有的问题都结束了。但是蜜月不会持续很久，第二年的早些时候，智力上的枯竭百分之百地降临到我身上。

第七章　《数学原理》：哲学的各个方面

1900—1910年这十年，怀特海和我将主要时间献给了最终结集为《数学原理》的那些书稿。尽管第三卷直到1913年才出版，但我们在其中的那部分工作（除了校对）在1910年就完成了，当时我们将整个手稿交给了剑桥大学出版社。我在1902年5月23日完成的《数学原理》，原来是后续工作的一个粗陋的和相当不成熟的草稿，然而，与其他数学哲学不同的是，它包含了争论。

我们必须面对的问题有两类：哲学的问题和数学的问题。泛泛地说，怀特海将各种哲学的问题留给我来解决。至于各种数学的问题，大部分的记号都是怀特海发明的，除了从皮亚诺那里借用过来的记号；我做了大部分与序列相关的工作，而怀特海做了大部分剩下的工作。但这只适用于最初的那些手稿。每个部分都做了三次。我们中的一个人写出一部分草稿后就会发给另一个人进行大幅修订。在那之后，写下最初草稿的人会将它变成最终形式。在这三卷本的书中，几乎每一行字都是我们联手打造的。

《数学原理》的首要写作目的，是表明所有的纯数学都遵循各种纯粹逻辑的前提，而且只使用可以用各种逻辑项定义的那些概念。这当然是康德的各种学说的一个反题，最初我认为这部作品是反驳"那些强词夺理的不谙文艺者"的一个插曲，格奥尔格·康托尔这样描述他，为了强化观点，他还加了一句"康德是个数学白痴"。但随着时间的推移，这项工作朝着两个截然不同的方向发展。在数学上，一些全新的主题浮出水面，是关于各种新算法的，使先前日常语言的混乱、不准确的问题，可以用符号化来解决。在哲学上，也有两个方面，一个让人愉快，另一个令人沮丧。让人愉快的方面是，所需要的各种逻辑的装置比我想象的要少。尤其是，原来各种类是不必要的。在《数学原理》中，有很多关于一个类与另一个类之间的区别的讨论。对它的整个讨论，以及《数学原理》那本书中包含的许多复杂的论点，原来是没有必要的。其结果是，那本著作的最终版似乎缺乏哲学深度，"晦涩"是那本书最大的特征。

那个令人沮丧的方面确实难以令人接受。从所有自亚里士多德时代以来的、无论被哪个流派的哲学家接受的各种前提中，我们似乎可以推断出各种矛盾，表明某种事物是不太正确的，却无法就如何纠正这些问题提供任何暗示。1901年春天，我发现了一个矛盾，它结束了我一直享受的逻辑蜜月。我将这个不幸告诉了怀特海，他引用了一句勃朗宁的诗来安慰我："愉快、自信的早晨不会再来。"但我还是很难受。

康托尔证明不存在最大的基数，我据此思考，然后被引向了这个矛盾。我天真地认为，世界上所有事物的数量一定是最大可能的数量，我将他的证明应用到这个数字上，看看会发生什么事情。这个过程让我想到了一个极其特殊的类。我认为，按照迄今似乎比较充分的各种思路，一个类有时是它自身的一个项，但有时不是。例如，茶匙的类不是另一把茶匙，但非茶匙的各种事物的类，是各种非茶匙的事物中的一种事物。似乎有些实例并非否定的，例如，所有类中的某个类都是一个类。对康托尔论点的运用，使我开始思考那些不是自身项的各种类；而这些类，似乎必须形成一个类。我问自己，这个类是不是它自己的一个项？如果它是自己的一个项，它必须拥有这个类的定义属性，即它将不再是自己的一个项。如果它不是自己的项，它就不能拥有该类所定义的属性，因此它必须是自己的一个项。于是，每一种选择都会导致它的反面，这就产生了一个矛盾。

起初，我认为自己的推理中一定有些小小的错误。我在"逻辑显微镜"下观察每一个步骤，但是我没有发现任何错误的东西。我写信给弗雷格，他回答说，算术是摇摇欲坠的，他认为自己的第五定律是错误的。这种矛盾使弗雷格如此困扰，以至于他放弃了从逻辑学推演算术的尝试，在此之前，他的一生主要奉献在那上面。就像毕达哥拉斯学派在面对无法通约的数字时一样，弗雷格也将几何学作为庇护所，而且他显然认为，自己那一刻之前的前半生的工作都被误导了。对我而言，我认为麻烦在逻辑学中而非在数学中，而逻辑学必须被改革。通过发现一个可以制造出无限多矛盾的方法，我的观点得到了证实。

针对这种情况，哲学家们和数学家们以各种方式给出反应。庞加莱不喜欢数理逻辑，而且指责它是没有结果的，他用幸灾乐祸的语气大声说道:"它不再是无法生育的,它生下了矛盾。"这一切都很好,但是它对解决问题没有任何帮助。其他一些数学家不赞同康托尔的观点,他们采用了三月兔的方法:"我对此感到厌倦。我们换个话题吧。"我认为,这也是不充分的。然而,在一段时间之后,那些懂得数理逻辑的人认识到借助逻辑学的解决方法的迫切性。其中一个人是F. P.拉姆齐,他的早逝导致他的工作没有完成。但是在《数学原理》出版前的几年里,我还没有后来尝试解决这些问题的优势,实际上我只有困惑。

还有一些更古老的悖论,其中一些来自古希腊人,这些人提出了一些我觉得大同小异的问题,尽管我之后的作者认为它们是一个不同类别的问题。其中最著名的是关于克里特人埃庞米尼德斯的故事,他说"所有克里特人都是说谎者",这导致人们在听到他这么说时问他本人是不是说谎者。假设一个男人告诉你"我在说谎",这就是这个悖论最简单的例子。如果他在说谎,那么他在说谎就是一个谎言,因此,他说的是真话;但是如果他说的是真话,那就是在说谎。于是,矛盾是不可避免的。这种矛盾被圣保罗提到过,然而,他对其逻辑的各个方面并不感兴趣,而只是对其论证中的异教徒就是邪恶的这一观点感兴趣。但是,这些古老难题可能会被数学家斥责为偏门,尽管他们不能忽略是否存在一个最大基数或者最大序数的问题,这两者使他们陷入了各种自相矛盾。关于最大的序数的矛盾被布拉里福尔蒂发现后,我才发现了自己的矛盾,但他面对的问题要复杂得多,因此,我曾经允许自己在推理中有一些可以忽略的错误。无论如何,他的矛盾都比我的简单得多，表面上看起来也不那么拥有毁灭性。然而，最后我不得不承认这是同样严肃的。

在《数学原理》中，我不敢说自己找到了什么解决方法。我在那本书的前言中说："对于出版一本包含如此多无法解决的困难的著作，我的道歉是，研究表明，要充分解决第十章中所讨论的矛盾，或者对各种类的本质有更好的见解，几乎是不可能的。"一段时间以来，我一直满意地反复发现一些解决方法中的各种错误，这导致出现了这样的问题，它们只能被任何表面上令人满意的理论掩盖，而这些理论本来可能引起一些稍微长一点的反思；因此，与其等到我相信某些几乎肯定是错误学说的真理，似乎还不如纯粹陈述各种困难。在讨论这个矛盾的那一章末尾，我说："上述矛盾没有涉及任何特殊的哲学，这个矛盾直接来自常识，只能通过放弃一些常识性的假设来解决。"只有依靠各种矛盾滋养自己的黑格尔哲学，才能对这个矛盾保持漠不关心，因为它在任何地方都能发现相似的问题。在任何其他学说中，如此直接的挑战都需要一个回答，否则就要忏悔自己无能为力的痛苦。幸运的是，据我所知，没有其他相似的困难出现在《数学原理》的任何其他部分。在那本书的附录中，我建议将类的学说作为一种解决方法。但是在我写书的时候，我仅仅粗陋地发展了这一学说，这样看来它还不够充分。我当时得出的结论，在书的结尾一段表达了："总之，看来第十章的特殊矛盾是通过类型学说来解决的，但是至少有一个非常相似的矛盾是这个学说很可能无法解决的。所有逻辑的客体的总体性，或者所有命题的总体性，似乎都涉及一个根本的逻辑困难。我还没有发现完全解决这个难题的方案可能是什么；但是由于它正好影响了推理的各种基础，所以我诚挚地推荐学逻辑学的所有学生展开对它的研究。"

当《数学原理》完成后，我决定坚定地寻找对各种悖论的一个解决方法。我觉得这几乎是一次单枪匹马的冒险，如果有必要，我会投入自己的余生。但是有两个原因让我觉得极度不愉快。首先，我觉得整个问题微不足道，我讨厌将注意力集中在一些并不有趣的事情上。其次，不管我怎么努力，我都没有取得任何进展。1903年、1904年这两年，我的研究几乎完全沉浸于这个问题，但没有成功的迹象。第一次进展是1905年春天的叙述学说，我马上就会讲到。很明显，这与各种矛盾并没有关联，但是随着时间的推移，一种不容置疑的关联出现了。最后，我认为，变得完全明确的是，某种形式的类型学说是至关重要的。我没有强调《数学原理》中体现的那种学说的特殊形式，但我完全相信，如果没有这种学说的某种形式，各种悖论是无法解决的。

在寻找解决方法时，如果它能完全令我满意，那么必须满足三个条件。第一个条件，也是绝对强制的条件，就是各种矛盾应该消失。第二个条件是这个解决方法应该尽可能保留完整的数学，虽然不符合逻辑，却非常可取。很难准确地陈述第三个条件，经过反思后，这个解决方法应该诉诸所谓的"逻辑的常识"。也就是说，它最终看起来应该正是人们一直以来期待的。在这三个条件中，第一个当然是普遍认可的。然而，第二个被一个主流的学派拒绝了，他们认为分析中的很大一部分都是无效的。那些满足于逻辑技巧的人，并不认为第三个条件是至关重要的。例如蒯因教授，我非常佩服他构建各种理论体系的本事，但我仍无法满意，因为这些体系似乎是临时拼凑的，如果不知道其中的各种矛盾，即使是最聪明的逻辑学家也无法想到这样的结果。但在这个主题上，一篇博大精深的杰作已经逐渐成形，我不再赘述它的旁枝末节。

各种困难的技术细节，也可以用来解释类的学说的各项普遍原则。也许走近这个理论的最好方式，是考察"类"的定义。我们来举一个日常生活的例子：假设在别人家用完晚餐后，主人会给你提供三种甜点，他鼓励你按照自己的意愿选择其中的一种、两种或者三种。你有多少种行为过程可以选择？你可以拒绝所有的甜点。这是一种选择。你可以选择其中一种甜点。这可以通过三种不同的方式来实现，因此，可以给你三种更多的选择。你可以选择其中两种甜点。这再次可以有三种方式。或者你可以选择所有甜点，这给了你最后一种可能性。于是，各种可能性的总数是8个，也就是2^3。很容易概括这个程序。假设你面前有n个客体，你想知道有多少种方法可以选择n中的任意一个、一些或所有。你会发现各种方法的数量都是2^n。用逻辑学语言来说，一个有n个项的类，拥有2^n个子类。当n是无限的时候，这个命题仍然成立。康托尔证明的是，即使在这种情况下，2^n也大于n。将这一点应用到宇宙中的所有事物上，人们就会得出这样的结论：事物组成的各种类比事物本身要多得多。因此，各种类不是"各种事物"。但是，由于没有人知道这个陈述中的"事物"一词是什么意思，所以要确切地说明被证明的是什么并不容易。我得出的结论是：各种类只不过是为了方便论述。在写《数学原理》的时候，我已经对各种类的主题十分头疼。但在那些日子里，我用更加现实的（学究般的）语言而非更恰当的语言表达我自己。我在那本书的前言是这样说的：

至于各种无法定义的事物的讨论（逻辑哲学的主要部分）是努力让其他人明确地看见有关的各种实体，以便使精神能像熟悉"红色"或"菠萝的味道"那样熟悉它们。在什么地方，比如在当前的情况下，各种无法定义的事物主要是作为分析过程中必要的残留物得到的，我们往往更容易知道一定有这样的各种实体，而非实际上知觉到它们；有一个相似的过程导致了海王星的发现，在最后阶段不同的是——用一台精神的望远镜搜索已经推论出的那个实体——这通常是最困难的部分。在各种情况下，我必须承认，我没有看到有任何概念能够满足类的概念必需的各种条件。第十章讨论的矛盾证明了某些东西是不太正确的，但不太正确的是什么，我至今还未能想通。

现在我很不赞同这个说法。我应该说，给定任何命题函数比如 fx，存在 x 值的一个特定的范围，对这个函数而言，这个范围是"有意义的"——要么正确，要么错误。如果 a 在这个范围内，那么 fa 就是一个命题，这个命题要么正确，要么错误。除了用一个常数代替变量 x 以外，还有两件事情可以通过命题函数完成：一件事是主张它总是正确的，另一件事是主张它有时候是正确的。"如果 x 是人类，x 是一定会死的"这个命题函数总是正确的；"x 是人类"这个命题函数有时是正确的。使用命题函数可以做三件事：第一件事是用常数替代变量，第二件事是主张函数的所有值，第三件事是主张一些值或至少一个值。命题函数本身只是一个表达，它没有主张或否认任何事情。一个类，同样也只是一个表达，它只是讨论使函数正确的变量的各种值的一种便利的方法。

关于上述三个必要条件中的第三个，应该执行一个解决方法，我提出的一个理论似乎没有被其他的逻辑学家接纳，但我认为它似乎仍然是合理的。这个理论是这样的：当我主张一个函数 fx 的所有值时，如果我的主张是确定的，那么 x 可以取的各种值必须是确定的。也就是说，那里必须有 x 的可能值组成的某种总体。如果我现在继续借助这个总体创建被定义的各种新的值，那么这个总体似乎因此被扩大了，与它相关的各种新的值将会指涉那个扩大的总体。但是，因为它们必须包含在整体中，所以总体永远赶不上它们。这个过程就像试图跳到你的头上的影子一样。我们可以通过说谎者的悖论来说明这一点。说谎者说"我主张的一切都是错误的"，事实上，这是他提出的一个主张，但它指涉的是他的各种主张的总体，只有将它包括在总体中，才会产生一个悖论。我们将不得不区分指涉某些总体的命题和不涉及总体的命题。那些指涉各种命题的某个总体，永远不能成为总体的项。我们可以将一阶命题定义为不指涉各种命题的总体的命题，将二阶命题定义为指涉一阶命题的总体的命题；以此类推，直到无穷。我们的说谎者现在不得不说："我在主张一个错误的一阶命题，它是错误的。"但这本身就是一个二阶命题。于是，他没有再主张任何一个一阶命题。他所说的话完全是错误的，而它也是正确的论点也就崩塌了。相同的论点正好也适用于更高阶的任何命题。

我们会发现，在所有逻辑的悖论中，都有一种反省的自我指涉，它应该出于同样的根据受到谴责，也就是说，它包括总体的一个项，后者是某种指涉总体的东西，只有当总体已经被固定下来时，它才有确定的意义。

我必须承认，这一学说没有被广泛接受，但是我那时没有看到任何反对它的论点，我觉得它是令人信服的。

上面提到的叙述学说，是我于1905年在《心灵》上发表的《论指示》一文中首次提出的。当时的编辑觉得这一学说太违背常识，请我重新考虑，不要原样发表它。但我相信我的学说是合理的，并拒绝让步。事实证明，这一学说后来被广泛认可，而且是我对逻辑学的最大贡献。诚然，那些不相信名称和其他词语之间存在区别的人，现在反对这种做法。但我认为这种反应只存在于那些从未尝试过数理逻辑的人中间。无论如何，我已经很久没有看到他们的批评有任何有效性了。然而，我要承认，也许名称的学说比我曾经想象的要更难一点。但此刻我先忽略这些困难，开始研究日常语言。

我的论点是举例对比"斯科特"这个名称和《韦弗利》的作者"这个描述。"斯科特是《韦弗利》的作者"表达了一种身份，而非一个同义反复。乔治四世想知道斯科特是不是《韦弗利》的作者，但他不想知道斯科特是不是斯科特。尽管对没有学过逻辑的每个人而言，这是完全可以理解的，它却给逻辑学家提出了一个难题。逻辑学家们认为（曾经认为），如果两个短语表示同一个客体，那么包含一个短语的命题就可以总是被包含另一个短语的命题取代，只要它是正确的，就永远是正确的；只要它是错误的，就永远是错误的。但是，正如我们刚才看到的，你可以用"斯科特"来代替《韦弗利》的作者"，从而将一个真命题变成一个伪命题。这表明有必要区分名称和描述："斯科特"是一个名称，而《韦弗利》的作者"是一个描述。

名称和描述之间的另一个重要区别是，一个名称不能无所指地出现在一个命题中，除非这个命题中有它命名的东西，而一个描述不受这种限制。我非常尊重美浓的工作，但他没有注意到这种不同。他指出，一个人可以做出其逻辑的主体是"金山"的各种陈述，尽管金山并不存在。他认为，如果你说金山是不存在的，那么很明显你所说的某种事物是不存在的。也就是说，金山是不存在的。因此，金山一定是存在于某种影子般的柏拉图式的存在世界里，否则你认为"金山不存在"的陈述就没有意义了。我承认，在我偶然创立叙述学说之前，这个论证是令人信服的，其基本观点是，尽管"金山"在语法上可能是一个有意义的命题的主语，如果分析得当，就不再有这样一个主语了。"金山不存在"这个命题变成了"x是一座金色的山"这个命题函数，于x的所有的值而言，它都是错误的。"斯科特是《韦弗利》的作者"这个陈述变成了"对x的所有值而言，'x写了《韦弗利》'等同于'x是斯科特'"。在这里，"《韦弗利》的作者"这个短语不再出现。

这个理论也解释了"存在"的含义。"《韦弗利》的作者存在"意味着"存在c的一个值，对于这个值，命题函数'x

写了《韦弗利》'总是等于'x是x'是正确的"。这个意义上的存在只能被主张为一种描述，而且当它被分析时，可以发现的一种情况是，至少该变量的一个值可以让这个命题函数成为正确的。我们可以说"《韦弗利》的作者存在"，也可以说"斯科特是《韦弗利》的作者"，但"斯科特存在"是很差的语法表达，它充其量可以被表达为"名叫'斯科特'的人存在"，但"名叫'斯科特'的人"是一个描述，而非一个名称。无论何时，只要一个名称被当成一个名称正确使用，那么说"它存在"就是最差的表达。

叙述学说的核心观点是，一个短语可能有助于一个句子的意义，在单独存在时则没有任何意义。关于这一点，在描述的情况下，有确切的证据：如果"韦弗利的作者"意味着别的东西而非"斯科特"，"斯科特是《韦弗利》的作者"就是错误的，尽管它不是。如果《韦弗利》的作者"意味着"斯科特"，"斯科特是《韦弗利》的作者"就是一个同义反复，尽管它不是。因此，"《韦弗利》的作者"既不意味着"斯科特"，也不意味着别的任何东西，即"《韦弗利》的作者"不代表任何东西。证明完毕。

第八章 《数学原理》：数学的各个方面

我和怀特海都很沮丧，因为人们只从哲学书角度看待《数学原理》。人们感兴趣的是里面关于各种矛盾的说法，还有普通数学能否从纯粹的逻辑前提有效地推演出来的问题，但是他们对那部著作的写作过程中发展出来的各种数学技巧不感兴趣。我以前知道只有六个人读过这本书的后半部分，其中三人是波兰人，后来（我相信）他们被希特勒迫害了。其他三个是得克萨斯人，后来他们成功吸收了那本书。甚至，那些研究相同主题的人，也认为没必要去纠结《数学原理》对他们说了什么。我举出两个例子：《数学原理》出版大约十年后，某人在《数学现况》上发表了一篇长文章，它提供了一些结论，但（作者还不知道）这是我们在书的第四部分已经得出的。这篇文章含有我们已发表的一切有效内容，同时落入了我们早已避免的特定的模糊陷阱。作者显然完全不知道他已经拾人牙慧。这个事件发生时，我正在加州大学和莱辛巴赫共事。他告诉我，他发明了一种数学归纳法的扩展，他称之为"超限归纳法"。我告诉他，这个主题在《数学原理》第三卷已经得到充分论述。当我一周后见到他时，他告诉他已经核实了这一点。我希望在本章尽可能包含专业知识的情况下，从数学而非哲学的视角来解释《数学原理》中的重要内容。

我的胜利始于一件事情，这件事与平等地衡量哲学和数学有关，即衡量它们之间各种关系的重要性。在我关于莱布尼茨的那本书中，我强调了各种相关的事实和命题的重要性，而非强调由实质和属性组成的各种事实及由主语和谓语组成的各种命题的重要性。我发现对各种关系的偏见在数学和哲学方面曾经有糟糕的结果。就像莱布尼茨的各种失败的尝试一样，布尔的数理逻辑与类—包含相关，而且仅仅是三段论的一种发展。皮尔斯发展了一种关于各种关系的逻辑学，却将一个关系当作各种对子的一类来对待。这在技术上是可行的，但是不能自然地将注意力转移到重要的东西上。在各种关系的逻辑中，重要的是什么东西不同于各种类的逻辑，我对各种关系的哲学的看法，帮助我强调原来什么是最有用的。

在那些日子里，我认为各种关系几乎完全是各种内涵。我想到了一些句子，比如，“x先于y”“x大于y”“x在y的北边”。我当时认为（现在同样认为），从形式演算的观点来看，尽管可以将一种关系当作一组有序的对子，然而只有内涵使这个集合成为统一体。当然，相同的情况也适用于各种类。使一个类成为统一体的唯一的东西，就是其项的那个共同而特有的内涵。当我们处理不能列举其项的类时，这是显而易见的。对于无限的类，明显不可能一一列举，而至于大多数有限的类，也是如此。例如，谁能列出“蜈蚣”这个类的所有项？虽然如此，但是我们可以对所有的蜈蚣做出各种陈述（正确的或错误的），我们这样做是基于定义这个类的内涵。正好相似的一些考虑适用于各种关系的情况。我们可以说关于时间顺序的很多事情，因为我们理解"先于"这个词汇，尽管我们不能列举所有使 x 先于 y 的 x、y 的对子。然而，还有一种反对将各种关系看作各种对子的类的观点：对子必须是有序的对子，也就是说，我们必须能够区分对子 x、y 和对子 y、x。除非通过某种内涵的关系，否则不可能做到这一点。只要我们将自己限制在各种类和谓语上，就既不可能诠释顺序，也不可能从一类无序的区别中诠释一对有序的对子。

所有这些都是我们在《数学原理》中发展的各种关系的计算法的哲学背景，我们被引导去将数理逻辑学家们先前没有突出的各种概念符号化。其中最重要的是：（1）与一个给定项 y 有各种关系 R 的各项的类；（2）一个给定项 x 各项组成的类有关系 R；（3）一个关系的"域"，它包括所有各项组成的类，它与某种事物或者其他的事物有关系 R；（4）R 的"倒数域"，是所有与某种事物或者其他事物有关系的各项的类；（5）R 的"场"，包括"域"以及"倒数域"；（6）关系 R 的"倒数"，也就是当 R 在 x 和 y 之间时，y 和 x 之间的关系；（7）两个关系 R 和 S 的"关系的乘积"，当有一个中间项 y 时，它在 x 和 z 之间成立，使 x 与 y 拥有关系 R，y 与 z 拥有关系 S；（8）复数的定义如下：给定我们创造一个类 a，这个类与 a 中的某些项拥有关系 R。我们可以通过家庭关系来说明这些概念。例如，假设 R 是父母与孩子之间的关系。那么，（1）是 y 的父母；（2）是 x 的孩子；（3）是所有有孩子的人的类；（4）是所有有父母的人的类——除了亚当和夏娃以外的所有人；（5）"父母"关系的场由任何人的父母或任何人的孩子中的每一个人组成；（6）"父母"关系的倒数是"子女"关系；（7）"祖父母"是父母和父母关系的乘积，"兄弟或姐妹"是孩子和父母关系的乘积，"表亲或兄弟或姐妹"是孙子/孙女和祖父母关系的乘积，以此类推；（8）"伊顿公学的父母们"在这个意义上是一个复数。

不同种类的关系有不同的用法。我们可以从一种关系开始，这种关系产生了我所说的"描述的函数"。这类关系对于给定的项，最多只能有一个项。它产生了使用单数的"the"的短语，例如，"the father of x""the double of x""the sine of x"，以及数学中的所有常用的函数。这样的各种函数只能由这类关系产生，我称之为"一对多"的关系——这种不超过一个项的关系，可以指向多个项。例如，如果你说的是一个一夫一妻制国家时，你可以说"x的妻子"，但是如果将这个词用在允许一夫多妻制婚姻的国家，它就变成了模棱两可的。在数学中，你可以说"x的平方"，但不能说"x的一个平方根"，因为x有两个平方根。在上面的列举中，"域""倒数域"和"场"都产生了各种描述的函数。

第二种非常重要的关系，是在两个类之间建立的一个关联。这就是我所谓的"一对一"的这类关系。在这类关系中，不仅最多有一个x与给定的y有关系R，而且最多有一个y与给定的x有关系R。有一个例子是：禁止一夫多妻制的婚姻。如果这样的相互关系存在于两个类之间，它们就有相同数量的项。例如，无须列举，我们就知道妻子的数量和丈夫的数量是一样的，男人的鼻子的数量和男人的数量是一样的。有一种特殊的关联形式也是非常重要的。当两个类被给定为关系P和关系Q的域时，它们之间存在一个关联，这样，当两个项拥有关系P时，它们的相关项拥有关系Q，反之亦然。以已婚官员的优先权和妻子的优先权为例。除非妻子与贵族有关，或者官员是主教，否则妻子之间的优先权与丈夫之间的优先权是一样的。这样的一个相关项被称为一个"序数的相关项"，因为无论P场中的各项之间顺序如何，它们与Q场中的关联都是保持不变的。

第三种重要的关系是产生序列的关系。"序列"这个词既古老又熟悉，但我认为，我是第一个给它赋予精确意思的人。序列是一组项，它们的顺序来自拥有三个属性的关系：（a）它必须是不对称的——如果x与y有关系，那么y与x没有关系。（b）它必须是可传递的——如果x与y有关系，y与z有关系，那么x与z有关系。（c）它必须是有关联的——如果x和y在它的场中是任意两个不同的项，那么要么x和y有关系，要么y与x有关系。如果一个关系拥有这三个属性，它可以将自己场中的各项排列成一个序列。

所有这些属性都可以用一些家庭关系来说明。因为如果A是B的丈夫，B就不是A的丈夫，于是，丈夫这个关系是不对称的。相反，配偶是对称的。祖先是可传递的，因为A的祖先的祖先也是A的祖先；但是父亲是不可传递的。祖先拥有连续关系所需的三个属性中的两个，却没有第三个属性，即有关联的属性，因为它不适用于任何两个不同的人，其中一个人不一定是另一个人的祖先。另外，如果我们考虑，在儿子继承父亲的一个皇室家族中，被限定为皇室血脉的祖先这个关系是有关联的，因此，相关的国王们形成了一个序列。

以上三种关系，在逻辑学与普通数学之间的过渡区域中是最重要的关系。

现在，我继续对其中的一些发展进行概述，上述的一些逻辑的装置对于这些发展是有用的，但是我先从一些普遍结论开始。

我年轻时，有人告诉我数学是数字和数量的科学，换句话说，是关于数字和衡量的科学。这个定义太狭隘了。第一，约定俗成的数学中涉及的许多不同种类的数字只占数学方法适用区域的一小部分，而且建立算术基础所需的大量推理与数字没有非常密切的关联。第二，在处理算术及其绪论时，我们必须在心中承认，只要有可能的命题对有限的和无限的类或数字都是正确的，就不应该只对前者进行证明。更一般地说，我们认为在某些特定的情况下证明命题是浪费时间，这些情况可以得到更普遍的证明。第三，我们认为它是目标的一部分，我们的目标是建立传统算术的各种正式的定律，即结合律，$(a+b)+c = a+(b+c)$；交换律，$a+b=b+a$；与二者相似的分配律，$a \times (b+c) = (a \times b)+(a \times c)$。数学初学者总是被灌输这些定律，却看不到对这些定律的各种证明，或者即使提供了各种证明，它们使用的也是数学归纳法，因此，它们只对有限数是有效的。平常的加法和乘法的各种定义假设相加项或相乘项的数量是有限的。这是我们自己必须克服的各种限制之一。

将乘法扩展到无限的因子数，是通过所谓的"各种选择"来实现的。举个最简单的例子，选举国会议员，可以帮我们熟悉选择这个概念。假设在相关的一个国家，每个当选的代表必须是选区内的项，所谓的总议会又由选区选举的代表们组成。普遍的构想是这样的：给定一个由不为空的类组成的大类，一次选择是这样一种关系，即从每个类中挑选出一个项作为该大类的"代表"。可以做到这一点的方法的数量（假设没有任何两个类有任何共同的项）是几个类的数量的乘积。例如，假设我们有三个类，第一个类包含 x_1、x_2、x_3，第二个类包含 y_1、y_2、y_3，第三个类包含 z_1、z_2、z_3，然后任何一个类包含一个 x、一个 y 和一个 z，它们是从三个类组成的大类中选择出来的，任何读者都可以很容易让自己满意，这个选择一共有27种方法。

在我们采纳这种乘法定义之后，又遇到了一个意外的困难。看来，当类的数量是无限的时候，我们不能确定任何选择都是可能的。当类的数量有限时，我们可以从每个类中任意挑选出一个代表，就像在一场大选中做的那样；但是，当有关的类的数量是无限的时候，我们不能做出一个无限的、任意的选择，而且，除非有某种能保证实现期望结果的意图，否则我们不能确定选择能否实现。我再举一个例子："从前有个百万富翁买了无限双鞋子，每当他买一双鞋子时，也会顺便买一双袜子。"我们可以从每双鞋子中选择一只，因为我们可以总是选出右脚的鞋子或者左脚的鞋子。于是，就鞋子而言，各种选择存在。但是，至于袜子，在无法区分左右的情况下，我们不能使用这个选择规则。如果我们能够从袜子中做出选择，我们将不得不使用更多详尽的方法。再如，我们可以找到一个点，这样，在每一双袜子中，其中一只比另一只更接近这个点。然后，我们应该通过从每一双中选择更靠近问题点的那一只，来获得一个选择。我曾经将这个难题交给一位德国数学家，我碰巧坐在三一学院的高桌旁，但他唯一的评论是："为什么他是一个百万富翁？"

有些人认为，这是不证自明的：如果任何一个有关的类都不为空集，就一定有可能从每双中选出一只。另一些人则恰恰相反。在这一点上，皮亚诺说得好："这个原则是正确的还是错误的？我们的看法没有任何价值。"我们定义了所谓的"乘法的公理"：假设总是有可能从一组不为空的各个类中选择一个代表。我们没有发现任何支持或反对这个公理的论点，因此，我们明晰地将它包括在使用它的任何命题的假设中。在我们遇到这个问题的同时，策梅洛提出了他的"选择原理"，这是一个略有不同但在逻辑上完全一致的假设。他对此理论言之凿凿。我们没有采纳这个观点，因此尽可能寻找更多方法去解决乘法问题，同时不去假设那个公理存在。

选择的逻辑理论在任何时候都不取决于"数量"这个概念，我们在定义"数量"之前就在《数学原理》中发展了它。这个道理也适用于另一个重要概念，即在日常语言中的"等等"这个词组。

假设你希望用"父母"这个概念来定义"祖先"这个概念。你可能会说如果A是B的父亲，B是C的父亲，那么A是z的祖先，以此类推，通过有限的步骤，你就可以找到y这个人，他是z的父亲。如果因为它包含"有限的"一词，而且必须给这个词下一个定义，那就万事大吉了。"有限的"一词的定义只有通过特殊地运用一个完全普遍的概念，才是可能的，即从任何给定关系衍生出来的祖先关系。这个祖先关系的概念，早在1897年就被弗雷格发展起来了，但是在怀特海和我推进他的研究之前，它一直未被人们察觉到。我们希望定义的这个概念可以初步解释如下：假设 x 与 y 有关系；让我们将从 x 到 y 的步骤称为 R 步骤。这样你再做一个 R 步骤，就可以从 y 到 z 了。我们将通过你从 x 开始的 R 步骤，将 x 的后代定义为与 R 有关的一切。我们不能说你能得到的一切都是"R 步骤的有限数"，因为我们还没有定义"有限的"这个词，我们只能通过"后代"这个构想来定义它。与 R 有关的 x 的后代的定义如下：我们将首先定义与 R 有关的一个"可遗传的"类。这是一个拥有以下属性的类，从其项之一通过 R 步骤得到的任何东西都是它的项之一。例如，在父子关系中被称为"史密斯"这一属性是可遗传的，成为人这一属性在父母与子女的关系中是可遗传的。我现在定义 y 属于与 R 有关的 x 的后代，只要 y 属于与 R 有关的 x 的每一个可遗传的类。现在让我们将它应用到所有平常的数字上，将一个数字与它的直接继承者的关系当作 R。如果我们现在就这个数字考虑 0 的后代，很明显这个数字属于 0 的后代，因为"1 = 0 + 1"，因为 1 属于 0 的后代，所以 2 也属于 0 的后代；因为 2 属于 1 的后代，所以 3 也属于 1 的后代。通过这种方式，我们得到了一整组属于 0 的后代的数字。对于所有这些数字，我们可以使用所谓的"数学归纳法"来证明。数学归纳法是这样一个原则，如果一个属性属于 0，而且它属于任何拥有这个属性的数字的直接继承者，那么它就属于所有有限数。将"有限的"数字定义为 0 的后代，这是这个定义的一个直接的结果。过去人们认为数学归纳法是一个原则，因为人们认为所有的数字都必须是有限的。这是一个错误。数学归纳法不是一个原则，而是一个定义。它在这些数字上是正确的，在其他数字上又是错误的。其中正确的数字被定义为"有限数"。例如，一个有限数可以通过加1来增加，而无限的数字则不行。

这整个祖先关系的理论对数字很重要，因此，在提出数的定义之前，我们早就发展了这一理论。

现在来谈谈我所谓的"关系算术"，即《数学原理》第二卷后半部分内容。这也是我在数学领域的最大贡献。我所说的"关系算术"是一种全新的算法，其中序数是一个专门的例子。我发现，所有对序数有效的正式定律，对这种更普遍的形式也是有效的。我还发现，关系算术对于理解结构至关重要。"结构"就是其中的短语之一，就像"等等"或者"系列"一样，尽管它们没有精确的意义，却被经常使用。通过关系算术，可以精确地定义"结构"这个概念。

在这个问题中，根本的定义是"序数的相似性"或"相像性"，这在上文提到过。就各种关系而言，这与各种类之间的相似性起到了相同的作用。各种类之间的相似性被定义为一对一的关系存在，这种关系将任何一个类的每个项与另一个类中关联的每个项配对。关系P与关系Q之间的序数的相似性，被定义成这种意思，有一个P的场和Q的场的相关项，当两个项有关系P时，它们的相关项也有关系Q，反之亦然。我举一个例子，假设P是已婚政府官员之间的优先权关系，Q是他们妻子之间的优先权，那么妻子与丈夫之间的关系就与P和Q的场相关，以至于无论何时妻子有关系Q，她们的丈夫都有关系P，反之亦然。当P和Q这两个关系有序地相似时，如果S是关联关系，Q就是S和P的关系乘积和S的倒数。例如，在上面的例子中，如果x和y是两个妻子，x和y有关系Q，如果S是妻子和丈夫的关系，那么x是一个男人的妻子，这个男人和y的丈夫有关系P，也就是说，Q与S和P的关系乘积以及与S的倒数相同；S的倒数是丈夫和妻子的关系。无论何时，P和Q都是序列的关系，它们的相像性在于，它们的各项可以相互关联而不改变顺序，但相像性的构想适用于拥有场的所有的关系——域和反域属于同一类型的所有的关系。

现在，我们将关系P的关系算术定义为与P在序数上相似的各种关系的类。这正好类似基数的算术，用序数的相似代替类的相似，用关系代替类。加法、乘法和求幂的定义多多少少与它们在基数的算术中的定义相似。加法和乘法都遵循结合律，分配律在一种形式下适用，但在另一种形式下通常不适用。除非相关的各种关系的场是有限的，否则交换律不成立。例如，取一个与自然数的各序列相像的序列，再给它加上两个项。如果在开头加上两个项，新的序列就像旧的那个序列；但是，如果在结尾加上两个项，新的序列就不是旧的那个序列了。关系P和关系Q的总数被定义为x和y之间的关系，当x与y有关系P时，或者x与y有关系Q时，或者x属于P的场且y属于Q的场时，这种关系才成立。根据这个定义，P和Q的总数通常不像Q和P的总数。这不仅适用于通常的关系算术，而且当其中的一个或两个关系算术都是无限的时候，也适用于序数。

序数是关系数的一个子类，也就是适用于"有序的"各序列，"有序的"各序列是那些任何有项的子类都有第一项的序列。康托尔研究过超限的序数，但据我所知，关系算术是在《数学原理》中被首次定义和研究的。

这一两个例证可能是有用的。例如，假设你有一系列的对子，你希望从这些对子中形成各种选择的一个序列，就像上文解释的与选择的公理有关联。这个过程非常类似于基数的算术，只是我们现在关心的是将各种选择按照一个顺序进行排列，而我们以前只关心将它们作为一个类。再假设，就像我们在考虑类的选择时所做的那样，我们有三个集合：(x_1, x_2, x_3) (y_1, y_2, y_3) 和 (z_1, z_2, z_3)，我们希望从这些集合中挑选一个序列。有很多种方法可以做到。最简单的方法如下：任何包含 x_1 的选择出现在任何不包含它的选择之前。在同时含有或不含有 z_1 的选择中，含有 y_1 的选择放在不含 y_1 的选择前面。在同时包含或不包含 x_1 和 y_1 的选择中，含有 z_1 的选择放在不含 z_1 的选择之前。我们对后缀2和后缀3制定了一些相似的规则。通过这种方式，我们得到了以 (x_1, y_1, z_1) 开头且以 (x_3, y_3, z_3) 结尾的所有可能的选择，它们被排列成一个序列。很明显，这个序列将包含27个项，但是这里的数字27不再是一个基数，而是一个序数，正如我们前面的例子所示，是一个特殊的关系算术。它不同于基数，因为它在选择中建立了一个序列，而一个基数没有这个序列。只要我们局限于有限数，序数和基数之间就没有任何重要的形式上的不同；但是，当我们允许无限的数字存在时，这些不同就变得重要了，因为交换律失败了。

在证明关系算术的各种形式定律时，我们偶尔要处理序列的序列的序列。这些可以通过下面的例子可视化：假设你必须做一堆砖，为了让事情更有趣，让我们假设它们是金砖，而且你在诺克斯堡工作。我假设你先做一排砖，将每块砖放在前一块砖的正东方；然后再做另一排砖，触摸你的第一行正北边的那块砖；以此类推，直到做出了尽可能多行的砖。然后在第一层上面再做第二层，在第二层上面再做第三层，以此类推，直到所有的砖都堆好。那么每一行是一个序列，每一层是一个序列，整个堆是一个序列的序列的序列。我们可以将这个过程符号化：使P成为各层之间上下的关系，P的场构成了各层，每一层是各行的一个序列。使Q_1成为顶层各行之间的南北关系，Q_2为第二层各行之间的南北关系，以此类推。Q_1的场是各行的一个序列。让我们将R_{11}称为在顶层最南一排的东西关系，将R_{12}称为顶层第二行的东西关系，以此类推，如果m是层数，n是每层的行数，那么最终可以得到R_{mn}。在这个例证中，我假设层和行的数量是有限的，然而这是一个相当不必要的限制，只是为了使这个例证更简单。在日常语言中，这些都是复杂而冗长的表达，但是在各种符号中，它变得简单易懂。使F成为x与P的关系，其中x是P的场中的一个项。那么F_3是F与F与F的关系积。例如，单独的砖是与F_3和P之间关系的那些项，也就是说，每块砖是P的场的一个项的场的一个项的场的一个项。在证明加法与乘法的结合律时，我们需要这样的序列的序列的序列。

当两个关系算术在序列上相似时，我们可以说它们产生了相同的"结构"，但是结构是一个比序列更普遍的概念，因为它不仅仅局限于二元关系——两个项之间的关系。三个或四个项之间的关系问题，在几何学中很重要，怀特海本来要在《数学原理》第四卷中解决，但他在做了大量前期工作后兴趣逐渐减弱，并最终放弃研究，转向了哲学。然而，很容易看出结构的概念如何可以概括出来。假设：P和Q不再是二元关系，而是三元关系。这种关系有很多熟悉的例子，如之间和嫉妒的关系。我们可以说P和Q拥有相同的结构，如果它们的场可以相互关联，那么按照那个顺序，无论何时x、y、z都拥有关系P，按照相同的顺序，它们都拥有关系Q，反之亦然。结构对于各种以经验为依据的理由是重要的，但是对于其重要性也有各种纯粹逻辑的理由。当两个关系拥有相同的结构时，它们的各种逻辑的属性是相同的，除了取决于它们场的项资格以外。我的意思是"各种逻辑的属性"，这样的属性可以用逻辑的各种项来表达，而非仅仅用逻辑学来证明。以定义序列的关系依据的三个特征为例——它们是不对称的、可传递的和有关联的。这些特征可以用逻辑项来表达：如果一个关系拥有其中的任何一个特征，那么所有与之在序列上相似的关系，也都拥有这些特征。每一个关系算术，都是拥有这个数字的任何关系的一种逻辑属性，无论这个数字是有限的还是无限的。泛泛地说，你在说出关于一个关系的任何东西的同时，即使不提这个关系的任何项，也不引入任何无法用逻辑项表达的属性，也同样适用于任何类似于开始时的关系。各种逻辑的属性与其他属性之间的区别很重要。例如，如果P是各种颜色间的一种关系，它们在彩虹中的顺序——各种颜色间的关系属性将不属于与P在序列上相似的所有关系；但是成为序列的属性，将属于所有的关系。举一个更复杂的例子：黑胶唱片和它播放的音乐，它们的各种逻辑的属性是无法区分的，因为它们构成的经验材料在这两种情况下是非常不同的。

另一个例子可能有助于理解结构的概念。让我们假设，你知道某种语言的各种句法规则，但是除了那些属于逻辑学的词语之外，任何词语你都不认识，而且假设这种语言给你提供了一个句子：它可能有哪些不同的意思？这些不同的意思有什么共同之处？你可以为单独的词语提供任何意思，使整个句子有意义，即在逻辑上有意义。于是，你的句子可能会有很多的意思，甚至是无限多的意思，但所有这些意思都有相同的逻辑结构。如果你的语言符合各种特定的逻辑要求，那么在各种事实中就会有相应的结构，从而使你的一些句子是正确的。

我认为关系算术很重要，它不仅是一个有趣的概括，而且提供了处理结构所需的一种符号的技术。我认为，不熟悉数理逻辑的人似乎很难理解"结构"是什么，而且，由于这种困难，他们在尝试理解以经验为基础的世界时，总是误入歧途。

关系算术的理论被大多数人忽略了，只有少数例外，比如，我很意外，在1956年收到了柏林洪堡大学尤尔根·施密特教授的一封来信，他告诉我，这个理论的某些部分可以应用于"词典编纂问题"，即在一种字母表是无限的语言中，确定各种词汇的字母顺序。

第九章　关于外部世界

在《数学原理》还在印刷时，我受吉尔伯特·莫雷之邀为"家庭大学丛书"写一本分册[1]，用通俗的语言阐述我的哲学概要，这个邀请来得正是时候。我很高兴能摆脱符号化推演推理的严肃性，当时我的各种论点有古往今来都没有的确定性，很容易简单讲清楚。这本书取得了巨大的成功。我想，大多数哲学家仍然认为它充分说明了我的各种看法。

我发现，在重新阅读它时，我仍然相信其中的很多东西。我仍然同意"知识"不是一个精确的构想，而是可以合并到"可能的观点"中。我仍然同意自证有各种程度，而且可以在不知道真理的任何单一实例的情况下，知道一个普遍的命题，例如"所有从未被相乘的两个数字的乘积都大于1000"。但是在其他问题上，我的各种观点也发生了重大变化。我不再认为逻辑学的定律是各种事物的定律；相反，我现在认为它们纯粹是语言学上的定律。我不再认为点、瞬间和粒子是组成世界的原材料了。我在这本书中谈到的关于归纳的话语，现在看起来非常粗糙。我谈到普遍事物及对它的认识时，不

---

[1]　即1912年出版的《哲学问题》。

再信誓旦旦。我在这个问题上至今没有任何新创见，足以让我觉得自己准备好再次阐明它。

关于点、瞬间和粒子，怀特海将我从自己"教条式的沉睡"中唤醒了。怀特海发明了一种方法，将点、瞬间和粒子创建成各种事件的组，每一个组的程度都是有限的。这使"奥卡姆剃刀"可以在物理学中应用，就像在数学中一样。对于各种数理逻辑方法的新应用，我感到非常高兴。这似乎表明，理论物理学中使用的所有概念的流畅性，可以归功于数学家的心灵手巧，而非世界的本质。此外，它似乎还开辟了各种关于知觉的问题的一个新视野。1914年春天，我受邀参加波士顿的"洛厄尔讲座"，我选择的演讲主题是"我们关于外部世界的知识"，针对这一问题，我开始利用怀特海的各种新工具。

知觉，作为我们的物理知识的来源这个问题，让我十分困惑。当两个人看着一个给定的客体时，由于视角和光线照射的方式不同，他们所看到的结果是不同的。没有理由挑出其中一个知觉者，说他所见的就是事物的本来面目。因此，我们不能假设，认为物质的东西就是任何人看到的东西。对于物理学家来说这是家常便饭了——我们看不见原子和分子，物理学家却向我们保证，它们是各种物体的成分。生理学家的观点同样令人沮丧。他认为，从眼睛到大脑很明显有一条详尽的因果链，你所看见的东西取决于大脑中发生的事件。如果相同的大脑状态可以由各种异常的起因产生，你可能会有一种以异常的方式与一个物体关联的视觉感受。这类事情与视觉不是特别相关。可以用一个熟悉的例子来说明它：一个人的大腿已经被截肢了，他却能觉得自己的大脚趾疼。这些论证，使我们直接经验的事物无法成为物理学研究的外界的客体，然而只有我们直接经验的事物才能让我们去相信存在物理学的世界。

有很多方法能帮助我们解决这个问题。第一种也是最简单的方法，就是唯我主义。我认为，唯我主义是一种假设而非一种学说。其内容是说，我正在思考这样一种学说：除了我自己的各种经验之外，没有任何有效的理由可以主张或否认任何事情。我认为这个理论不可反驳，但我也认为任何人都无法真诚地相信它。

第二种人认为，接受各种经验是合理的，不管是自己还是别人的经验，但是相信未曾经验的事情是不合理的。这一理论接受他人的证词，却拒绝相信无生命的物质。

第三种是天真的实在论者和物理学家，他们都同意一种成熟的理论：一些事物是有生命的，它们是各种经验的组合，而另一些事物是没有生命的。

以上第二、第三个理论必须由我经验的事情以及我没有经验过的事情推论出来，这样的推论无法在逻辑上论证，只能通过接受推演逻辑以外的各种原则来验证。在《哲学问题》和我此前所有的理论中，我已接受了物理学对物质的理解。但是这在物理学和知觉之间，或者换种方式说，在精神和物质之间，留下了一个令人不舒服的鸿沟。在我第一次热衷于抛弃物理学家的"物质"时，我希望能够展示假设的各种实体，一个给定的知觉者知觉不到它们，正如他确实知觉到的是由全部要素组成的各种结构。这是我第一次在洛厄尔讲座上阐述自己提出的理论时，提出的一种可能性。第一次阐述是1914年我在《科学》上发表的一篇题为《感觉材料对物理学的关系》的论文，我在文中谈道："如果物理学是可验证的，我们将面临以下问题：物理学将感觉材料展示为各种物体的函数，但是只有当各种物体可以展示为感觉材料的函数时，验证才是可能的。因此，我们必须解决用物理对象提供感觉材料的各种等式，以便让它们借助感觉材料提供各种物体。"但我很快就相信这个过程是不可能的，各种事物无法被诠释为由事实上经验的要素组成的各种结构。这篇论文稍后一段中，我解释说，我允许自己进行两种推论：（a）他人的感觉材料；（b）我称之为"可感之物"，我认为，这是事物出现在没有任何精神知觉它们的地方的各种表象。我接着说，我希望能够摆脱这两种推论，继而将物理学建立在唯我主义的基础上；但是那些人——我担心他们是多数派——的各种情感强于逻辑学的简洁的渴望，毫无疑问，将不会分享我的渴望，也就是使唯我主义满足科学。因此，我放弃了仅仅从经验材料中创建"物质"的尝试，而满足于将物理学和知觉和谐地融入一个单一的整体中。

　　1914年元旦那天，我突然想到我们关于外界的世界的认识论中有几件新奇的事。其中最重要的理论是，空间有六个维度，而不仅仅是有三个维度。我的结论是，在物理学的空间中，什么可以算作一个点，或者更精确地说，什么可以算作一个"最小的区域"，它实际上是一个复杂的三维事物，一个人对它的总体知觉就是这样一个实例。各种各样的考虑使我产生了这种观点。也许最令人信服的是，我们可以在没有活着的知觉者的地方安放各种工具，将我们如果在那些地方就会知觉到的那类事情记录下来。根据我们任意选择的部分星空，一个感光底片可以产生一个图像。一台录音机可以记录下人们在近处说的话。用这种方法做的各种机械的记录在理论上是没有限制的，记录的是如果一个人处于相似的情况下，他会知觉到什么。拍摄星空也许是说明所涉及的事情的最好的例子。任何一颗星星，都可以在任何肉眼可见的天空中被拍摄下来。因此，在放置底片的地方，各种事情正在发生，它们与可以拍摄到的所有星星是有关联的。因此，在物质空间的一个极小的区域，每时每刻都有无数的事件与所有的事物相对应，这些事件可以由一个人在那里看到，也可以由一个工具记录下来。此外，这些事物之间存在各种空间的关系，这多多少少与相对应物质的空间中相关客体相对应。在一张星星的照片中出现的整个复杂的世界，就在照片拍摄的地点，同样地，我知觉到的整个复杂的世界，就是我所在的说话的地点，从物理学的立场可以得出每一种情况。根据这个理论，当我看到一颗星星时，关系到三个地点：两个在物质空间里，一个在我的私自的空间里。有一个地点是星星在物质空间里的位置；有一个地点是我在物质空间里的位置；还有一个地点，在那里，我知觉到的星星是我知觉到的众多事物中的一个。

在这一理论中，有两种方法可以将各种事件一束束地捆在一起。一种方法是，你可以将所有被认为是一个"事物"的各种表象的事件捆成一束。例如，假设与那个事物相关的东西是太阳。首先，你有看到太阳的人们的所有视觉知觉。其次，你有太阳的所有照片，这些照片都是由天文学家们拍摄的。最后，你有这些在不同的地点发生的所有事件，凭借这些事件，你可以在那些地方看到或拍摄到太阳。所有这些事件都与物理学的太阳有因果联系。各种事件以光速从太阳所在的物质空间向外前进。当它们从太阳向外前进时，它们的特征在两个方面发生了变化。首先是一个所谓的"有规律的"方式，它由递减的尺寸和强度组成，而且符合平方反比定律。在相当接近的程度上，这种变化只在真空中才有效。太阳在各处呈现的各种方面会根据物质的本质而改变。薄雾会使太阳看起来是红色的，轻云会使阳光显得暗淡，不透光的物质会完全遮住阳光。（当我说到"表象"时，我不仅在思考人们看到了什么，我还在思考与太阳有关联的各处的各种事件，在那些地点没有任何知觉者。）当中间介质中包含一只眼睛和一条视觉神经时，太阳的最终表象就是事实上看到的表象。

不同的地点可以呈现一个给定客体的各种表象（只要它们是"有规律的"），当它们可见时，可通过透视定律关联起来；当它们遵循其他定律时，可以通过其他感觉呈现出来。

正如上文所说，还有一种方法可以将各种事件捆绑集束。这样一来，我们不是集合所有事件即一个事物的所有表象，而是集合在一个物理地点发生的所有事件。所有的事件都在一个物理的地点发生，我称之为一个"视角"。我在某一特定时间的总体知觉构成了一个"视角"。各种工具在一个给定的地点可以记录的所有事件的总和也是如此。在我们先前制作捆束的方法中，我们可以包括由太阳的许多表象组成的一束。但是，在这第二种方法中，一个束中只包含太阳的一个表象，与从那个地方可以知觉到的每一个"事物"的一个表象相关联。制作捆束的第二种方法尤其适用于心理学。当一个"视角"碰巧在一个大脑中发生时，它将由大脑主人在瞬时的所有知觉构成。从物理学的立场看，所有这些都在一个地点，但是，从相关的这个"视角"来看，在那里有各种空间的关系，凭借这些关系，物理学上的一个地点变成了一个三维的复杂事物。

不同的人对一件事的不同知觉，这类难题——一个物理事物和它在不同地方的表象之间的因果关系，以及最终问题，精神和物质的因果关系——都通过这个理论被清除了。这些难题，都是由于没能区别与任何给定知觉相关的三个地点而造成的（我再次申明）：（1）那个"事物"在物质空间里的地点；（2）我在物质空间的地点；（3）在我发出"视角"的那个地点，我的这个知觉与其他的知觉是有关系的。

我没有将上述提供的理论作为可以解释各种事实的唯一的理论，也没有将其作为必然正确的理论。我提出的这个理论符合所有已知的事实，可以说它是迄今为止唯一一如此的理论。在这方面，它与爱因斯坦的广义相对论不相上下。所有这些理论都超出了用各种事实证明的范围，却是可以让人接受的，至少表面上是这样，只要它们解决了难题，而且在任何时候都不与已知的各种事实相矛盾。这就是我对上述理论的主张，它与任何普遍的科学理论应该主张的东西一样多。

怀特海将点创建为各种事件的类的方法，对我创立上述理论有很大帮助。然而，事实上，各种事件是否有助于创建任何东西，使其拥有我们所期望的几何学上的点的全部特征，我认为是值得怀疑的。怀特海假设每一个事件的范围都是有限的，在那里，一个事件的程度没有最小值。我找到了一种方法，可以从大于指定最小值的事件的类中创建一个点，但是他和我的方法都只能在一些特定的假设上起作用。如果没有这些假设，尽管可以得到一个非常小的区域，我们却可能无法得到那些点。正是出于这个理由，我在上面的描述中说的是"最小的区域"而非"点"。我认为这没有什么重要的不同。

第十章 维特根斯坦的冲击

《数学原理》最初遭遇了十分艰难的接受过程。欧洲大陆的数学哲学被划分为形式主义和直觉主义两派，他们都彻底否认数学直接来自逻辑学，而且利用各种矛盾为自己辩护。

以希尔伯特为首的形式主义者坚持认为，算术的各种符号只是纸上的各种标志，没有任何意义，算术由各种特定的任意的规则组成，就像国际象棋的规则一样，这些标志是可以被操作的。这个理论的优点是避免了所有哲学上的争辩，而它的缺点是无法解释数字在计数中的应用。如果符号0表示100或1000或任何其他有限数，形式主义者们给出的所有操作规则都将被验证。这个理论很难解释这些简单陈述的意思，比如"这个房间里有三个人"或者"耶稣有十二个使徒"意味着什么。这个理论完全适用于做加法，但不适用于数字的各种应用。因为数字的各种应用使它变得重要，形式主义者们的理论必须被视为一种无法令人满意的躲避。

以布劳威尔为首的直觉主义者们的理论需要更严肃的讨论。这种理论的核心在于否认排中律。它认为，只有当有某种方法描述一个命题是正确的或者错误的时候，它才能被认为是正确的或者错误的。其中一个常见的例子就是这样一个命题：在 π 的小数点后有 3 个连续的 7。目前，π 的值已经被计算出来，其中并没有 3 个连续的 7，但是没有理由认为这些可能不会在以后发生。如果从此以后连续 3 个 7 的点出现了，这将一锤定音，但是，如果没有达到这一点，并不能证明以后可能不会达到这一点。因此，尽管我们不能成功地证明有 3 个连续的 7，但我们永远不能证明那里没有。这个问题与分析关联起来具有重要意义。无法终结的小数有时是按照一个规律进行的，我们选择的这个规律使我们能够计算出尽可能多的项。但是有时候（所以我们必须假设）它们没有按照任何定律前进。根据普遍接受的各种原则，后一种情况比前一种情况无限地更常见，而且，除非承认这种"非法的"小数，否则整个实数理论将崩溃，随之而来的是微积分和几乎整个高等数学的崩溃。布劳威尔对这场灾难毫不畏惧，但大多数数学家早已丢盔弃甲。

　　这个问题比上述数学例子中出现的问题更普遍。问题是：当没有办法决定一个命题是否正确时，说这个命题正确与否有什么意义呢？或者，用另一种形式来说，是否应该将"正确的"等同于"可核实的"？我认为我们不可能做出这样的认同，除非我们承认自己的粗鄙和各种自相矛盾。以下面的命题为例："在公元 1 年 1 月 1 日，曼哈顿下雪了。"无法想出任何一个方法，让我们发现这个命题是否正确，但坚持认为它既不正确也不错误，似乎是十分荒谬的。我现在不会进一步讨论这个问题，因为我在《意义与真理的探究》的第二十、第二十一章详细讨论了这个问题，我将在后面的章节中回答这个问题。同时，我将假设——直觉主义者们的理论将被拒绝。

直觉主义者和形式主义者都从外部攻击《数学原理》的诸学说，要抵抗他们并不难。对维特根斯坦及其学派的批评则是另一回事，这些批评攻击来自学派内部，理应得到尊重。

维特根斯坦的学说深刻影响了我。我初期认为，我在许多问题上过分同意他的观点，但我必须先解释一下，我们争论的问题都是什么。

维特根斯坦的冲击分成两次向我而来：第一次是在第一次世界大战以前；第二次是在第二次世界大战后不久，他给我寄来了他的《逻辑哲学论》的手稿。他后来的各种学说比如他在《哲学研究》中出现的那些学说对我毫无影响。

1914年年初，维特根斯坦给了我一份简短的打字稿，包括关于各种逻辑问题的注释。这份稿子，加上我们之间的大量谈话，影响了我在战争年代的思考。当时他在奥匈军队中服役，因此我被迫切断了与他的一切联系。我所知道的他的学说，这时候完全来自一些秘密渠道的发表。无论是在当时还是后来，我都不敢肯定，自己接受的他的观点是不是他本人的观点。他总是强烈反对别人对他的各种学说的论述，包括他的狂热信徒。我所知道的唯一例外就是 F. P. 拉姆齐，我现在就来谈谈他。

1918年年初，我在伦敦开设了一系列讲座课程，讲稿后来被刊登在《一元论者》学报（1918—1919年）上。我在这一系列演讲的前言中，承认自己受惠于维特根斯坦："以下文章是1918年头几个月在伦敦举办的八场讲座的前两场，主要是关于解释我从我的朋友、前弟子路德维希·维特根斯坦那里学到的各种特定的理念。自1914年8月以来，我没有机会知道他的各种观点，我甚至不知道他是生是死。因此，除了最初提供的讲座包含的许多理论之外，他与我在这些讲座中说的话没有任何牵扯。其他六次讲座将出现在《一元论者》的后三期中。"

正是在这一系列讲座中，我首次使用"逻辑原子论"来描述我的哲学。但是在这个阶段徘徊是浪费工夫，因为维特根斯坦的学说在1914年还很不成熟。更重要的是《逻辑哲学论》这本书，维特根斯坦在一战休战后不久就将打字稿交给了我，当时他还在蒙特卡罗监狱蹲大牢。我之所以会考虑《逻辑哲学论》中的各种学说，首先是因为它们当时影响了我，然后是因为从那以后开始思考它们。

《逻辑哲学论》的基本哲学学说大概是，一个命题是它所主张的事实的一幅图像。一张地图明确地传达信息，无论正误；当信息正确时，这是因为地图和相关区域之间有一种结构的相似性。维特根斯坦认为，关于一个事实的语言学上的主张也是如此。例如，他说，如果你使用"aRb"这个符号来表现a与b的关系R，你的符号就能做到这一点，因为它在"a"和"b"之间建立了一种关系，来表示a与b之间的关系。这一学说强调了结构的重要性。他说："黑胶唱片、音乐的思想、乐谱、声波，所有这些都在那种图像化的内在关系中彼此交融，这就是语言和世界之间的关系。对所有这些人而言，逻辑结构是共同的。"

"就像故事里的两个年轻人、他们的两匹马和百合花。从

特定意义上看，他们都是一个。"(《逻辑哲学论》4.014）

在强调结构的重要性时，我仍然认为他是对的，但是关于一个正确的命题一定会复制相关事实的结构的学说，我现在觉得是非常值得怀疑的，尽管我当时接受了它。在任何情况下，即使它在某种意义上是正确的，我也不认为它有任何重要性。然而，对维特根斯坦而言，它是根本的。他将它作为一种奇怪的符合逻辑的神秘主义之基础。他坚持认为，真正的赞成立场与对应的事实共有的形式只能展示出来，而非被说出来，因为它不是语言中的另一个词语，而是对各种词语或者对应的事物的一个整理。各种命题可以再现整个现实，但是它们无法再现的是，与现实一样时它们必须拥有什么，以便能够再现现实——逻辑的形式。

"为了能够表现逻辑的形式，我们应该能够将我们自己与逻辑学以外的各种命题联系起来，它们位于世界之外。"(《逻辑哲学论》4.12）

当我最接近同意维特根斯坦时，我仍然唯独不相信这里提出的观点。尽管在我对《逻辑哲学论》的导论中，我提出，在任何特定的语言中，都有一些东西是语言无法表达的，然而总是有可能创建一种更高层次的语言来表达这些东西。在这种新的语言中，仍然会有它无法说出的东西，但是在下一种语言中被说出来，以此类推，直到无穷。这个建议在当时算是新的，如今已经成为一种普遍接受的逻辑学。它摒弃了维特根斯坦的神秘主义，我认为，也摒弃了哥德尔提出的各种更新的难题。

我接下来要讲的是维特根斯坦在相同这一点上不得不说

的东西，它的重要性可能不会一下子就显现出来。为了解释这个理论，我必须首先谈谈《数学原理》中关于相同的定义。在一个客体可能拥有的各种属性中，我和怀特海将一些属性区分了出来，将它们称为"表语的"。这些属性并不是指各种属性的任何总体。你可能会说，举一个例子，"拿破仑是科西嘉人"或者"拿破仑被感觉到了"，而在说这些事情的时候，你并不是指各种属性的任何集合。但是，如果你说"拿破仑拥有一个伟大将军的所有特征"或者"伊丽莎白一世拥有她父亲和祖父的所有特征，却没有两者的恶性"，那么你指的是各种特征的一个总体。各种属性以这种方式成为一个总体，我们将其与表语的各种功能区分开来，以避免一些特定的矛盾。在我们的体系中，y 拥有任何 x 拥有的相同的属性，无论它们是否拥有表语的属性。对此，维特根斯坦的反对如下："罗素对 '=' 的定义将不起作用，因为根据它，我们不能说两个客体拥有的所有属性是共同的（即使这个命题从来不是正确的，但它仍然是重要的）。"

"大致上说，说两个事物是相同的是无意义的，说一个事物与其自身是相同的就是什么也没说。"（《逻辑哲学论》5.5302、5.5303）

有一次我接受了这种批评，但很快得出结论：这种批判使数理逻辑变得无法成立，维特根斯坦的批评是无效的。如果我们思考计算：如果 a 和 b 的所有属性是共同的，你就永远不能在提到 a 时不去提 b，也不能在数到 a 时不去数 b，它不是作为一个单独的项，而是在相同的计数行动里的一个项。因此，你永远不能在想象中发现 a 和 b 是两个项。维特根斯坦的立场假设多样性是一种无法定义的关系，尽管我不认为他知道自己在做这种假设。但是，如果他没有这样假设，我不明白他还能说些什么根据，就像他确实说两个客体的所有属性是共同的，这一点是很重要的。然而，如果承认多样性，那么，如果a 和b 是两个项，那么a拥有b所没有的属性，即a不同于b。因此，我认为维特根斯坦关于相同的主张是错误的。如果他坚持这一点，那么它使他的体系的很大一部分都失效了。

以数字"2"的定义为例。我们说一个类有两个项，如果它有项x和y且x 与y不相同，如果z也是该类的项，那么z要么与x相同，要么与y相同。这个定义很难适应维特根斯坦的惯例，那个惯例要求我们永远不要使用形式为"x = y"或"x ≠ y"的表达，但是我们应该使用不同的字母表示不同的事物，而且永远不要使用不同的字母表示相同的事物。除了这些技术上的困难外，很明显，出于上面提到的原因，如果两个事物的所有属性是共同的，那么它们就不能算是两个事物，因为这涉及区分它们，从而将不同的属性赋予它们。

还有一个进一步的结果，即我们不能制造这样一个内涵，它对于给定的一组列举的客体是共同而特有的。例如，假设我们有三个客体：a、b、c，那么，与a相同或者与b相同或者与c相同的属性，就是这三个客体共同而特有的。但是，在维特根斯坦的体系中，这种方法是不可用的。

还有一点很重要，维特根斯坦不承认任何关于世界上一切事物的陈述。在《数学原理》中，世上事物的总体被定义为"所有那些x的类"，也就是那些"x=x"，我们可以给这个类指定一个数字（就像给任何其他的类指定一个数字一样），尽管我们当然不知道指定的正确数字是什么。维特根斯坦当然不会承认这一点，他说"世界上有三种以上的东西"这类命题毫无意义。1919年，当我在海牙与他讨论《逻辑哲学论》时，面前有张白纸，我在纸上滴了三滴墨水。我恳请他承认，既然有这三点墨渍，世界上至少有三样东西；但是他坚决拒绝了。他会承认这一页纸上有三点墨渍，因为这是一个有限的陈述，但他不会承认关于整个世界可以说的任何东西。这与他的神秘主义有关系，但通过他拒绝承认相同而被证明了。

相关的同类问题的另一个方面，就是我所说的"无限性的公理"。在一个只包含有限的数量的各种事物的世界里，这个数量对各种事物的集合而言有着最大可能。在这样的世界里，所有高等数学都会崩溃。我认为，这是一个纯粹以经验为依据的问题，即世界上有多少事物的问题。因此，我不认为逻辑学家应该允许自己对这个主题发表任何看法。因此，我将数学中所有需要无限的部分都称为假说。这一点完全激怒了维特根斯坦。他认为，你可以问"伦敦有多少人口""太阳里有多少分子"，但是要推论这个世界上至少还有这么五花八门的事物，在他看来却没有任何意义。在我心中，他学说中的这一部分大错特错。

维特根斯坦宣布了两个普遍原理，如果它们是正确的，那么将会意义非凡。它们是外延性原理和原子性原理。

外延性原理认为，关于命题p的任何陈述的正确与否只取决于p的正确与否，而涉及命题函数的任何陈述的正确与否只取决于该函数的扩展。也就是说，取决于命题函数正确时的范围。从表面上看，有明显反对这一论点的论点。举一个例子，"A相信p"。很明显，一个人可能会相信某些正确的命题，却不会相信其他命题，因此"A相信p"的真理并不仅仅取决于p的正确或错误。关于这个问题，维特根斯坦有一个非常隐晦的段落。他说："在普遍的命题形式中，各种命题只是作为真值运算的基础出现在这个命题中。

"乍看之下，似乎一个命题可能以另一种方式出现在另一个命题中。

"特别是在心理学的各种特定的命题形式中，比如'A认为，p是例子''A认为p'，等等。

"从表面上看，似乎这里的命题p在某种关系中站在了客体A的立场上。

"[在现代认识论中（罗素、摩尔等人），那些命题已经被这样假设了]。

"但是，'A相信p''A认为p''A说p'，都明显是'p说p'的形式，这里我们没有任何一个事实和一个客体之间的任何调和，而是通过调和它们的各种客体，而得到对各种事实的调和。

"这表明，不存在灵魂这种东西（还有本体等东西），因为它是在同时代肤浅的心理学中构想出来的。"（《逻辑哲学论》5.54及以后）

维特根斯坦的论点是"A相信p"不是p的一个函数，而是A表达命题p或者物质状态的词语，无论它是什么，都构成他相信的东西。他，他自己像往常一样是神谕的，发表自己的看法，好像那是沙皇的圣旨，但是更谦逊的民众很难对这个程序感到满意。我已经在《意义与真理的探究》（以下简称

《探究》)（第267页及以后）中详细地考察了这个问题，但我得出的结论是颇为犹豫不决的。

原子性原理由维特根斯坦陈述如下："每一个关于复杂事物的陈述，都可以被分析成关于其组成部分的一个陈述，而且可以被分析成那些完全描述复杂事物的命题。"(《逻辑哲学论》2.0201)。这一原则可以被视为体现了对分析的信念。维特根斯坦在写《逻辑哲学论》的时候，相信（据我所知，他后来开始怀疑）世界是由许多拥有各种属性和关系的简单事物组成的。各种简单的属性和简单的关系是"原子的各种事实"，它们的主张是"原子的各种命题"。这个原则的主旨在于，如果你知道原子的所有事实，而且也知道它们就是所有事实，你就可以仅仅通过逻辑学来推论所有其他正确的命题。与这个原则相关的最重要的一些困难是，再一次涉及诸如"A相信p"这样的命题，因为p在这里是复杂的，而且它是作为一个复杂事物进入的。这些命题的特征是它们包含两个动词，一个是主要的动词，另一个是附属的动词。让我们举一个非常简单的例子，"A相信B是热的"。这里的"相信"是主要的动词，"是"是附属的动词。原子性原理要求我们找到一种方式来表达这个事实，而不需要引入附属的复杂事物"B是热的"。此外，我在《探究》中（详见第262页及以后）详细讨论了这个原则。

关于这两个原理，我得出的结论如下：（1）通过对诸如"A相信p"这样一些句子的分析，外延性原理在被严格诠释时不会被证明是错误的；（2）相同的分析并不能证明原子性原理是错误的，但是也不能证明它是正确的（《探究》第

273页）。

对维特根斯坦这两个原理更常见的批评是，没有任何理由相信各种简单事物或原子的各种事实。我知道他自己后来也这样认为。但是讨论这个问题会让我们离《逻辑哲学论》的中心思想太过遥远。我将在以后的章节中再谈到它。

维特根斯坦认为，逻辑学完全是由同义反复组成的。我认为他在这个问题上是对的，尽管直到我阅读了他对这个主题的看法之后，我才这样认为。还有一点很重要，那就是所有原子的命题都是相互独立的。人们过去认为，一个事实可以在逻辑上取决于另一个事实。只有当其中的一个事实实际上是两个放在一起时的事实时，才会出现这种情况。通过"A和B是男人"可以在逻辑上得出A是男人，但那是因为"A和B是男人"实际上是两个放在一起的命题。我们正在考虑的这个原则的结果是，在对现实世界中对正确的原子的各种事实的任何选择，都可能是逻辑能够显示的原子的各种事实的总体，但是，原子性原理在这种关联中明显是至关重要的，而且，如果它不是正确的，我们无法确定的是，最简单的可获得的事实有时可能在逻辑上没有关联。

在《数学原理》第二版（1925年）中，我评价了维特根斯坦的一些学说。我在新版导论中采纳了外延性原理，而且在附录C中考虑了各种明显的反对意见，总的来说，我认为它们是无效的。我主要是想在这个新版中将"可简化性的公理"的使用频次减至最低。如果我们一方面要避免各种矛盾，另一方面又要避免所有通常被认为无可争辩的所有数学问题，那么这个公理似乎是有必要的，我稍后会解释。但这是一个可以拒绝的公理，因为它的正确可能会受到怀疑，而且因为（更重要的是）它的正确，如果这是正确的，那么它似乎是以经验为依据的而非逻辑的。怀特海和我认识到这个公理是我们体系中的一个漏洞，但我至少是根据平行公理的类推来考虑它的，它被认为是欧几里得几何学的一个漏洞。我认为某种摒弃这个公理的方法迟早会被发现，同时将困难集中在一个单一的点上是一件好事。在第二版中，我成功地摒弃了这个公理，它在以前的许多情况下似乎是不可或缺的，尤其是在数学归纳法的所有使用中。

我现在必须说明这个公理所主张的东西，以及它为什么是有必要的。我在前面已经解释过各种属性的不同，它既关于各种属性的整体，又关于不包含这些属性的整体。各种属性关于它们组成的一个总体，这些属性倾向于成为麻烦的来源。假设，你可以提出这样的定义："一个典型的英国人，就是拥有大多数英国人的所有属性的人。"你很容易就会意识到，大多数英国人并不拥有大多数英国人所拥有的所有属性。因此，根据你自己的定义，一个典型的英国人是不典型的。问题在于，"典型的"一词的定义指涉所有的属性，因此"典型的"本身被视为一种属性。由此来看，如果说"所有属性"是合理的，那么你一定不是要表达"所有属性"，而是"不涉及各种属性的一个总体的所有属性"。正如我前面解释的，我们将这样一些属性定义为"表语的"。可简化性的公理宣称，一个不是主张的属性在形式上总是等于一些表语的属性的对应物。（当两个属性属于同一组客体时，它们在形式上是等同的；或者更准确地说，当它们的真值对于每个论点都是相同的时候。）

在《数学原理》第一版中，我们列出了接受这个公理的如下一些理由："可简化性的公理是自证的，这是一个很难站住脚的命题。"但事实上，自证永远不会超过接受一个公理的一部分理由，也永远不会是不可或缺的。接受一个公理和接受任何其他命题的理由，总是在很大程度上是归纳的，即可以从中推演出许多几乎不容置疑的命题，如果这个公理是错误的，没有同样似乎合理的任何方式可以让这些命题成为正确的，而且不能从这个公理推断出可能是错误的任何东西。如果这个公理显然是自证的，那么实际上只意味着它几乎是不容置疑的，因为人们认为是自证的各种事物，事实却证明是错误的。如果这个公理本身几乎是不容置疑的，这只是增加了从几乎不容置疑的各种结果这一事实得出的归纳的证明，它并没有提供另一种迥然不同的新证明。绝对正确是永远无法获取的，因此，一些怀疑的要素应该永远依附于每一个公理及其所有结果。在形式逻辑中，怀疑的要素比大多数科学都要少，但是它并不是缺席的，因为它似乎来自一个事实：这些悖论脱胎于先前不知道需要限制的各种前提。在可简化性公理的例子中，对它有利的归纳的证明是非常有力的，因为它容许的各种推理和它导致的各种结果似乎都是有效的。但是，尽管这个公理不可能被证明是错误的，但它绝非不可能发现它可以从其他一些更根本的和更明显的公理中推演出来。上述类型的层次中体现的恶性循环原则的使用，可能比需要的更为激进，而且如果不那么激进地使用这一原则，就可以避免使用这一公理的必要性。然而，这种改变不会使根据上述原则声称的任何东西成为错误的：它们只是为相同的定理提供了各种更容易的证明。因此，担心使用可简化性的公理可能会因为最细微的根据，将我们引向错误（《数学原理》导言、第二章第七节）。

在书的第二版中我们说："改进的一点显然是可取的，那就是可简化性的公理。"这个公理有一个纯粹实用主义的理由：它会导致所期望的结果，而不会导致其他任何结果。但是显然，这类公理无法让我们满足。但在这个问题上，目前还不能说有一个令人满意的解决方法。列奥·特里克斯特博士实施了一个有英雄气概的过程，即摒弃公理却又不采纳任何替代品；从他的工作中可以看出，这个过程迫使我们牺牲了大量的普通数学。出于各种哲学的理由，维特根斯坦推荐另一种过程。这就是假设命题函数总是真值函数，而且函数只能通过自己的值在一个命题中出现。这种观点存在各种困难，但也许是可以克服的。其后果就是函数的所有函数都是扩展的。它要求我们坚持认为"A相信p"不是p的一个函数。这如何是成立的，请参见《逻辑哲学论》（见上述引文和第19—21页）。我们还没有准备好去证明这个理论是对的，但是在接下来的几页中，我们似乎有必要去研究出这个理论的各种结果。似乎一切都出现在这本书中。我仍是正确的（尽管常常需要新的证明）；基数和序数的归纳理论幸存了下来；但是似乎无限的戴德金式的理论还有有序数列的理论在很大程度上崩溃了，所以无理数和实数大体上不能再得到充分的处理。除非n是有限的，否则康托尔关于"$2\pi > n$"的证明就失效了。也许更进一步的公理，可能会给出这些结果，它比可简化性的公理更不容易被拒绝，但我们还没有成功地找到这样一个公理（导言第14页）。

在《数学原理》第二版出版后不久，F. P. 拉姆齐在两篇非常重要的论文中讨论了可简化性的公理的问题：1925年出版的《数学基础》和1926年出版的《数理逻辑》。不幸的是，拉姆齐的早逝，使得他的各种学说无法得到充分发展，但他已取得的重要成就，值得我们认真思考。他的核心论点是：数学必须被解释为是纯粹扩展的，《数学原理》的各种问题来自不合理插入的内涵之观点。怀特海和我曾认为，一个类只能通过命题函数来定义一个类，这甚至适用于那些似乎是通过列举来定义的类。例如，由三个个体组成的类，可以通过命题函数"x=a 或 x =b 或 x=c"定义。维特根斯坦对相同的拒绝（拉姆齐接受了这一点）让这种方法无法得以实现。但另一方面，拉姆齐认为没有人反对在逻辑上通过列举来定义一个无限的类。我们不能用这种方式来定义无限的类，因为我们是一定会死的，但我们的必死性是一个逻辑学家应该忽略的以经验为依据的事实。根据这一点，他认为，乘法的公理是一个同义反复。回到前面的例子，那个拥有无限双袜子的百万富翁，拉姆齐认为没有必要制定从每双袜子中挑出一只袜子的规则。他认为，在逻辑上，无限个任意选择和有限个任意选择，一样都是被允许的。

在改变关于命题函数的构想时，他采用了一个相似的观点。我和怀特海则认为，一个命题函数是一种包含无法决定的变量的表达，一旦给变量赋值，它就会变成一个平常的句子。例如，当我们给"x"取一个具体名字时，"x是人"就会变成一个常见句子。这种对命题函数的观点认为，忽略一个或多个变量以后，命题函数都是由各种内涵构成的。"是人"这个词组，组成了许多常见句子，而命题函数就是将这些句子捆成一束的一种方法。由于这个词组的内在特点，这个函数的值是由变量的若干个值决定的。拉姆齐对命题函数的构想截然不同。他认为它们仅仅是将各种命题和各种变量的值关联起来的一种手段。他说，除了先前定义的一个表语的函数的概念外，我们仍然需要各种特定的意图，我们定义或者更确切地说解释命题函数在扩展中的那个新概念，因为在我们的体系中它必须被当作无法定义的。个体的这样一个函数来自各种命题和各个个体之间任意的一对多关系的扩展；也就是说，一个可行的或者不可行的关联，每个个体都有一个独一无二的命题，个体成为函数的论点，命题成为它的值的论点。

ø（苏格拉底）或安妮女王死了，

ø（柏拉图）或爱因斯坦是一个伟人，

øx 只是命题 øx 与个体 x 之间的任意联系。（《数学基础》第52页）

通过使用"命题函数"概念的这种新解释，他能够摒弃可简化性的公理，也能够定义"x=y"在什么符号化的意义上与原理的定义不可区分，尽管它现在有了新的诠释。通过这种方式，他成功保留了《数学原理》中几乎没有改变的符号化的部分。关于这个符号化的部分，他说："它在形式上几乎没有变化，但其意思已发生了相当大的变化。为了在修改诠释的同时保留这种形式，我正在追随一个伟大的数理逻辑学家们的学派，他们凭借一系列令人吃惊的定义，从怀疑主义者手中拯救了数学，而且为它的各种命题提供了一个严格的论证。只有这样，我们才能在布鲁威尔和威尔的威胁下保全它。"(《数学基础》第56页)

我发现在这里很难说服自己，即拉姆齐对命题函数这个概念的新诠释的有效性。我觉得完全任意的实体与命题的相关性是无法令人满意的。举一个例子，从"fx推论出来的x的所有值"对于fa都是正确的。在拉姆齐对"fx"这个概念的解释中，我们无法说出"fa"可能是什么。相反，在我们知道"fx"代表什么之前，我们必须知道"fa""fb""fc"，以此类推，这样才能知道整个宇宙的各个方面。于是，各种普遍命题失去了存在的理由，因为只能通过列举所有单独的情况来发表它们的主张。不管人们怎么看待这种反对意见，拉姆齐的建议都是奇妙的，而且，即使不能完全解决这些困难，它也很可能是正确的。拉姆齐本人也有各种怀疑。他说："尽管我尝试重建怀特海和罗素的观点，我认为克服了许多困难，还是不可能将其视为完全让人满意。"(《数理逻辑》第81页)

在另一个问题上，我认为拉姆齐的研究十分值得认可。我列举了各种矛盾，其中一类的例子是"我在说谎"的人，而另一类可以用是否存在最大基数的问题作为例证。拉姆齐展示了前一种类不得不处理一个词语或短语与自己的意思，以及与这个意思混合后的各种结果的关系。当这种混合得以避免时，这一类的各种矛盾就消失了。拉姆齐认为，另一类的各种矛盾只能通过类型学说来解决。在《数学原理》中有两种不同的类型层次。有扩展的层次：许多个体、许多个体的类、个体的类的类，以此类推。拉姆齐保留了这种层次。但也有另一种层次，正是这种层次使有必要使用可简化性的公理。这是一个给定的论点或者一个给定的客体的属性的各种函数的层次。第一种是表语的各种函数，它不涉及任何函数的总体；第二种是涉及表语的各种函数的总体，比如"拿破仑拥有一位伟大将军的所有特征"。这些我们可以称为"一阶函数"。此外，还有涉及一阶函数总体的函数，以此类推，直至无穷。通过他对"命题函数"这个概念的新诠释，拉姆齐抛弃了这种层次，于是只留下了扩展的层次。我希望他的理论是有效的。

尽管他是作为维特根斯坦的弟子而写作的，在任何事上都紧随维特根斯坦，但是他剖析问题的方式则是另辟蹊径的。维特根斯坦喜欢发表各种格言，让读者尽可能理解它们的深刻性。从字面上理解，他的一些格言很难与符号逻辑的存在兼容。相反，拉姆齐非常谨慎，即使在他最紧密地追随维特根斯坦的时候，他也很小心地向我们展示，无论什么学说都可以适用于数理逻辑的语料库。

在数理逻辑的各种基础方面，有大量非常难懂的文献。自《数学原理》第二版面世以来，我确实没有做过任何明确的逻辑研究，除了讨论外延性原理和原子性原理，以及在《意义和真理的探究》中探讨排中律。结果，后来关于这一问题的研究，并没有影响我的哲学发展，因此它不在本书的话题之内。

第十一章　知识论

1914年8月—1917年年底，我一直忙于各种反战问题，但直到1918年年初，我觉得再也不能继续推进和平了。我以最快速度写了本书，签了合同，书名叫《自由之路》，但是，当这本书写完之后，我再次开始研究各种哲学问题。我在上一章提到过关于逻辑原子论的几场讲座，我在进监狱前刚好讲完。在狱中，我首先写了一篇关于杜威的论辩性评论，然后写了《数理哲学导论》。这之后，我发现自己的思想转向了认识论，以及那些与此有关的心理学和语言学。这可以说是我的各种哲学兴趣的一次永久变化。我的思考相关结论收录在三本书中：《心的分析》（1921年）、《意义和真理的探究》（1940年）、《人类的知识》（1948年）。

在刚开始研究认识论时，我没有任何明确的目标，只有之前学到的一些名言和偏见。我读了大量著作，然后发现：就像我写《数学原理》之前读的书一样，很多书与我的志趣无关。

关于我早期的各种偏见，以下仅列出其中最重要的六种：

第一种：我认为应该重视动物和人类精神之间的连续性。

我发现自己认同反对理性主义者对动物行为的各种诠释。我大体上同意这些抗议，但我认为，比起通常所承认的诠释人类所谓的"思想""知识"或"推论"的方法，诠释动物行为所采用的方法可以有大得多的范围。这种预想导致我阅读了大量的动物心理学书。我发现，让我感到有趣的是，这个领域有两个学派，各派最重要的代表分别是美国的桑代克和德国的科勒。各种动物似乎总是有某种行为方式，这表明观察它们的人持有的哲学是正确的。这个令人震惊的发现，适用于一个更广泛的领域。在17世纪，他们认为动物是残忍的，但在卢梭的影响下，他们开始崇拜"高贵的野人"，奥兰·豪顿爵士甚至还崇拜孔雀。在维多利亚时代，人们认为所有猿类都是有道德的一夫一妻制，但在放纵的20世纪20年代，它们的道德经历了灾难性的破坏。但我不关心动物在这方面的行为。美国人观察的动物都喜欢四处乱跑，直到偶然发现解决办法；德国人观察的动物都静静地坐着挠头，直到它们从自己的内在意识中悟出解决办法。我认为这两套观察结果都完全可靠，动物的行为如何理解，取决于你提出的问题。我在这个问题上读书的结论是，我非常谨慎地将理论扩展到实证的领域之外。

有一个领域充满了大量精确的实验性认识，这就是巴甫洛夫关于狗的条件反射的各种观察实验。这些实验引发了一种名为"行为主义"的时髦哲学，其主旨在于，在心理学中，我们完全依赖于各种外界的观察的结果，绝不接受完全来自内省的材料的证明。我从未觉得自己有任何倾向将这种观点作为一种哲学，但是，如果作为一种追求得尽可能远的方法，我认为它是有价值的。我事先决定，我会尽可能地推动它，同时我也说服自己，它有各种非常确定的限制。

第二种：伴随对行为主义方法的偏见，出现了另一种对尽可能借助物理学的方法来解释的偏见。我一直深信，从宇宙的观点来看，生活和经验并不重要。天文学的世界支配着我的想象力，我非常清楚地意识到，与星系组成的各个体系相比，我们的星球非常微小。在拉姆齐的《数学基础》里，我发现了一段话，我对其中表达的东西并没有同感：

"我和我的一些朋友的不同之处在于，我不太重视物理的尺寸。在浩瀚的天空面前，我丝毫不觉得卑微。星星也许很大，但它们不会思考也不会爱；这些特征给我的印象，远远超过它们的尺寸给我的印象。我并不认为自己的体重接近17块石头的重量。

"宇宙的图景对我而言是由观察绘制而出，而非一个按比例绘制的模型。这一画面的主角是人类，而填上的只有三分硬币那么小。我并不真的相信什么天文学，除了它详细描述人类和动物的感觉过程的部分。我的观点不仅适用于空间，也适用于时间。这个宇宙迟早会冷却，一切都将死去，但这是很久很久以后的事了；而且按照复合折扣来计算，世界末日的价值和现在一样都是空白。同样，现在的价值，也不会因以后的空白而减少。人性是我宇宙图景的天空，我觉得人性很有趣，而且总能令人叹服。"

我的宇宙里没有关于各种知觉方式的争论，我也不敢说，我的知觉方式比拉姆齐的更敏锐，但不同人的知觉方式是完全不同的。我不满足于思考人类和他们的愚蠢行为。比起成吉思汗，我更喜欢去畅想仙女座星云。我不能像康德一般将道德律与星空放在一起考虑。这种试图为宇宙赋予人性化的尝试，构成了所谓"唯我主义"的哲学基础，这让我很不舒服，我决不去思考它正确与否。我不认为这个世界源自黑格尔或他的各种学究式著作。在所有关于经验主题的问题中，我期待一种更彻底的阐释（尽管不完全肯定），会将更重要的因果定律简化为物理定律，但是，在面对极其复杂的事物时，我怀疑归纳是否能奏效。

第三种：我觉得"经验"的概念被过分强调了，特别是在唯我主义哲学中，而且也在各种经验主义的分支中。我发现，当我开始思考认识论时，没有哪个强调"经验"的哲学家能告诉我们，他们所说的"经验"到底是什么意思。他们似乎愿意将它看成一个无法定义的东西，而其意义应该不证自明。他们都认为只有经验过的事物才能被认为是存在的，而且认为主张有些事物存在的主张是毫无意义的，尽管我们并不知道它们是否存在。我认为这类观点过于重视知识，或者至少是过于重视类似于知识的东西。我还认为，那些宣称这种观点的人并没有意识到它们的全部意思。似乎没有哲学家能够理解，我们可以在无须分别地知道任何单一的 A 的情况下，知道一个形式为"所有 A 是 B"或"那里有很多 A"的命题。如果你在一片卵石滩上，你可以肯定上面有你没有看到或触摸过的卵石。事实上，每个人都会接受无数没有经验过的关于各种事情的命题，但是当人们开始从哲学观点思考时，他们似乎认为有必要让自己人为地变得愚蠢。我会立刻承认，解释我们如何超越经验的认识时有各种困难，但我认为我们没有这样的认识的观点是完全站不住脚的。

第四种：我曾经有、现在还有的一种偏见，与我们刚才思考的东西南辕北辙。我认为，关于世界存在什么的所有认识，如果不直接通过知觉或记忆所知的事实报告出来，那么至少必须从知觉或记忆所知的各种前提中推断出来。我不认为有任何完全先验方法来证明任何事物的存在，但我确实认为，有些可能不能被经验证明的推论形式是必须接受的。

第五种：我在1918年意识到的一件事，就是我没有对"意思"和语言学的各种问题给予足够的重视。就在那时，我开始意识到有关词语与事物之间关系的许多问题。首先是对单个词语的分类：专有名词、形容词、关系词、连词以及诸如"所有"和"一些"这样的词语。然后是各种句子的意义问题，以及句子如何拥有正确的和错误的二重性。我发现，就像算术中的形式主义者们一样，他们满足于制定做加法的规则，而不考虑数字必须用于计数，所以在更广泛的语言领域里的形式主义者们通常认为真理遵循各种特定的规则，而非对应事实。许多哲学家批判性地谈论真理的"对应理论"，但我认为，除了逻辑学和数学外，任何其他的理论都是不对的。

同样，我认为，由于我渴望保持与动物智力的一种连续性，尽管语言的重要性是巨大的，却被过分强调了。我认为，信念和认识拥有先于语言的形式，如果不能认识到这一点，就无法正确地分析它们。

当我初次对语言学问题产生兴趣时，我根本不了解它们的困难和复杂性。我只隐隐觉得它们很重要，但一开始并不知道这到底是什么。我不敢说自己已经掌握了这个领域的完备知识，但无论如何，我的思考已经逐渐清晰、明确，更能意识到所涉及的各种问题。

第六种：这种偏见可能是我早期所有思考中最重要的。这一点与方法相关。我的方法总是从模糊而令人困惑的某种事物开始，这种事物看起来是不容置疑的，但是我无法准确地将它表达出来。我经历了一个过程，就像是先用肉眼看到一些东西，然后通过一台显微镜检查它。我发现，由于注意力的固定，各种区分和区别可以出现在最初不可见的地方，就像你可以通过一台显微镜看到不干净的水中的杆菌，如果没有这台显微镜，这些杆菌是看不出来的。有很多人诋毁分析，但我认为，就像分析不干净的水一样，这种分析在不破坏任何先前的存在的认识的情况下，提供了新的认识。这不仅适用于各种物质事物的结构，也完全适用于各种概念。例如，"知识"，因为常常使用的术语"知识"是一个非常不精确的术语，既涵盖了许多不同的事情，也涵盖了从确定性到轻微的可能性的许多阶段。

我认为，我在哲学研究上的经验，始于一种奇怪的、难以满足的心理状态，我们可以在这种状态中感到完全的笃定，但还无法说出自己到底笃定些什么。长时间全神贯注的过程，就像在浓雾中注视一个逐渐接近的物体——一开始，它只是一团模糊的暗影，但当它接近时，呈现为各种模样，我们看到那是一个男人、女人，或一匹马、一头牛，或是其他什么东西。我认为，那些反对分析法的人，会希望满足于一开始的模糊暗影。关于这一过程的信念，才是我在研究哲学中最强烈、最难以动摇的偏见。

第十二章　意识与经验

在1918年那整整一年里，我对各种精神事件的观点，经历了一个非常重要的变化。我最初接受了布伦塔诺的观点，认为在感觉上有三个要素：行动、内容和客体。我已经开始认为区分内容和客体是毫无必要的，但是我仍然认为感觉在根本上是一个有关系的事件，在其中一个主体对一个客体是"有意识的"。我曾经用"意识"或"习得"概念来表达主体和客体之间的关系，而且将它看作以经验为依据的认识论中的根本，但是我逐渐对精神事件的这种关系的特征越来越怀疑。在关于逻辑原子论的讲座中，我表达了这种怀疑，但是在讲座后不久，我开始转而相信威廉·詹姆斯，他否认各种感觉关系的特征。在1914年发表在《一元论者》上的一篇长文《论习得的本质》中，我批评了詹姆斯的观点，并最终拒绝了它。这一论点在罗伯特·C.马赫编辑的《逻辑与知识》一书中被重印，见第139页以后。1919年，我采纳的相反的观点首次发表在一篇论文上，我在亚里士多德学会朗读了它，题为《论命题：它们是什么以及它们的意思》。这篇文章也在马什先生的文集中被转载，具体出现在第305页及以后。詹姆斯的观点最初是在一篇名为《意识存在吗？》的文章中提出的。他所假设的主题是"一个无足轻重者的名字"。他接着说："那些还执着于它的人，只是执着于一种回声，它是'灵魂'在哲学的空气中消失后留下的微弱的谣言。"这篇文章发表于1904年，但直到14年后，我才相信它是正确的。

这个问题最初是显而易见的，之后却变得更加重要。很明显，我们通过经验来学习，至少对我而言似乎是明显的，学习不仅由获得某种行为方式组成，而且还由产生的一种可以称为"知识"的东西组成。只要我坚持感觉的关系理论，就几乎不会遇到困难。根据这种观点，每一种感觉本身就是一种认知，它包括对我所谓的"每个感觉材料"的意识。在《心的分析》（1921年）中，我明显地放弃了"感觉材料"。我说："各种感觉显然是我们认识世界的源泉，包括认识我们自己的身体。将一种感觉本身看作一种认知似乎很自然，然而直到最近我才这样看待它。当我看到一个我认识的人在大街上朝我走来时，似乎认识就是纯粹看见的东西。当然，不可否认的是认识通过看见而得来，但是我认为将纯粹看见的东西本身看作认识是错误的。如果我们要这样看待它，我们必须区分正在看的东西与看到的东西：我们必须说，当我们看到一块拥有特定形状的颜色时，这块颜色是一回事，我们看到它是另一回事。"然而，这种观点要求承认我的第一次讲座中讨论过的主体或者行动。如果有一个主体，它可以和一小块颜色有一个关系，即我们可以称之为意识的那类关系。在这种情况下，这种感觉作为一种精神事件会构成对那块颜色的意识，而这块颜色本身将完全是物质的，可以称之为感觉材料，我们要将其与感觉区别开来。然而，主体似乎是一个逻辑的虚构，就像数学的点和瞬间。它被引入，并非因为观察揭示了它，而是因为它在语言上是便利的，而且显然是语法要求的。这类唯名的各种实体可能存在，也可能不存在，但是没有充分的理由假设它们存在。看来它们执行的功能总是可以通过类、序列或其他逻辑结构来执行，这些逻辑结构由不太可疑的实体组成。如果我们要避免一个完全没有根据的假设，我们就必须摒弃这个主体，因为它是世界的实际的各种原料。但是当我们这样做的时候，区分感觉和感觉材料的可能性就消失了；至少我看不到保持这种区分的方法。因此，当我们看到一小块颜色时，我们的感觉就是那一小块颜色，它是物质世界的一个实际的组成部分，也是物理学关注的一部分。一小块颜色当然不是认识，因此，我们不能说纯粹的感觉是认知的。通过感觉的各种心理影响，它成了各种认知的起因，一方面是它本身是与之相关的事物的标志，例如视觉和触觉是有关联的，另一方面是在感觉消失后会产生各种图像和记忆。但是纯粹的感觉本身不是认知的（《心的分析》第141—142页）。

　　但是起初我并没有完全意识到，各种新的问题是因为放弃"感觉材料"而产生的。像"意识""习得"和"经验"这样的词语必须被重新定义，这绝不是一个容易的任务。在《意义与真理的探究》一书开头，我提出了这样一个问题："如果你对一个没有受过哲学训练的人说：'你怎么知道我有两只眼睛？'他或者她会回答：'多么愚蠢的问题！我看见你有啊。'"当我们的探究结束时，不应该假设我们会得出与这种非哲学的立场完全不同的任何结论。将会发生的是，我们将看到一个复杂的结构，我们认为它的一切都是简单的，我们将意识到围绕毫无疑问的各种情况的不确定性的半影，我们将发现怀疑比我们假设更频繁地被证明是正当的，甚至最似是而非的各种前提也会显示，它们自己能够得出并非似是而非的结论。纯粹的结果是，用可以表达的犹豫代替了不可表达的确定性。这个结果是否有任何价值不是我会考虑的一个问题（《心的分析》第11页）。

但当我写《心的分析》时，我并没有完全意识到有必要重新诠释常识所谓的"各种感觉的证据"。

这个问题一部分可以通过行为主义的各种方法来处理。死物质和活体的不同之一是，活体对频繁施加的刺激的反应会随着刺激的重复而改变，而死物质的反应一般不会显示出任何这样的变化。这体现在一句英国谚语中："烧伤过的孩子必定怕火。"一台自动售货机，无论它多么频繁地对一便士的插入做出反应，永远不会学会对一便士做出一瞥的反应。习惯是有生命的物质，尤其是高级生命的最基本的特征之一，它本质上包含在"条件反射"中。条件反射的本质是这样的：假设一只动物通过一个特定的动作对刺激A做出反应，而且刺激A经常伴随另一个刺激B一起出现，那么动物就倾向于及时对B做出反应，就像以前对A做出反应一样。巴甫洛夫在许多狗身上进行了大量的实验，展示了它们如何学会将一件事情看作另一件事情的"标志"，它们的行为方式显示它们在某种意义上拥有"知识"。例如，有两扇门，其中一扇上绘有椭圆形，另一扇上绘有一个圆形。如果这只狗选择了有一个圆形的门，它就能得到一顿丰盛的晚餐，但如果它选择了椭圆形的门，它就会受到电击。经过几次特定的试验后，那只狗一成不变地选择圆形的门。然而，这只狗在区分椭圆形和圆形方面不如开普勒。巴甫洛夫使椭圆形逐渐更接近圆形，直到最后，这只狗无法做出区分，因而得了神经衰弱。当一些男学童也被要求去做出区分时，相同的事情也发生在他们身上。"6乘以9等于几"或者"7乘以8等于几"，他们很快就知道答案要么是54，要么是56，但要在这两个数字之间做出选择可能需要很长时间。在狗和男学童身上进行的这种实验，可以纯粹根据行为主义的方式进行。也就是说，我们正在研究身体对某种身体上的刺激做出某种身体上的反应，我们不必问自己狗或男学童是否在"思考"。

对刺激的反应本身，并不是活物质的一个特征。一支电流计对电流有反应，一支温度计对温度有反应。动物，特别是高等动物的特征是所谓的"学习"，即由于习惯的形成而改变对一个给定的刺激的反应。高等动物和低等动物在习得各种有用的习惯的能力上，有很大的差异。一只苍蝇会继续无休止地尝试穿过一块玻璃，一只猫或一只狗很快就会知道这是不可能的。人类对其他动物的优越性，很大程度上在于他们拥有更强的能力来养成许多复杂的习惯。

这个原则是否涵盖了"从经验中获得的知识"的全部意思？我自己从来没有想过它会涵盖，但是我认为它可以涵盖的范围比人们可能想当然的假设更广。如果，当你看到一只狗时，你说"狗"；当你看到一只猫时，你说"猫"，这将被视为你"知道"猫和狗之间的不同的证明。如果你说这台机器"知道"任何事情，你可能会被认为是在拟人，但是你可以制造一台机器来做到这一点。凡是不是哲学家的人，只要不沉迷于行为主义，都会相信那些不会发生在任何机器上的事情会发生在我们身上。如果你牙疼，你知道自己正在感到疼痛。你可以制造一台机器，它会呻吟，甚至说，"我受不了了"，但你仍然不会相信，当你感到牙痛时，机器正在经历你经历的事情。

感觉本质上是不是一种关系，这个问题影响的最重要的议题之一，是所谓的"中立的一元论"理论。只要"主体"被保留下来，就会有一个"精神的"实体，在物质世界中没有任何相似的东西，但是，如果各种感觉在本质上并非关系的各种事件，那么就没有必要将精神事件和物质事件视为根本不同的。可以将精神和物质都看作由各种材料构成的各种逻辑结构，这些材料本质上没有不同，有时实际上相同。可以认为生理学家所认为的大脑中的物质，事实上是由各种思想和感觉组成的，而精神和物质之间的不同仅仅是对各种思想和感觉的不同排列。我通过邮局黄页来阐明这一点，该体系按照字母顺序和地理位置将人们分为两类。在第一种安排中，一个人的邻居是在姓名字母表中离他近的人；在另一种安排中，他们是那些住在隔壁的人。以类似的方式，一种感觉可以通过记忆链与许多其他发生的事件组合在一起，在这种情况下，它就成为精神的一部分；或者可以将它与自己的各种因果关系分组，在这种情况下，它似乎是物质世界的一部分。这种观点提供了一种极大的简化。当我意识到放弃"主体"使接受这种简化成为可能，而且认为传统的精神与物质之间的关系问题已经被彻底解决时,我很高兴。

然而,这种新观点在其他方面带来的各种结果并不那么便利。任何形式的知识都拥有一种二元性,除了纯粹在身体行为上展示的那种二元性。我们对某种事物的意识,我们对某件事情的一次回忆,知道的过程和已知的东西通常是不同的。这种二元性,在它从感觉上消失之后,必须以某种方式被重新引入。问题出现的第一种形式是关于"知觉"。在这方面,不同的感觉之间有一种区别特征。气味、味道和各种身体上的感觉,例如头痛或胃痛,并未提示这种二元性与视觉、触觉和听觉一样强有力。在开始思考之前,我们认为自己看到、听到和触摸到的东西是我们自己以外的东西,只有通过一种努力,我们才能将注意力转移到看本身而非被看到的东西。当一只狗看到一只兔子时,我们很难假设它会对自己说,"我有一种视觉感受,它很可能有一个外界的起因"。但如果詹姆斯和马赫所言非虚,那么当狗看到兔子时发生的事件,只与兔子有间接的因果关系。这种观点让我们觉得很古怪,然而正是因为这种古怪,我才慢慢接受这种观点。然而,我认为,关于感觉的各种起因的整个理论(一方面是物理的,一方面是生理的)使我们不可避免地认为,"知觉"是比各种看似更间接的东西。

认识论认为,这提出了非常困难的一些问题,即什么是"经验证据"。《意义与真理的探究》在很大程度上注意的就是这个问题,我用"注意"代替了"习得",我认为这是一个无法定义的术语。我用一段引文来把它讲清楚:

假设你在多雨的日子里散步，你看到一个水坑，就避开了它。你不太可能对自己说："那里有个水坑，最好别踩进去。"但是如果有人问："你为什么突然走到水坑边上？"你会回答："因为我不想踏进那个水坑。"回顾一下，你有一个视觉知觉，你对此做出了适当的反应；在假设的这个例子里，你用词语表达这个认识。但是，如果不是提问者将你的注意力引到这件事上，你会知道什么呢？在什么意义上知道？

当你被质问时，偶发事件已经结束了，你凭借记忆做出回答。我们能记住自己从来不知道的事情吗？这取决于"知道"一词的意思。"知道"这个词是极其模棱两可的。

在"知道"一词的大多数意义上，一个事件与已知的事件是不同的；但是有一种"知道"的意义是这样的，即当你有一种经验时，经验和知道你有这种经验之间没有任何不同。我们可能坚持认为，我们总是知道自己当前的经验；但是如果知道的东西与经验不同，情况就不可能是这样。因为，如果一种经验是一回事，而知道它是另一回事，当一种经验发生时，我们总是知道它的假设涉及每个事件的一种无限的增殖。我觉得热，这是第一个事件。我知道我觉得热，这是第二个事件。我知道我知道我感觉很热，这是第三个事件。以此类推，直到无穷，这是荒谬的。因此，我们必须说，要么我现在的经验与我现在知道的经验没有区别，要么我们通常不知道我们现在的经验。总的来说，我倾向于在某种意义上使用"知道"这个词，这意味着知道的过程不同于已知的东西，而且接受的结果是：通常我们不知道自己现在的各种经验。

我要说的是，看到一个水坑是一回事，知道我看到一个水坑是另一回事。"知道"可以被定义为"适当地行动"；在这个意义上，我们说狗知道它的名字，或者信鸽知道回家的路。在这个意义上，我知道这个水坑，所以我走到了一边。但这是模糊的，因为其他事情也可能会让我走到一边，而且因为"适当的"只能根据我的各种渴望来定义。我可能本来就想弄湿身子，因为我刚投了一大笔人寿保险，而且认为死于肺炎会比较便利；在这种情况下，就是我走到一边将证明我没有看到水坑。此外，如果将渴望排除在外，对特定的刺激的适当反应可以用科学仪器来证明，但是没有人会说温度计"知道"自己感觉冷。

为了让我们知道一种经验，我们必须做些什么呢？各种事情都是可能的。我们可以用词语来描述它，我们可以用词语或图像来记住它，或者我们只是"注意"它。但是，"注意"是一个程度的问题，很难去定义；它似乎主要在于与可感觉到的环境隔离。例如，你可能会在听一段音乐时，刻意注意大提琴演奏的部分。你可以听到其余的部分，就像人们说的那样，"无意识地"——但是于这个词语而言，试图附加任何明确的意思是无可救药的。在某种意义上，可以说你"知道"一个现在的经验，只要它唤醒了你无论多么微弱的任何情绪——只要它令你愉快或者不愉快，或者使你感到厌烦，或者使你惊讶，或者正是你所期待的事情。

在一个重要的意义上，你可以知道自己现在可感觉到的领域的任何事情。如果有人问你"你现在看到黄色了吗"或者"你听到声音了吗"，你可以用完美的确信回答，即使你在被问之前没有注意黄色或者声音。而且，通常你可以确定的是，在你注意到它之前，它就已经存在了。

这样看来，我们所体验到的最直接的认知包括可感觉到的现在和其他东西，但是任何对更多需要的东西的非常精确的定义可能被它的精确误导，因为这个问题本质上是模糊的和一定程度上的。所需要的东西可以被称为"注意力"；这一方面是各种适当的感觉器官的敏锐，另一方面是一种情绪的反应。突如其来的声音几乎肯定会引起注意，但拥有情绪意义的非常微弱的声音也是如此。

每一个以经验为依据的命题，都是基于当它们发生时或紧接着发生时的一个或多个可以感觉到的事件，它们仍然构成似是而非的现在的一部分。我们应该说，当各种事件被注意到时，它们就是"已知的"。"知道"这个词有很多意思，这只是其中之一；但是出于我们的研究目的，它采用的是基本的意思。（《意义与真理的探究》第49—51页）

与"感觉"相对的"知觉"，涉及基于过去经验的习惯。我们可能会将感觉当作自己总体经验的一部分，可是它仅仅是由于当下的刺激，与过往无关。这是总体事件理论的核心。总体事件是一种解释，它的感觉核心体现了各种习惯的积累。当你看到一只狗时，感觉核心就是剥去所有附属物的一小块颜色，这些附属物正用来确认它是一只狗。你希望这一小块颜色像狗的特征一样移动，希望它发出声音时会吠叫或低吼，而不是打鸣。你确信它可以被触摸到，不会凭空消失，是有未来和过去的。我不是说这一切都是"有意识的"，但它的存在表现为：如果事情的结果不是这样，你会感到惊讶。正是这些积累将一个感觉转化为一种知觉，也正是这些，使知觉可能拥有误导性。沃尔特·迪士尼的动画可能会让你觉得自己看到一只"真的"狗，而且它可能会通过吼叫或突然消失吓你一跳。但由于你的各种期待是经验的结果，很明显，它们必须再现为通常发生的东西——总是假设各种自然定律是恒定的。

另一种二元性发生在想象和记忆中。如果我现在还记得一些过去的偶然事件，那么很明显，正在我身上发生的事件，并不等于我记得的各种事件，因为前者在现在，后者在过去。因此，在记忆中有某种东西可被称为一种主体与客体间的关系。这需要仔细诠释。我认为如果不引入"信念"这个词，这种诠释是不可能的。当我记起的时候，我相信过去发生了一些事件，而这些发生的事件在某种意义上被现在我身上发生的事件"再现"了。这里的根本问题是一个图像与其感觉的原型之间的关系。我可以想象自己的房间，然后走进自己的房间，发现它与我的视觉图像"相符"。这样一些经验使我们将一种特定的信任赋予各种记忆的图像，而非我们将绝对信念赋予自己注意到的各种感觉，因为记忆有时会被发现具有误导性。

这里有两个词语经常被哲学家使用。它们是"意识"和"经验"。两者都需要重新定义，或至少需要定义，因为当它们通常被使用时，好像它们的意义是明显的。

当我们说一个人或者一种动物是"有意识的"，而我们说一块石头没有意识的时候，我们是什么意思呢？这里有两层意思，第一个意思呈现在外界的观察面前，即：如果有关事件没有发生，人或动物在未来的行为方式就不会表现出这种行为。这可能更适合作为"经验"的定义。"意识"的第二个定义源于"注意"的关系。当任何事情在我身上发生时，我可能会注意到，也可能不会注意到。如果我注意到了它，我可能会被说成"有意识的"。根据这个定义，"意识"包括认识到有些事情正在我身上发生，或者认识到有些事情已经在我身上发生。在这个定义中，"知识"的意思还有待考察。

我认为，在唯我主义哲学家的影响下，"经验"的重要性似乎被极大程度地夸大了。他们甚至认为，一切都是被经验的，或者是经验本身。我看不出有任何根据支持这种看法，甚至认为我们无法知道有些事情是我们不知道的。我认为，如果他们不厌其烦地找出"经验"能表示什么意思，那么我所反对的这种观点就不会大行其道了。

第十三章　论语言

正如我之前所说的，在1918年，我第一次对"意思"的定义以及对语言和事实之间的关系产生了兴趣。在此之前，我一直将语言看成"透明的"，而且从来没有研究过语言与非语言世界的关系。我对于这个主题思考的第一个结果，出现在《心的分析》的第十讲中。

第一件让我留下深刻印象的事非常明显，但似乎被所有先前讨论过这个主题的作者们过度忽视了。那件事就是，一个词的普遍实例指的是它被说出、被听到、被写下或被念出来的各种场合。那些对普遍性进行哲学思考的人意识到，狗是一个普遍性，因为那里有很多狗，但他们没有注意到，"狗"这个词在相同的意义上正好是一个普遍性。那些否认普遍性的人，说话时总是好像有一个词语可以适用于所有实例。这与事实完全相悖。存在无数的狗和无数的"狗"这个词的各种实例，这个词的各种实例之一，都与每一个"四足动物"的实例有特定关系。但这个词本身只有形而上学的地位（无论这可能是什么），属于柏拉图式的天上的狗。这个事实很重要，因为它使词语与它们"意味"的客体之间的不同比人们认为的要小得多。这也变得很明显，"意思"必须是一个词语的个别实例和该词语的个别意思之间的一个关系。也就是说，如果你想要解释"狗"这个词的意思，你必须考察这个词语所在的各个特定的表述，而且考虑它们与狗这个物种的特定的项之间的关系。

在寻找"意思"的定义时，我追求的计划是尽可能地按照行为主义的各种原则行事，同时期待这些原则最终被证明是不充分的，就像在其他问题上一样。很明显，一个孩子在适当的场合养成使用"狗"这个词的习惯，就像他养成其他习惯一样。当他的注意力集中在一只狗身上时，他经常在心中听到"狗"这个词语。通过平常的套叠过程，一只狗及时出现了，给他一种说"狗"的冲动，而听到"狗"这个词语会让他期待或者寻找一只狗。当这两个习惯已经养成的时候，孩子就可以说明白"狗"这个词的意思。这并不意味着这个孩子的某种精神状态包含了"狗"的定义；这只是意味着他有两种行为模式，一种是从一只狗到"狗"这个词的实例，另一种是从这个词语的一个实例到犬类的一个实例。当养成了这两个习惯后，他就能正确地说话了。就"狗"这个词而言，如果不是编辞典的人，就不需要知道更多。

关于所谓的"客体词"，"意思"的定义已经足够了。说"狗"这个词意味着狗，这只是说这两个习惯已经被养成了。这两种习惯可以分别称为，对这个词的主动的理解和被动的理解。主动的理解包括在狗出现时说出这个词语，而被动的理解包括当你听到"狗"这个词语时，期待或寻找一只狗。被动的理解比主动的理解更早，而且不仅仅限于人类。狗和马学习被动理解一定数量的词语。另外，鹦鹉会说话，但是没有任何迹象表明它们知道这些话意味着什么。

关于如何使用"正确地"这个词，我给出了以下定义（见《心的分析》第198页）：

当普通听众听到一个词时，它就被"正确地"使用了。这是心理学上而非文学上的关于"正确"的定义。对普通听众而言，文学定义将由一个很久以前受过高等教育的人代理；这个定义的意图就是使正确地说或写变得困难。

一个词与自身意义的关系在本质上是因果定律，主宰的是我们使用这个词和我们听到它被使用时的各种行动。一个正确地使用一个词语的人不必能说出它的意思，就像一颗正常运行的行星不必知道开普勒定律一样。

在理解一个客体词时，最重要的是这个词与自己的意思有一些共通属性。如果你在半夜被一声"着火了"惊醒，你的行为方式与你闻到燃烧时的行为方式大致相同。当然，一个词与它的意思之间存在各种不同。"火"这个词不能让你感到热或者导致你死去，但是在定义其意思时，关系到各种因果的相似性，而非各种因果的差异性。

虽然我认为以上关于"意思"的定义到目前为止是正确的，但在任何程度上都没有穷尽意思这一主体。因为它只适用于客体词。你可以带你的孩子去动物园，当他看着老虎的时候，你可以说"老虎"，但是你无法在任何一个动物园可以告诉他"比"这个词的意思。上述理论还有另一个局限性：

它只适用于词语的陈述或感叹的用法。在得到补充之前，它无法解释叙述、想象、欲望或命令中的各种词语的用法。在认识论中，它尤其与语言的陈述用法有关，但是它的其他用法在其他一些领域也同样重要。在这方面，我将引用《人类的知识》中的一段话（第85页）：

　　我认为一个词语在入门阶段的各种用法可以分为陈述的、祈使的和疑问的。当一个孩子看到他的母亲来了时，他可能会说"妈妈"，这是陈述的用法。当他需要她的时候，他叫道："妈妈！"这是祈使的用法。当她装扮成女巫，他开始揭穿这个伪装时，他可能会说："妈妈？"这是疑问的用法。陈述用法必须首先出现在语言的习得中，因为所指的词语和客体的关联只能由两者同时呈现创造出来。而接下来是祈使用法。很明显，刚刚学会给母亲打电话的孩子，已经找到了一种他先前经常所处状态的文字上的表达方式，那种状态是与他的母亲有联系，而且现在这种状态与"母亲"这个词有关联。在使用语言之前，他的状态只有部分可交流的；一个成年人听到他的哭声，会知道他想要什么，但必须猜测是什么。但事实上，"妈妈"这个表达他状态的词语显示，甚至在语言习得之前，他的状态就与他的母亲有一个关系，即所谓的"想到"的关系。这种关系不是由语言创造的，而是先于语言的。语言起的作用就是让它成为可交流的。

　　哲学家和爱读书的人通常倾向于过着一种被词语绑架的生活，甚至忘了词语的基本功能是它与事实存在各种联系，但事实往往是非语言的。一些现代哲学家甚至说，词语永远不应该面对事实，而应该生活在一个纯粹的、自主的世界里，在那里，词语只能与其他词语互相比较。当你说"猫是一种食肉动物"时，你并不是指真实的猫在吃真实的肉，而只是说在动物学书本中猫属于食肉动物。这些作者告诉我们，用事实来对抗语言的企图是"形而上学"，因此应该受到谴责。这是一种非常荒谬的观点，以至于只有博学者才可能采纳它们。它之所以特别荒谬，是因为它无视语言在现实世界中的地位。语言由各种可感觉到的现象组成，就像吃饭或走路一样，如果我们对事实一无所知，我们就无法知道别人说什么，甚至无法知道我们自己在说什么。语言和其他后天习得的行为方式一样，由各种有用的习惯组成，没有任何神秘的东西常常围绕它。当从史前时代流传下来的关于语言的迷信观点传到我们这里时，也并没有什么新的东西（见《真理和意义的探究》第23页）：

从我们有历史记录的最早时代开始，词语就已经成为令人敬畏的各种迷信的客体了。那些知道敌人名字的人，可以通过这种方式获得他身上的神秘力量。我们仍然使用诸如"以法律之名"之类的短语。认同这个陈述很容易："神的话语开天辟地。"这种观点构成了柏拉图和卡尔纳普的一些哲学的基础，也构成了两者之间的大多数形而上学者的哲学。

在《心的分析》中，我论证了这样一个论点——精神事件的"东西"完全由各种感觉和图像组成。我不知道这个论点对不对，但我仍相当确信，语言的许多用法是难以解释的，除非我们引入各种图像。行为主义者拒绝各种图像，因为它们是无法从外部观察的，但这使他们在试图解释记忆或想象时遇到各种困难。当我写《心的分析》时，我认为对渴望的一种行为主义的描述是可能的，但我现在对此非常怀疑。然而，我仍然坚持自己在那本书中所说的，使用词语解释在不可知觉地呈现事物时，利用图像有其必要性。

我将客体词的定义总结为以下六个方面：（1）在合适的场合和条件下恰当使用这个词语；（2）你在听到时恰当地行动；（3）将这个词语与另一个对行为有适当影响的词语（例如另一种语言中的词语）联系起来；（4）在学习这个词语时，将其与它"意味"的一个或多个客体联系起来；（5）使用这个词语描述或者回想一个记忆的图像；（6）使用这个词语形容或创造一个想象的图像。我陈述的这六点，好像通常适用于各种词语，但事实上，它们不能直接用于非客观词语。

然而，当我们转而考虑句子以及只能作为句子的重要组成部分使用的词语时，各种新问题出现了。你可以以一个呼喊的方式使用诸如"火"或"狐狸"这样的词，而无须将它们组成句子，但是有很多词语不能这样单独使用。比如"地球比月亮更大"这样的句子。"那个""是"和"比"只有在它们是句子的组成部分时才能获得意义。人们可能会对"更大"这个词产生疑问。如果你一直在看许多马，突然看到一头大象，你可能会惊呼："更大！"但我认为每个人都会在认识到这一点时一言不发。有些词语以句子为前提的事实，使不首先考虑句子或者无论如何通过句子表达了什么精神事件，就不可能进一步进行意思的分析。

当我写《数学原理》的时候，开始对句子本身感到困惑。当时，我对动词的功能特别感兴趣。那时让我感到重要的是，动词将统一体赋予句子。"A比B更大"这个句子很复杂，因为它包含了若干个词语，它对我而言似乎是清楚的，它现在仍然似乎是清楚的，如果这句话是正确的，那么在使这句话成为正确的事实中，一定有一种对应的复杂性。除了这种复杂的统一体以外，一个句子还有另一个属性，即正确与错误的二重性。基于这两个原因，解释句子的意义涉及的问题，比解释客体-宾语的定义的意义涉及的问题更加困难，也更加重要。我在《心的分析》中根本没有充分处理这些问题，但在《意义和真理的探究》中我努力为这个领域提供各种充分的解释。

我认为，如果没有许多现代哲学家考虑某些过于形而上学的前提，是不可能创建一个站得住脚的正误理论的。我认为我们必须说存在各种事实，"正确"存在于各种事实的那一类关系中，而"错误"存在于另一类的关系中。我觉得荒谬的是，那些谦卑的不可知论者假装我们从来不知道任何事实。假装我不知道自己什么时候会痛，什么时候听到声音，什么时候看到太阳，这些事情只有那些虚构论已经扼杀了一切现实的人才能做到。此外，即使是我反对的观点的最热情的拥护者们，也会承认句子是由词语组成的，他们也无法完全否认说出或听到一个句子是他们认为不可知的一个事实。语言是身体行为的一种形式，比如走路、吃饭或喝水，如果我们不知道关于走路、吃饭或喝水的任何事物，我们也不知道关于语言的事物。

　　世界上有很多事物都明显属于复杂事物。或许有些事物并不复杂，但是对这一点没有必要有任何观点。当事物是复杂事物的时候，它们由存在各种关系的各部分组成。一张桌子由桌腿和一个桌面组成。一把刀包括一个刀柄和一个刀刃。各种事实，正如我使用的这个词语，总是由整体的各个部分之间的各种关系或单个事物的各种属性组成。简而言之，各种事实可以是任何东西，而非完全简单的事情（如果有）。当两个事物相互关联时，它们就形成了一个复杂事物，这个复杂事物可以被看作一个事物。使用事实这个词来表达各个部分之间的可以分析的关联，而非它们组成的复杂事物，这是很便利的。当句子是正确的时候，它们表达这样的关系；当句子是错误的时候，它们无法表达这样的关系。由一个以上的词组成的所有句子，都爆发性地体现了对复杂事物的一些分析。如果一些复合词都有一个共同组成部分，这可以从分析它们的各种句子都包含一个共同的词语这一事实得到证明。举一个例子，下面的这些句子："苏格拉底是聪明人""苏格拉底是雅典人""苏格拉底爱柏拉图""苏格拉底喝下了毒药"，所有这些句子都包含"苏格拉底"这个词，所有使它们成立的事实都将苏格拉底这个人作为一个组成部分。这就是我们说这些句子是关于苏格拉底的意思。苏格拉底进入了各种事实，使作为无法分析整体的这些句子成为正确的。当然，苏格拉底本身就是复杂的，我们可以用其他的一些句子来主张这种复杂性，例如"苏格拉底是塌鼻子""苏格拉底有两条腿"。这样的一些句子分析的是一个给定的整体，这种分析在任何时候能进行到什么程度，取决于当时的科学状况。整体的各个部分相互关联的方式，组成了整体的"结构"。关于这一点，我将引用《人类的知识》（第267—269页）中的以下段落：

"展示一个物体的结构，就是提及它的各个部分以及它们之间相互关联的各种方式。如果你正在学习解剖学，你可能首先学习各种骨头的名称和形状，然后学习每块骨头在骨架中的位置。"只要解剖学上说有任何关于骨架的东西，那么你就会知道它的结构了。但是关于结构与骨架的关系可以说什么，你还没有到达尽头。骨头是由细胞组成的，细胞是由分子组成的，每个分子都有一个原子结构，这是化学研究的任务。反过来，原子拥有一种结构，这是物理学中研究的。在这一点上，正统科学停止了分析，但是我们不该认为进一步的分析是无用之功。我们将有机会提出将各种物理实体分析为各种事件的各种结构，我将会展示常识，包括各种事件的常识，也可以被认为拥有某种结构。

接着，我们思考一种特殊结构——句子。一个句子是一系列的词语，如果这个句子是口语的，则按照前后关系排列；如果这个句子是书面的，则按照从左到右的关系排列。这些关系并非真的是词语之间的关系，而是词语的各种实例之间的关系。一个词是各种相似的声音的一个类，这些声音都拥有相同的意思或几乎相同的意思（简单起见，我将把范围限制在言语中，而非书面文字中）。一个句子也是一类声音，因为许多人可以说出同一个句子。那么，我们必须说，一个句子并不是由各种词语组成的一个时间上的系列，而是各种声音的一个类，每一个句子都由一系列短时间的连续的各种声音组成，每一个后面的声音都成为一个词语的实例（这是必要的，却不属于一个句子的充分特征；它不是充分的，因为由词组成的某些序列并不重要）。我不会逗留于区分言语的不同部分，而将进入下一阶段的分析，它不再属于句法，而是属于语音学。词语的每一个实例都是一个复杂的声音，这部分是一些单独的字母（假设有一份音标字母表）。在语音分析的背后还有一个更进一步的阶段：分析发出或听到单个字母的复杂的生理学过程。在生理学分析的背后是物理学的分析，从这一点开始，分析继续进行，就像对骨头分析的例子一样。

"对结构的描述，从单元开始，然后发现单元本身是复杂的，这一点也没错。"例如，各个点可以被定义为各种事件的类，但是，这并不能证明传统的几何学中的任何东西是错误的，因为传统的几何学将各种点视为简单事物。对结构的每一种解释都是与各种特定的限制相对的，这些限制在当时看来似乎是没有结构的，但绝不能假设，这些限制在另一种情况下不会有一个需要去认识的重要的结构。

一个人说出一个陈述句，可能是说话人相信它是真的，或者是因为他希望这个句子能在听者中激起某种行动或情绪。正如我指出的，当一个演员说"是我，丹麦人哈姆雷特"时，没人相信他，但也没有人觉得他在说谎。这就清楚地表明，对错只属于表达信念或者打算引起信念的各种句子。关于正确和错误，一个句子只有作为信念的载体才是重要的。明确的一点是，如果各种信念不是很复杂，那么一个句子就算不使用任何词语也可以存在。于是，我们被带到语言学的领域以外，不得不首先考虑各种非言语化的信念，然后考虑这些信念与表达它们的各种句子之间的关系。

信念不是一个精确的概念，因为最低等的动物和人之间存在延续性。各种动物表现出的行为方式，可能人类解释为它们也有信念。但是，我们应该记住这一点，因为我们在自身经验中尤其了解人的各种信念，这是我们关心的。只有针对更简单的信念时，才有可能不用使用词语。我们都相信一个圆的周长与直径的比值 π 接近 3.14159…，但我不明白这种信念在缺少语言时如何存在。然而，许多信念明确地先于语言。当你看到一只狗时，你可以说"狗"，于是，你在用文字语言表达你的信念。当一只猫看到一只狗时，就会以不同的方式表达它的信念：它的毛竖起来了，它的背弓起来了，还发出嗖嗖的声音。这是对信念的一种表达，正如你使用"狗"这个词一样。同类的事情也适用于记忆。如果你刚刚听到一声雷鸣巨响，那么你所处的状态，如果你用词语表达，可以用一句话："刚刚有一声雷鸣巨响。"但是你相信这句话所表达的意思，即使没有任何词语进入你的心中。就我对一个信念的理解，它是一种特定的身体状态或者精神状态，或者两者兼而有之。为了避免冗词，我将一个信念称为一个有机体的一种状态，而且忽略各种身体因素和精神因素的区别（《人类的知识》第161页）。我接着说，"一个有机体的任何状态，由相信某种事物组成，可以在理论上完全被描述出来，而不用提及这种事物"。当你相信"车来了"时，你的信念存在于肌肉的感官和情感的一种特定的状态中，也许还存在于一些特定的视觉图像中。所有这一切，以及其他可能构成你的信念的任何东西，在理论上都可能通过一个心理学家和一个生理学家的合作被愚蠢地描述出来，他们甚至不必提及你的精神和身体以外的任何东西。一个适当的句子的表达，只是构成信念的各种精神状态和身体状态之一。语言表达之所以重要，是因为它拥有可交流性，它比体现相同信念的任何非文字的状态都更精确。

第十四章　普遍性、特殊性与名称

自从我抛弃一元论的逻辑以来，与普遍性和特殊性密切相关的问题，以及与专有名称有密切相关的问题，一直占据着我大量的思考。这些问题都是老问题，至少是亚里士多德那个年头的。它们占据了中世纪学者们的大部分思辨，他们在这方面的工作仍然值得被认真考虑。在 17、18 世纪，普遍性在心理学和形而上学地位上的各种不同，是欧陆哲学家们和英国经验主义者们之间的最重要的争辩。我以一则寓言来解释其中一些传统观点之间的争论（发表于《论辩》杂志，1946 年第二期，第 24—25 页）：

从前有一群不同学派的哲学家去欧洲大陆的偏远地区旅行。他们发现一家不矫饰的旅馆，订了晚餐。旅馆老板答应给他们一大块牛肉。但是牛肉被端过来的时候，吃着不太对劲儿。其中一个哲学家是休谟的门徒兼资深驴友，他将老板叫来说："这不是牛肉，这是马肉。"他不知道这家店的老板本来过得很滋润，但是沉迷于哲学，没做好自己的本职工作。因此，当老板回答他的时候，他深感惊讶。老板说："先生，听到你说一些你觉得毫无意义的话，我很惊奇。在你看来，'牛肉'和'马肉'只是两个词语，在语言之外的世界无法表示任何事物。因此，这场争论只限于词语。如果你更喜欢'马肉'倒也无妨，但是我发现'牛肉'这个词更能赚钱。"

这个回答，让在场所有哲学家立刻展开讨论。一个唯名论者说："旅店老板是对的，'牛肉'和'马肉'只是人从喉咙发出的音节，而且也不能表示这是块令人厌恶的很硬的肉。"一个柏拉图主义者反驳道："这没有意义，这一大块肉来自一种动物，它在活着的时候是上帝永恒的马的复制品，而非永恒的牛的复制品。"还有一个奥古斯丁的信徒说："'牛肉'和'马肉'是上帝心中的概念，我确信牛肉的神性的理念与此非常不同。"他们几个都同意的只有一点，那就是任何以"牛肉"的名义出售这种肮脏东西的人都应该因欺诈而受到起诉。旅馆老板知道，地方长官不是什么哲学家，一听这话心里就害怕起来，又端出一大块真的牛肉来，使大家都很满意。

这则寓言的唯一寓意是："普遍性"问题不仅是词语问题，而且是尝试陈述各种事实而产生的问题。

而我被引向了两个研究方向：一是通过对莱布尼茨的研究，二是通过事实，即许多根本的数学概念需要各种不对称的关系，它们不能被简化为各个相关项或者各个项组成的整体的谓语。因为我已经深信各种关系的"现实性"，所以我既不能接受主谓逻辑的观点，也不能接受经验主义的观点，它认为世界上只有特殊性。

自从放弃一元论以来，我的哲学在各方面都有发展，但我保留了各种特定的基本信念。我不知如何去论证它们，但我不允许自己去怀疑它们。第一，"正确"取决于与"事实"之间的某种关系，这一点似乎很明显，如果不是有人持相反的意见，我都不好意思提出来。第二，这个世界由许多相互关联的事物组成。第三，句法（句子结构）必须与各种事实的结构有某种关系，无论如何，句法的那些方面都是不可避免的，并不是这种或那种语言所特有的。第三，有一个我觉得不那么确定的原则，但我仍然坚持它，除非各种非常有力的论证能让我背离它。这是关于"复杂事物如何陈述"原则，可以通过阐明复杂事物的各部分彼此之间的各种关系，而不提及它本身。

这些假设隐含在《数学原理》的符号化中。这种符号化假设有"各种事物"拥有许多属性，而且与其他的"各种事物"有关系。首先，我使用了两类根本的句法符号，第一类说明一个事物是一个类的项，第二类说明一个"事物"和另一个"事物"有各种关系。我用小写拉丁字母表示"各种事物"，用小写希腊字母表示各种类，用大写拉丁字母表示各种关系。然而，类逐渐被属性取代，最终消失了，除了作为一种符号化的便利。

我第一次尝试阐述形而上学的信念涉及我的逻辑符号学，是在《数学原理》的第四章提出的，标题是"专有名称、形容词和动词"。粗略地说，我当时的想法不得不处理赋予变量的各种值。我用小写拉丁字母表示变量可能的各种值，是拥有各种属性或关系的许多实体。一个希腊字母表示一个属性或者拥有该属性的各种事物的类。大写拉丁字母表示各种关系。当时我认为，给一个小的拉丁字母赋值的方法是，用一个正确的名称来代替变量。例如，如果我们知道无论 x 是什么，如果 x 是一个人，那么 x 是一定会死的，我们可以用"苏格拉底"这个名称来代替"x"。相似地，对于一个希腊字母，我们可以用其代替一个属性；对于一个大写拉丁字母，我们可以用其代替一个关系。这种用常量代替变量的过程，就是运用逻辑的过程。这是位于逻辑之外的一个过程，因为逻辑学家本身并不知道苏格拉底或其他任何事物的存在。

当时我的意见带有一种朝气蓬勃的天真，但是它在一整天的劳作和炎热中逐渐消退了。我想，如果一个词语有助于理解句子的意思，那么它一定包含着某种意思。在这方面，我将引用《数学原理》第 47 节的内容：

哲学中有一些特定的区别，它们多多少少是对应的。我的意思是，主语和谓语、物质和形容词、这个和那个。我现在要简单地指出关于这些同源的区别的正确性。这个主题是重要的，因为一元论和单元论之间的问题，唯我主义和经验主义之间的问题，那些坚持和否认所有真理与存在的事物有关的人们的问题，都全部或部分地取决于我们就当前问题采用的理论。但在这里处理这个问题，仅仅是因为它对于数字或者变量的本质的任何学说都是至关重要的。

尽管它对普遍哲学的影响很重要，但它将完全被忽略。可能是思考的一个客体的任何东西，或者可能出现在正确或错误的任何命题中的任何东西，或者可任何以被算作"一"的东西，我称之为一个"项"。因此，这是哲学上最常见的词汇。我将用单位、个体和实体作为它的同义词。前两个强调每个项都是一的事实，而第三个则源于这个事实，也就是每一个项都有存在，即在某种意义上是。一个人、一个时刻、一个数字、一个类、一个关系、一个幻想，或者其他任何被陈述的东西，肯定是一个项；否认某某事情是一个项，一定永远是错误的。

可能有人会认为，这样一个拥有最高普遍性的词语，没有任何大用。然而，由于一些广泛传播的哲学学说，这样的观点一定是错误的。事实上，一个项拥有通常被赋予各种实质或名词的所有属性。每一个项首先都是一个逻辑的主体，例如，命题的主体本身就是一个主体。同样，任何项都是不可交换且不可改变的。一个项是什么，它就是什么，在它里面的任何变化都不会破坏它的特性，使它成为另一个项。各个项的另一个标志是它们自己的许多特性，以及与其他项的许多差异。许多特性和差异是统一体和多元化的起源；于是，采纳许多项破坏了一元论。而且似乎不可否认的是，每一个命题的每一个组成部分都可以算作一个项，而且任何命题都包含两个以上的组成部分。因此，项是一个有用的词，因为它标志着各种哲学持有的异议，还因为在许多陈述中，我们希望谈论任何项或者一些项。

我后来认为这段话有很多错误。叙述学说和类的学说，让我改变了观点。叙述学说说服了我，一个词语可能有助于一个句子的意义，而单独使用它则没有任何意义。例如，我曾经认为词语"那个"表示某种奇怪的客体，有道德的逻辑学家可能希望在柏拉图式的天堂中遇到这种客体。叙述学说让我放弃了这样一些希望。类型学说使我又一次背离了《数学原理》中的那种天真的简单性。看来有些词语在被其他词语代替时，会产生意义。一个动名词和动词有相同的意思，但是它可以作为句子的主语，例如"除了谋杀的杀害"这个陈述。我开始认为，如果是没有意义的，这样的各种陈述就是各种句子的缩写，动词在句子中作为动词而非作为名词出现。例如，"除了谋杀的杀"必须扩展为"如果A杀了B，就不能说A谋杀了B"。如果这样的理解说不通，那这个句子就是没有意义的。根据类的学说，"苏格拉底和杀是两个东西"这个句子是不合法的，"苏格拉底和杀是一个"也是不合法的。

还有一类困难与反对实体论的各种成熟观点有关。似乎我用小写拉丁字母表示的特殊性，必须是句法意义上的各种实质，尽管它们不必拥有传统上认为的各种实质拥有的永恒属性。如果x有某某属性的陈述，总是有意义的，而且从来不是分析的，那么似乎可以推出x与其所有属性的总和不同，而且它必须与另一个特殊性y不同，纯粹是数值上的不同，因此，从逻辑上说，x和y应该可以共享它们的所有属性，尽管只有两种属性。当然，我们不可能知道它们是两个，因为那将涉及知道x不同于y，而y并非如此；事实上，x将变成一个完全不可知的底层，或者一根看不见的钉子，其属性将像挂在农家房梁上的那些火腿一样。这些考虑使"特殊性"这个概念很难被理解，而且会导致人们去寻找某种逃避的方法。

我第一次尝试解决上述关于"特殊性"的各种困难，是在1911年亚里士多德学会朗读的一篇论文《论普遍性与特殊性的关系》中。由于柏格森先生的到场，气氛显得十分隆重，他惊讶地评论道："我认为需要证明的是特殊性的存在，而非普遍性的存在。"在这篇论文中，我考察了一个假设，但是拒绝了它，我后来又采纳了这个假设。根据这个假设，不需要任何特殊性作为主体，而各种特征就在这些特殊性里面。根据这个假设，可以用一大堆特征取代特殊性。导致我在当时拒绝这种观点的，是许多差异的问题及其与空间和时间的联系。我当时认为，精神现象由主体与客体之间的各种关系构成，而且主体都有小到针尖的特殊性的特征。在进行了从时空位置的相对性到感觉世界中的特殊性的需要的论证之后，我继续进行了一个相似的关于两个人之间不同的论证。我说：

从知觉空间中，我们得出的关于差异的论点，可能会通过关于不同心理各种内容的一个相似点得到加强。如果两个人都相信"2+2=4"，那么至少从理论上说，他们依附的"2、加、等于、4"这些词语是相同的，而且，就他们各种信念的客体而言，二者之间没什么区别。虽然如此，似乎还是有两个实体：这个人的信念和那个人的信念。特殊的信念属于复杂事物，其中，我们可以将主体称为一个组成部分。在我们的例子中，正是各种主体的差异造成了各种信念的差异。但是，这些主体不能仅仅拥有一束束普通特征。假设，我们当中有一个人的特征是"仁慈、愚蠢和爱说双关语"。如果说"仁慈、愚蠢和爱说双关语，并相信2+2=4"，那肯定是不正确的。如果增加更多普遍特征，这也不会变得正确。此外，无论我们添加了多少特征，其他主体也可能拥有这些特征；

从此时起，各种特征就不能构成各种主体的差异。两种不同的主体之间唯一的不同之处一定在于它们与特殊性的各种关系。例如，每一个主体都必须与特殊性有其他的各种关系，它与自己却没有这些关系。但在逻辑上可能成立的是：与其中一个主体有关的一切，或者仅与普遍性有关的一切，对其他的主体也可能是正确的。从此时起，即使和这些命题有关的各种不同出现了，也不是这些不同构成了这两个主体之间的差异。因此，这些主体必须被看作特殊性，它与我们认为的普遍特征的集合是截然不同的。

后来我认为这些论证都是无效的。关于可感世界，经过思考，可以清楚的一点是，可经验的空间里的位置不是相对的，就像在物质空间里的位置一样。在我一瞬间的视野中，位置是由各种特征决定的。在我的视野的中心有一个特征，可以称为"中心性"，我现在看到的其他一切都有两种不同维度的特征：上下和左右。然而，这并不是我放弃我们正在考虑的论文之各种观点的最严肃的一点。最严肃的观点与时空关系的各种逻辑的属性有关。这样的关系被认为生成了各种序列。出于简单性的缘故，我们可以将自己限制在时间里，甚至限制在个人经验的时间里。我们认为，如果A在B之前，A和B必然是不同的。我们认为，如果A在B之前，B在C之前，那么A在C之前。如果各种时间关系的这些特征受到质疑，那么很难看出时间序列是如何被创建的。我认为，在1911年，时间序列和几何空间的创建离不开各种材料，它们拥有独一无二的时空位置的材料，如果拒绝特殊性，这些材料就无法被发现。

关于构建点和瞬间的问题，不久后由怀特海提出，而且在我的《我们关于外部世界的知识》一书中得到发展，我在1911年就已经对这个问题非常关注。似乎已经明确的是，在创建时空中使用的特殊性（如果有）本身不应该是点状的，而应该有一个有限的扩展。似乎物理学要求的点状的特征只属于一束束的特殊性，每一束特殊性都有一个有限的程度。但是在那个时候，这似乎是不容置疑的，如果在两个不同的地方有两小块红色，那么就有两小块特定的红色。我认为，这两块颜色只是在位置上有所不同，而且因为位置不是一种特征（至少我觉得不是），所以它预先假设了差异，而不能组成差异。由于认知认为可感觉到的空间的位置是绝对的，所以这种情况发生了变化。右边的红色部分可以是"红色"和"右边"这两种特征的复杂事物，左边的红色部分可以是"红色""左边"这两种特征的复杂事物。左右与上下，它们在所有不同程度上都拥有几何学所需要的逻辑特征，而且它们与某个特征联合，比如红色，这使同时看到的两小块红色区域拥有多元性。我使各种相似的考虑及时适用于顺序。假设认为某些特征在一个人的经验中出现两次以上，例如有一台钟表在报时。是什么原因让你将敲两下认作两点钟，而非一件重复的事情？我得出的结论是，这个认知依赖于我们可以称之为"主观的过去"的特征。我的精神的各种内容，就它们与经验的各种事件有关而言，可以按照一系列的顺序排列，从感觉开始，到受刺激的感觉，再到直接的记忆，由此而来的记忆与现在的感觉有一段不等的距离。这样，从客观的角度来看，一个主观的时间序列产生的各种条目都是现在。当你听到打拍子的时钟重复着非常相似的声音时，你已经听到的声音拥有不同程度的我们称之为"衰减"的东西，它是声音加上反复衰减的复杂事物，而非声音实际的特征。就我在《人类的知识》一书中提出的这个理论而言，我认为仍然是令人满意的，我偏爱它，是因为它不需要假设无法识别的和不可知的各种实体，否则特殊性就会是这些实体。

然而，还有一个困难，而且1911年的我认为那是无法克服的困难。两种心理状态在逻辑上是不可能完全相似的。有人会说，这不可能发生在一个人的经验中，因为在两个场合同时发生的记忆之间有不同。但就逻辑而言，这种完全的相似性可能发生在两个不同的人A和B的经验之间。如果这种情况发生了，我目前的理论将迫使我说，A与B的精神状态有许多相同之处。乍看之下，这似乎是完全违背理性的。我们认为，必须有可能发现或建造拥有这样的属性的各种事物，如果一个在另一个之前，那么这两者有许多不同。然而，我认为，这种观点是由于对逻辑领域的经验进行了不适当的考察。就经验而言，我们从来没有发现过这样完全的重现。从经验上看，一个精神的总体内容，从来没有刚好类似于任何其他时间的精神的内容，也没有类似于任何时间的其他精神的内容。

对那些不喜欢超逻辑领域中的各种先验直觉的人来说，这个理论的优势在于摒弃了先验的综合知识的各种特定的实例。"如果A在B之前，B在C之前，那么A在C之前"这个陈述当然是综合的，而且感觉好像是先验的。根据我的理论，虽然它仍然是综合的，但它不再是一种先验，而是从我们的经验中得出的一个结论：构成一个精神的瞬间内容的复杂事物永远不会重现。从经验主义者的观点来看，这是一个明显的优势。

我们现在讨论与普遍性和特殊性紧密联系的问题——专有名称。但在讨论这个问题之前，我想针对逻辑语言这一极有争议的问题多说几句。正如我此前构想的那样，我们可能希望以各种命题的方式无法说出的一切，都能被一种逻辑的语言说出来，更进一步地，结构也总是能被明晰地说出来。在这样一种语言中，我们应该需要表达结构的各种词语，但是我们也应该需要各种词语来表示拥有结构的各种项。所以我坚持认为，后面的这些项应该用各种专有名词来表示。我认为这样一种语言的创建会对明确的思考有巨大的帮助，尽管我从来没有想过这样一种语言适合日常生活的各种意图。有一段时间，维特根斯坦同意我的观点，他认为一种逻辑的语言在哲学中是有用的，我在给他写的《逻辑哲学导论》中，将这个观点归功于他。不幸的是，他此时不仅放弃了这种观点，而且已经忘了他曾经持有这种观点。因此，在他看来，我关于这个问题所说的东西似乎是一个讹传。自那时起，他的追随者们就强烈拒绝使用一种符合逻辑的语言。

有一点很重要，我准备承认他们的批评是公正的。最初我相信莱布尼茨的观点，即一切复杂事物都是由简单事物组成的，而且在考虑将简单事物作为我们分析的目标时，这是很重要的。然而，尽管很多事情可被认为是复杂的，但我开始认为没有什么事情可以被认为是简单的，而且更重要的是，给复杂事物命名的各种陈述是完全准确的，尽管事实上复杂事物没有被当成复杂事物。许多科学的进步都在于人们的重新认知，被认为是简单的事物其实是复杂的。例如，分子是由原子组成的，而原子的结构近年来已经为人所知。但是，只要我们不主张自己正在考虑的事情其实是简单的，我们所说的关于它的任何东西，都不必被后续发现的复杂性推翻。由此可见，通过分析是否可以得出那里有各种简单事物的整个问题是没有必要的。

这涉及专有名称的问题。我最初认为，如果我们是无所不知的，我们就应该为每一个简单事物取一个专门的名称，但是没有专门的针对各种复杂事物的名称，因为这些可以通过提及它们简单的组成部分和结构来定义。我现在反对这种观点，但是对它的反对仍然在专有名称的各种功能方面留下了许多问题。

传统上存在两类名称：专有名称和通用名称。"苏格拉底"是一个专有名称，"男人"是一个通用名称。然而，通用名称是不必要的。"苏格拉底是一个人"与"苏格拉底属于人类"这两个陈述意思相差无几，所以，"人"这个通用名称是不必要的，可以用"人"这个谓语取代。有必要区别谓语和属性。后者是一个包括前者的更广泛的构想。一个谓语可以出现在除了名称之外的、不包含任何其他内容的命题中，比如"苏格拉底是人"。属性是当一个名称被省略或者被一个变量替换时，出现该名称的任何命题的剩余部分。例如，你可能会说"如果苏格拉底态度更和缓，他就不需要喝毒药"。这可以被认为是在声明苏格拉底的一个属性，而非赋予他一个谓语。

传统上，专有名称与通用名称有很大区别，通用名称可以举出各种实例，而专有名称只能表示一些独一无二的客体。但是各种实例的构想与类的构想是有联系的，但不是基本逻辑上的联系。逻辑需要的是各种命题的函数——陈述中有一个或多个变量，当各种值被加上变量时，其结果就是一个命题。于是，各种实例成了变量的各种值，对于这些值，所讨论的命题函数就是正确的。变量可以表现为一个易变的"事物"或易变的谓语，或者易变的属性或关系。赋予它的恒定的各种值，或许会根据变量所属类别的不同而有所不同。如果给错误的类别赋值，结果就是无意义的。以"苏格拉底是人"这一命题为例，如果你用其他任何一个人或动物的名字来代替"苏格拉底"，无论正确与否，你的命题仍是有意义的，如果你将"人"这个谓语替换成其他谓语，它也是有意义的。如果你从一个关系命题开始，比如"苏格拉底爱柏拉图"，你可以用表示一个关系的其他任何词语来代替"爱"这个词，而不会使你的命题失去意义，但你不能用不表示某种关系的任何词语来代替。

上述论证提出了专有名词在句法上的定义。我们可以说，专有名词是一个不表示谓语或关系的词，它可以出现在任何一个没有变量的命题中（在日常语言中，变量的呈现是用一个、那个、一些、等等、所有等词来表示的）。就句法而言，我不认为可以针对专有名称再说更多。

但还要进行一些认识论上的思考。只要一个专有名称完全履行了其功能，就不需要用其他词语来定义，它应该能表示我们立刻意识到的某个事物。但这方面的专有名称提出了各种困难。如果有人提到苏格拉底，而你先前从未听说过他，你可以到百科全书中去查找他，可以将自己在那里找到的东西作为"苏格拉底"这个词的定义。在这种情况下，对你而言，"苏格拉底"严格来说不是一个名称，而是一个描述的替代品。很明显，由于各种词语只能通过其他词语来定义，所以一定有一些词语是我们无法通过定义来理解的。一个孩子通过有关项在场时听到别人念出的名字，而知道家庭项的名字；即使他的父母出现在百科全书中，儿童也不是从书上知道他们是谁，他们被叫作什么。这是专有名称的最初用法，它们作为缩写描述时的用法是后来衍生的。如果你曾在古代雅典生活过一段时间，你说："谁是苏格拉底？"听到问题的人可能会指着那儿说："那就是苏格拉底。"正是由于这种与过去人们的经验的遥远联系，有关苏格拉底的各种命题才成为历史的一部分，而非寓言的一部分，就像有关哈姆雷特的各种命题一样。我们假装"哈姆雷特"是一个名称，但实际上并非如此；关于哈姆雷特的所有陈述都是错误的。只有当它们对哈姆雷特而言变得正确的时候，我们才用"哈姆雷特"代替它们。这说明了专有名称的一个特点：与各种描述不同的是，它们是没有意义的，除非有一个它们特指的客体。尽管法国现在是一个共和国，我可以对现任法国国王做出这样的陈述——它是错误的却并非毫无意义。但是，如果我能假装他叫"路易十九"，任何能用"路易十九"作为名称的陈述，都是没有意义的，却不是错误的。

　　我不是建议在日常语言或语法中不将"苏格拉底"当成

一个名字，但是在认识论上来看，我们对他的认识，与我们对各种熟悉事物的认识是非常不同的。事实上，我们知道的关于苏格拉底的一切，只有用对他的描述代替他的名字，才能完整地陈述出来，因为对我们而言，只有通过描述，我们才能理解"苏格拉底"这个词的意思。

我向来坚持一个原则，我觉得它现在仍是完全正确的，其大意是：如果我们能够理解一个句子的意思，它就必须完全由表示事物的一些词语组成，而这些事物是我们所熟悉的，或者可以用这些词语来定义。在各种逻辑的词语方面，也许有必要对这一原则进行一些限制，比如或者、非、一些、全部。我们可以通过将自己的原则限制在不包含变量或者句子部分的句子中，来消除这种限制。在这种情况下，如果我们的句子将一个谓语加到一个主语上，或者主张两个或多个词语之间的关系，针对各种主语或关系的各种项的词语就必须是严格意义上的专有名词。

如果我们采纳这种观点，那么眼下的问题是，确定平常的语言是否包含上述意义上的专有名词。特殊性和普遍性的问题与我们目前的问题是有关联的，却不是以一种非常简单的方式。我们必须问自己：如果不通过一种文字的定义，我们还能理解什么是词语吗？通过再次省略各种逻辑词，那些无须文字的定义我们就能理解的词语，必须表示在某种意义上可以被指出的事物。例如，"红色的"和"蓝色的"是表示特定经验的词语，当我们注意到红色的或蓝色的东西时，当听到它们的发音时，我们就能知道这些词语的意思。对于心理学词语会有一点困难，比如"记忆"，但原则是一样的。如果你看到一个孩子正在背什么东西，你对他说："你还记得那个吗？"他马上知道你说的这个词是什么意思。只有通过这样的过程，各种词语才能获取它们与各种事实之间的关系。

在这种狭义的意义上，名称只能用于经历过的某种事物，无论是在感觉上还是在思考里经历。经验是简单的还是复杂的这个问题是无关紧要的，但这并非不相关，我们从来没有经验过我们在本章前面讨论的小到针尖的特殊性，我们将其当作不必要的东西拒绝了。心理学中的主体和物理学中的物质粒子，如果它们要被理解，两者都必须被视为经验的特征和关系的集合，或者被视为经验的各种关系与这些集合相关。根据上述理论，制造专有名称的根本的装置，必须被认为通常由各种特征而非各种实质组成，例如红色的和蓝色的、硬的和软的、使人愉快的和使人不愉快的。这需要句法上的重新排列。与其说"这是红色的"，我们不如说"红色是共现的中心"，只要红色的东西在我们视野的中心。如果不是这样，我们必须用左右和上下的适当的程度来代替中心性。

我再说一次，我不是在建议人们放弃日常语言，用这些稀奇古怪的方式说话。也许通过引入我的"最小词汇表"，可以让问题更加清晰。这一理论如下：假设我们能够理解任何句子，那么能够定义所有其他句子的各种词语的最小词汇表是多少？这个问题通常没有一个独一无二的答案，但是可能的是不同的答案通常包含一些共同的词语。这些词语代表我们的句子依附于非语言的世界经验的绝对核心。我不相信这些词语中的任何一个拥有习惯上被认为属于特殊性的那类独特性。我们也许可以将世界上的"东西"定义为各种词语所指示的东西，这些词语如果使用得当，就会作为谓语或关系项的主语出现。在那个意义上，我应该说这个世界上的东西包括像"白色"这样的各种事物，而非拥有白色属性的各种客体。这是上述长篇大论的首要结论。这个结论的重要性在于，它拒绝将各种精神和少量物质碎片作为组成世界的材料。

如果上述关于各种特征的理论是正确的，普遍性的地位问题就有了一种崭新的形式。在传统上，各种特征，如白色的、硬的、甜的，都属于普遍性，但是如果上述理论正确，它们在句法上就更接近实体。它们不同于传统上构想的各种实体，因为它们不拥有时空的连续性，而时空的连续性，是常识赋予万事万物的。有些复杂事物是由各种共现的特征组成的。我将一个复杂事物命名为"共现的完全的复杂事物"，它其中的项彼此都是共现的，但不包括与复杂事物以外的任何事物共现。这种完全的复杂事物取代了特殊性，而且我们可以用"白色是一个共现的复杂事物的组成部分，由我现在精神的内容组成"来代替"这是白色的"这个陈述。

但是，尽管上述理论涵盖了许多传统的普遍性，它没有放弃对普遍性的需求，仍然存在一些通过谓语表示的普遍性，比如颜色、声音、味道……很明显，所有颜色都有某种共性。事实上，你可以通过觉察不出的微妙变化，从任何一种颜色过渡到另一种任意颜色。声音也是如此，但我们无法使一种颜色变成一种声音。出于这些理由，我应该将"红色是一种颜色"视为一个真正的主谓命题，将颜色这个特征赋予红色这个实质。

但是，比这种主谓命题更重要的是说明各种关系的命题。

一种语言不能表达我们知道的关于世界的一切，除非它能表达诸如"A在B之前""A在B的右边""A更像B而非C"这样的事情，诸如"之前"和"相像"之类的词，或者它们的同义词，是语言必不可少的一部分。也许这些实际的词语可以不是必要的。通过各种手段，我们可能用"相似的"这个词来代替许多关系词语，而非全部。但"相似的"仍然是一个关系词，如果必须保留它，那么消除其他关系词语并没有明显的好处。关系词语是最倔强的词语，其意思在某种意义上就是普遍的。

在所有关于普遍性和特殊性的理论中，有一点被忽略了。那些不喜欢普遍性的人曾经认为它们可以纯粹是各种词语。这种观点的麻烦之处在于，一个词本身就是一种普遍性。"猫"这个词有很多实例，口语是一组相似的发音，文字是一组相似的线条。如果普遍性被否定得像某些唯名论者否定它们那样强烈，那么就不存在"猫"这个词，只有这个词的各种实例。这种思考，将我们引向普遍性问题的更复杂的方面——它们在形而上学中的地位。

当我们从主张事实的各种句子过渡到它们表面的事实时，我们必须问自己，这些句子有哪些特征？如果有，它们一定属于表明的事实。真确的是，那里有各种有关系的事实。这些句子，"腓力是亚历山大的父亲"和"亚历山大早于恺撒"明确地表明关于这个世界的一些事实。唯我主义者们过去常说，各种关系是精神的工作；在康德想象中，现实的事物不在空间或时间中，但时空秩序是由我们的主观装置所创造的。但这种关于各种关系的整个观点，是基于一种有缺点的逻辑学，它只能被那些没有看到其多层含义的人所接受。对我而言，我认为各种有关系的事实是毫无疑问的，比如"A比B更早"，意思是不是有一个东西名叫"更早"？这个问题很难理解，更难的是为这个问题找到答案。当然，有一些复杂的整体，它们有一个结构，不借助关系词语我们无法描述这个结构。但是，如果我们试图找到某种由这些关系词语所表示的实体，而且它们能够在其所体现的复杂事物外有某种影子般的生存能力，那么我们能否成功就完全不明确了。我认为明确的是关于语言的一个事实，也就是说，正如前面提到的，关系词语只应该实际上起关联作用，而且只有这些词语作为主语出现的那些句子，能够被翻译成关系词语发挥表示各项之间关系的适当功能的句子时，它们才有意义。或者，换句话说，动词是必要的，但动名词不是。这并没有回答那个形而上学的问题，但是它就快要给出一个答案了，我清楚应该如何回答。

这个问题，我在《意义与真理的探究》最后一章详细讨论过，没什么要补充的。因此，我将引用那本书的最后两段：

一些包含"相似性"一词的命题，可以用包含"相似的"一词的等同的命题来代替，另一些命题则不能。不必承认后面那些命题。例如，假如我说"相似性存在"。当我说"美国总统存在"的时候，如果"存在"意味着它的本义，那么我的陈述就是无意义的。首先，我的意思可以在这个陈述中表达出来："有些事件需要'a与b相似'这种形式的文字上描述的句子。"但是这个语言学的事实似乎暗示了一个与被描述的那些事件有关的事实，即我说"a与b相似"时所主张的事实的类别。当我说"相似性存在"时，我指的是关于世界的这个事实，而非关于语言的一个事实。"黄色的"这个词是必要的，因为有黄色的东西；"相似的"这个词是必要的，因为有各种相似的事物成双成对。就像一个事物的黄色一样，这两个事物的相似点其实是一个非语言的事实。

我们在这一章已经得到了一个结论，从某种意义上来说，这也是前面所有讨论的目标。我在心中得出的结论是：完全形而上学的不可知论，与各种语言学命题的维护无法相容。一些现代哲学家认为我们对语言了解很多，却对其他事一无所知。这种观点忘了一点：语言是一种像另一个现象一样的以经验为依据的现象，而且一个形而上学的不可知论者必须否认他知道自己什么时候使用一个词语。对我而言，我相信，部分地通过对句法的研究，我们可以获得关于世界结构的相当多的认识。

第十五章 关于"真理"的定义

关于"真理"的定义，我在两个不同的时期写过，其中四篇关于这方面的文章写于1906—1909年，重新收录在《哲学论文》（1910年）中。到20世纪30年代后期，我开始研究这个问题，这次我的必要结论出现在《意义与真理的探究》（1940年）一书中，并且我在《人类的知识》（1948年）中稍做修改。

自从我放弃一元论那一刻起，我就毫不怀疑，真理是由某种与事实的关系来定义的，但是这种关系是什么，必须取决于相关真理的特征。我一开始就驳斥两种理论，我对这两种理论——第一，一元论；第二，实用主义——持有激进的异议。一元论理论是由哈罗德·约阿希姆在一本书中提出的，即《真理的本质》（牛津大学出版社，1906年），我在前一章已经讨论过，因为它总体上提倡一元论，但我现在更想考虑一元论对真理的看法。

一元论通过一致性来定义"真理"。它坚持认为，没有一个真理是独立于其他任何真理的，但是，每一种真理都是充分的陈述，而且没有不合法的抽象，每一个真理最终都是关于整个宇宙的全部真理。按照这一理论，错误就是将各个部分看作独立的整体。正如约阿希姆所说："错误的主体对自己认识的真理深信不疑，这是错误的显著特征，而且将对真理的片面理解转化成了错误。"关于这个定义，我谈道：

现在这个观点有一个很大优点，即它所犯的错误完全和唯独在于拒绝一元论的真理。只要这个理论被接受，任何判断都不是错误；一旦这个理论被拒绝，每一个判断都是一个错误。但是，对于这个令人舒服的结论，我不得不提一些反对意见。如果我带着"对我认识的真理的自信的信念"，坚称斯塔布斯主教习惯于穿戴主教的绑腿，那就是一个错误；如果一个一元论哲学家，他牢记所有有限的真理只是片面正确的，那么他坚称斯塔布斯主教因谋杀被绞死就不是一个错误。于是，很明显，约阿希姆先生的标准似乎并没有像平常理解的那样，区分各种对与错的判断，而它无法做出这样的区分是缺陷的标志。（《哲学论文》第155页）

我的结论是：

在某种意义上，"A杀了B"这样的命题要么正确要么错误；在这种意义上，出于其正确或错误，讨论的命题不会取决于它是否被认为是一个片面的真理。我认为，这种意义是创建整个真理的前提；因为整个真理是由在这个意义上正确的各种命题组成的，因为不可能相信"斯塔布斯主教因谋杀而被绞死"这个命题是整个真理的一部分。

一元论的热潮如今已经消退，但在我批评一元论的同时，实用主义理论仍然拥有许多精力旺盛的拥护者。我写了两篇关于这个主题的文章，其中第一篇是对威廉·詹姆斯的《实用主义：一些旧思维方式的新名称》的评论，而第二篇发表在1909年4月的《爱丁堡评论》上，总的来说对付的是实用主义。

我与实用主义的本质区别在于：实用主义认为，只要一个信念有各种特定的影响，那么它就是正确的；然而我认为，只要一个以经验为依据的信念有各种特定的起因，那么它就是正确的。我通过一些引用来强化詹姆斯的观点。他说："各种理念……变成正确的，只要它们帮助我们与自己经验的其他部分建立了各种令人满意的关系。"他接着表示："真理是一种善，而非像通常认为的那样，是一个与善若即若离的概念。真理是以信念的方式证明自己是善的一切事物的名称，而且，对于明确的可指定的各种理由，它也是善的。"詹姆斯还有两句话更加有力，具体如下：

非常简短地说，"真理"在我们的思维方式中是唯一的权宜之计，正如"正义"在我们的行为方式中是唯一的权宜之计。几乎采用任何形式的权宜之计；从长远的整个过程来看，这当然是权宜之计。（《实用主义》第222页）

我们对真理的描述，是对多元的真理的描述，是对引导过程的描述，这些过程是在表象中实现的，它们的共同之处在于它们付出代价。（《实用主义》第218页）

我将最后一个定义改述为"真理是值得相信的任何东西"这一主张。实用主义者强烈地宣称这是对詹姆斯本意的严重曲解,但是我从来无法理解他的话能有什么别的意思。

人的信念只要效果足够显著就会变成真理。另外,我认为还有一个难以克服的困难。这就是:我们应该知道,在我们知道任何信念正确与否之前,(a)这个信念的各种影响是什么,(b)这些影响是好的还是坏的。我认为,我们必须将实用主义的标准应用于(a)和(b):关于某种信念的各种实际的影响,我们应该采纳"付出代价"的观点,关于这些影响是好的还是坏的,我们同样应该采纳"付出代价"的观点。

很明显,这使我们陷入无休止的倒退之中。正如我批判詹姆斯时说的:

我们很容易知道一个信念的结果是好的,事实上,一种认识论不需要考虑任何如此简单的事情——我必须说,我认为,这个概念似乎是认识论能做出的最奇怪假设。我再举一个例子。许多法国大革命时期的人都是卢梭的信徒,他们对卢梭学说的信念产生了各种深远的影响,这使今天的欧洲与没有这种信念的欧洲截然不同。总的来说,如果他们的信念的各种效果是好的,我们将不得不说他们的信念是正确的;如果是坏的,那就是错误的。但是,我们如何才能达到平衡呢?要弄清这些影响到底是什么,几乎是不可能的;即使我们可以对它们做出这样的主张,我们对它是好的还是坏的判断,会影响我们的政治观点。通过直接研究来发现契约社会,等于是天方夜谭,肯定比判断对它的信念总体上有害还

是有益容易得多。(《哲学论文》第135—136页)

除了对实用主义者定义"真理"的纯粹理论上的各种批评之外,还有其他一类更具实践性的批评,它们可能更适合于迎合精神的实用主义气质。什么类别的信念会对个人的生活产生良好的影响,往往取决于政府和警察。美国人的各种信念,到了俄罗斯却是水土不服,反之亦然。由于德国在第二次世界大战中被击败,纳粹的信念无法满足实用主义者的真理标准;但是,如果德国获胜,实用主义者们将被迫赞扬纳粹的信条在实用主义上是"正确的"。实用主义者们拒绝这些论点,他们说詹姆斯总有一个附加条件"从长远的角度来看"。当然,从长远来看,我不觉得这个条件有什么作用。伊斯兰教徒相信如果他们为捍卫真正的信仰而牺牲就会上天堂。就我看来,这种信念"从长远和整体上看"已经得到了回报。因此,如果一个死去的教徒事实上并没有体验到他期待的极乐,我们还能假设这是真实的吗?如果他真的体验了这样的极乐,那么我们该如何评价基督徒的信仰呢?这种信念对基督徒是有用的,但是双方的各种信念不可能同时符合事实。

除了从理论上反对实用主义,我认为,从两次直接大战之前开始,这五十年来,后续历史已经证实,实用主义除了理论上全错以外,作为一种哲学也是对社会有害的。我总结了自己对当时的实用主义的批评:

国际和平的希望,就像国内和平的成就一样,取决于一种有效的公众舆论力量,它是根据对争端的是非对错的估计形成的。如果说这场争端是由武力决定的，却没有补充说武力取决于正义，那就是误导。但这种公众舆论的可能性取决于某种正义标准的可能性，这种标准是社群的各种意愿的起因，而非影响；这种正义标准似乎与实用主义哲学不相容。因此，尽管这种哲学始于自由和容忍，但通过固有的必要性，它发展成对武力和各支大军的诉求。通过这种发展，它同样适应于对内的民主和对外的帝国主义。于是，它在这里比迄今为止发明的任何其他哲学都更微妙地适应了时代的要求。

总而言之，实用主义迎合的是一种激情：它在这个星球的表面找到了自己整个的想象材料。它对进步充满信心，却没有意识到人类力量的各种非人的限制；它热爱战斗，愿意承担随之而来的一切风险，因为它毫无疑问地相信自己将取得胜利；就像它渴望铁路和电灯一样，它渴望将宗教作为对这个世界的纷纷扰扰的一种安慰和帮助，而非提供各种非人的客体，来满足人们对完美和被毫无保留地崇拜的东西渴望。但是对那些认为如果没有通往更广阔世界的窗户的人而言，地球上的生活就像蹲监狱；对那些认为人类无所不能的狂傲之人，他们更渴望掌控这种激情带来的斯多葛式的自由，这来自对各种激情的自制，而不要拿破仑式的统治，将这个世界王国踩在脚下——简而言之，对那些没有发现人类是他们崇拜的充分目标的人而言，实用主义者的世界将会变得日益狭隘和卑劣，剥夺了赋予它价值的所有生命，而且剥夺了他鄙视的宇宙的光辉灿烂，使得人类自己变得越发渺小。（《哲学论文》，第125—126页）

　　威廉·詹姆斯在《真理的意义》（1909年）一书中写了一篇题为《两个英国评论家》的文章，借此回应了我的批评。像其他实用主义者那样，他指责我的歪曲，根据就是我假设他说的话的意思，就像其他实用主义者那样。在这篇文章中，他承认，判断教皇是否一贯正确，要比判断教皇一贯正确的各种影响的好坏要容易得多。他还说："我们肯定没有罗素先生心想的那么蠢。"然而，当他解释自己真正的意思时，我觉得这比我认为的还要愚蠢。他说自己的意思不是说这种信念的结果是好的，而是相信者认为它们将是好的。如果A相信一件事，B相信另一件相反的事，那么A和B都可以真正地确信。他说："我可能认为莎士比亚确实写了由他亲自署名的戏剧，而且可以向一个批评家表达我的看法。"如果这位批评家既是实用主义者又是培根的信徒，他会以实用主义者的身份看我的看法，我就是我，我觉得这是完全正确的，当他接受培根的思想时，他仍然相信莎士比亚从未写过有问题的剧本。我得承认，我觉得这个观点难以理解。我认为，如果"莎士比亚写了《哈姆雷特》"这句话是正确的，那么曾经有一段时间，莎士比亚坐在那里，手里拿着一支笔，写下特定的词语，但是，如果是培根写了《哈姆雷特》，那么这些词语就是培根写的。是其中一个发生还是另一个发生，这都是事实的问题，与现在生活中的人可能怎么认为是无关的。只要我说关于莎士比亚的陈述是正确的，那么关于培根的陈述就是错误的。如果事实是这一个，我的陈述就是正确的；如果事实是另一个，我的陈述就是错误的。然而，对詹姆斯而言，写《哈姆雷特》时发生了什么是无关紧要的，唯一有关的是当今批评家们的各种感觉。

我已经指出了詹姆斯的理论所包含的推论，即在实用主义的意义上，"A存在"的陈述可能是正确的，即使A并非存在。詹姆斯死后，他的文章的复印件被寄给了我，上面有他写的各种评论。他对我这个陈述的评论是一个词："愚蠢！"在正式出版物中，他还把这个词扩展了。他写道："接下来，罗素加入了为读者提供各种信息的大军，根据实用主义者对'真理'这个词的定义，即使A不存在，A存在的信念也可能是'正确的'。"这可就是诽谤了，我的批评者重申得够多了。我根本看不出这是诽谤。因为我将进一步补充实用主义者眼里的一个更糟糕的诽谤。詹姆斯急于找到某种方式来主张"上帝存在"这个陈述是正确的，同时不涉及他自己的形而上学，他的兴趣是如此独特，以至于他只对这个陈述在陆地上的各种结果感兴趣。事实上，在空间和时间之外，是否存在一个全能的存在充满理性的命令宇宙，这个问题并没有引起他的兴趣，因此，他认为当找到一个论点来证明"上帝存在"这个陈述是正确的时候，他已经做了宗教意识要求他做的一切。我承认，在这一点上，我和教皇感同身受，他谴责实用主义是一种不令人满意的捍卫宗教信仰的方式。

我后来在1939年写了一篇批评实用主义的文章，登在由席尔普博士编辑的"当代哲学家图书馆"丛书中，放在杜威那一册里。杜威也在同一本书中做出了回应。我不认为他或我说的话对前面的讨论有什么帮助。

更早些时候，我将自己对"真理"的定义作为《哲学论文》的最后一章出版。后来，我放弃了这个理论，因为它取决于感觉本质上是一个关系事件的观点——正如前面有一章中解释的那样，我在威廉·詹姆斯的影响下放弃了这个观点。我当时所持的观点可以通过一个最好的例子来阐明。以"苏格拉底爱柏拉图"为例，如果你能理解这个命题承认的立场，你就必须理解三个组成它的词语；我认为就是理解这些词语及其意思之间的关系。因此，当我相信"苏格拉底爱柏拉图"时，我与苏格拉底、爱与柏拉图之间存在四个项之间的关系。事实上，当苏格拉底爱柏拉图时，苏格拉底和柏拉图之间有一种关系。我相信，复杂事物的统一体取决于相信这种关系，在这种关系中，爱不是作为一种相关的关系进入的，而是作为相信的这种关系之间的一个项。当信念是正确的时候，通过爱的关系，就有由苏格拉底与柏拉图组成的一个复杂事物。正是这种复杂事物的存在——所以我坚持认为——这就将真理赋予了复杂事物，信念在这个复杂事物中是一种有关的关系。我放弃了这个理论，一方面是因为我不再相信"主体"，另一方面是因为我不再认为一个关系可以作为一个项有意义的发生，除非可能有一个改述，但这种改述不会这样发生。由于这些理由，所以我必须找到一个允许拒绝"主体"的新理论，虽然我坚持自己对真理的一元论和各种实用主义理论的批评。

　　我在《意义与真理的探究》中提出了这个理论。那本书的很大一部分是关于各种词语意义的，只有处理了这个话题之后，我才开始探讨各种句子的意义。在回归原始状态的过程中，有各种不同的阶段。首先是句子，然后是不同语言之间的各种共同的句子。这是我称为"命题"的东西。于是，"恺撒死了"和"Cesar est mort"是同一个命题，尽管两个句子看着不太一样。这个命题的背后有一个信念。表达者倾向于用各种句子来表达他们的信念，尽管各种句子除了表达信念之外，还有其他用法。它们可能被虚假地使用，以期在别人身上创造一个我们并不持有的信念。句子也可以用来表达一个命令、渴望或问题，但是从认识论和"真理"的定义的观点来看，表达信念的各种句子才是重要的。真理和错误根本上都属于信念，在衍生的意义上都只属于各种命题和句子。如果足够简单，信念可以脱离语言而存在，而且有充分的理由认为，它们存在于更高等的动物之中。当一种信念与一个或多个事实有适当的关系时，它就是"正确的"；当这种关系不存在时，它就是错误的。因此，定义真理的问题包括两部分：第一，分析什么是信念的意思；第二，研究信念和使信念正确的事实之间的关系。

就我对"信念"的理解，这个术语是生物的一种状态，它与使信念正确或者错误的一个或多个事实没有直接的关系。对一个懂得掌握语言的人来说，除了最简单的信念以外，所有信念都可以用各种词语来表达，但是各种词语的用法只是表达信念的一个有机体的许多状态之一。我想到的这类事情中最明显的一个例子，就是对不远的未来将发生的一个重大事件的期待。例如，如果你看到一扇门被风吹并期待一声巨响，这个时候，你处于一个特定状态，如果你用各种词语将它表达出来，就会出现"就要砰的一声响了"这个句子。但是很明显，你可以不用各种词语来描述这种期待，我认为可以这样说，一个有机体的状态在理论上总是可以不提及信念的验证者，如果它相信某些事物而非它现在的实际情况。这一点被这样一个事实掩盖：当我们提到各种词语时，我们倾向于认为，我们提到的就是那些词语的意思。在我刚才提到的这种情况下，当你期待着不久的未来时，信念的本质特征最容易被看到。在这种情况下，你在不久的将来可能会有一个感觉，它可以用这类话来表达："确实如此！""多么令人惊奇啊！"它的正确与否，都取决于你的感觉。我认为，泛泛地说，这种惊讶是错误的一个标准，但它不总是有可能适用这个标准。

在这次研究中，我试图从最简单、最原始和最毫无疑问的事情出发，向更复杂、更值得怀疑的各种情况进发。我本来认为，从一般的方法上看，这一个程序显然是可以采纳的，但是我发现大多数关心"真理"的定义的作者走在完全不同的道路上，以复杂或可疑的事物为起点，如万有引力定律、上帝、量子理论。他们不会用"我觉得热"这样简单的事实来搅扰自己的大脑。这种批评不仅适用于实用主义者们，而且同样适用于逻辑实证主义者们。几乎每一个学派的哲学家们都没有研究我们对各种特殊事实的认识，而宁愿用我们对普遍规律的认识来开始他们的研究。我认为这是一个根本的错误，它使他们的大多数思考受到损害。

对我而言，正如刚才说的，我试着从最简单、最直接和最不易从动物身上移除的事情开始。如果我说"我觉得热"，我这么说是在表达一种信念，这种信念存在于一种特定的身体状态中，它可以不借助使用各种词语存在，但是对掌握语言的那些人而言，这种身体状态暗示各种特定的"表达"它的词语。经验在我身上建立了某种身体状态和"热"这个词之间的因果联系。正是由于这种关联，"我觉得热"成为我的状态的一个"表达"。但是我很容易觉得热，而且知道自己觉得热，这不需要使用任何词语。此外，词语只是我可以"表达"我的状态的许多方法中最有效率和最方便的一种。我可能喘不过气来，我可能擦擦布满汗水的额头，我可能脱下一半衣服。这样的行为，比如"我觉得热"，表明了我的状况。在这种情况下，看来几乎没有任何出错的可能性。当然，我可能只是在经验了寒冷之后变得温暖，那里可能会有一个过渡期，在这期间我不能确定自己是否觉得热。而真确的是，我们有时在这一点上确信无疑，这是相当明确的事情。这通常适用于我们注意到的各种生动的感觉。如果我看到一次闪电，听到一阵噪声，闻到一股恶臭，我就会很特定地注意到这种事情的发生，毫无疑问它已经发生了。

我放弃了感觉的关系特征，这使我用"注意到"代替了"知道"。我们可感觉到的生活中的大多数事件都没有被注意到；当它们没有被注意到时，它们就不是以经验为依据的知识的材料。如果我们使用关于它们的各种词语，那就是我们已经注意到它们的明确的证明，但是我们习惯性地注意到我们在各种词语中没有提到的许多东西。

在一种信念中，我区别了它"表达"什么以及它"指示"什么。它表达的是我自己的一种状态，它指示的不一定是。但是，在最简单的例子里，即"我觉得热"，它表达的东西等同于它指示的东西。这就是为什么在这里，错误的风险被降到了最低。在这个最简单的例子中，如果我们使用语言，各种词语的表述是由词语的意思引起的；当我说"热"时，我的表述是由我的感觉引起的。这是所有以经验为依据的知识的基石。

然而，如果表述是正确的，那么它通常与使之成为正确的事实之间并没有如此简单的关系。如果我说"恺撒过了卢比孔河"，我的陈述是正确的，因为这是很久以前发生过的一件事。我现在无法改变这一事件，而且，即使通过一项法律，将说"恺撒过了卢比孔河"的人定为死罪，这对这个陈述的正确性也没有任何影响。这种说法的正确性取决于与一个特定事实的一种特定的关系。我将使陈述正确的那个事实称为它的"验证者"。只有比较简单的陈述才有一个验证者，"人皆有一死"这个陈述的验证者的数量与人的数量一样多。但是，无论是有一个还是多个验证者，总是有一个或多个事实根据情况使陈述成为正确或者错误的；有关的一个或多个事实，除非在一个语言的陈述中，否则这些事实是独立于语言的，可能独立于人的所有经验。

我现在谈到的各种信念，如果用各种词语来表达，会涉及诸如所有、一些、一个、那个之类的词语。比如"我在沼泽地上遇到一个人"这样的句子，如果这句话是正确的，那么我确实遇到了一个人，我与他的相遇就是这句话的验证者。但是我可以知道这句话是正确的，即使我不知道自己遇到的是谁。在这种情况下，我将知道的东西解释如下：有一种状态用"T 遇到 A"表示，另一种状态用"T 遇到 B"表示，其中 A 和 B 是人，以此类推，贯穿于整个人类的名册中。所有这些状态都有某种共同之处。它们的共同之处在于表达的意思都是"我遇到了一个人"。因此，如果我遇到自己的朋友琼斯，我认识到自己遇到一个人，是我认识到自己遇到琼斯的一个实际的部分。这就是为什么从"琼斯"到"一个人"的推论是有效的。

这种分析的重要性在于，可以理解超出我个人经验范围的句子。就拿"有些人我从来没有见过"这句话来说，我们都相信这句话是正确的，我知道即使是唯我主义者们也会很惊奇，因为他们从来没有遇到过任何其他的唯我主义者。重要的一点是，在"有些人我从来没有见过"这句话中，我从未见过的那些人没有被单个地提到。"我遇到了一个人"这个更简单的句子已经是这种情况，如果实际上我遇到的是琼斯。尽管琼斯是我的陈述的验证者，我的陈述并没有暗指他，当我说"有些人我从来没有见过"时也是如此。无论是对陈述的理解还是对理解该陈述的正确性的认识，我都无法以一个我从未见过的人为例。关于"那里有"或"一些"的陈述，比某些特殊的人或事物被替换时产生的陈述要少；正是由于这个理由，当没有任何代替某一确定的事物的句子被知道时，它们才被知道。我们都完全确定自己知道，不仅有些人我们从未见过，而且有些人我们从未听说过，也永远不会听说。我们不能给任何这样的人举出一个实例，但是我们仍然可以知道这样的人存在的普遍主张。我发现许多经验主义者都在这一点上误入歧途，他们认为我们不可能知道有某某类别的各种事物，除非我们能为这样的事情提供至少一个实例。如果严肃地考虑这个观点，会产生相当让人无法理解的悖论，而且只能由那些没有注意到这些悖论的人持有。

重要的是，要认识到，用以证实某一陈述的一个或多个事实，其逻辑形式并不一定与该陈述的逻辑形式有任何密切关系。最简单的例子是析取命题。假设我看到一座火山，我相信"那是埃特纳火山或者斯特龙博利火山"，假设我的信念是正确的，验证我的说法的是它是埃特纳火山的事实，或者它是斯特龙博利火山的事实。因此，一个析取与其验证者的关系，不如这个析取一半正确的部分与其验证者的关系直接。相同的类别也适用于包含"一些"或"一个"的陈述。所有这些陈述中，都有一个普遍的项，例如"人"，我们可以从这个意义上理解这个项，即我们可以注意到"我遇见了A""我遇见了B"等句子之间的共同之处，以此类推，其中A和B与后来者是各种各样的人。只有通过这种机制，我们才能超越自己已经经历过的特殊性的各种限制，尽管我们必须通过经验来学习普遍项的意思，它们在各种普遍的陈述中被使用，我们无法对其给出比如"人"这样的特殊的实例。

总而言之：首先是各种信念，其次是各种句子，才拥有视情况而定地成为正确或错误的属性。一个信念对应一个事实，它与另一个事实有（或可能有）一个特定关系。我可以在星期四和其他日子相信今天是星期四。如果我在星期四相信它，那么就有了一个事实——今天是星期四，我的信念与此有某种与众不同的关系。如果我在一周的其他日子相信相同的事情，就没有这样的事实。当一个信念是正确的时候，我将它正确的事实称为它的"验证者"。为了完成这一定义，我们必须能够基于给定的信念描述一个或多个事实，如果它们存在，它们将使信念成为正确的。这是一个漫长的过程，因为信念与其验证者之间的关系，可以根据信念的特征有所不同。从这

个角度来看，最简单的例子就是一个复杂的记忆图像。假设
我将一个熟悉的房间视觉化，那么在我的视觉图像里有一张
桌子，周围有四把椅子，假设我走进房间时，我看到这张桌
子和四把椅子，我看到的东西验证了我的想象；记忆图像与
那个信念有密切而明显的对应关系，这种知觉验证了它。把
这个问题放在图像化的最简单的项里：我有（让我们说）视
觉的而非文字的记忆，A在B的左边，事实上A在B的左边。
这种情况下的对应是非常直截了当的。A的图像类似于A，B
的图像类似于B，而且在图像和验证者中，在"左边"的关
系是相同的。但是一旦我们使用各种词语，这种最简单的对
应就变得不可能了，因为表示一个关系的词语不是关系本身。
如果我说"A先于B"，我的句子就是三个词语之间的关系，
然而我想主张的是两个事物之间的关系对应的复杂性随着各
种逻辑词语的引入而增加，比如"或者""非""所有"和
"一些"。但是，尽管复杂性增加了，原则仍然是相同的。在
《人类的知识》一书中，我以下面的定义结束了对真理和错误
的讨论："每一种不仅是一个行动的冲动的信念，都拥有图像
的本质，而且结合了是或者否的感觉。在是的感觉的情况下，
如果一个事实与图像有某种相似之处，这就是'正确的'原
型与图像有某种相似之处；在否的感觉的情况下，如果没有
这样的事实，它就是'正确的'。不真实的信念被称为'错误
的'。"（《人类的知识》第170页）

　　"真理"的定义本身并不能给出"知识"的定义。知识包
含一些特定的正确的信念，而非所有的信念。有一个常见的
反例，那就是一只停下来的钟，我相信它正在走，而且我碰

巧看到它显示的是正确的时间。在这种情况下，我对时间有一个真正的信念，但这个信念不是知识。然而，知识由什么构成是一个更宏大的论题，我不打算在本章讨论。

我在《意义与真理的探究》中发展出的真理理论，基本是一个对应理论——当一个句子或信念之所以是"正确的"时候，是因为它与一个或多个事实存在某种关系。但关系并非总是简单的，而且它会按照相关句子的结构、按照被主张为经验的关系而变化。这种变化引入了不可避免的各种复杂性，这个理论的目的在于紧密地坚持常识，以任何方式避免与可证实的错误相容。

第十六章　非证明性的推理

在大西洋上航行了三周后，我于1944年6月回到英国。三一学院授予我五年的讲座教授资格，我选择将"关于非证明性的推理"作为年度讲演的主题，缩写为N.D.I.。我越来越意识到推演推理的范围非常有限，这在逻辑学和纯数学中是很常见的。我意识到，在常识和科学中使用的所有推论，都与推演逻辑中的那类推论不同，如此一来，当前提正确且推理正确时，结论一定是可能的。在我从美国回来后的前六个月里，我在大学里有许多房间，享受着一种平静的感觉，尽管纳粹德国正在发射V-1和V-2火箭。我开始着手研究概率论，还有其他关系到概率的推论。一开始，我发现这个问题很复杂，有很多不同的问题，而且乱作一团，必须与其他问题分开。结论出现在我的《人类的知识》一书中，但是在这本书里，我没有提到各种困惑的和试探性的假说，我通过这些得出了一些自己的结论。我现在认为这是错误，因为它使这些结论看起来比事实上更粗糙、更不可靠。

我发现关于非证明性的推理的话题比我预期的要宏大得多，也有趣得多。我发现，在大多数讨论中，它被过度局限于对归纳的考察。我得出的结论是，归纳的论点比起真正的结论更容易得出错误的结论，除非它们被局限在不超过常识的各种限制之内。常识施加的各种限制很容易感觉到，却很难表达出来。最终，我得出的结论是，虽然科学推理需要各种不可论证的超逻辑的原则，但是归纳法不在其中。它可以发挥作用，但不是作为一个前提。我稍后将马上回到这个主题上来。

我的另一个结论是，只要我们知道可以经验和证实什么，不仅科学是不可能的，而且许多人真正确信是知识的东西也是不可能的。我觉得这过于强调经验了，因此，作为一种哲学的经验主义必须受到各种重要的限制。

起初，我对所涉及问题的广泛性和多样性感到困惑。看到它的关于非证明性的推理的本质只将概率授予自己的各种结论，我认为从研究概率开始是谨慎的，特别是，在这个问题上存在肯定的知识流动，它就像不确定性的巨大海洋中的小破木筏。在那几个月里，我研究了概率演算及其各种应用。那里有两种可能性，其中一种是通过统计材料进行的，另一种是通过怀疑进行的。有些理论家认为他们只能处理其中的一个，有些人认为他们只能处理另一个。正如通常诠释的那样，数学计算关心的是统计类的概率。一副牌中有52张牌，因此，如果你随机抽一张牌，那么抽中"方块7"的概率是1/52。人们通常认为，在没有结论性的证据的情况下，如果你随机抽牌很多次，方块7大约每52次才出现一次。概率论这一学科的起源，要归功英国贵族们对概率游戏的兴趣。他们聘请许多数学家制定各种体系，使赌博更有利可图。数学家们做了许多有趣的工作，但这似乎并没有使他们的雇主更加富有。

认为所有概率都属于这种统计类型的理论，被称为"频率"理论。例如，从英国人中随机选出一个被称为"史密斯"的人，概率是多少？你会发现英国有多少人，他们中有多少人名叫"史密斯"。然后你定义一个随机选择的被称为"史密斯"的人的概率，它是史密斯们的人数与总人口的比率。这是一个非常精确的数学概念，与不确定性无关。不确定性只有在你应用这个概念的时候才会出现，例如，你在街对面看到一个陌生人，你以赔率100：1赌他不叫"史密斯"。但是只要你不将概率计算应用到以经验为依据的材料中，它就是一个完美而直接的数学分支，包含了数学中所有的精确和确定性的特征。

然而，还有另外一种截然不同的理论，约翰·梅纳德·凯恩斯在《概率论》一书中采纳了这种理论。他认为，在两个命题之间可以有一种关系，这种关系包括这样一个事实，即其中一个命题在某种程度上多多少少地使另一个命题成为可能。他认为，这种关系是无法定义的，而且其可行性是不同程度的，当一个命题使另一个命题肯定正确时或当一个命题使另一个命题肯定错误时，这种关系就达到了极端的程度。他不相信所有概率可用数字衡量或者简化，甚至在理论上对于频率也不行。

我的结论是，只要概率是确定的，频率理论就是适用的，但是还有被误称为同一个名称的另一个概念，就适用于更像凯恩斯理论的东西。我将另一个概念称为"可信的程度"，或

者"怀疑的程度"。很明显，我们对某些事情的确定比对其他
事情的确定要大得多，我们的不确定性经常无法被统计。诚
然，有时统计的方面可以在乍看之下不明显的地方被发现。
我读过一本关于撒克逊人入侵英格兰的书，它让我认为亨吉
斯特是真实存在的，而霍萨也许是一个虚构人物。也许可以
将关于霍萨的证据与关于其他历史人物的证据放在一起，然
后发现在多大比例的案例中，这样的证据被发现是正确的还
是错误的。但是，尽管这类事情有时是可能的，它还是不足
以成为根据，而且在研究什么是知识的必要构想时，留下了
不同程度的怀疑。

我认为，在我所关心的问题中，怀疑比数学的概率重要
得多。这不仅仅是因为，在我所关注的推论中，即使各种前
提是正确的，也不能得出确定的结论，更重要的是各种前提
本身是不确定的。这使我得出结论：概率的数学方面与科学
推理的各种问题之间的关系，比我们认为的要小。

接下来，我将关注一系列实例，在这些实例中，我会做
出自认为完全可靠的一些推论，而这些推论只能通过逻辑以
外的各种原则来验证。在收集这样的实例时，我接受一个哲
学家只在为理论辩护时才会怀疑的东西。普遍而言，我不排
斥常识，除非有一些非常中肯的科学论点反对它。举一个非
常简单的例子：假设在阳光明媚的日子，你走出户外，你的
影子与你同行，如果你挥舞自己的手臂，你的影子也挥舞它
的手臂；如果你跳跃，你的影子也跳跃。基于这些考虑，你
毫不犹豫地将它称为你的影子，你毫不怀疑它与你的身体有
一种因果联系。但是，不合乎逻辑的人会质疑这个推论，它

在逻辑上是无法论证的。这在逻辑上并非不可能，那里应该有一个黑色的小块，它的运动不像你的身体的运动，它拥有一个独立的存在。通过收集尽可能多的、看似毋庸置疑的非证明性推理，我试图分析它们而发现，哪些逻辑以外的原则一定是正确的，只要我们在这样一些情况下没有错的话。支持这些原则的证据是从各种实例中得出的，而非反之亦然。我认为，似乎有几条这样的原则，但我得出的结论是，归纳不是其中的一条原则。

我发现，由于缺乏分析，人们已经接受了大量关于非证明性的推理，因为他们对某些知识有一种主观的偏见，而且他们出于一种相反的偏见已经拒绝了其他知识。我认为，在似乎无可置疑的推论的任何特殊的情况下，人们应该发现它依赖的原则，而且接受依赖相同原则的各种其他的推论。我发现，几乎所有的哲学家都误解了可以从经验中能推断出什么。我将以经验为依据的知识的问题分为三个阶段：（1）认识我自己；（2）认识其他人的精神，包括接受证词；（3）认识物质世界。从对自己的认识开始，我发现，通常阐述的唯我主义承认了与激发这种体系的谨慎不相容的许多东西。我不记得自己两岁之前发生的任何事情，但我不认为自己从两岁才开始存在的说法是合理的。在以后的生活中，我相信我忘记了很多发生在自己身上的事情。甚至我记得的事情也可能从未发生过。我有时会做梦，所以有一些完全想象的对梦境的记忆。一个月前，我曾梦见自己被警察吓坏了，因为我"记得"这个事实。在梦里，怀特海和我一起行刺了劳合·乔治。因此，我对某件事情的回忆本身，并不能作为某件事情真正发生的结论性的证据。因此，如果唯我主义者想要得到他正在寻找的逻辑安全性，他将会被限制在我称之为"瞬间的唯我主义"的范围之内。他不仅会说"我不知道物质世界是否存在，或者除了我自己的思想以外是否还有其他思想"，而且他还会说"我不知道自己是否有过去或者未来，因为这些东西就像其他人的存在或者物理世界的存在一样，都是受到怀疑的"。没有一个唯我主义者曾经走得这么远，因此，每一个唯我主义者在接受关于自己的各种推论时都是前后不一致的，这些推论并不比关于他人和事物的各种推论更有根据。

很多我们都毫无疑问地作为知识接受的东西，都取决于证据，而证据取决于一种信念——除了我们自己的信念以外，还有其他人的信念。对于常识来说，有其他人的精神存在，这似乎不容置疑，我自己也不认为有任何理由反对这一点常识。但是，毫无疑问，正是通过我自己的经验，我被引导去相信其他人的精神。而且，毫无疑问，作为一个纯粹的逻辑问题，即使其他人的精神不存在，我也有可能拥有这些经验。我们相信其他人的精神的部分理由来自类推，但还有部分原因来自另一个应用更广泛的起源。假设你比较同一本书的两个副本，会发现它们的每个字都一样，你无法反驳的结论是，它们有一个共同的起因，你可以通过排字工人和出版商追溯这个共同的起因，也就是作者。你不相信作者的身体在写这本书的时候没有任何想法。这种接纳其他人的精神的各种根据，在逻辑的意义上无法被论证。你可能在梦中有过这样的经验：当你还在睡觉的时候，这种经验就像真的一样让你信服，但是当你醒来的时候，你会认为这是一种误导。这些事实保证一定程度的怀疑，但通常只在非常小的程度上。在普遍情况下，如果没有反证，他们会接受你的证词。

随后我来到各种纯粹的物理事件旁边。以我们相信声波的理由为例。如果喧闹的爆炸在某个时间点发生，不同的人听到它的时间，取决于他们离那个时间点的距离。我们发现这些不同的人在不同的时间，应该都在经验一个喧闹的声音，除非在中间的空间里又发生了什么事情。在有耳朵的地方所发生的一系列事件，与其他地方完全没有关联的事件结合起来，但是它们给我们的印象太断断续续了，因而是不可信的。一个更简单的例子是各种物质客体的持久性。我们无法相信珠穆朗玛峰在没有人看它的时候就不存在了。我们没有理由相信这样的荒谬理论。使我们拒绝它们的各种原理，与使我们相信在自己身上发生过，而我们如今已经忘记的事情的原则，在本质上是一样的。

科学和常识不关注个别事件，主要关注各种普遍定律，但当我们对普遍规律的认识是以经验为依据的时候，它是我们从对许多一些特殊事件的认识中有效地或者无效地推论出来的。"狗会叫"是一个普遍原理，但如果人们没有听到特殊场合里的特殊的狗叫，就不可能知道它。我发现我们对这些特殊事件的认识，给一些哲学家提出了各种问题，而他们，尤其是逻辑实证主义者们，没有充分考虑过这些问题。然而，这些问题并非涉及关于非证明性的推理的那些问题，因为我们所关心的各种推论只有在某些普遍的定律下才成为可证明的，例如，当你听到狗叫时，你就会借由这些普遍定律推出那儿有一只狗。大多数情况下，科学寻求的各种定律拥有某种因果关系。这就引出了我的问题："我们说的因果定律是什么意思？它们发生的证据是什么？"

过去的哲学家们认为，因果定律可以用"A引起B"的形式来表述，这种形式被诠释为，无论何时发生一个特定类型的事件A，紧接着就会发生另一个特定类型的事件B。许多人认为，一个因果序列不仅包括不变性，而且必须拥有某种可以被称为"必然性"的特征。然而，许多经验主义者否认这一点，他们认为除了不变的序列之外，没有任何东西涉及其中。然而，如果哲学家们对科学有任何习得，这整个观点就不可能持续存在。因果定律一定要么是一成不变的，要么只是状态的各种倾向。在经典动力学中，它们采用微分方程的形式表示加速，而非表示各种实际的事件。在现代物理学中，这些定律已经变成了统计学上的定律：它们并没有说明在任何特殊的情况下会发生什么，而只是说明了各种不同的事情，每一件事情都会按照各种情况指定的比例发生。出于这些理由，因果关系已不再是老派哲学家们的书本上所写的那样了。虽然如此，它仍然保留着一个重要的位置。举一个例子，我们所说的单一的"事物"感觉材料是持久的。这个"事物"必须真正地构成许多组事件的一个原则，每一组事件可以描述我们称之为该"事物"的一个瞬间状态。这个"事物"在不同时期的状态，常常通过不提及其他"事物"的定律而被陈述出来，尽管不总是这样。如果不是这样，科学知识就永远不可能被创造出来。显然，除非我们可以在不知道一切的情况下知道一些事情，否则我们永远不可能知道一些事情。这不仅适用于各种特殊的事件，也适用于关联各种事件的定律。在物理学中，各种原子和分子在一段时间内存在，如果它们不存在，运动的概念将变得毫无意义，人体在一段时间内存在，尽管组成它的各种原子和分子不总是相同的。从一颗星星到人眼的光子会在整个过程中持续存在，如果没有，我们就无法陈述自己说的看到一颗星星是什么意思。但是，所有这类坚持只是通常的，而非一成不变的，而科学得以开始的因果规律一定只是陈述了通常发生的事情的一个近似值。我们不知道最终是否能得到更精确的东西。我认为我们可以这样说：在相邻的时间和地点，给定的任何事件通常都有一个与给定事件非常相似的事件；而且，作为一个规则，我们有可能发现某些定律，近似地决定它与这个给定事件的细微差别。这样的某些原则是必要的，可以解释许多"各种事物"近似的持久性，也可以解释知觉A和知觉B之间的区别，例如如果A和B是我们正在看的星星。

我将一系列的事件称为"因果线"，这些事件拥有这样的性质，即从其中任何一个事件，可以推断出一系列相邻事件的某种东西。事实上，这种因果关系的存在使"各种事物"的构想对常识有用，而"物质"的概念对物理学有用。事实上，这样的因果关系是近似的、暂时的而不是普遍存在的，这使现代物理学对"物质"的构想被视为令人不满意的。

我认为，还有另外一个在关于非证明性的推理中有巨大作用的另一个构想，即所谓的"结构"。这似乎是合理的假设，如果你在一个方向上看到红色，在另一个方向上看到蓝色，那么在一个方向上正在发生的事情和在另一个方向上正在发生的事情之间存在一些不同。因此，尽管我们可能被迫承认，我们对颜色的各种感觉是由外界引起的，但它们本身的颜色与我们的各种感觉并不相同——虽是如此——当你看到各种颜色的一个图案时，你对颜色的各种感觉一定会导致一个相似的图案。时空结构的构想常常被认为是恒定的，或者近似恒定的，它贯穿一系列因果关联的事件，是非常重要和富有成效的。举一个简单的例子，假设，A大声读一本书，B记下他从口述中听到的内容，A在书中看到的内容，与B根据口述所写的内容是相同的，否认四组事件之间的因果关联是很荒谬的——就是这样。"那本书上印的内容，A读书时发出的各种声音，B听到的各种声音，B听写下来的词语。"同类的事情也适用于黑胶唱片和它所制造的音乐之间的关系。或者，再次考虑广播，声音被转换成电磁波，电磁波又被转换回声音。说出来的声音和听到的声音不可能彼此如此相似，除非介入其中的电磁波拥有与所说和听到的词语有非常相似的时空结构。在自然界中，有无数的复杂结构的例子，通过内在特征的各种变化而被传递，例如广播中的声音与电磁波之间的转化。事实上，所有的视觉和听觉知觉都拥有这种传递结构的特征，内在的特征则没有。

不习惯现代逻辑的人们发现，如果不知道构成一种时空结构的各种特征，就很难假设我们可以知道这种时空结构。这是更高层面的知识的一部分。除非我们将自己置身于完全违背理性的悖论中，否则我们将发现有必要承认我们可能知道比如"所有A都是B"或"一些A都是B"这样的命题，却无法给出A的任何实例，例如"所有我从来没有想过，将来也不会想的数字，都超过1000"。虽然这个主张是不可否认的，但如果我能给出一个实例，就自相矛盾了。同类的事情也适用于纯物质世界的时空结构，没有任何理由去假设，构成这个结构的各种特征与我在可以感觉到的经验中知道的各种特征，有任何内在的相似之处。

验证科学的各种推论所必需的各种普遍原理，不容许任何普遍的证明。它们是通过分析那些看起来非常明显的特殊情况而被提炼出来的，比如我刚才给出的 A 向 B 口述的情况。这是一个逐渐发展的过程，从我所说的"动物"开始，期待发展到各种最完善的量子物理定律。整个过程从体验 A 和期待 B 开始。一只动物体验到一种特定的味道，而且期待食物是好吃的。如果通常它的期待是错误的，它就会饿死。进化和对环境的适应导致各种期待往往是对的而非错的，尽管各种期待超出了任何在逻辑上可以论证的东西。我们可以说，大自然有各种特定的习惯。动物的各种习惯必须有一种特定的适应性，才能适应自然的各种习惯，动物才能幸存下来。

如果用来反对笛卡儿的怀疑主义，这将是一个糟糕的论点。但我认为，如果我们从怀疑主义开始，就不可能取得任何成果。我们必须从广泛被认为似乎是知识的任何东西开始，而非因为某些特定的原因拒绝它们。假设的怀疑主义在逻辑分析中是有用的。它让我们看到，没有这个或那个前提，我们还能走多远。例如，我们可以探究没有平行公理的几何学在多大程度上是可能的。但是只有在这种情况下，假设的怀疑主义才是有用的。

在解释关于非证明性的推理之不可论证的前提的精确的认识论功能之前，必须进一步说明归纳。

正如我上面说过的，归纳不在关于非证明性的推理的各种前提之列。但这并非因为它没有被使用，而是因为它被使用的形式并非不可证。凯恩斯在他的《关于概率的专题论文》中，对从数学的概率理论推论归纳的可能性进行了非常有力的研究。他必须研究的问题是：给定一些数量的A是B的实例，没有相反的情况，在什么情况下，当A是B的数量不断增加时，"所有A都是B"的概率作为一个极限趋近于确定性？他得出的结论是，如果要实现这一点，必须满足两个条件。这些条件中的第一个也是更重要的一个，是在我们知道A是B的任何实例之前，"所有A都是B"的概括应该有一个基于我们已有知识的有限的概率。第二个条件是，当推论的数量充分增加时，我们只观察到有利的各种实例的概率，如果推论是错误的，应该趋向于作为一个限制的零。凯恩斯发现，如果存在某种缺乏确定性的概率，比如说P，这样，假设概括是错误的，n-1个A被发现是B，那么第n个A被发现是B的概率总是小于P，前提是n足够大。

这两个条件中的第二个没有第一个重要，也没那么麻烦。我将集中于两个条件中的第一个。

在我们检查任何支持或反对的证据之前，如何知道某些建议的概括有一个有限的有利概率呢？我们必须知道一点，凯恩斯的观点是：在我们知道许多有利的实例而没有人反对它的情况下，将任何高程度的概率赋予一个概括。我通过对关于非证明性的推理的各种实例的分析得出的假设，将这种有限的先验概率赋予某些概括，而非其他的概括。可以观察到，为了使有问题的假设履行其功能，没有必要使它们成为确定的，有必要的只是使它们拥有一个有限的概率。在这一点上，它们与唯我主义哲学家们寻求的那些先验原则有很大不同，因为这些原则的拥护者们认为，这些原则比大多数以经验为依据的知识拥有更大的确定性。

我最终得到了五个假设。我并不强调它们的确切表述。我认为它们的数量很可能会减少，它们的表述也会更加精确。虽然我不认为这些都是必要的，但我确实认为它们是充分的。注意，它们都只陈述各种概率，而非各种确定性，而且只被设计用来提供有限的先行概率，这正是凯恩斯验证他的各种推论所需要的。关于这些假设，我已经简单初步地说了一些，但是我现在将更精确重申一遍。

我将这些假设中的第一个称为"准永久性的假设"，在某种意义上，它可以被认为代替了牛顿的第一运动定律。正是基于这一假设，常识能够多多少少成功地运用"人们"和"各种事物"的概念。也是基于这个假设，在很长一段时间里，科学和哲学能够利用"实质"的概念。这个假设陈述的东西如下：给定任何一个事件A，在任何相邻的时间，在某个相邻的地方都会频繁地发生非常类似于A的事件。这个非常相似的事件，会被常识认为是A事件发生时的人或事物的历史的一部分。

第二个假设是各种可分离的因果线假设。这可能是所有五个假设中最重要的。它使我们能够从片面的认识中做出一种片面可能的推理。我们相信宇宙中的一切都对其他一切有或可能有一些影响，因为我们不知道宇宙中的一切，我们不能确切和肯定地知道将会发生什么事情；但我们可以用近似和概率来判断；如果我们不能，知识和科学的各种定律永远不可能开始。这个假设如下：很有可能的是，可以形成一系列事件，这样，从该系列的一个或两个项中，可以推论出所有其他项中的一些事情。最明显的例子是声波和光波这样的事物。正是由于这些波的持久性，听觉和视觉可以多多少少为我们提供关于遥远事件的信息。

第三个假设是时空的连续性假设，这主要是关于在一段距离外否认行动。它坚持认为，当两个事件之间存在非临近的因果关联时，因果链中必然存在各种中间联系。例如，如果 A 听到 B 说的话，我们认为一定有某种过程介入了 A 和 B 之间。然而，我感觉不确定的是，这个假设能否被简化为一个同义反复，因为物理的时空完全是推论的，各种时空事件的顺序依赖因果关系。

第四个假设我称之为"结构的假设"，它非常重要而且富有成效。它关注的是许多人听到相同的言语，或者在剧院看到相同的表演，或者，举一个更广泛的例子，看到天空中相同的星星。这个假设说的东西如下：当一些结构上相似的复杂事件分布在一个中心附近，而这些分布区域并非很分散的时候，通常情况下，所有这些事件都属于因果关系，它们起源于中心的一个拥有相同结构的事件。正如我在《物质分析》中首次强调的那样，时空结构的重要性是非常巨大的。它解释了一个复杂的事件如何与另一个复杂的事件发生因果关系，尽管它们在特征上没有任何相似之处。它们只需在自己的时空结构的各种抽象的属性上彼此相似。很明显，广播中使用的电磁波引起了听众的各种感觉，但是电磁波与感觉并不相似，除了在结构方面。正是由于结构的重要性，关于无法经验的各种事件的那些公式才能满足理论物理学，这些事件不需要与我们经验的任何事件相似，除了在结构上。

第五个假设是关于类推的，其主要功能是证明其他人心中的信念。这个假设如下：有A和B两类事件，如果A和B都能被观察到，就有理由相信A导致B，那么在给定的情况下，如果A被观察到，却没有办法观察B是否发生，那么B很可能发生；相似地，如果B被观察到了，但是A的在场或缺席无法被观察到。

我重申，以上的各种假设可以被这样一个事实证明：它们暗含在我们都认为有效的各种推论中，尽管它们在任何形式的意义上都不能被证明，整个科学体系和日常知识都是从中提炼出来的，并不超过各种限制和自我确认。我不接受真理一致性的理论，但是存在一种一致性概率论，我觉得它真确而重要。假设你有两个事实和一个因果原则使它们关联，这三者的概率可能比任何一个事实的概率都更大，而且相互关联的各种事实和原则越多就越复杂，从它们共有的首尾一贯中得到的概率就越大。需要指出的是，如果没有各种原则的引入，任何建议的事实或假设的事实的集合都不是首尾一贯的或者不一致的，因为除了一些外在的原则之外，没有任何两个事实可以相互暗示或者相互矛盾。我相信上述五个原则或类似的东西，它们可以形成一种一致性的基础，这种一致性可以增加关系的概率。在许多关于科学方法的讨论中，都出现了一些被含糊地称为"因果关系"或者"自然的统一"的东西。我的各种假设的意图，是用更精确、更有效的原则来代替这些相当模糊的原则。我对上面列举的那些精确的假设不太有信心，但我相当有信心的是，如果我们要证明实际上我们谁都不会感到有任何怀疑的各种关于非证明性的推理，那么相同的东西是必要的。

自从开始写《数学原理》，我就有了一种特定方法，一开始我还没意识到它，但它在我的思考中逐渐清晰起来。这个方法包括试图在感觉的世界和科学的世界之间架起一座桥梁。我认为两者大体上都是不容置疑的。就像在阿尔卑斯中间挖一条隧道一样，工作必须从两头开始，希望劳工们最终通过在中间的碰面而成功。

让我们从分析一些科学知识开始。所有科学知识都使用人工制造的各种实体，而这些实体的意图很容易被一些计算的方法操纵。科学越高等，这一点就越正确。在各种以经验为依据的科学中，它在物理学中是最完全正确的。在高等的科学，比如物理学中，对哲学家而言，初步展示科学的工作是从一些特定的原则开始的一个推演的体系，其余的高等科学应该在逻辑上遵循这些原则，而且带有某些现实的或假设的实体，依据的是科学处理的一切，至少从理论上说，被科学定义的一切。如果这些工作做得很好，那些在分析之后仍然作为残留物的各种原则和实体，就可以作为整个科学的抵押品，哲学家不必再关心构成这门科学的其他复杂的知识。

但是，没有一门以经验为依据的科学仅仅被当作一个圆满的童话故事。它的目的是由适用于现实世界的各种陈述组成的，而且它因为这些陈述与世界的关系而被相信。即使是科学中最抽象的部分，如广义相对论，也因为观察到的各种事实而被接受。于是，这位哲学家被迫研究观察到的各种事实与科学的各种抽象之间的关系。这是一项长期的、艰巨的任务。说它艰难的理由之一是，作为我们出发点的常识已经受到理论的影响，尽管它是一种粗陋的、原始的理论。我们认为自己观察到的比我们事实上观察到的更多，这个"更多"是由常识性的形而上学和科学增加的。我并不是建议我们应该完全拒绝常识的形而上学和科学，我只是认为它是我们考察的一部分。它既不属于系统阐述的科学的两极，也不属于纯粹观察的两极。

我一直被批评的一点是，将数理逻辑的方法应用于物理学的诠释，但是，在这个问题上，我完全不后悔。还是怀特海第一个告诉我，在这个领域什么是可能的。数学物理学研究的是由点构成的空间、由瞬间构成的时间和由点状粒子构成的物质。在现代的数学物理学家里面，没有一个人假设自然界中存在这样的东西。但是，也许杂乱无章地集合在一起的事物拥有数学家们喜欢的各种流畅的属性，使这些事物由各种结构构成，而且拥有便于数学家使用的各种特征。正因如此，数学物理学或许不仅是一种无聊的消遣，而且数理逻辑展示了这些结构是如何形成的。出于这个理由，数理逻辑是建立理性与科学之间桥梁的一个至关重要的工具。

笛卡儿的怀疑主义方法，在我年轻的时候吸引了我，现在它仍可以作为逻辑的剖析工作的工具，但我认为，它不再有根本的有效性了。普遍的怀疑主义既是无法反驳的，也是无法接受的。我已经开始接受感觉的各种事实和广泛的科学真理，它们是哲学家应该作为材料的东西，因为，尽管它们的真理并不十分确定，但它们比可能在哲学思辨中实现的任何东西都有更大的概率。

从粗陋的事实到科学的转变过程中，除了推演逻辑以外，我们还需要各种形式的推理。人们在传统上认为归纳可以为这种意图服务，但这是一个错误，因为它可以表明，从正确的前提推论出的归纳的结论常常是错误的，而非正确的。从感觉到科学的过渡需要的各种推理原则，是通过分析得到的。事实上，所涉及的分析是一种没有人质疑的推论。例如，如果你在某一刻看到你的猫窝在火炉边的地毯上，而另一刻你看到它出现在门口，就说明它经过了空间中的各种位置，尽管你没有看到它位移的过程。如果科学推论的分析工作已经进行到底，那么，这种推理的具体实例似乎是：（a）没有人真正地怀疑；（b）如果我们要在可感觉到的各种事实的基础上，相信超出这个基础的事情，那么，这种推理是必不可少的。

这种工作的成果，应当被看作一种科学，而非一种哲学。就是说，要承认它的原则适用于科学研究的普遍原理，而非从那些形而上学中衍生出的各种摸不着边的原理。更特别的是，它不存在那些鲁莽哲学家那样，经常徒劳地提出一些关于真实性的论点。

第十七章　告别毕达哥拉斯

　　我从20世纪初开始讲的《我的哲学之发展》系列讲座，可理解为从毕达哥拉斯哲学中逃离的过程。毕达哥拉斯学派有一种独特的神秘性，与数学密不可分。这种神秘性深深影响了柏拉图，而且我认为，这对他的影响比一般以为的更大。有段时间，我有一个非常类似的观点，而且在数理逻辑的本质中发现了这一点，然后我认为它的本质是满足某些重要的情绪方面的东西。

　　年少时，我对数学的兴趣更加简单、平常——我和泰勒斯的关系比和毕达哥拉斯的更密切。当我发现，世界上的万事万物遵循各种数学定律时，一种喜悦从心底油然而生。我喜欢杠杆和滑轮，各种落体运动可以表述为各种抛物线。尽管不会打台球，但我喜欢关于台球运动的数学理论。有一次，当我偶然有一个新的导师时，我转动一个硬币，他问："为什么这个硬币会转动？"我回答："因为我让两只手指成了一对。"他惊讶地问："关于对子你了解多少？"我漫不经心地回答说："哦，我知道关于对子的一切。"偶尔有一次，我不得不亲自在网球场上做标记，用毕达哥拉斯定理来确保这些

直线互成直角。我的叔叔带我去拜访廷德尔，他是一位杰出
的物理学家。当他们开始交谈时，我不得不自己找点儿乐子。
我看见两根拐杖，每根拐杖上都有一个疙瘩。我用一根手指
使它们保持平衡，使它们向相反的方向倾斜，这样它们就可
以在一个特定的点交叉。廷德尔看了看周围，问我在做什么。
我回答说，我正在思考用一种实际的方法来确定物体的重心，
因为每根拐棍的重心必须在我的手指下垂直，所以，重心一
定在两根拐棍交叉的地方。大概是因为这句话，廷德尔给了
我一本他的书——《水的诸样态》。当时，我希望所有的科
学（包括心理学）都能变成数学。各种力的力矩表明，同时
受到两个力作用的物体将沿中间的路线运动，它更容易受到
较强的那个力影响。我希望能有一个相似的"各种动机的力
矩"——这个想法蛮蠢的，因为假设一个人来到一个岔路口，
注意有两条路，他可不会穿过这两条路之间的荒地。那时科
学还没有得到"要么全有，要么全无"这个原则，它的重要
性在20世纪才被发现。在我年轻的时候，我认为两种相反的
作用力最终不会遭遇一种民党式的妥协，然而，自从它们中
的一方常常占上风以来，这种妥协自然就发生了。这证明了
约翰逊博士的观点，"第一个民党人是恶魔，而非上帝"。

　　我对数学的各种应用的兴趣，逐渐被对作为数学基础的各
种原则的兴趣取代了。这种改变来自一个反驳数学的怀疑主义
者的愿望。我被告知要接受的大量论证显然是谬误的，而且我
阅读自己能找到的似乎能为数学信念提供更坚实基础的任何书
籍。这种研究使我逐渐从应用数学走向越来越抽象的领域，最
终走向数理逻辑。我开始研究数学，首先不是将它作为理解和

操纵可感世界的工具，而是作为一种柏拉图式天堂中的抽象而宏伟的建筑，只能以一种不纯洁的形式进入可感世界。在20世纪初，我的总体观点是深刻的禁欲主义。我不喜欢现实世界，也不喜欢在不受时间影响的理念世界里寻求庇护，那里没有变化，没有腐朽，也没有进步的小精灵。尽管这种观点是非常严肃和真诚的，但我有时以不明事理的方式表达过它。我的妹夫洛根·史密斯过去经常问人们一组问题，对其中之一"你特别偏好什么"，我回答说："数学和海洋、神学和纹章学，前者是因为它们是非人的，后者是因为它们是荒谬的。"但这个回答是出于附和提问者。

我当时对数学的态度，在一篇名为《数学研究》中表达过了，它于1907年发表在《新季刊》上，并被收录在《哲学论文》（1910年）中。我引用这篇文章来说明我当时的感受：

如果正确地看待数学，它不仅拥有真理，而且拥有至高无上的美——那是一种冰冷的、束身自修的美，它就像雕塑一样，对我们脆弱的天性没有任何吸引力，它没有绘画或音乐的华丽装饰，但是，它那崇高的纯洁性，能达到只有最伟大的艺术才能表现出来的近乎严苛的完美。令人心情愉悦，超越人类意识，这是最伟大的试金石，无论是在数学中还是在诗歌中都能找到。数学中最好的东西，不该仅仅作为一项任务来学习，而是应该作为日常思维的一部分来吸收，它一遍又一遍地在我的脑海里激起历久弥新的鼓励。对大多数人而言，现实的生活是长期的次好的生活，是理想和可能之间的一个无尽无休的妥协；但是纯粹理性的世界里没有各种妥协，没有实际条件的限制，对完美的充满激情的追求，是一切伟大作品的源泉，这体现为华丽大厦中体现的创造没有任何障碍的活动。远离人类的各种激情，远离大自然中令人怜悯的残酷事实，我们的祖祖辈辈逐渐创造了一个秩序井然的宇宙，在那里，纯粹的思想可以住在它的自然家园里。我们崇高的冲动，至少可以从实际世界的沉闷流亡中逃离到那里。

思考远离人类的东西，发现我们的大脑能够处理不是由它们创造的材料，最重要的是意识到美丽既属于内部的世界，也属于外部的世界，是克服可怕的无能为力感、弱点、在敌对力量中流亡的主要手段，它们太容易源自承认几乎无所不能的各种外力。悲剧的任务是通过展现其可怕的美，使我们与命运的主宰和解——命运只不过是这些力量的文学拟人化而已。但是数学将我们从人的本质进一步带到了绝对必然性的范围，不仅是现实世界，而且每一个可能的世界都必须符合这个范围；甚至在这里，它也建造了一个居所，更确切地说，它找到了一个永久竖立的居所，我们的各种理想在那里得到完全满足，我们各种最好的希望不受阻挠。

人们常说，世界上没有绝对的真理，只有看法和私自的判断；我们每个人的世界观，都受制于自己的各种特质、自己的品位和偏见；世界上不存在任何真理的外界的王国，通过耐心和训练，我们最终可以获得许可证，通往对我、对你、对每一个独立的人而言的独一真理。通过精神的这种习惯，人类努力的主要结局之一被否定了，坦率的最高美德和无畏地承认现实的美德，也从我们的道德视野中消失了。

在这样一个充满罪恶和苦难的世界里，退到冥想的修道院里享受快乐，无论这是多么高贵的快乐，一定永远只有少数人才能享受，只能表现为一种颇为自私的拒绝，他们不想分担因意外事件而强加给他人的负担，而这些意外事件与正义没有任何关系。我们有权要求从尘世里各种罪恶中抽身，我们过着艰苦生活，难道明知生活的本质是美好的，却不让我们的同胞受到任何帮助？

尽管我仍坚持相信人生中的所有快乐，但我认为，生活的一切很大程度上已经失去了意义，一方面是技术的原因，另一方面是由于我改变了对世界的总体看法。我认为，数学早已不再是远离人性的学科了。虽然很不情愿，但我开始相信它是由同义反复组成的。我担心，对一个有足够智力的头脑而言，整个数学将显得微不足道，就像一只四足动物是动物的陈述一样微不足道。我认为数学的永恒不再像我曾经认为的那样崇高，而其崇高仅仅在于纯粹的数学家不再谈论时间。我再也不能在对数学真理的沉思中找到任何神秘的满足感。

从一段优雅的数学推理中获得的美学的愉悦感依然存在，但它也会带来各种失望。前一章提到的各种矛盾的解决方法，似乎只有通过采纳可能是正确的却并不完美的理论才能实现。我对这些矛盾的感受，就像一个虔诚的天主教徒对邪恶教皇的感受一样。而我一直希望在数学中找到的极佳的确定性，也在令人困惑的迷宫中丢失了。所有这一切本来会让我感到悲伤，因为苦行的心情已经开始衰退了。它对我的影响是如此之大，以至于但丁的《新生》对我而言在心理上显得十分自然，而它奇怪的象征使我在情感上感到满足。

但这种心情开始淡去，最终被第一次世界大战彻底驱散。那场战争的一个后果就是，我无法继续生活在抽象的世界中。我过去常常看到许多年轻人爬上军队的火车，然而因为将军们很愚蠢，这些年轻人在索姆河惨遭屠杀。我对这些年轻人的痛苦感到了一种彻骨的同情，而且我发现自己在一场奇怪而痛苦的婚姻中与现实世界结合在了一起。我认为，我对于抽象的思想世界的所有高谈阔论都显得单薄和微不足道，因为我周围的人正在遭受极大的痛苦。非人的世界仍然是一个偶然的庇护，却并非一个可以建立永久住处的国家。在这种心情的变化中，我失去了一些东西，但是也得到了一些东西。失去的是在终极性和确定性中找到完美的希望。我得到的是对一些真理的一种新的屈服，这些真理以前对我而言是令人憎恶的。然而，我对以前各种信念的放弃从来不是彻底的。

有些东西一直伴随我，直到现在仍然保留：我仍然认为真理取决于它与事实之间的关系，而各种事实通常是非人的；我仍然认为人类在宇宙中并不重要，一个存在也并不重要，如果有一个人能公正地、不带此时与此地的偏见看待宇宙，他几乎不会提到人，除非也许在本书末尾的一个脚注里提到。而我，不再希望将人各种元素从它们所属的领域赶出去；我不再觉得理性高于感性，不再觉得只有柏拉图的理念世界能够提供去"现实的"世界的途径。我过去常常认为感觉和建立在感觉之上的思想是一座牢狱，我们可以通过从感觉中解放出来的思想获得自由。我现在没有任何这样的感觉了。我认为，感觉和建立在感觉之上的思想就像一扇扇窗户，而非一个个囚笼。无论自身多么不完美，我认为，我们可以像莱布尼茨的单子一样反照出整个宇宙；我认为，哲学家的责任是尽力使自己成为一面不扭曲的镜子，但也有责任防止这样的扭曲，因为它们是人的本质所不可避免的部分。其中最根本的是，我们从此时此地的观点来看待世界，而非从神明上帝不偏不倚的角度来看待世界。要做到这样的不偏不倚，对于我们来说几乎是不可能的，但至少可以朝着这个目标走出几步。带领人类走向这条通往终点的道路，是哲学家无比光荣的职责。